ポピュラー文化ミュージアム

文化の収集・共有・消費

石田佐恵子/村田麻里子/山中千恵
［編著］

ミネルヴァ書房

まえがき――ポピュラー文化ミュージアムとは何か

ポピュラー文化ミュージアムとは何か。この短くてシンプルな問いのなかに、いくつもの複合的な問いが隠されている。本書は、この短くてシンプルなしかし、複合的な問いを、様々な角度から考えていこうとする書物である。

私たちは、日常的にミュージアム・博物館・美術館といった言葉を、あまり区別せずに使っている。例えば、『東京ミュージアム・コレクション』や『美術館ハンドブック』といったムック本の類いには、ミュージアム・博物館・美術館が混在し、それ以外にも、記念館・センター・ギャラリー・ガーデンなど多様な名称の施設が、総称として「ミュージアム」と呼ばれている。これらの言葉はどのように違い、互いに包摂関係にあるのか。

日本において、法的に定義されているのは「博物館」であり、そもそもそれは、museum の翻訳語である（詳しくは、第1章を参照）。一九五一年に制定された博物館法では、美術館、歴史博物館、動物園、水族館などが「博物館」に含まれる。それは、館長や学芸員が必要な「登録博物館」、要件のゆるやかな「博物館相当施設」、設置要件の制限がなく同法の縛りを受けない「博物館類似施設」に三分類され、さらに、統計にない施設も多数存在している（図0-1）。

第二次世界大戦後、博物館数は一貫して増加傾向にあり、二〇〇八年には、登録博物館が九〇七館、博物館相当施設が三四一館、博物館類似施設が四五二七館、合計五七七五館であった。「統計上把握していない施設」も数多く「ミュージアム」を名乗っているから、ムック本や観光ガイドにすら掲載されていない個人運営のミュージアムまで含めると、いったい日本にはいくつのミュージアムが存在しているのか、容易には分からないのである。

このような博物館数の増加は、特に一九九〇年代に顕著である。また、登録博物館や博物館相当施設はそれほど

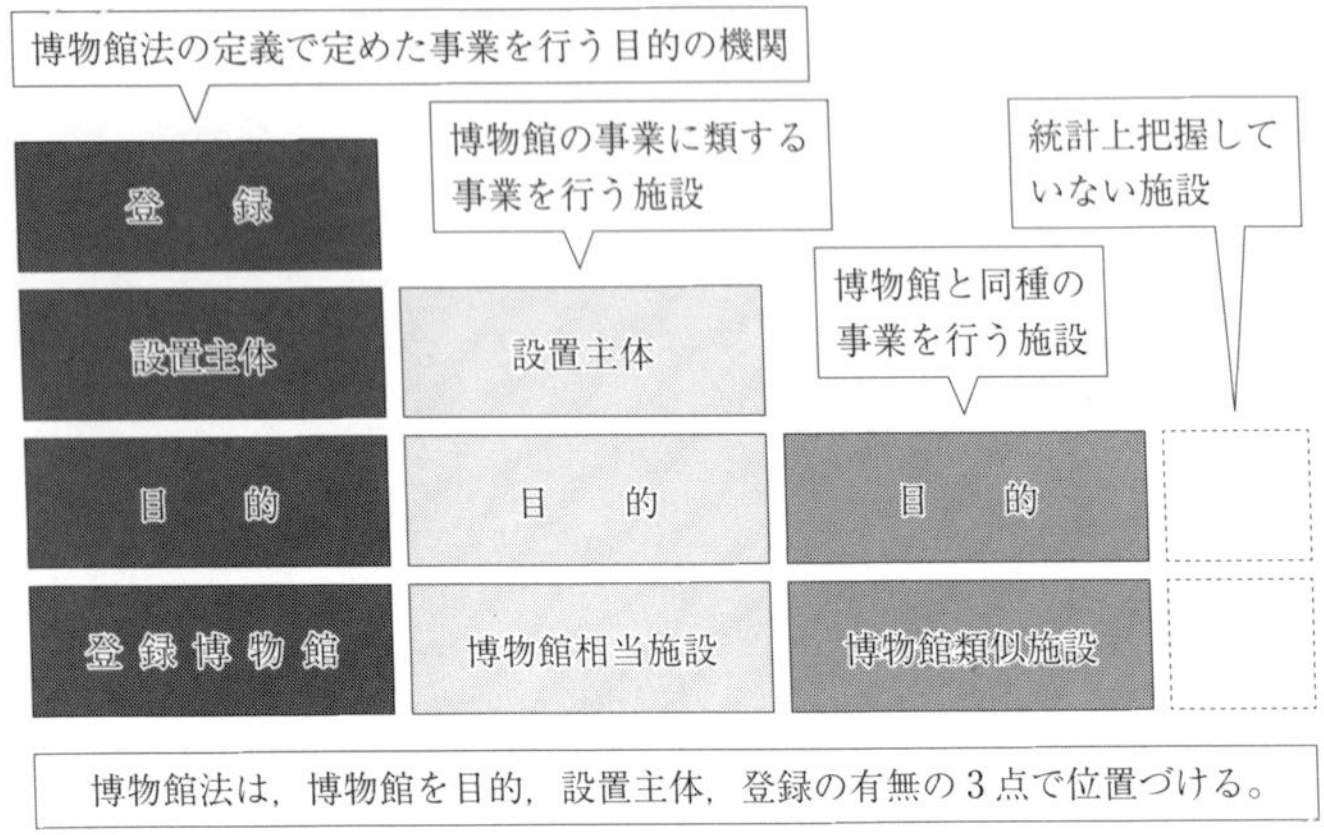

図０-１　博物館の概要

（出所）文部科学省，2008。

増加していないのだが、博物館類似施設はこの二〇年間で約三倍に増えている（図０-２）。そして、正統化された〈文化〉を展示する〈聖堂〉としての博物館や美術館ではなく、目新しい題材を扱うミュージアムや、ポピュラー文化やサブカルチャーを標榜するミュージアムが目立つようになってきた（千地・木下、二〇〇七）。

世界的に見ても、一九九〇～二〇〇〇年代は「ミュージアム・バブルの時代」や「ニュー・ミュージアム・ブーム」と呼ばれる。それは、単にミュージアム数の増大だけを意味するのではない。英米やフランスの有名美術館が、次々と有名建築家による増改築プランを発表、拡大路線を競い合ってきた。美術館にも市場原理が積極的に採用されることで、来館者数や寄付金額によって評価され、独自性のある建築物や魅力的な展示企画で話題を振りまいてきた（Casa BRUTUS, 二〇〇七）。

だが、日本博物館協会の調査によると、二〇〇八年末に、日本の博物館数は戦後初めて減少に転じたという（朝日新聞、二〇一〇／日本博物館協会編、二〇〇九）。日本全国で増え続けた様々な「ミュージアムのようなもの」が、運営費や人件費を維持できず閉館に追い込まれていく。二〇〇〇年代後半に私たちが目撃してきたのは、そのようなミュージアム・バブルと、その崩壊の進行だった。

この二〇年間で博物館総数は飛躍的に増大してきたが、実は入館者総数は横ばいである（日本博物館協会編、二〇〇九）。つまり、「ミュージアムに出かける」という私たちの行為そのものが増えたわけではないのだ。したがって、ミュージアムは限られた入館者のパイを取り合う「競争の時代」に入った、としばしば語られる。そして、「本来は芸術や高級文化を展示すべき」博物館や美術館が、集客のために〈ポピュラー文化〉と手を結んだ、と批判されることもある。

本書は、そのような批判を共有するものではないし、入館者数に伸び悩むミュージアムの振興や維持に直接的な解決策を提案するものではない。私たちは、メディア研究や文化社会学の研究対象として、ポピュラー文化ミュージアムに関心を寄せる。その関心のベクトルは、大きく次の二つである。

一つは、ミュージアムのコンテンツや体験が〈ポピュラー文化〉化していく、というベクトルである。他方は、〈ポピュラー文化〉が保存すべき対象として認識されミュージアムとして形成されていく、というベクトルである。このどちらも、二〇〇〇年代に飛躍的に進行したミュージアムをめぐる新しい現象なのである。本書で探求していきたいのは、そのような現象についてどのように考えるのか、その現象の只中で、文化概念やポピュラー文化が再定義され、〈ポピュラーなるもの〉が変容していくのか、そして、文化の収集・共有・消費をめぐって、社会とミュージアムというメディアとが、どのようなせめぎ合いを繰り広げているのか、といった

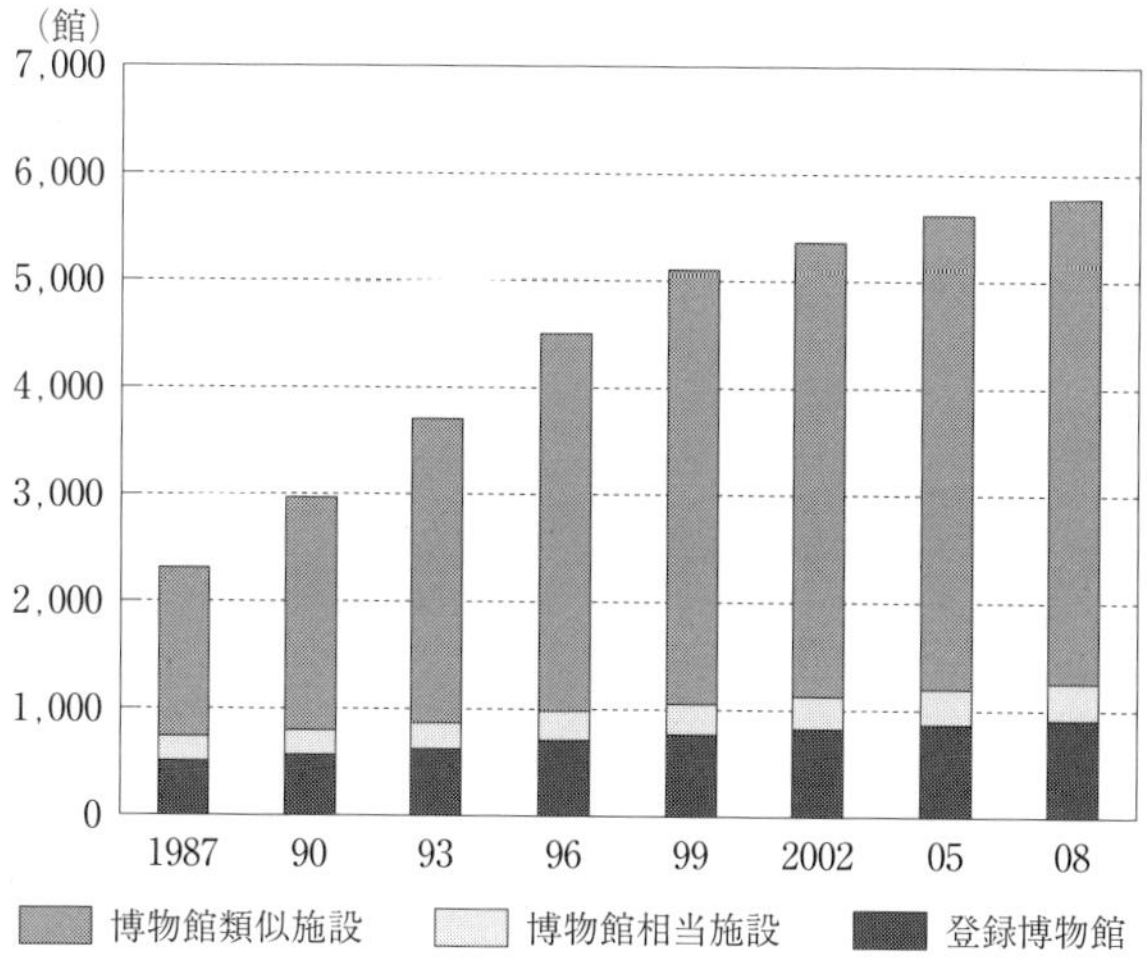

図0－2　博物館数の推移

（出所）文部科学省，2008より著者再構成。

複合的な問いである。

近年では、ミュージアム概念はますます拡大し、これまで「ミュージアム」とは認識されてこなかったような場所にも転じ、「熊本マンガミュージアム構想」や「もりおか・城と城下町フィールド・ミュージアム」など、全国各地で多くの構想が発表されている。また、デジタル・ミュージアムのように施設や空間を伴わない《非-場所》すら、ミュージアムと呼ばれ始めている。さらに、ミュージアム化していくのは、娯楽や消費に特化したモノだけではない。災害や事件、戦争経験などの〈負の記憶〉もまた、メモリアルやミュージアムとして各地で多くの施設やスポットを形成してきた（「記憶と表現」研究会編、二〇〇五）。

このような、ミュージアムをめぐる新しい現象は、文化の収集・共有・消費のあり方に対するこれまでに問われることのなかった問いに私たちを誘う。それは例えば、「記憶の社会学」といった社会学の新潮流と連動した問いとして、私たちの前に立ち現れる（クレイン編、二〇〇九）。

私たちの過去は、個人的なものであれ集合的なものであれ、物質や空間に刻まれ保管されている。それらの痕跡を通して、現在の視点から過去が再構成されるとき、当事者のみに限定されない複数の記憶が「生きられた歴史」として経験される。社会学が関心を持つのは、日常生活における集合的営みとして記憶、すなわち、集合的記憶である。記憶の社会学は、このような過去の痕跡が刻まれた物質や空間の配置、それらをめぐる人々の経験を観察することで、集合的記憶を研究しようとするものである（浜、二〇〇七）。そうであるなら、物質や空間に刻まれた〈過去〉を保管し展示しているミュージアムを研究することは、記憶の社会学の一部に他ならない。

本書は、ともすれば資料収集や内容分析に偏りがちなメディア研究の方法を、実習・体験型学習へと展開していくためのハンドブックとしても読んでいただけるように企画した。演習型授業で利用できるメディア研究や文化社会学のテキストは毎年のように出版されているが、実際に自ら〈現地〉へと出向いていき、その場でフィールドワークやインタビューを行う実習型授業で使えるテキストはほとんどない。また、社会学や文化人類学のフィールドワークのテキストも、近年多く出版されているが、その中で、ミュージアムやポピュラー文化を扱う章はわずかである。したがって本書は、そうした主題で調査を行う実習授業のテキスト・参考書として活用いただければと思う。

本書はまた、テキストとしてだけではなく、ミュージアム運営や企画に携わる方々、関連する主題で専門研究を行う大学院生や研究者にとっても手応えのある内容となったのではないかと思う。各章・コラムの書き手たちは、いずれも全国の大学で充実した授業を行っているエキスパートたちであり、当該分野の研究論文としても読み応えがある。

本書の構成は、理論枠組みと方法を扱う第Ⅰ部と、主題別の各論を扱う第Ⅱ部、様々なミュージアムを探求するコラム、そして、実習授業で活用できる「おすすめの調査地リスト」からなる。第Ⅰ部では、先に述べた二つのベクトルについて詳述する二つの章と、実習型授業を意識した方法論の章、同じ書き手によるフィールドワークの実践例で構成している。第Ⅱ部では、化粧（消費文化）、ポピュラー音楽、テレビ・映像、マンガ、マニア文化、エスニック文化（ローカル文化）、国境を越えるポピュラー文化、といった主題から、各論を配置した。また、各章の間に、それぞれの主題に関連するコラムを置いた。読者は、まず好みのジャンルを扱った章やコラムから読み進むこともできるし、もちろん、章立て通り、しっかりと理論的な前提から読み始めてもらっても構わない。コラムや「おすすめの調査地リスト」は、具体的な調査地を選ぶためのガイドブックとしても使えるように、発想のヒントをまとめている。

最後に、本書タイトルに含まれる〈ポピュラー文化〉概念についても改めて考えをめぐらせておきたい。

本書の第Ⅱ部に並んだ「ポピュラー文化」のジャンルは、音楽・マンガ・テレビ・映画など、ある意味では定番のものだが、特にそれらを「ポピュラー文化」と呼ぶことの含意とは何だろうか。それらのジャンルは、メディア文化や大衆文化とも呼ばれ、ポピュラーカルチャーやポップカルチャー、サブカルチャーなど、微妙に異なる用語も存在する。日本語で書かれた書物では「ポピュラー文化」を正面から定義し考察しようとする専門書は実は多くない。翻訳書では、ポピュラー（popular）概念について詳細な検討を行うことが多いのとは対照的である（ストリナチ、二〇〇三など）。方法論的に大いに参考となる先行研究でも、「ポピュラー文化」は翻訳概念の延長にある（伊藤、二〇〇五）。「ポピュラー文化」を題名に含む書物が近年何冊か連続して刊行されたが、それらの研究書には「何がポピュラー文化なのか、何がそれを規定しているのか」についてはほとんど明記されていない（例えば、井上・伊藤編、二〇〇九／谷川・王・呉編、二〇〇九／宮台・辻・岡井編、二〇〇九／高井編、二〇一一／遠藤、二〇一一）。映画・アニメ・マンガ・テレビドラマ＝ポピュラー文化、という図式は疑われることがなく、自明なものなのだろうか。『ポピュラー文化ミュージアム』を題名とする本書もまた「ポピュラー文化」に言及するものだが、その概念を無条件に前提としているわけではない。「ポピュラー文化＋ミュージアム」という、一見相矛盾する言葉を問いの中心とすることは、「ポピュラー」概念の政治学を視野に入れ、文化の序列化やカテゴリー化の力学のなかで配置し再配置される〈闘争の現場〉として「ポピュラー文化」を考えていくことに他ならない。

このような「ポピュラー」概念は、カルチュラル・スタディーズによって明確化されてきたものである。従前の大衆文化論が批判の対象としてきた「大衆文化」（mass culture）概念は脱構築され、近年では留保されることなく使われることはめったになくなった（吉見、二〇一〇）。大衆文化論が論じてきたような「高級文化」を浸食するような「大衆文化」は実際には存在せず、それは文化の被支配階層の構築物である、とする指摘は、カルチュラル・スタディーズの大きな理論的貢献であった。

そうした知的潮流に連動するかのように、かつては多数出版されていた「大衆文化」を題目に含む書物は減り、一九九〇年代には、社会の中の異質な文化への注目が高まることによって、異質な成員の「生きられた経験」の抵抗形態を強調する「サブカルチャー研究」が多く展開された。そこで採用された方法論は、消費活動を通して文化の「生きられた経験」を組織し、文化の固有の意味と感覚を構築しつつ「なんとかやっていく」（＝ブリコラージュする）ありようを描き出そうとするものだった。メディア・オーディエンスによる再解読、ブリコラージュに注目する方法論は、文化人類学的伝統との接合によって、「メディア文化のフィールドワーク」という広大な研究領域を拓いたと言える。

本書では、こうした知的流れを受けて「ポピュラー文化」概念を用いる。つまり「ポピュラー文化」とは、そのようにカテゴリー化され構築されている文化形式であって、メディア商品として一定のジャンルを形成している。また、それは「ポピュラー文化とは何か」という問いを根本に含むような概念である。ここで「サブカルチャー」という言葉を採用しないのは、それが既に社会全域に広がっている文化だからである。また、「メディア文化」という用語を使わないのは、そもそもメディアである「ミュージアム」との対立関係が明確にならないからである。

本書における「ポピュラー」概念の含意は、まず第1章でミュージアムの〈ポピュラー文化〉化が問い返されるときには、従来の高級文化／文化遺産が、メディア商品を消費する活動と接合しコンテンツが変容していくこと、さらに、展示・収集・インターフェイスがメディア化し、ミュージアム体験が日常的娯楽様式に接合していくことを含意している。次に第2章において、〈ポピュラー文化〉が収集や展示の対象となり、ミュージアム化する過程が問われるときには、そもそも場所性にとらわれないメディア文化のローカルな文脈への再接合や、歴史的・伝統文化的脈絡への再配置、公的資金の投入、ツーリズムへの回収などが問題とされる。

「ポピュラー文化」という言葉を使うことによって、それには含まれない「高級文化」を区別し構築してしまうという作用には、徹底的に意識的である必要がある。さらに、「ポピュラー＝人気のある」という含意についても、留保が必要である。ミュージアムが〈ポピュラー文化〉化していく現象については、ポピュリズム（人気取り）との批判がつきまとう。それは、「ハイ・アート」や「高級文化」の側からなされる場合もあるが、他方で「ポピュラー文化」の当事者の側から、その文化の真正性を問われるという形でなされることもある。

こうした批判に拍車をかけるように、ミュージアム・バブルの崩壊は、よりいっそう市場原理からの浸蝕を際立たせ、ビジネスモデルや地域文化振興としてのみ「ポピュラー文化ミュージアム」を強調する視点につながっていく。二〇〇〇年代以降の「増えすぎた」ミュージアムが選択・淘汰され、「ハイ・アートのための美術館」や「文化遺産として認定」されることがその選択の要件となるとき、「ポピュラー文化ミュージアム」はまさしく文化の収集・共有・消費をめぐる〈闘争の現場〉として立ち現れてくるのである。

本書のねらいは、そのような〈闘争の現場〉として、「ミュージアムのようなもの」を研究することの意義を示すことである。「ポピュラー文化ミュージアム」は、単なる観光振興のための道具なのか。それとも、その文化の担い手自身のためのものなのか。そこでは、「ポピュラー文化」をめぐる研究の枠組みもまた、問い返されているのである。

本書の読者には、そうしたスリリングな知的探求を、実習やフィールドワークという営みを通して、共有していただければ幸いである。

参考文献

伊藤明己「ポピュラー文化を研究すること」渡辺潤・伊藤明己編『〈実践〉ポピュラー文化を学ぶ人のために』世界思想社、二〇〇五年。

井上俊・伊藤公雄編『ポピュラー文化』（社会学ベーシックスシリーズ7巻）世界思想社、二〇〇九年。

遠藤英樹『現代文化論――社会理論で読み解くポップカルチャー』ミネルヴァ書房、二〇一一年。

クリス・カトラー著、小林善美訳『ファイル・アンダー・ポピュラー』水声社、一九九六年。

［記憶と表現］研究会編『訪ねてみよう　戦争を学ぶミュージアム／メモリアル』岩波書店、二〇〇五年。

スーザン・A・クレイン編、伊藤博明監訳『ミュージアムと記憶』ありな書房、二〇〇九年。

ドミニク・ストリナチ著、渡辺潤・伊藤明己訳『ポピュラー文化論を学ぶ人のために』世界思想社、二〇〇三年。

高井昌吏編『「反戦」と「好戦」のポピュラー・カルチャー――メディア／ジェンダー／ツーリズム』人文書院、二〇一一年。

谷川健司・王向華・呉咏梅編『越境するポピュラーカルチャー』青弓社、二〇〇九年。

千地万造・木下達文『ひろがる日本のミュージアム』晃洋書房、二〇〇七年。

日本博物館協会編『日本の博物館総合調査研究報告書』財団法人日本博物館協会、二〇〇九年

浜日出夫「歴史と記憶」長谷川公一・浜日出夫・藤村正之・町村敬志『社会学』有斐閣、二〇〇七年。

宮台真司・辻泉・岡井崇之編『「男らしさ」の快楽――ポピュラー文化からみたその実態』勁草書房、二〇〇九年。

文部科学省「博物館の振興」『文部科学省ＨＰ』（トップ＞教育＞公民館、博物館、図書館等＞博物館の振興）、二〇〇八年。

吉見俊哉「メディア大衆の誕生と変容、そして拡散と分解」吉見俊哉・土屋礼子責任編集『大衆文化とメディア』ミネルヴァ書房、二〇一〇年。

朝日新聞「日本の博物館、戦後初の減少ハコモノ文化に変調」、二〇一〇年四月一八日。

Casa BRUTUS「いま、ミュージアムから目が離せない」マガジンハウス、二〇〇七年。


（石田佐恵子）

ポピュラー文化ミュージアム——文化の収集・共有・消費　目次

第Ⅰ部　ポピュラー文化ミュージアムを考える枠組と方法

第1章　ミュージアムから考える

1　ミュージアムはポピュラー文化か

二つの〈ポピュラー文化〉化現象

「ポピュラー文化ミュージアム」という言葉を聞いて、違和感を覚えた読者も多いだろう。一体いつからミュージアムはポピュラー文化になったのか、と。

通常ミュージアムとは、私たちの社会にある「価値のある」モノを体系的に蒐集《しゅうしゅう》し、適切に保管し、市民に公開する義務を負う教育機関を指す。したがって知や芸術の殿堂として認識され、どちらかといえば「知的」で「高級」なイメージを喚起する。一方、ポピュラー文化とは、私たちの「生きられた（lived）」文化そのもの、転じてマンガ、映画、音楽、スポーツなど、日常的な生活のなかで「大衆」に人気のある《ポピュラーな》もの全般を指し示す、幅の広い言葉である。それは、より娯楽的で消費財的な語調を持つ。したがって「ポピュラー文化ミュージアム」という言葉は、「高級文化」と「大衆文化」、あるいは「ハイ」と「ロウ」という、文化研究では馴染みの深い構図[1]をもつわけだが、この一見矛盾するかにみえる二つを、あえて組み合わせた本書の眼目はどこにあるのだろうか。

一般に、「ミュージアムの〈ポピュラー文化〉化」といったときに考えられるのは、ミュージアムのコンテンツが〈ポピュラー文化〉化した、ということだ。すなわち、マンガ・映画・音楽・スポーツその他もろもろの「ポピュラー文化」が、ミュージアムで蒐集・保存・展示される対象として扱われるようになったことを指す。ここには、例えば絵画・彫刻・仮面・土器・鉱物・剥製などといった、従来のミュージアムが取り扱ってきたモノの枠内には収まらないようなコンテンツが多分に含まれる。ミュージアム不況の現在、よりポピュラーなコンテンツを扱うことで、来館者増への起爆剤になるのではないかと、期待が高まっている。実際、こうしたコンテンツを意識した企画展の開催も目立つようになった。既に読者の多くが、この現象に対するぼんやりとしたイメージや実感を持っているのではないだろうか。

しかし、〈ポピュラー文化〉化現象は、それだけでは説明できない。むしろ、我々のミュージアム体験の〈ポピュラー文化〉化、という側面が大きいのではないだろうか。ミュージアムの扱うコンテンツの変化以外に、ミュージアムに出かけるという行為や体験そのものが娯楽化し、それに伴い、ミュージアムという存在がこれまでとは異なる仕方で消費されるようになっているのではないだろうか。ミュージアムに行くことは、もはやハイカルチャーではなく、ハイカルチャーな気分が味わえるポピュラーな体験になりつつある。ミュージアムが、そのような我々の日常的な娯楽や消費の装置になりつつあることも、〈ポピュラー文化〉化現象の重要な要素として考えていく必要があるだろう。

本章では、(1)ミュージアム・コンテンツの〈ポピュラー文化〉化と、(2)ミュージアム体験の〈ポピュラー文化〉化が、相互に作用しあって強化しあうことで、「ポピュラー文化ミュージアム」という現象が成立していると捉え、論じていく。

ミュージアムの定義

本題に入る前に、ミュージアムとは何かについて、簡単にその定義をみておこう。一般に日本でミュージアム、もしくは博物館といったときに言及されるのは、以下の二つの定義である。

①イコム[2]第二条の定義（二〇〇七年）

ミュージアムとは社会とその発展に貢献し、研究・教育・楽しみの目的で人間とその環境に関する有形および無形の遺産を取得・保存・研究、伝達・展示する公共の非営利常設機関である。

②博物館法[3]第一章第二条第一項の定義（一九五一年、最新改正二〇〇八年）
この法律において「博物館」とは、歴史、芸術、民俗、産業、自然科学等に関する資料を収集し、保管（育成を含む。以下同じ。）し、展示して教育的配慮の下に一般公衆の利用に供し、その教養、調査研究、レクリエーション等に資するために必要な事業を行い、あわせてこれらの資料に関する調査研究をすることを目的とする機関…（中略）…をいう。

このように書かれると急に身構えてしまいがちだが、要は、貴重な資料を蒐集・保存・展示する機関の総称である。しかし、一見かっちりとした定義とは裏腹に、実際のところミュージアムや博物館という言葉が何を指すかは、とても曖昧である。

ミュージアムは明治時代に日本に紹介され、日本では「博物館」と訳された。そして一九五一年には博物館法の制定によって、社会教育施設としての役割を担うことになった。博物館は「登録博物館」「博物館相当施設」「博物館類似施設」の三つに区分され、二〇〇八年文部科学省のデータによると、その数はそれぞれ九〇七館、三四一館、四五二七館となっている（図0-1を参照）。このうち三つ目の博物館類似施設は博物館法の規定に縛られないため、法律に準ずる博物館は今のところたったの一二四八館だと考えてよい。一方、博物館類似施設は四五二七館とあるが、これは協会や自治体で把握されている数に過ぎず、それ以外のもので、「物質資料を取得・保存・研究・伝達展示する公共の非営利常設機関」は数え切れないほど存在する。「非営利」という枠を外せば、さらに広がるだろう。これらをミュージアムと呼べないという根拠はどこにもない。

その他、遺跡、城郭、資料館など、博物館との線引きが曖昧なものや、単に「博物館」「ミュージアム」の名を冠するものなども、一概にミュージアムではないと一蹴できないところがある。なぜなら、そもそも博物館法の定義に準ずるものは一二四八館で、それ以外の博物館類似施設と、そうでないものの線引き自体がきわめて不明瞭だからだ。

つまり、どこまでをミュージアムと呼ぶかは意外に難しいのである。厳然とした定義は、行政や運営のレベルではもちろん重要なのだが（どこまで税金でサポートするかなどにも関わるため）、現実問題としては、ミュージアムという言葉はミュージアムのようなものまで含めて指して使われる場合が多く、両者は混在している。本書では、これらも含めてミュージアムと呼んでいる。

また、こうした法的な定義と、私たちのミュージアム観やミュージアム体験との間のズレや曖昧性そのものが、ポピュラー文化ミュージアムを論ずる際の本質的な要素とも関わってくるだろう。

2　ミュージアム・コンテンツの〈ポピュラー文化〉化

ポピュラー文化の流入　ミュージアムで扱われるコンテンツの変化は、前記のような定義と使命を持つミュージアムという組織に、いったい何をもたらすのだろうか。先の定義によれば、ミュージアムはモノを収蔵し、展示する組織であるから、モノの内容が変化すれば、その収蔵方法や展示方法にもおのずと変化がもたらされる。ここではわかりやすい例として、マンガというポピュラー文化を例にとろう（詳細は第8章を参照）。

マンガと聞いてどのような媒体を想像するだろうか。一般に私たちが日常的に消費しているのは、いわゆるマンガ雑誌やコミックスといった綴じられた冊子の形をしたものである。特に雑誌は、読み捨てられ、すぐに次の号が出ることが想定されているため、安価で劣化しやすい紙に印刷されている。したがって、発売されると同時に逐一保存をしておかなければ、またたく間に破棄され、存在しなくなってしまう。ところが、ひとたび集め始めれば、それは途方もない早さで増殖し続け、収蔵庫を満杯にする。そのどこをとっても、限られた貴重なモノを（半）永久保存するという、ミュージアムの基本理念に反する。

また、マンガを展示するときには、はたして何を展示すればよいだろうか。綴じた冊子を展示すれば、表紙しかみえないことになる。見開きのページを展示すれば、その他のページは読めない（かわりに中身を拡大コピーしたものをパネルにして展示する手法が一般的である）。一方で、マンガを展示するということは、はたして純粋に冊子としてのマンガだけを展示することなのだろうか。マンガをより包括的に展示しようとすれば、印刷前の原画や原稿はもちろんのこと、マンガ雑誌の付録や、キャラクターグッズやフィギュア、あるいはマンガ家に関わる品々など、様々なモノが射程に入ってくるだろう。立体感のある展示をつくるには、これらは不可欠なモノといえる。

展覧会を開催する際には、どんなモノや作品を、誰が（どの館が）収蔵しているかが、企画の内容に大きく関わる。また、現在進行形で読まれている「マンガ＝商品」を展覧会で扱えば、作家や出版社、プロダクションなど、表現と著作権に関わる全ての関係者との交渉や権利に対する資金の発生を余儀なくされ、おのずと制限が出てくる。これは、ポピュラー文化的なコンテンツが基本的には消費財であり、商品として市場に流通していることから必然的に派生する。ミュージアムはこれらの全てを勘案し、企画を立てなくてはならない。

さらに、マンガを扱う展覧会は、結果的に来館者層を変化させるだろう。特定のマンガに関心のある若者や、作家の熱烈なファン、キャラクターをひたすら消費したい家族連れなどを、普段ミュージアムに足を運ばないような層にも訴えかけることができる。そうなれば、ミュージアムに何を求めて来るか、館内でどのように振る舞うか、そこで何を楽しんだのかという、ミュージアムの受容の仕方も異なる。一方で、普段ミュージアムを好む層を遠ざける可能性も、ないわけではない。結局、マンガを扱うことは、収蔵方法や展示方法に限らず、企画展の内容、来館者層、その受容の仕方、ひいてはミュージアムのあり方そのものを変化させるのである。

もう一つだけ例を出そう。第5章で論じているような、化粧品というコンテンツを蒐集・展示する場合はどうだろうか。例えばアイシャドーのコンパクトケースを想像してみると、ケースそのものにも当然価値があるが、実はケース内のアイシャドーの色や配置の仕方もデザインの一部である。しかし、アイシャドーの粉の色や質感は、長年保つことはできず、すぐに劣化してしまう。また、万華鏡のように美しく色が隣り合わせで配置してある粉を、ブラシで掬うと色が混ざって出てくることも、製品のコンセプトの一部だが、その作用自体を保管すること
い。さらに、このアイシャドーを私たちが日常の化粧という行為の中でどのように使っていたのか、

ち歩いていたのか、などといった、コンパクトケースにまつわる私たちの「生きられた」経験そのものは、ミュージアムには保管できない（出来るとすれば、文章や写真などの二次資料になる）。結局、ミュージアムに保管することができるのは、究極的には外側のプラスチックケースと、ポスターやCMなどの関連広告だけなのである。ミュージアムにポピュラー文化が収められたとき、それはポピュラー文化における消費する快楽のそぎ落とされたものだといえる。そして、その快楽を追憶しながら補完しているのは、実は展示をみている来館者自身なのである。

ポピュラー文化と「真正性」

何よりも、マンガやコンパクトケース、その他すべてのポピュラー文化を扱うミュージアムが、蒐集・保存・展示という活動を行う際に必ず直面するのは、「真正性」をめぐる問題である。すなわち、どのようなモノがミュージアムで集めて、保管し、展示するだけの価値があるのか、という議論である。

ミュージアムという物理的空間に永久保存できるものは、限られている。しかも年月が経てば経つほど、保管しなくてはならないモノは増え続ける一方である。したがって、蒐集にあたっては、やみくもに集めるのではなく、取捨選択し、価値のあるものだけを後世に残す、という価値観がおのずから働く。その結果、真正性のあるもの／ないもの、という線引きがここで行われることになる。そして真正性のあるものだけが、ミュージアムに収められるのである。ここでいう真正性とは、芸術的価値が高い、希少性が高い、歴史性がある、などの軸が挙げられよう。

しかし、真正性をめぐる議論は一筋縄ではいかない。モノは文脈によってその価値や意味を変えるからである。ある時貴重だったモノは、一〇年後に貴重であるとは限らないし、その逆もしかりである。ある場所ではガラクタか破棄の対象でしかなかったものは、別の場所や空間に持ち込むと貴重品になることもある。このことを、図1－1のような図式を用いて解説したのが、ジェイムズ・クリフォードだ。人類学者である彼は、例えばアフリカの村、観光客向けの土産屋、あやしい美術商、芸術家のアトリエ、民族学博物館を行き来する中で価値や値段が変化する「部族芸術」を想定し、モノの価値というものは文脈によっていくらでも変化すると考えた[4]。例えば、ある部族が日常的な祭事に使用する器物を、ヨーロッパの美術商が二束三文で買ってヨーロッパに持ち込み、アーティストの書斎や、博物館の手に、より高額で渡る。ひとたび博物館に収められると、それは市場から切り離された真正なモノになる。仮にそれが民族学博物館であれば貴重な宗教的・文化的資料としての意味合いが付与され、美術館であれば原始的なアート、つまりオリジナル作品として、新たな価値や文脈が与えられるのである。

このシステムはモノを分類し、それぞれに価値の多寡を割り振る。それによって、モノが帰属し流通する「コンテクスト」が設定されることになる。肯定的価値へと向かう通常の移動は、下から上へ、右から左へと進む。この移動は、永続的価値や稀少性をもつ器物を選び出すが、通常その価値を保証するのは、「消えゆく」文化という地位あるいは芸術市場による選別と価格設定のメカニズムである。（クリフォード、一九八八＝二〇〇三：二八三）

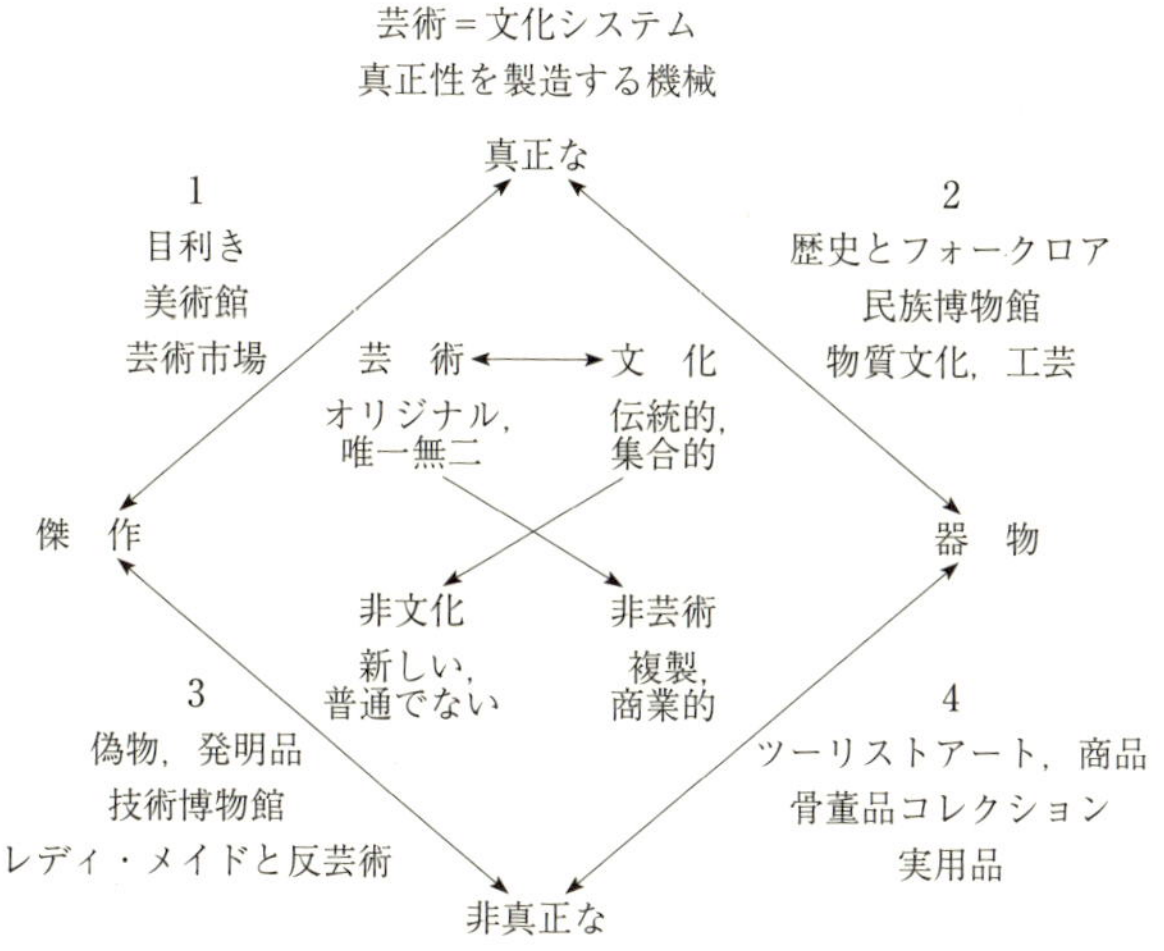

図1-1　モノの価値や意味は文脈によって変化し，その過程で真正性が生成されていく。
（出典）クリフォード，1988=2003: 283。

この「肯定的価値へ向かう」ということが、まさに真正性を帯びることを意味しているのである。クリフォードによれば、モノが真正性を帯びるのは、そのモノの属す文化が消えゆくことが決まったときや、美術市場で勝手に価値をつけられて価格が上昇するときなどである。

この図は、スーザン・ピアスによって民族学的な器物の話から、ミュージアムの扱うモノ全体へと応用され（Pearce, 1995）、さらにケヴィン・ムーアが、ミュージアムとポピュラー文化の文脈に当てはめて論じ（図1-2）、ミュージアムがポピュラー文化を扱う必要性とその困難について語っている。[5]

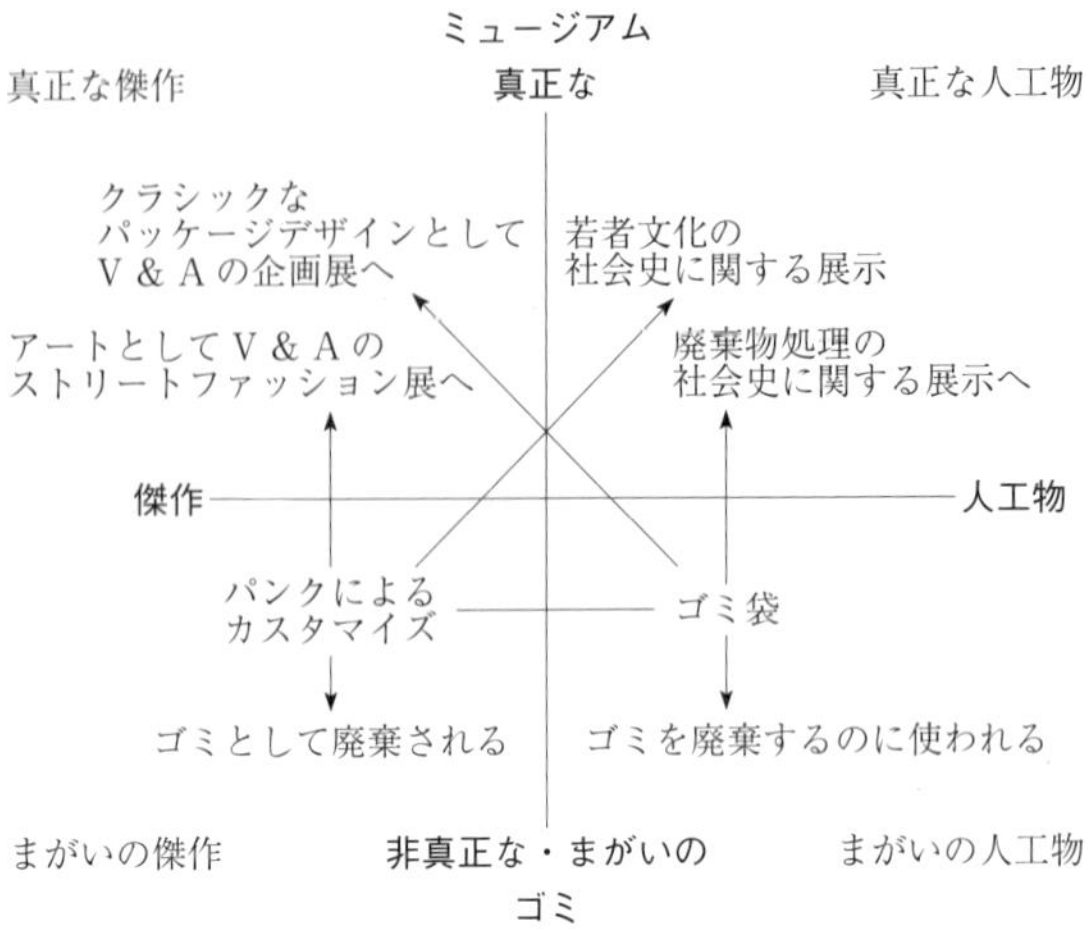

図1-2　クリフォードの図をポピュラー文化に当てはめたムーアの図。ゴミ袋の価値が移動する様子を示している。
（出典）Moore, 1997: 74。

ポピュラー文化と呼べる物質文化は、（意味を）変換され、この平面図を自由に行き来することができる。

（Moore, 1997: 74）

その例としてムーアが出しているのは、ゴミ袋である。通常であれば単なるゴミを捨てるための袋となって図の右下に位置するが、これが一九七七年であればパンク・ロッカーによってファッションの一部としてカスタマイズされ、左下に位置づく。使用後に破棄すれば再びゴミの位置に戻るが、かわりに記念として保存しておけば、九〇年代にはストリートファッションを紹介する展示としてヴィクトリア・アンド・アルバート（V&A）博術館や、若者文化の社会史に関する企画展で展示されるという。あるいはクラシックなデザインの真正な傑作として美術館に展示されたり、廃棄物処理をテーマにした展示に真正な器物として位置づけられる。

こうしてみると、モノの価値が変化してその位置を移動させることに関しては、クリフォード、ピアス、ムーアともに合意するところである。実際に、モノの価値は移動する。そしてミュージアムにおいて、展示とはまさにそこに別の文脈や新たな価値をつけることを意味する。[6] すなわち、七〇年代のゴミ袋を、当時のパンクファッションで使用されている写真とセットで展示するとき、あるいは廃棄物処理に関する展示で、リサイクル品からゴミ袋が出来あがる様子をみせるとき、ゴミ袋は単なるゴミ袋ではなく、より意味のあるモノや、歴史的に貴重なモノになっている。

しかし、逆説的に言えば、ミュージアムの門をくぐるということは、そのものの価値は、必ずより「肯定的価値」へと変換される、すなわち真正性（芸術性・希少性・歴史性など）を帯びることを意味する。つまり、ポピュラー文化は、「ロウ」なポピュラー文化のありのままにミュージアム内で消費されることはあり得ないのである。ゴミ袋は、私たちの日常のままのゴミ袋ではありえないのであり、これは他のポピュラー文化にもあてはまるといえる。

この点に関して、ムーアは、議論を突き詰めていけばミュージアムは不要ということになってしまう、とそのジレンマについて述べている。ミュージアムの門をくぐることは、ポピュラー文化を、より上位の別の文脈に転移させることを意味する。そしてそれはムーアらの目指す「ミュージアムの民主化」(Moore, 1997: 93) とは矛盾する。逆に「ミュージアムの民主化」を推し進めれば、あえて日常に転がっているポピュラー文化をミュージアムに収める理由はなくなってしまう、ということになるのである。そして、このジレンマは、ミュージアムとポピュラー文化を考えるにあたって、核になってくる。

「ポピュラー文化ミュージアム」の射程

ミュージアムとポピュラー文化という組み合わせの最大のジレンマ、それはハイ（＝ミュージアム）とロウ（＝ポピュラー文化）という文化研究に馴染みの深い構図がここにあり、それを突き詰めると、すなわちミュージアムでポピュラー文化をポピュラー文化そのものとしてみせようとすると、ミュージアムでなくなってしまうのではないかという点にある。では、いったい本書が扱おうとしている「ポピュラー文化ミュージアム」とは何なのだろうか。

この点について考えるために、もう少し先行研究を繙いてみよう。本書の「まえがき」にもあるように、そもそもポピュラー文化とは何かを詳細に論じた研究は日本ではほとんどない。欧米ではそうした研究に関しては数多く存在するものの、ポピュラー文化とミュージアムを組み合わせた研究となると、やはり数えるほどしかない。それほど議論のなされていないテーマなのである。

フレッド・シュローダーは最も早い一九八一年の段階で既にポピュラー文化とミュージアムの関係について着目

したが、そこに「ポピュラー文化」とは何を指すのかという点に関して悩みはない。彼はポピュラー文化の定義を「アメリカが二〇世紀に生みだしたモノ」、と明確（すぎるほど）に線を引く。そのうえで、ミュージアムが、二〇世紀のポピュラー文化の品々の中から百年後に保管する価値のあるものを見据え、それらを積極的に蒐集・保管することが必要だとする。これは、ミュージアムという組織においては常識的な考え方といえるが、ここには先の議論にあるような、価値が時代や文脈によって変化する、という視点は全くみられない。

やがて時代を追って（ヨーロッパから）、ピアスやムーアらが、ポピュラー文化を扱うことの複雑性についての議論を提示するわけだが、一方で、ここでもシュローダーの前提は共有されている。ミュージアムは、ポピュラー文化の蒐集に意識を向けておらず、私たちの日常的な文化をきちんと反映できていないのではないか、限られた層の文化のみを反映しているのではないか、という疑問が提示されているのである。先述した、「ミュージアムの民主化」が必要なのではないかという発想である。

つまり、一連の研究は総じて、ミュージアムにはポピュラー文化を保存する使命があるのではないか、という論調で書かれているのである。こうした使命論は日本にいる私たちにとっては不思議に感じられるかもしれないが、その背後にあるのは、以下のような明確な二項対立である。

上流階級（upper class）⟷下層階級（lower class）
白人（white）⟷非白人（non-white）
富裕層（rich）⟷貧困層（poor）

つまり、いまミュージアムが扱っているものは、上の項に属する「特権階級」の人々の文化を表象するものに限られており、下の項に属する人々の文化はミュージアムの外にある。そして、この外にあるものこそが、ポピュラー文化であり、それをミュージアムがきちんと取り扱わなければならない、という認識である。このような使命論は、欧米における近代型ミュージアムの設立経緯や、西洋近代の市民社会のあり方を如実に物語っている。

きわめて単純化して言えば、王侯や貴族が自分たちの富と権力で蒐集したコレクションが、市民革命を経た結果、

「市民」にも公開されるべきだということで設立されたのが、近代型ミュージアムの始まりである。[7] しかし、市民に開放されたとはいえ、現在でも労働者階級、非白人、貧困層がミュージアムにはほとんど足を運ばないことは、欧米では周知の事実である。ピエール・ブルデューによる指摘以降（ブルデュー、一九六六＝一九九八）、今日に至るまで、同様の結果があらゆる個別調査でも出ている。今日ヨーロッパに存在する名の通ったミュージアムは、元はこうした歴史や社会構造の中で生まれており、その価値観は現在に至るまでまるで地下水脈のようにミュージアムという組織に流れている。ポピュラー文化をミュージアムで展示すると既にミュージアムはミュージアムとはいえない、という発想は、先の二項の片側にミュージアムがあり、来館者もこの片側の特権階級層（上流階級・白人・富裕層）であり、それこそがミュージアムのミュージアムたるゆえんだった、というところから来ているのである。

しかし、日本の社会や日本のミュージアムにこの考え方をそのまま当てはめることはできない。すなわち、私たちが本書で論じようとしているミュージアムとポピュラー文化の関係は、前記の枠組みからは容易に説明しえないところにある。

その理由は主に二つ挙げられる。一つには、日本社会に、欧米のような意味での階級社会や階級意識が存在しないことである。昨今急速に階層化が進んでいるとはいえ、それは階級（class）という概念とは根本的に質を異にする。したがって前記のような分類や、「ハイ」と「ロウ」の間にあたかも明確な線があるかのように考える発想はいまひとつピンとこない。「ミュージアムの民主化」という言葉もしっくりこないだろう。二つ目に、欧米の近代型ミュージアムと日本のそれとでは、根本的に設立経緯や意味が異なる、ということが挙げられる。日本のミュージアムは、限られた富裕層から市民への開放という経緯を経たのではなく、明治時代の急速な近代化政策の一環として「輸入」され、行政機関という形でつくられた。[8] つまり日本の国力や地方の豊かさの象徴として、行政がまず箱をつくり、それから収めるものを探す、という形が日本の近代型ミュージアム＝博物館の原型である。社会情勢によって差異はあれど、戦前も戦後も、公立博物館はまさにこのような発想でつくられてきた。[9] そこには階級社会や人種や民主化という概念は存在せず、一般市民の文化が反映されていないのは問題だという発想自体が存在しない。むしろ、（西洋から来た）進歩や豊かさを象徴する有り難いもの、という別の意味でのハイなカルチャーとしての地位を確立したのである。それは「うちの県もそろそろ博物館くらいはないとなぁ」という発想である。

同時に、高度経済成長期以降の日本では、デパート・催事場文化の文脈においてもミュージアムが存在してきた。特に八〇年代以降デパートの上階に設けられたミュージアム――例えば西武美術館（のちにセゾン美術館）、そごう美術館（なんと登録博物館！）、東武美術館など――は、シャワー効果をもたらすものとして期待されただけでなく、同時に文化度の高さを示す記号でもあった。

したがって、公立博物館にせよ、デパート文化におけるミュージアムにせよ、日本のミュージアムとポピュラー文化に関して、先のような欧米型の構図で説明することはできない一方で、文化的成熟度を示す指標になっているために、やはりミュージアムという空間に収めてしかるべきものとそうでないものが漠然と存在している。例えばミュージアムでマンガ・娯楽映画やテレビドラマ・ポピュラー音楽・スポーツ等を扱おうとすれば、いかにそれらが文化的に（あるいは歴史的・社会的に）意味があるかを「説明」することが求められるし、ミュージアム的な展示方法や語りの文法で提示されることを求められる。若者に圧倒的人気を誇る井上雄彦のマンガ展[10]が伝統的な日本美術の手法である墨絵で構成されており、美術史的に位置づけられることで称賛されたことは、一つの典型例といえよう。

こうしてみると、ミュージアムへのポピュラー文化の流入、すなわち(1)ミュージアム・コンテンツの〈ポピュラー文化〉化は、日本のミュージアム文化の中で、活発化しつつあるといえる。日本におけるミュージアムとポピュラー文化の関係は、欧米と比してきわめて緩やかで、実際には様々な文脈のズレや曖昧さを許容している。そしてそれが、多様なポピュラー文化ミュージアムを育む土壌となっているのである。

3　ミュージアム体験の〈ポピュラー文化〉化

メディア体験としてのミュージアム

冒頭で述べたように、本章では、(1)ミュージアム・コンテンツの〈ポピュラー文化〉化と、(2)ミュージアム体験の〈ポピュラー文化〉化が、相互に作用しあって強化しあうことで、「ポピュラー文化ミュージアム」という現象が成立していると考えている。(1)だけでは、この議論は双方向的な側面がみえない。そこで、次に(2)ミュージアム体験の〈ポピュラー文化〉化について考えていこう。これは、ミュージアムに出かけるという行為や体験そのものが私たちの娯楽となり、それに伴い、ミュージアムという存在がこれまでとは異なる仕方で消費されるようになってきている、という現象を指す。

例えば最近は、日本画ブームや仏像ブームも手伝って、正倉院展、伊藤若冲展、長谷川等伯展などの日本美術を題材にした展覧会に人が詰めかけるという現象が不思議ではなくなってきた。「国宝　阿修羅展」[11]は、二〇〇九年度開催の企画展のうち世界で最多の来館者数を記録した[12]。しかし、よくよく考えてみれば、そこまで万人に受ける類いの展覧会なのだろうか。以前から阿修羅像は奈良の興福寺にずっとあったにもかかわらず、なぜ展覧会の名を冠した途端にこんなに大勢が詰めかけるのか。阿修羅像は、他の芸術品など足下にも及ばないほどずば抜けて価値のある、あるいは人気の高い作品なのだろうか。そうではないだろう。ここで重要なのは、阿修羅展に行くという行為そのものなのである。つまり、「いま話題」の阿修羅展に行くこと、趣向を凝らした照明があてられた阿修羅像を見たこと、阿修羅像をあしらったお土産を買ってくること、そしてそれを人と／人に話すこと、こうした一連のミュージアム体験そのものに意味があるのだ。

ここで重要な役割を果たすのが、すかさず阿修羅のイメージを放出し続けるテレビ・新聞・雑誌などの各種メディアによる「包囲網」である。というのも、私たちがミュージアムで遂に阿修羅像と対面するとき、それはメディアで何度も見たものを確認しにいく側面が大きいからだ。もちろんミュージアムではイメージではなく実物を見ているのだが、頭の中では、既にそれ以前に何度もメディアで見た阿修羅像のイメージと摺り合わせる作業をしているのである。そのなかで、「思ったよりも小さかった」「期待していたとおりの迫力だった」「実物で見たほうがよほどいい」といった感想を抱くのである。その意味で、ミュージアムに行くという体験も、メディアの「包囲網」の中で阿修羅像に接する体験の一環であり、ミュージアム体験とは、メディア体験であるということができる。こうしてメディア露出の多い阿修羅展に人々が詰めかけるとき、ミュージアムはもはやハイカルチャーではなく、私たちの日頃のメディア接触の真っ直中にあるポピュラー文化、大衆文化の一環として、消費されている。

阿修羅像そのものは、千年以上も前につくられた仏像である。しかし、私たちは高度にメディア化された阿修羅像を観に、ミュージアムに足を運ぶのである。いま阿修羅展に行くこと、そして阿修羅像をその文脈の中で観ることとは、私たちにとってまさにメディア体験であり、ポピュラー文化体験なのである。ミュージアム体験の〈ポピュラー文化〉化は、まさにこのような構造の中で成立しているのである。

こうした状況下において、一部のミュージアムは自ら消費される対象としてのアピールを始めている。実際、九〇年代を境に、多くのミュージアムが、少しずつこれまでと異なる様相を見せはじめている。夏になれば、あちこちのミュージアムで子供向け・家族向けの企画展や催しが目白押しになり、「ゲゲゲの鬼太郎」[13]や「ジブリ」[14]のキャラクター、大恐竜展などを目当てに多くの来館者が訪れる。欧米のミュージアムのコレクション展（ルーブル美術館展、ボストン美術館展、オルセー美術館展など）や日本画の大家を取り上げる展覧会が開催されれば、館内は連日人で溢れ、入口には延々と長蛇の列ができる。ミュージアムショップでは、展覧会のモチーフをあしらった文房具・絵葉書・Tシャツ・ケータイストラップなどが大量に用意され、それらが飛ぶように売れる。また、ミュージアムがショッピング街に隣接してつくられたり（例えば六本木アート・トライアングル）、ミュージアム内にブランド力のあるカフェやレストランが参入している。いずれも、私たちがミュージアムに行き、そこで時間を過ごすことそのものに、その体験自体に、娯楽的な意味や、消費的価値を見出している中で起きている現象といえよう。

私たちはミュージアムで何をしているのか――ミュージアム体験

こうして私たちのミュージアムでの体験は、ミュージアムのあり方そのものをも変えていく。しかし、ここで最も重要なのは、何よりも「私たちがミュージアムで何をしているのか」という視点から、この現象を考えていくことである。つまり、出かける私たちがミュージアムで何を見ているか、あるいは見たいのか、という私たちのミュージアム体験が問題なのである。

‘museum experience’（訳書では「博物館体験」と訳されている）という言い方を提起したのは、ジョン・フォークである。彼は、来館者がミュージアムになぜ来るのか、何をしているのか、何を得て帰るのかを、受け手側の総合的な文脈のなかで捉えようとしたという点において、それまでのミュージアム研究に一石を投じた。そして、来館者の体験は、物理的・個人的・社会的な三つの文脈（コンテクスト）が重なり合う中でこそ成立し、意味づけられるとして、次のように述べた。

> 博物館体験は、我々がミュージアムと呼ぶ構造物と物体の集まりである物理的コンテクストの中で起きる。その博物館の中には、世界を自分自身の個人的コンテクストを通じて知覚する来館者がいる。その体験を共有するのは、それぞれ独自の個人的コンテクストを持ち、それらを寄せ合って社会的コンテクストを作り出す様々な人々である。（フォーク、一九九二＝一九九六：一三）

そして、これまでミュージアムの専門家が、来館者の体験を、断片や一部のみ捉えるばかりで、このような総体として捉えてこなかったと指摘する。また、研究者も、例えば展示をみるという行為ひとつとっても、「来館者が持つ他の体験（例えば社会的体験）から切り離して調べる傾向にあ」り、こうした「行動主義心理学（刺激―反応理論）に基づいた」結果は、来館者の総合的な文脈を無視している、と指摘する（フォーク、一九九二＝一九九六：九〇）。

事実、あまりに多くの来館者調査が、来館者を自分たちに都合良く解釈してきた（これは筆者自身が行っているものに関しても言える)。フォークの指摘するように、その体験は私たちがミュージアムに行くことを計画したときに始まり、帰ってからも続いているにもかかわらず、そこにはほとんど目は向けられてこなかった。したがって、来館者側の文脈に寄り添ったフォークの指摘はきわめて重要である。

しかし、では実際こうした来館者の文脈に寄り添った体験を、どのように知ることができるのか、というところは案外難しい。我々は来館者の文脈を完全に知ることはできない。来館者の調査に継続的に関わりながら、そのことについてずっと考えてきたフォーク自身も、最近の著書のなかで、博物館体験は「実体的」でも「不変的」でもなく、「私たちはミュージアムや、来館者や、簡単に計量・観察できる属性をみるだけでは、博物館体験を知ることはできない」(Falk, 2009: 158) と指摘するに至っている。結局フォークは、ミュージアムの内容以外の、あるいは来館前後の文脈が相対的に強く、最終的には個々人が個々にしか体験の意味を語れず、博物館体験に関してそれ以上の一般化やモデル化が出来ないという、調査をする人間にとっては切ない結論に辿り着いたかにみえる(もちろん、本人はそこまで言い切ってはいないが)。

しかし、ここでは、そうした展示を共有したり消費したりする来館者の文脈、すなわち「読み」の部分がこれまで真剣に考えられてこなかった、という知見こそが最も重要になってくる。そしてミュージアムのコンテンツや、ミュージアムにいる瞬間以外の文脈のほうが圧倒的に強いというフォークの指摘は、逆に我々の考えを裏付けるものである。というのも本書は、ミュージアム研究を受け手の側から語ろうとするプロジェクトでもあるからだ。これまで、あまりにミュージアムの受け手が声を発する研究が少なすぎたのである。

ミュージアム体験の意味は、個人の文脈において語られると同時に、その個人的文脈(思考や身体)は社会的に規定されている側面がきわめて強い。したがって、今日現在のミュージアム体験が、著しくメディア化された社会の中で構築されていることを、受け手の「読み」は如実に物語るのである。

ここで先の図1-2を再度見てみよう。ゴミ袋についた文脈の変化、つまりミュージアム側(送り手)の付け加えた意味の変化は確かに図の示すとおりであるが、では来館者(受け手)がそのように読むか、というのはまた別の問題である。したがって、このようにモノが移動することの解釈とは、詰まるところ、この図がスチュアート・ホールの言うところの、「支配的な読み」でしかない、という言い方が出来る。それは送り手のメッセージであり、一定数の受け手にはたしかに共有されている。しかし、逆に、いかに別の「読み」――ホールの言葉で言えば「対抗的な読み」や、「交渉的な読み」――をするかという話は、この図では全く説明ができないのである。そして、「ポピュラー文化ミュージアム」について考えなくてはいけない理由は、まさにここにあるといえる。冒頭に述べたように、ポピュラー文化とは「生きられた」私たちの経験や体験である。これがミュージアムに収まるとき、たしかに右の文脈で展示されるだろう。しかし、読み手は、ミュージアムが提示するのと同じように解釈するとは限らないのである（この点については、第2章でより詳細に論じられる）。

ミュージアム体験の〈ポピュラー文化〉化とは、(1)メディアに媒介された多様な読み・意味が増幅したこと、(2)ミュージアムに出かけることがより娯楽的で消費的になったことの双方を指し、これらが相互作用的にミュージアム体験を変え、ミュージアムをも変えていくことを指す。すなわち、これまでとは違う消費サイクルが、ミュージアム全体に生じると、その結果、より娯楽的で多様なミュージアムの「読み」が可能になり、それによってさらにミュージアム全体もポピュラー文化になっていく。循環する中で、強化されてゆくのである。

そもそもポピュラー文化が「生きられた」文化であるということは、たとえばマンガにしろ、スポーツにしろ、テレビにしろ、一人ひとりが、個人レベルでいくらでも語れるものであるということだ。美術作品や科学の模型と違い、ミュージアムの語りを、全く別の語りに変える契機をもとより内包している。それはミュージアムに行き来する人々や文化が、ミュージアムの語りをより豊かにすることができることを意味する。〈ポピュラー文化〉化現象を単なる商業化としか見られないとしたら、それはとても貧しい見方であるといえる。

だからこそ、本書は、あえてミュージアムについて、ポピュラー文化側、「生きられた」文化の側に寄り添った視点を提供して、考えていきたいのである。ミュージアムのようなものの出現と、広がり続けるミュージアムの枠――ここにこそ、ミュージアムが実は多様な読みが開かれていることの証がある。

こうしたミュージアムの来館者＝文章の書き手のそれぞれの読みからミュージアムを論じていく本書は、受け手がミュージアムという存在をどのように認識しているのかを考える本でもある。ポピュラー文化ミュージアムを扱う中で、ミュージアムを受け手の文脈から積極的に読み直していくことも併せて提起したい。

4　ミュージアムから考える

本章では、ミュージアムが〈ポピュラー文化〉化する、とはどのようなことかについて、ミュージアム・コンテンツが〈ポピュラー文化〉化しているということ、そしてミュージアム体験が〈ポピュラー文化〉化していることの二つの観点から考察してきた。

一つ目の観点では、ミュージアム・コンテンツにおける「真正性」という基準が、ポピュラー文化の流入によって以前にも増して揺らいでいることについて指摘した。また、西洋におけるミュージアムとポピュラー文化に関する議論から、ハイとロウの基準について考えた。さらに、日本のミュージアムにおいては、こうした文化の線引きがある程度は存在しつつも、より不明瞭であること、そしてそれが、日本のミュージアム内へのポピュラー文化コンテンツの流入を後押ししてきたこともみた。

二つ目に、ミュージアム体験の〈ポピュラー文化〉化に関しては、コンテンツのみならず、私たちのミュージアムでの体験自体が、以前とは異なる文脈を帯びていることについて考えた。また、ポピュラー文化時代のミュージアム体験が、メディア社会に生きる私たち個々人の、と同時に社会の価値や物語を紡いでいる以上、これを機に来館者の文脈からミュージアムについて考えていく必要性があることを指摘した。

第1章という性質上、本書の大きな枠組みを提示する必要があり、抽象的な議論をしてきた。これがどのように具体的なポピュラー文化に落ちていくかは、第Ⅱ部を通じて堪能してもらえればと思う。

注

（1）アドルノ的な大衆文化論の構図が支持されることは、少なくとも文化研究の領域ではほとんどないが、サブカルチャーやポピュラー文化の議論においてはかえって外せない前提になっている。また、後述するように、階級の問題とも関わってくるため、こうした構図や線引きを単純に一掃することはできない。

（2）The International Council of Museums. ミュージアムとその専門スタッフのための国際機関で、世界の自然・文化遺産の保存と継続及び社会とのコミュニケーションに従事する。一九四六年に設立され、一四七カ国におよそ一万五〇〇〇人のメンバーを有す。イコムの博物館の定義はしばしば改定されており、ここではオーストリアのウィーンで開催された第二一回総会において採択された定義を示している。

（3）教育基本法と社会教育法のもとに一九五一年に制定され、ここで博物館は社会教育施設として定義された。

（4）もともとはA・J・グレマスの「意味の四角形」を援用したフレデリック・ジェイムソンに倣って制作したダイアグラムである。本来的には、移動しつつも、必然的に同じシステムの内に閉じこめられていることを説明する図だが、ここではその点については論じない。

（5）クリフォードのこの図を、スーザン・ピアスが西洋におけるコレクションの概念を説明する図として援用し、それをさらにムーアがポピュラー文化の文脈に援用した。

（6）モノそのものを見せる展示もある、という反論もあろうが、その場合でも、什器の使用や照明のあて方、その前後に並んだモノなどによって、文脈は変わってくる。

（7）ミュージアムの歴史に関しては、すでに多くの本が出ている。例えば高橋雄造『博物館の歴史』（法政大学出版局、二〇〇八年）や、松宮秀治『ミュージアムの思想』（白水社、二〇〇三年）など。

（8）明治期の博物館政策に関しては、関秀夫『博物館の誕生』（岩波書店、二〇〇五年）、椎名仙卓『日本博物館成立史――博覧会から博物館へ』（雄山閣、二〇〇五年）、大正期以降に関しては、金子淳『博物館の政治学』（青弓社、二〇〇一年）、椎名仙卓『図解　博物館史』（雄山閣、二〇〇〇年）などがある。

（9）もちろんこれは乱暴なまとめ方であり、日本の博物館政策は時代によって異なる。このあたりの詳細に関しては、村田麻里子「ミュージアムの受容――近代日本における「博物館」の射程」『京都精華大学紀要』第三五号、二〇〇九年を参照のこと。

(10) 「井上雄彦　最後のマンガ展」は、二〇〇八年五月二四日～七月六日の東京・上野の森美術館を皮切りに熊本、大阪、仙台でも開催された。

(11) 主催は東京国立博物館、法相宗大本山興福寺、朝日新聞社、テレビ朝日。照明の当て方によって、普段とは全く異なる像として見せることに成功した。

(12) イギリス美術専門誌 *The Art Newspaper*（二一二号、二〇一〇年四月発行）が発表した順位結果。ちなみに二位には奈良国立博物館の第六一回正倉院展も入り、上位四位を日本が独占した。この動員数は、新聞社やテレビ局が主催するのを特徴とする日本の企画展のあり方と関係しているため、単純に日本人が美術館好きという結論を下すことは出来ない。

(13) これまでも夏になると、必ずどこかのミュージアムで展覧会が行われてきた。二〇一〇年にはＮＨＫの連続テレビ小説「ゲゲゲの女房」が放映され、その人気はますます顕著になった。

(14) 二〇〇三年以降、夏休みにあわせて東京都現代美術館で企画展を例年行ってきた。

参考文献

表智之・金澤韻・村田麻里子『マンガとミュージアムが出会うとき』臨川書店、二〇〇九年。

文部科学省「博物館の振興」『文部科学省ＨＰ』二〇〇八年。

Belk, Russell W. *Collecting in a Consumer Society*, Routledge, 1995.

Bourdieu, Pierre et al. *L'amour de l'art : les musées et leur public*, Editions de Minuit, 1966.（山下雅之訳『美術愛好——ヨーロッパの美術館と観衆』木鐸社、一九九八年）

Clifford, James, *The Predicament of Culture : Twentieth-Century Ethnography, Literature, and Art*, Harvard University Press, 1988.（太田好信ほか訳『文化の窮状——二十世紀の民族誌、文学、芸術』人文書院、二〇〇三年）

Falk John H., Dierking, Lynn, D., *The Museum Experience*, Howells House, 1992.（高橋順一訳『博物館体験——学芸員のための視点』雄山閣出版、一九九六年）

Falk, John H. *Learning from Museums : Visitor Experiences and the Making of Meaning*, Alta Mira Press, 2000.

Falk, John H., *Identity and the Museums Visitor Experiences*, Left Coast Press, 2009.
Hooper-Greenhill, Eilean, *Museums and the Interpretation of Visual Culture*, Routledge, 2000.
Moore, Kevin, *Museums and Popular Culture* [*Contemporary Issues in Museum Culture*], Leicester University Press, 2000 [Cassell, 1997].
Pearce, Suzan, *On Collecting : An Investigation into Collecting in the European Tradition*, Routledge, 1995.
Schroder, Fred E. H., *Twentieth-Century Popular Culture in Museums and Libraries*, Bowling Green University Popular Press, 1981.

（村田麻里子）

コラム1　植田正治写真美術館──写真家の眼差しを記憶する装置

写真を見るのは難しい。そこに何が写されているかを確認すると、ついつい、それだけで満足してしまう。「きれいな女性だな。」「ボロボロの家だ。」「渋谷か。」などなど、被写体と自分のなかの知識や経験を一致させるという単純な作業をするだけで、鑑賞した気分になってしまう。

絵画の場合、何が描かれているかを確認するだけで、満足してしまう人はそういない。写実的に描けているかという単純な視点から、色がどうとか、フォルムがどうとか、マチエールがどうとか、様々な位相で、見ることとの感覚がずらされていくことを楽しむ。ところが写真では、そういった芸術における約束が簡単に吹き飛んでしまう。「真」を写していることだけを期待し、絵画を見るときのように形状や色彩だけを楽しむことは少ない。

もちろん、写真は報道写真としても、偉大な役割を果たしてきた。家族写真や集合写真など、記録の機能も求められてきた。そこでの期待は、何が起きているのかを饒舌に説明することや、思い出を呼び起こす契機となることだ。こうして日々、誰が写っているのか、何をしているのか、どこなのかといったことを考えながら写真は見られている。そのために、絵画を見るように写真を見ることができないのだ。

植田正治は、そういった写真の見方そのものと対決した写真家である。植田の名を世に知らしめたのは、「少女四態」というタイトルの、少女が四人並んだ作品である。この作品は、植田の出身地である境港の砂浜で一九三九年に撮影された。こうやって文章で説明すると、地方の写真家が近所で撮った集合写真のようだが、この写真は見る人にそういう解釈をさせてくれない。どう見ても子供たちのポーズが不自然なのだ。

自分と家族を撮影した一九四九年の「パパとママとコドモたち」や、一九八三年から継続的に撮影されたファッション写真「砂丘モード」など、「演出写真」と呼ばれる植田の一連の手法において、人々は屹立し、視線を合わせることなく、いわば人工物として自然のなかに挿入される。「少女四態」は、植田のそういった仕事の原点にあたるわけだが、そのことをふまえ、シュールレアリスムの作品として見ると、今度は逆に、ただの記念写真にも見えてくる。ポーズを決める子供たちからは、隠しきれない笑みがこぼれ、「演出写真ごっこ」をしているだけのように思えてくる。そこには、一九三九年の境港の子供たちが記録されてもいるのだ。植田は、たった一枚の写真だけで、写真の記録性と芸術性の境界線を解消し、見ることの難しさと楽しさを気づかせてくれる。

植田は、生涯を境港で過ごした。写真館の主人としてスタジオで隣近所からやってくる客を撮り、芸術家として近くの砂浜で作品を撮った。植田の地元に建てられたこの美術館には植田の作品が一万二〇〇〇点収められているが、何よりも美術館そのものが植田の記憶になっている。

植田正治写真美術館は、「少女四態」で並ぶ子供らの姿を抽象化し、一九九五年、高松伸によって建てられた。四つの四角いコンクリートの箱の並びとして建てられた。うち一つの箱は、それ自体がカメラになっており、晴れた日には六〇〇ミリの大型レンズを通して、室内に雄大な逆さ大山が写しだされる。外から美術館を眺めた時には、植田の眼となって写真に撮られる瞬間の少女たちを見ることが出来るし、美術館に入った時には、植田のカメラとなって植田の愛した風景を切り取ることが出来るというわけだ。植田の眼は、この場で生きた眼差しとして、いまだ存在している。

美術館はどこに建ててもいいというわけではない。どう建ててもよいというわけでもない。植田正治写真美術館は、単に植田の作品を保存・展示するだけではなく、カメラによって植田が人々や土地と結んだ関係を、そのまま留めようとした美術館である。

（井上雅人）

植田正治写真美術館

コラム2　足立美術館――私の庭はこのように観なさい

とりたてて特色のない入口から入館すると、これまた地味な廊下に通される…と思いきや、目に飛び込んでくるのが、一面の窓ガラスと看板の数々。

「見どころ：ここからの庭園と背景の美をごらんください」

そう言われて窓の外に視線を向けると、整然と手入れされた広大な庭が誇らしげに広がる。歩を進めると、館内のあちこちの壁がくり抜かれており、庭園があたかも額装された絵のようにみられるようになっている。その後も空間や小展示を行き来しながらも、我々はそのつど、庭をまなざすよう要請され続ける（「玄関へ入り、ソファに腰をかけて左右をごらん下さい」「ここから床を通して生の山水画をご覧ください」）。余計なお節介だと思う人もいるかもしれない。しかし、おとなしく従わずしてこの館を観たとはいえない。

庭を眺めるとき、どのように眺めるのか。その見方を、来館者に徹底する。実業家・故足立全康が幼少期を過ごした島根県安芸市古川町につくったこの美術館は、彼の執念の庭をぐるりと取り囲むように位置する。四万三〇〇〇平方メートルという広さをもつこの日本庭園こそが、全館内におけるまなざしの中心であることは、建物に一歩足を踏み入れるとすぐにわかるのである。

「庭園もまた一幅の絵画である」とは全康の言葉だが、これを聞いてすぐに連想されるのが、世界を一枚の絵画としてまなざそうとする「ピクチャレスク」の精神である。自然の模倣であるはずの絵のほうをむしろ規範としながら、自然をそれにあわせてまなざすことは、三次元の風景を敢えて二次元の絵（平面）として捉えることであり、また庭を視覚という一点においてのみ受容することを意味する。全康は、来る日も来る日も庭を眺め続けた。眺めてはあそこを変え、ここを変える。そしてまた眺める。庭園は、全康にまなざされるために存在した。こうしてピクチャレスクを創出する庭園と装置が、全康の目を通して出来上がっていったのである。

ちなみに、全康亡き後の現在も、庭園は専属の庭師と館員らを含めた約五〇人による入念な管理によって維持されている。その甲斐あってか、米国の日本庭園専門誌『ジャーナル・オブ・ジャパニーズ・ガーデニング』では、全国八〇三カ所の候補地の中から、六年連続で「庭園日本一」に選ばれている。日本庭園でありながら、さながらディズニーランドのミッキーマウスを象った植木や、オーガスタのゴルフ場のきれいに刈りこまれた芝生などを思い起こさせる手の入れようが、外国人にウケているのだ。

緻密な視覚的快楽の創出によって、館は国内外から毎年多くの観光客を呼び寄せている。彼らは観光バスに乗って押し寄せる。近くの温泉につかり、蟹を食べ、そして美術館で庭園をガラス越しに眺めて帰ってゆく。あえて専門的になるのを避け、大衆向けの観光地としての美術館を目指すこの館では、庭園・コレクション・商業施設が三位一体となり、ミュージアム不況の時代に数十年連続で黒字をはじき出している。ちなみに喫茶室のコーヒーは一杯千円也。ここに入らないと観えない庭をみながら、美術館の庭師が焼いた竹炭のマドラーでコーヒーをかき混ぜていただく「庭尽くし」だ。

庭園の話ばかりをしてきたが、コレクションも興味深い。一九七〇年に開館して以来、横山大観や竹内栖鳳らをはじめとする明治から昭和にかけての近代日本画を中心に、蒔絵、彫刻、陶芸なども含めた一三〇〇点ほどの作品を蒐集・所蔵している。ずらりと並ぶ美人画、風景画、そしてバタ臭い動物達の絵は「ワシの人生は、絵と女と庭や」が口癖だった全康の趣味を物語る。何よりも、この美術館では日本庭園と日本画は相似の関係にあると考えているから、この両方を味わってこそ、全康のピクチャレスクワールドを堪能したといえるだろう。

「私の庭はこのように観なさい。」

今も全康の銅像が、そう言いながら庭を指さしている。

（村田麻里子）

あちこちにある看板が庭を観るように要請する。

喫茶店に入らないと観られない庭もある。

コラム3　大塚国際美術館——レプリカですけど、なにか？

「なんだ、この美術館にはホンモノが一点もないのか！」

普通の美術館のつもりで訪れ、思わずこんな一言が口をついてでる来館者もいるという。それもそのはず、この美術館の展示品一〇七四点は、なんと全て陶板（セラミック）で出来たレプリカなのだ。レプリカしかない美術館だと侮ることなかれ。世界中の有名作品を一カ所に「蒐集」したこの美術館こそは、ポピュラー文化時代のミュージアムの最先端を行っているかもしれないのだ。

この美術館の最大の面白みは、そのカタログのような展示構成にある。まるで西洋美術史の教本のような作品群は、本来であれば世界各国に散在しているものばかり。それがここでは原寸大で一気にみられ、館内をまわるとまるで世界一周旅行を体験しているようだ。

ミケランジェロによる天井画と壁画で有名なシスティーナ礼拝堂や、ジョットのスクロヴェーニ礼拝堂など、室内丸ごと原寸大で再現した「環境展示」は、作品が描かれた空間の重要性を物語る。ミラノにある教会内に描かれたダ・ヴィンチの「最後の晩餐」は、修復前の絵と、よりオリジナルに近くなった修復後の絵が、同じ室内で比較しながら見られる。世界各国に散らばったレンブラントの自画像が一室に集められ、時代を追って一気に見られる。組み合わせてみたかったもの、並べてみたかったものが、ここでは全て「実現」されているのだ——これぞ人間が蒐集（コレクション）するという行為の極み、そして人間の欲望の成就である。そして、アンドレ・マルローの「空想美術館」も真っ青の究極の仕掛けは、なんといってもヒエロニムス・ボスの祭壇画である。観音開きの形になっている作品が、時間ごとに自動的に開いては綴じ、外の絵と中の絵を交互にみせてくれる。

それ以外にも、本来なら立体である壺の絵を、壺を押し開いたような状態で展示したり、強い照明をあてて絵の細部までしっかり見せてくれるなど、レプリカならではのできることを、いろいろしてくれる。もちろん触りたい放題だ（「絵は触ってもいいけれど、額縁は触らないでほしい」のだそう）。

ところで、冒頭に書いたような反応について、少し考えてみよう。私たちは、レプリカは「偽物」であり、美術品とは「本物」を指すと思っている。そして、美術館とは「本物」を見せてくれるところだと思っている。しかし、よくよく考えてみれば、偽物と本物という対立軸は、現代の美術世界においてはあまり意味を為さなくなってきている。ウォーホル以降の美術作品の多くが既にコピーであるし、デュシャンは「大ガラス」（通称）という作品を、わざと設計図（「グリーンボックス」）として発表し、芸術品を再制作できるものとして示した。最近では参加型アートなるものも生まれ、端からアートにアウラなど求めていない場合も多い。本物／偽物という二項対立は、複製技術時代に崩壊し、やがてメディアによるコピーこそが本物の価値を押し上げる時代が到来した。いや、それどころか、ボードリヤールによればハイパーリアルな現代は、実物よりもコピーのほうがリアルな時代なのである。

少し議論が抽象的になってしまったが、もっと前の時代の美術に遡っても同じことがいえる。かつて画家の卵は、先達から学ぶために多くの模写を行ってきた（ちなみに、模写の基本はオリジナルとサイズを違えることである）。やがて画家が有名になったときに、その模写は偽物などとはいわれず、その画家の才能を裏付ける貴重な資料になり、作品としても価値のあるものとなる。このように見てくると、結局レプリカでがっかりしてしまうのは、そこには何もみるべきものがないという単なる思いこみからである。

この美術館の作品はどれも西洋美術史の超有名どころばかりで、西洋美術が好きな人であればどれも「知っている」作品である。陶板という素材の性質上、光の当たり方によっては表面がてかてかと光り、また大きな絵ともなれば、陶板数枚をつなぎあわせているために継ぎ目がはっきりみえる。だから、「これがレプリカだったなんて、だまされた！」ということはまずない。しかし、この美術館に来ると、なんだか狐につままれたような不思議な気分になってしまうのは事実である。並ぶレプリカを鑑賞していると、自分がいったい何を見ているのかが、自分でわからなくなってくるのだ。作品を見ているのか、作品に描かれたモチーフを見ているのか。作品の存在を確かめているのか、「そういえばこの作品はあの美術館で見たわ」という自分の記憶を確かめているのか。それとも結局は「ああ、あの有名画家のあの作品ね」という自分の知識をみている（確かめている）のか。

いずれにせよ、お腹いっぱいの満足感を、この美術館ではたしかに味わえるのである。レプリカばかりの美術館で、この満足感は果たして何によってもたらされるのだろうか。逆の言い方をすれば、この美術館を否定したくなるとすれば、それはおそらく「どうせおまえにはホンモノかどうかなんてわかりっこないんだから」という、自分の審美眼のなさをつきつけられるような気分になるからではないだろうか。つまり本物を見ても、レプリカを見ても、感動してしまう自分自身に戸惑うのである。あるいは、レプリカで感動してしまっていいのだろうかという不安に駆られるのではないだろうか。

この美術館で絵を鑑賞していると、普段自分が美術館という空間でしていることの意味や、絵画のメディア性について、鳴門海峡の渦のようにぐるぐるぐるぐると考えてしまう。そして、そもそも絵を見るというのは、どのような行為なのだろうかという問いに行き着く。結局、美術史という学問や、美術館という制度がもたらした「大罪」は、私たちが絵を見るその見方を決めてしまったことにある。私たちが絵と接するということの意味は、本当はもっと多様なはずだ。普段あるような作品との距離が取っ払われた大塚国際美術館で、ある人は途方に暮れ、またある人は解放されるのだろう。

それにしても、いったい全体なぜこんなものを鳴門につくったのか、と誰もがそう問いたくなる。鳴門に創業した大塚製薬のグループ会社が鳴門海峡の砂からつくったタイルが事の発端である。タイル製造を始めてまもなく、歪みや割れのない大きなタイルを量産することに成功し、大塚オーミ陶業株式会社が誕生。しかし時代は石油ショックを迎え、その技術をタイル以外のものに転換させるべく、大型の美術陶板をつくりはじめたのである。一九九八年に開館したこの美術館は、その集大成といえよう。「企業として地域貢献は必須だから、来館者数は重要です」と言い切る館の姿勢も、この館全体のあり方としっくりくる。

大衆的でありながら、同時に地域貢献や良質の教育利用もできるこのミュージアムは、やはり間違いなくポピュラー文化ミュージアムの先端を行っている。

感動するのにホンモノである必要はないのだ――それを認めたとき、この美術館でのあなたの体験は、楽しくて仕方がないものになる。と同時に、美術館という空間の摩訶不思議を思うだろう。

（村田麻里子）

室内を原寸大で再現したスクロヴェーニ礼拝堂

第2章　ポピュラー文化から考える

1　ポピュラー文化は遺産か

ポピュラー文化ミュージアムと聞いたとき、第1章とは異なる方向へも違和感を覚えるのではないだろうか。いつからポピュラー文化は〈ミュージアム〉に納められるような遺産となったのか、と。

イコムによる博物館の定義では、博物館に収蔵されるのは「社会とその発展に貢献し、研究・教育・楽しみの目的で人間とその環境に関する有形および無形の遺産」である。ポピュラー文化は確かに、「楽しみ」を人々に提供するものだが、それが「社会とその発展に貢献」するのかは定かでない。ポピュラー文化は、「生きられた文化」である。とすればそこには、同時代的で、消費され消え去っていくモノ、という要素が含まれることになるのではないか。

〈ミュージアム〉の誕生

しかし、こうした感覚が存在する一方で、近年、ポピュラー文化にまつわる何がしかを集め、展示するための〈ミュージアム〉を作ろうとする動きが活性化している。国立・県立の博物館や美術館など既存のミュージアムにマンガ・アニメ・映画・音楽・スポーツその他もろもろのコンテンツが集められるだけではなく、ポピュラー文化を扱うことをそもそもの目的とした文化施設が〈ミュージアム〉という名称を与えられ、計画・設立されるようになってきた。この〈　〉付で示したミュージアムのようなものは、既存のミュージアムとしての存在理由を確立できているとは言いがたい。これらは、国立メディア芸術総合センターのように国によって構想される場合もあるが、多くは市町村単位で企画・運営される。ポピュラー文化は、主に地域活性化の起爆剤として、観光振興による経済効果をもたらす資源と捉えられ、そのコンテンツが遺産とみなされることで、〈ミュージアム〉として構想されるのである。

〈ミュージアム〉をめぐるすれちがい

だが、そこで実現されることが期待されているはずの、ポピュラー文化の〈ミュージアム〉的な楽しみ方は、施設内においてではなく、むしろその外部で、ポピュラー文化の担い手であるファンたちによって達成されているように思われる。例えば、ポピュラー文化作品の舞台となった土地を訪ね、様々な風景や建物、モノに込められた意味を解釈することを楽しむ、いわゆる「聖地巡礼」や、様々なポピュラー文化のコンテンツをコレクションすることは、〈ミュージアム〉的な展示の読み取りや収集と保存の欲望をなぞらえたものだといえる。

こうした楽しみ方は、その行為自体がポピュラー文化実践となり、さらに次の楽しみを生み出す資源ともなって、ファンの共同体の中で循環している。つまり、ファンたち（あるいはポピュラー文化〈ミュージアム〉への来館を最も見込まれ、リピーターとなることが期待された人々）にとって、ポピュラー文化は私的な、あるいは趣味を共にする共同体における快楽の資源であって、ポピュラー文化の〈ミュージアム〉は自分たちの実践において実現すればよいものなのかもしれない。

そこで本章では、ポピュラー文化のコンテンツを文化遺産や観光資源とみなす〈ミュージアム〉を設立することと、ポピュラー文化としての〈ミュージアム〉的な楽しみが、いかなる点においてかみ合っていないのかを確認することで、ポピュラー文化〈ミュージアム〉が社会的な総意を得て成立・持続しがたいその理由を考えてみたい。ミュージアムの〈ポピュラー文化〉化を論じた第1章とは逆のベクトル、つまりポピュラー文化に焦点を当てながら、ミュージアムとの接合面に浮かび上がる〈ミュージアム〉について考えていくこととする。

2　ポピュラー文化を資源・遺産とみなす〈ミュージアム〉の設立

「ポピュラー」であることへの期待

市町村単位でのポピュラー文化〈ミュージアム〉の設立ブームは九〇年代に始まり、その数は二〇〇〇年代に入って急激に増加する。第1章で触れられたように、欧米のような「文化的な階層性を前提に把握されたミュージアムの使命」が明確ではない環境において、なぜポピュラー文化を扱うのかを説明することは容易ではない。しかし、ミュージアムにポピュラー文化を収める議論ではなく、ポピュラー文化をもって〈ミュージアム〉を作ろうとするならば、そこには何らかの根拠が必要となる。

ミュージアムとして公的な資金を投入するためには、それが公的な施設であることが広く了解され、そこで提供されるものは、「みんな」にとって重要なものでなければならない。市町村においては、「みんな」は、少なくとも市町村民であると考えられる。そこで、各地の〈ミュージアム〉設立における大義名分として地域貢献・地域振興が持ち出されることとなる。このとき、地域貢献・振興は、(1)観光客誘致による経済効果、(2)地域住民満足度の向上、として捉えられ、時には一つ目の目的を達成することで後者が満たされると見なされることもある。

こうした文脈で、ポピュラー文化は「ポピュラー（＝人気がある）」であるから人を呼ぶことができる、「ポピュラー」であるがゆえに地域の人々にも敷居が低いと考えられがちである。しかしこのとき「ポピュラー」であることの内実が深く検討されるわけではない。はたしてポピュラリティの源泉はコンテンツにあるのか、それを消費する瞬間にあるのか、消費した後に生み出される何がしかにあるのか。あるいはそのすべてなのか。どこを切り取ればポピュラー文化は資産たりえ、「地域貢献・振興」を達成する資源となるのかは、最初の段階ではさして問題とされないのである。

このように、ポピュラー文化を対象とする〈ミュージアム〉では、何を所蔵し、どのように展示するべきかという問いは重要視されないことが多い。そのため、どのようなモノを持っているのかが一定の意味をもち、存続を保証してくれる「県立美術館」や「市立博物館」とは、施設を評価する指標が異ならざるを得ない。実際、施設設立後には、既存のミュージアム以上に来館者数に注目が集まり、よりシビアに資金調達の問題と直結することが少なくない。つまり、ピカソに金をつぎ込むのはよいとしてもマンガにつぎ込むのはいかがなものか、という異議申し立てに対して、ポピュラー文化を積極的に評価するための「思想」が〈ミュージアム〉にないので、経済的効果を根拠とする以外に回答の仕様がないのである。

さらに、資金調達や設立をめぐる行政的な処理に関しては「地域貢献・振興」とポピュラー文化の人気を用いた説明が通ったとしても、実際の運営において、様々な部分でポピュラー文化ゆえの曖昧さが問題を引き起こすのは間違いない。例えば、何を取り上げ、どのように並べるのかという問題ひとつとっても、ポピュラー文化を扱う「正しい」やり方は決まっていない。そのため、施設の運営者は、いかにすればミュージアムらしきものができるのか、現場で試行錯誤せざるをえないのである。

例えば、近年増加しているマンガ関連文化施設（ミュージアムや図書館、記念館などの様々な名称がつけられている）の先駆的存在である宝塚市立手塚治虫記念館（兵庫県宝塚市。以下、記念館）は、こうした課題を前に、苦心してきた[1]。

記念館は、一九九四年に開館した市立の施設である。一九八九年に手塚治虫が亡くなると、市民や市役所内から記念館設立の声があがったことをきっかけに、宝塚市が手塚プロダクションに打診をし、遺族の意向に沿う形で設立が決定した。宝塚大劇場や宝塚ファミリーランド（現在は閉園）など、宝塚の中心的観光資源に隣接していることもあって、設立にあたっては、これらの観光施設との相乗効果が見込まれた。設立のコンセプトは「自然への愛と生命の尊さをテーマとし、見て・触れて・感じる展示を通し、手塚治虫の世界を満喫できる」こととされた。運営は市が直接行い、展示は手塚プロダクションが企画する。開館初年には五〇万人を超える来館者数を誇ったが、翌年には半減、二〇〇三年には老朽化対策のためのリニューアルを行うが、その後も来館者は減り続けている。そのため、館の存続を疑問視する声も市民から出始めているのが現状である。「マンガの神様」といわれる手塚治虫のポピュラリティへの期待が事業を推進させ、そして来館者数の減少によってその存続が疑問視されている当館は、ポピュラー文化〈ミュージアム〉の抱える問題を体現していると言えるだろう。

また、記念館は、何をいかに展示するかという問題とも格闘してきた。設立された九〇年代に、先行するマンガ関連文化施設は少なかったため、マンガをマンガとして提示する〈ミュージアム〉、というコンセプト自体が「市民」に理解されるとは考えにくかった。そのため記念館は「まず、マンガが『文化』として位置づけられうることを示さなくては」という意識をもって、常設展示をつくることとなった。

こうした意気込みは、記念館の建物からも伝わってくる。館には、手塚のキャラクターがちりばめられ、テーマパーク的な作りこみがなされている。その一方で、かなり明確にリニアな動線が設定されており、順路に従って歩き、館内に展示されたものを「読解」していくことを求める施設になってもいる。つまり、記念館はテーマパーク的な意匠を持ちつつも、あくまで啓蒙教育を目指したミュージアム的な行動を求めているのである。では、そこで「読解」されるものとして、何が提供されているのだろうか。

まず、入口からすぐに始まる一階の常設展示では、手塚治虫ゆかりのもの（子供時代の落書きや通知表、初期のマンガや原稿など）が並べられている。手塚治虫を理解するためのキーワード別に、モノがカプセル什器に収められ、「偉人」としての手塚の人物像を読み取ることが求められるのである。多くの文学記念館でもなされているようなやり方で、マンガ家手塚治虫が顕彰されていると言えるだろう。また、二階においては、手塚の作品に触れる企画展が定期的に行われており、原画を「美術」として眺めさせもする。

ここでは、印刷メディアであるマンガを見せる方法を模索するというより、ハイカルチャーを扱う美術館や博物館、文学記念館でするようなやり方でマンガや作家を扱ってみせることで、「マンガを『文化』として」読み取らせようとしている。こうした取り組みによって、ハイカルチャーなモノではなく、マンガをコンテンツとしても、ミュージアムが作れることを示そうと努力してきたのである。つまり、他のハイカルチャーなモノを収蔵する（はずの）ミュージアムがそうしているようなやりかたで（もちろん、それは幻想かもしれないのだが）モノに「真正性」を与える施設となることによって、ポピュラー文化〈ミュージアム〉を作り出すことが試みられてきたのだと言えるだろう。

ポピュラー文化に「真正性」を

記念館の例をみると、ポピュラー文化関連のなにがしかを主たるコンテンツとする施設が自らを〈ミュージアム〉化するためにとる戦略には、(1)まずは経済的効果を期待させる「人気」のカラ手形を打つことと、(2)社会的に規定された「真正性」とミュージアムをめぐる関係を操作的に用いること、の二段階があるといえる。(2)についてもう少し説明しておこう。

第1章でも確認したが、クリフォードの議論に従えば、「真正性」はそもそも可変的なものである（クリフォード、一九八八＝二〇〇三）。だからこそ逆に、ミュージアムが「真正性」を確定する装置なのだ、ともいえた。しかしポピュラー文化を収める目的で計画される施設は、それ自体がはたして権威をもちうるミュージアムなのかどうかからして「怪しい」。つまり、ポピュラー文化は「人気」のカラ手形を打たせることはできても、施設の権威を保障しない。だが、施設が、集められたモノに権威を与えてくれるミュージアムになってくれない限り、ポピュラー文化に「人気」以上の説明を与えてくれそうな、「真正性」は付与されないことになってしまう。つまり、ポピュラー文化の〈ミュージアム〉化のためには、「地域貢献・振興」のスローガンに内実を与え、設立後も持続的に公的資金を投入する根拠となる(2)の段階が必要とされるのである。

だが、この(2)において利用され、〈ミュージアム〉に形を与えてくれる（ように見える）伝統的なミュージアムのフォーマットは、そこに納められたポピュラー文化にとって無害あるいは中立的なものなのだろうか。おそらくそうではない。

『ミュージアムの思想』を著した松宮秀治は、そもそもミュージアムが体現するのは、西洋近代の価値、つまり芸術、文化、科学、歴史という観念の価値体系であるという。こうした「思想」に基づき、ミュージアムはコレクションを秩序づける（松宮、二〇〇三）。つまり、（模倣ではあっても）ミュージアムのフォーマットを用いるということは、ポピュラー文化を、それ独自の秩序ではなく、右記の観念体系の中に再配置することを意味する。それは、ポピュラー文化それ自体がもっている何がしかを、そぎ落としてしまうということではないか。

おそらく、国や市町村がポピュラー文化を〈ミュージアム〉化する、というときに、多くの人々が抱くだろう違和感、ポピュラー文化はミュージアムには収まりきらないものという感覚や、ミュージアムに納めると「つまらなくなってしまう」と思うのは、そぎ落とされてしまうものの中に、ポピュラー文化の魅力が存在すると予感するからなのだ。

とはいえ、そうした感覚は、〈ミュージアム〉設立と維持を考えるうえでは無視してよいもの、あるいは別の議論に過ぎないと考えることもできなくはない。さらに推し進めて、ポピュラー文化にミュージアムの権威をもって真正性を付与するという戦略を、行き当たりばったりにではなく、むしろ自覚的に実践することもできる。つまり、ポピュラー文化を積極的に「ミュージアムの思想」の中に取り込んでいくために、ポピュラー文化〈ミュージアム〉をつくるのだ、と考えてしまうのである。

日本同様に西洋的近代思想を受け入れ、ミュージアムを作ってきた経緯のある韓国では、まさにこれが実践されている。例えば、国家と地域が共同で設立・運営する複合文化施設（ミュージアムや図書館などを持つ施設）韓国漫画映像振興院（京畿道富川市）がそれにあたるだろう。韓国のマンガは、日本同様、大量に出版され、消費される印刷メディアである。だからこそ振興院も、日本におけるマンガ関連文化施設と同じ限界や困難を刻印されているといえる。設立時のコンセプトには、マンガの「近づきやすさ」が強調されており、ここにも「人気」と「地域貢献・振興」をつなげるスローガンを読み取ることができる。その一方で、振興院の収集や展示は、完全に「ミュージアムの思想」を踏襲するものになっているのである。振興院は原画や貴重本を「美術品のように」保存、収集すると共に、その展示では「われわれの歴史を示すものとしての漫画」という視点を貫く(2)。このように、振興院はポピュラリティを旗印としながらも、同時に、「歴史」や「芸術」という価値と結びついたミュージアムを実現することによって、ポピュラー文化商品のコレクションを「国家の文化遺産」とすることに、公的な承認を得ているのである。

もちろん、「ミュージアムの思想」に飲み込まれることをよしとするのではなく、また、それを単純に否定して終わりにするのでもなく、ポピュラー文化の実践を持続可能なものとしていくような、ポピュラー文化〈ミュージアム〉の構想に乗り出す道は残されているだろう。だがいまだ、モデルとなりうるものはほとんどないように思われる。

とはいえ、人々がポピュラー文化と〈ミュージアム〉の出合いにまったく無関心なのか、と言えばそうではない。ポピュラー文化を地域振興や観光のために遺産化・資源化しようとする動きとは別に目を向ければ、ミュージアムにおける経験をなぞらえるようなポピュラー文化実践が人気を集め、楽しまれている。こうした楽しみは、なぜ、〈ミュージアム〉を作ろうとする流れとすれ違っていくのだろうか。これを考えるために、以下では、ミュージアムを「訪れる側」、とされた人々にとっての〈ミュージアム〉を検討していくこととする。

3　〈ミュージアム〉的なポピュラー文化

ポピュラー文化の中には、「あるモノを集める」こと、どこかに出かけて「モノを観賞する（解釈する）」ことを楽しむような営みが含まれている。[3]

集める楽しみ

『ミュージアムと記憶』を編んだクレインは「ミュージアムがおこなっているような仕方で、情報を蒐集し、整理し、再現し、保存する意味を理解する」、「ミュージアム的な意識」とでも呼べる感性が、近代において、かつてないほど広く共通して共有されるようになったことを指摘している（クレイン、二〇〇〇＝二〇〇九：八〜九）。私たちは、「ミュージアム的な意識」をもつがゆえに、制度化されたミュージアム以外の場所においても、ミュージアムのアナロジーとして「集めたり」「観賞・解釈」したりする方法を用いることができる。〈ミュージアム〉的な実践が、ほんの一部の粋人や狂人の営みではなく（せいぜいオタク的趣味と見なされる程度の）「ポピュラー」な文化実践として容認されうるのは、こうした意識の共有の結果ではないだろうか。

では、ポピュラー文化としての〈ミュージアム〉的な楽しみの特徴とはどのようなものか。例えば、収集や保存に楽しみを見出すことを考えてみよう。そこでは、「真正性」を獲得しきれないものを対象に、コレクションがなされることが少なくない。石やバナナシール（バナナについているバナナの形のシール）、ピンクチラシなどは、すくなくとも「いま現在の日本」において真正性を付与されているとはいえないモノである（むしろゴミにかぎりなく近い）。しかし、確かにこうしたもののコレクターは存在し、着々とこれらのゴミ（のようなもの）を集めて保存している。

彼らの楽しみとはいかなるものなのだろうか。ボードリヤールは、趣味として行われるコレクションが「事物が本来の実用的な機能から切り離されて日常とは別の体系に組み込まれる」（ボードリヤール、一九九四＝一九九八：一七〜一八）ものであることに注目している。それがコレクションの特質だとすれば、コレクターは、こうした文脈の移し変えを楽しんでいるということになるだろう。道端に転がっている石を別の場所に移すこと、バナナの産地を示すシールをシールアルバムに張り替えること、それ自体にコレクションすることの意味が生まれる。

しかし、この移し変えは、第1章で紹介されたムーアのいうような「ゴミ袋」の意味の移し変えとは異なる次元の話である。ポピュラー文化としての収集では、「ゴミ袋」は、すぐゴミになりうるその価値において集められるのかもしれない。自分がかぶるためになされるのかもしれない。つまり、移し変えはミュージアムが体現するような「真正性」獲得のために行われるのではないのである。誰に了解されなくともよいものとして、まずはそれ自体が楽しまれるために行われる。

「集める」楽しみと、「モノの価値」について考えるうえで、次の議論も参考になる。ポミアン（これは「西洋」における議論ではあるが）は、モノを集めることと、その集合としてのコレクションについて論じた。ここでは、モノが集まってコレクションになるというよりは、コレクション総体が示す世界観によってモノが集められる、という点に注目して議論が組み立てられている。つまり、モノは集める者によって意味を与えられるが、その意味が「意味を成す」のは、コレクションのような集合があって、その一部としてモノが捉えられるようになるからだ、というのである。そして、コレクションはなにがしかの世界を表象しており、それは一定の社会集団の価値観を反映していたり、その集団に支えられていたりすることによって、担保されるとする（ポミアン、一九八七＝一九九二）。ポミアンの議論は、コレクションが表象する世界観が、ヨーロッパにおいて、やがて「ミュージアムの思想」へと受け継がれていくことを示すものである。だが、ポピュラー文化のコレクションをこれに従って考えたとき、そこに表象されている世界観とは何だろうか。もちろん、バナナシールは異国の地を示す記号としてコレクションの世界観を作り上げているのかもしれない。ゴミ袋がビニールの科学性を表すものとして機能しているかもしれない。だが、その価値は必ずしも、誰かと共有できるものでなくともよい。そうでなければ、「なんでそんなものを集めるの？　気がしれない！」というそしりがポピュラー文化のコレクションに向けられることはなくなるだろう。もしかすると、こうしたコレクションは、何も表象しておらず、「集合していること」それ自体に意味があったり、集めるという行為そのものに快楽があればよいのかもしれないのである。

モノを集める楽しみを追求することは、現代社会において基本的になんら規制されるものではない。実際、様々なコレクターが存在することからもわかるように、世の中には、コレクションとなりうるものが膨大に存在する。だが、これらのコレクションが永続性を持つことは稀である。多くのコレクションは、一代限りで離散することが多く、保存されるに至らない。

こうした散逸は、ポピュラー文化としての「集める」こと、その楽しみが、文脈の移し変えにまつわる快楽を解説したり、コレクションの世界観を何らかの社会集団の価値につなげたりすることを、必ずしも目指していない、ということを証明しているのではないだろうか。ポミアンの言うような、ある社会集団が意味を支える「コレクション」にはなりきれないもの、それがポピュラー文化のコレクションであり、楽しみなのではないか。

もちろん、愛好者のネットワーク、趣味共同体の中での価値共有によってコレクションの「ポピュラー文化としての真正性」が部分的に担保されることもあるだろう。だが、ここで保持された価値が、コレクターや同好の士によって語り継がれ、維持され、さらに広く共有されるかは怪しい。実際、こうしたコレクションを収めるために設立された私設のミュージアムが、時として、訪れた人に「何を見ればいいのかわからない」という戸惑いをもたらすのはこのためではないか。

ポピュラー文化としての「集める」楽しみは、コレクションとしてある価値を「育て」、制度化し、コレクションの当初の理解者ではないような人々とも、その価値を共有していく過程を必ずしも含んでいないし、目指しているとも限らない。むしろそうしたことから外れてしまうようなモノとモノへの情熱、自分（たち）なりの「真正性」の確認が、その楽しみの核にあるのだと言えそうである。

観賞する楽しみ

次に、「観賞」することについて考えてみよう。そもそも、多くのポピュラー文化は、「観賞」の楽しみをその軸としている。何がしかの作品やモノや音楽を読んだり眺めたり聞いたりし、自分なりに解釈すること、時には、観賞のポイントを解説したり、その解説を仲間と共有し、楽しむことが重要な役割を果たしているからだ。だが、ここではあえて〈ミュージアム〉的な「観賞」の特徴を踏まえて、どこかの場所に出かけていって行うようなそれに焦点をあててみる。

近年こうした「観賞」を核とするポピュラー文化として注目を集めているのが、ドラマやマンガ、アニメなどの舞台となった場所や、登場人物たちが使ったモノを辿る旅である。こうした旅は、これまで「ロケ地めぐり」などと呼ばれてきたが、近年「聖地巡礼」(4)と呼ばれることもある。ポピュラーメディアによって流通する物語の読者や視聴者が、思い入れをもつ場所を「聖地」と位置づけ、そこへ向かうことを「巡礼」と名づけたことに由来する。(5)「聖地巡礼」の起点として、映像やマンガといったメディアによって提供される物語が重要な役割を果たしている。物語の視聴・読書経験が最初の「巡礼」を促す。「巡礼」で得られた所感は、各地に置かれた「落書きノート」や「絵馬」、同人誌やインターネットを通じて報告される。そして、こうした報告をなぞらえる形で次の「巡礼」が引き起こされ、次第に「見るべきモノ」の情報や知識が、その作品に関心をもつ人々の間で共有され、蓄積されていく。その結果、いくつかの「巡路」が整備され、そこでの「観賞」ポイントが定まっていくのである。つまり、「聖地巡礼」は、あるまなざしや読解の方法が、一定の趣味共同体の中で共有され、まなざしが向けられる対象が絞り込まれていき、蓄積されていく営みだといえる。(6)

こうした現象は、従来観光という観点から論じられてきた。まず、観光学の知見を補助線として、出かけて「観賞」する楽しみについて整理していこう。

観光学において、観光客の行為には、「パリ＝おしゃれ女子」というようなイメージを消費する、記号消費が含まれていることが指摘されている（稲垣、二〇〇一：二四二〜二四七）。さらに、観光客が場所やモノに向けるまなざし（「観光のまなざし」）は、映画やテレビ、音楽、ガイドブックなどのメディアによってあらかじめ作られたものであり、観光行為とは、その記号を確かめつつ旅をすることに他ならないとされる。つまり観光客は、場所そのものが発するメッセージを読み取るのではなく、あらかじめ記号化された場所のイメージを、その場所に行って、消費するというのである（アーリ、一九九〇＝一九九五）。

「聖地巡礼」のケースを考えると、「巡礼」者は、メディアが提供する物語から得たイメージをその場所を訪れることによって楽しむのだから、「観光のまなざし」が説明するような記号消費がポイントの一つにあることは間違いない。実際、そのように解釈され、「まちおこし」への「利用」策が組まれるケースも出てきている。例えば千葉県鴨川市では、同地を舞台としたアニメの放映を前に、地元商工会などとアニメを支援する推進委員会を設立し、「聖地巡礼」誘致に積極策をとった。また、ＮＨＫの大河ドラマゆかりの地をアピールするような観光政策はこれまでも行われてきた。

だが「聖地巡礼」は、それが盛り上がりを見せるケースであればあるほど、単に場所を訪れ、それを眺めるだけで楽しさが完結するものではないように思われる。「巡礼」者（観光客）を受け入れる側が物語にみあった記号をいくら準備したとしても、それだけでは不十分なのだ。むしろ「巡礼」者（ファン）が、自主的にアイコンとなる場所やモノを発見し、そこを訪れたことを表明したり、共有したりする、という観光をとりまく行為が、重要性をもっている。だからこそ、「聖地巡礼」を勝手に見越した「まちおこし」は、ファンたちの批判にさらされることも少なくない。

この現象は、記号の消費という側面からだけではなく、記号の生産と共有の過程からも考える必要があるということなのだ。「巡礼」者にとって、自らの実践の外部にある、メディアが作り上げた記号としての「その場所」がないだろう。

重要なのではない。その場所を「選択すること」それ自体がポピュラー文化を形づくっていることを忘れてはいけないだろう。

だが観光学の知見からは、こうした点に深く分け入ることができない[7]。観光学は、メディアが作り出す記号とその消費の実践に注目するとき、それが現実の場所を介していかなる問題を生み出すかにより多くの関心を向けてきたからである。だからこそ、こうした場所の表象は誰のものか、という問題をめぐって様々な議論がなされてもきた。例えば、一九八〇年代頃からは、均質な空間を求めるマス・ツーリズムに変わって、「他者の場所」への関心が表面化し、特に、他者の生活空間が見たいという欲望、他者とそれを取り巻く空間との関係を眺めたいという「場所の消費」が進行した（稲垣、二〇〇一：二五二）。その結果、そこに住まうローカルな人々と、それを「まなざす人々＝観光客」との力の不均衡によって、場所の表象が争われることとなったのである。

このように、「場所の消費」の議論では、「観光のまなざし」が記号的に組織されており、また記号を消費するものであることは確認できても、場所が選ばれるその瞬間の、観光客となる人々自身による記号の生産と共有の過程が深く論じられることはない。

とはいえ近年、「ツーリスト自身が対象となる空間に強い関係性を持ち、自らの場所として対象地を商品化」（稲垣、二〇〇一：二五三）していくような動きが議論されつつある。例として、満州など旧植民地地域へのツアーが挙げられるだろう。幼少期を大陸で過ごした観光客が、ツアーで消費しているのは、現在の中国の一地域の風景というよりは、かつて満州で過ごした自分の姿、ある場所を訪れることによって想起される記憶である、というような話である。ここから、「場所を選ぶ」ことが持つ意味を考える手がかりを得ることができる。

そもそも、アイデンティティとツーリズムをめぐる研究の背景には、私たちの記憶は心の中にあるというよりは、むしろ物質や空間の中に保持されているとするような考え方の広まりがある。ある風景を目にしたとき、あるモノを口にしたとき、モノや場所と結び付いて記憶が呼び起こされるという経験が、誰にでもあるだろう。こうした議論は、個人的な問題としてよりは、むしろ集団で経験された過去が、集団の「思い出し方」のルールにのっとって想起されることに注目する、「集合的記憶」（アルヴァックス、一九五〇＝一九八九）と歴史の問題として特に注目されるようになった。

「聖地巡礼」に、やや強引にこの議論を当てはめて考えてみると、ある場所が選ばれるのは、そこには、「巡礼」する人々が経験した過去（作品等を消費した楽しみ?）、想起されるべき記憶が保持されていると「見なされる」からである。とすれば、ある共同性を前提として場所を選択し、その選定された場所で、ポピュラー文化体験を想起し、それを再度楽しむことが、「聖地巡礼」における「観賞」する楽しみだということができるかもしれない。

だが、ここで行われる想起は何のためのもので、何をもたらすのだろうか。集合的記憶をめぐる議論では、過去の想起は共通の歴史を作り出し「記憶の共同体」を創出することが指摘されている。「記憶の共同体」は人々を強く結び付けるし、歴史を共有しないものを排除する働きももつ（浜、二〇〇七：一九八）。だが、「巡礼」による想起は、集団の凝集性を高めることを目的としているだろうか。

「聖地巡礼」において「記憶」の埋め込まれた（とみなされる）場所やモノは、そのようにみなされてはいても、ある歴史的事件が生じた決定的なにがしかであるという理由づけがさほど強いわけではない。それは、その場やモノに意味づけを行う「集団」の範囲が、歴史的にも空間的にも狭く、そしてなにより流動的だからである。ある場所やモノを「観賞」の対象と見なす根拠は、一時的に生まれた「巡礼」者やそれを取り巻く人々が作り出すポピュラー文化の範疇にとどまる。「観賞」のポイントが共有される程度に、その想起は集合的であることが必要とされるが、そこで想起されるものは個人的なメディア体験に大きく依存しており、「共通の記憶としての歴史」の共有を志向する必要はない。個人の行動としては、あるとき、その集団に参加し、そこに行って「観賞」を楽しみ、そこで何がしかを想起したことが重要なのであり、その想起の内容は「個人の萌え」といった嗜好であってよく、いつでもその集団を離脱することができる。

つまり、「聖地巡礼」が示す楽しみとは、個人的なポピュラー文化体験の楽しみを繰り返し想起することであるとともに、それをゆるやかにつなぐことで、任意の場所やモノを想起のきっかけに設定し、それを広め、それを共有できる人と「集合的記憶」を作り上げたかにふるまう、遊びだと考えられるのではないか。

よって、「聖地巡礼」の例から考えられる、ある場所に出かけて「観賞」を楽しむポピュラー文化とは、各自の個人的なポピュラー文化体験を用いて、集合的な想起を引き起こす対象やそのルールを場所やモノに結び付けながら、作り上げること。そのルールにのっとって、各自のポピュラー文化体験を再度味わうこと。その循環によってルールを確定していくことなのだとまとめられるだろう。そしてそのサイクルは非常に短く、長い時をかけて解釈や観賞のルールを蓄積していくような、そうした共同性を想起によって確保してくような性質のものとは言えそうにない。それは、この楽しみもまた、「集める」楽しみと同じように、必ずしもその文化の共有範囲を広げ、視点や解釈を、時間を越えて伝えていくことに意義を置くものではないからだろう。

むしろ、「集める」楽しみにせよ、「観賞」の楽しみにせよ、これらのポピュラー文化実践は、対象を保存し、時間的にも、空間的にも広い範囲でその価値を共有することを可能にする「真正性」を求めたり形作ろうとしたりするよりは、むしろ多様な「真正性」を自分（たち）の手で作り上げ、それを操作することに重要性を見出すようなものなのだといえる。

つまり、ポピュラー文化における〈ミュージアム〉的な楽しみは、そもそもミュージアムを成り立たせるような仕組みまでをも模倣し、楽しみの一部とするものだといえるのである。とすれば、ポピュラー文化〈ミュージアム〉は、いかに来館者にメッセージするかという次元にとどまらず、その〈ミュージアム〉としての仕組みから問われることとならざるをえないだろう。

4　ポピュラー文化から考える

本章では、地域振興のためにポピュラー文化を遺産と見なし、〈ミュージアム〉化しようとする動きと、ポピュラー文化実践の中にある〈ミュージアム〉的な楽しみを検討し、両者がすれ違う理由を確認してきた。

前者においては、ポピュラー文化の内実は深く考えられることなく、人気のあるモノとのみ見なされ、それに権威を与えてくれるミュージアムという装置が必要とされる状況を確認した。また後者では、外部からモノに価値を付与するような権威を必要とはせず、むしろミュージアムという装置を模倣するような実践によって、自らの手で「ポピュラー文化の真正性」を作り出すような楽しみが生み出されていることを指摘した。前者の状況と後者の楽しみをつきつめていけば、「ポピュラー文化のミュージアムなど必要ない」という結論に辿りつくのかもしれない。前者はポピュラー文化をミュージアムの価値体系にへとひきこもうとするベクトルであり、後者はポピュラー文化の中でミュージアムを消費しつくそうとするものだからである。

とはいえ、現実の多くの〈ミュージアム〉は、この極の間で、楽しみを提供しつつ、運営を成り立たせている。あるいは、今後、こうした試行錯誤の中で、ポピュラー文化の楽しみを永続させたり、より拡大させたりすることのできる〈ミュージアム〉があらわれるかもしれない。本章で触れたモノと真正性、それを支える共同体や場所と記憶をめぐる問題は、この後の章において、より詳細で深く、具体的なミュージアムを取り上げながら、考察されていくこととなる。

注

（1）　記念館における調査の詳細は、村田・山中・伊藤・谷川（二〇一二）参照。

（2）　この点に関する詳細は、山中（二〇一二）を参照。

（3）　もちろん、厳密に言えば、この二つは相互に関連している。集めることには、一覧して眺めることが含まれているし、眺め、対象を解釈することには、まなざしによる「収集」が前提されているからである。この点に関しては、村田（二〇〇八）を参照。

（4）　Wikipedia によると、こうした巡礼の対象となる聖地は、主に⑴作品のモデルとなった場所（実際に作中に舞台として出て来た実在の場所・地名等は変えられながらも、モデルと推定出来る場所）、⑵映像作品の撮影場所（ロケ地）、⑶出生地等といった、作者等の縁の土地、(4)制作会社、(5)イベント・大会・試合等の会場となった場所、が選ばれることが多いという。ただし、この他にも様々な種類があり、「登場キャラクターの名前の元ネタとして使われた」等と、直接的な関わりがないような場所であっても巡礼の対象となる場合もある、とされる（Wikipedia 巡礼（通俗））。

（5）他に、「コンテンツ・ツーリズム」という呼び名もある（増淵、二〇一〇）。これは、「聖地巡礼」を行うファンと、それを呼び込むことで地域活性化を図ろうとする動きの両方を射程に入れようとして設定された概念である。「聖地巡礼」は、主にファンたちの行動に着目した用語だといえるだろう。

（6）「聖地巡礼」の具体的事例研究としては、山村（二〇一一）や岡本（二〇〇九）がある。

（7）ただし、観光学の分野においても、観光客自身が生み出す物語への注目を促す研究の必要性が指摘されている。例えば、橋本（二〇一一）。

参考・引用文献

稲垣勉「観光消費」岡本伸之編『観光学入門』有斐閣、二〇〇一年。

岡本健「らき☆すた聖地「鷲宮」巡礼と情報文化社会」神田孝治編著『観光の空間――視点とアプローチ』ナカニシヤ出版、二〇〇九年。

橋本和也『観光経験の人類学』世界思想社、二〇一一年。

浜日出夫「歴史と記憶」長谷川公一・浜日出夫他編『社会学』有斐閣、二〇〇七年。

増淵敏之『物語を旅するひとびと――コンテンツ・ツーリズムとは何か』彩流社、二〇一〇年。

松宮秀治『ミュージアムの思想』白水社、二〇〇三年。

村田麻里子「蒐集する「まなざし」――「芸術＝驚異陳列室」からケ・ブランリ美術館まで」『京都精華大学紀要』三四号、二〇〇八年。

村田麻里子・山中千恵・伊藤遊・谷川竜一「宝塚市立手塚治虫記念館における来館者調査――地域活性化のためのマンガ関連文化施設の実態と是非をめぐって」『関西大学紀要』四三巻二号、二〇一二年。

山中千恵「〈マンガ文化〉を資源とするミュージアムの設立と文化政策――韓国漫画映像振興院の事例から」『仁愛大学紀要』

第一〇号、二〇一二年。
山村高淑『アニメ・マンガで地域振興――まちのファンを生むコンテンツツーリズム開発法』東京法令出版、二〇一一年。
Clifford, James, *The Predicament of Culture : Twentieth-Century Ethnography, Literature, and Art,* Harvard University Press, 1988.（ジェイムズ・クリフォード著、太田好信ほか訳『文化の窮状――二十世紀の民族誌、文学、芸術』人文書院、二〇〇三年）
Crain,Susan, *Museums and Memory,* Stanford University Press, 2000.（スーザン・クレイン著、伊藤博明訳『ミュージアムと記憶』ありな書房、二〇〇九年）
Halbwachs, M., *La memorie collective,* Press Universitaires de France.1950.（モーリス・アルヴァックス著、小関藤一郎訳『集合的記憶』行路社、一九九九年）
John Elsner and Roger Cardinal(ed.), *The Cultures of Collecting,* Reaktion Books, London 1994.（ジャン・ボードリヤール著「蒐集の分類体系」ジョン・エルスナー、ロジャー・カーディナル編、高山宏訳『蒐集』研究社出版、一九九八年）
Pomian, Krzysztof, *Collectionneurs, amateurs et curieux-Paris, Venise : XVIe-XVIIIe siècle.* Gallimard, Paris, 1987.（クシシトフ・ポミアン著、吉田誠・吉田典子訳『コレクション――趣味と好奇心の歴史人類学』平凡社、一九九二年）
Urry, John, *The Tourist Gaze, Leisure and Trevel in Contemporary Societies,*Sage Publications, London, 1990.（ジョン・アーリ著、加太宏邦訳『観光のまなざし』法政大学出版局、一九九五年）

（山中千恵）

コラム4　ナゾのパラダイス（淡路立川水仙郷）——「驚異の部屋《ヴンダーカンマー》」としてのポピュラー文化ミュージアム

視聴者参加型バラエティ番組「探偵！ナイトスクープ」に、「パラダイス」という人気コーナーがある。個人の情熱によって蒐集《しゅうしゅう》されたり制作されたりした一見ガラクタにしか見えない膨大なモノが混沌状態で展示されている施設を紹介するコーナーだ。その第一回目で紹介されたのが、淡路立川水仙郷併設の「ナゾのパラダイス」という、いわゆる秘宝館だった。秘宝館とは、性に関する古今東西の文物を蒐集・展示した娯楽展示施設で、六〇年代以降全国の温泉地などで大量に作られたが、現在ではほとんどが閉鎖している。「ナゾのパラダイス」は現存する数少ない秘宝館の一つだが、男根を模した無数の彫像や、セックスに関する蘊蓄《うんちく》が書かれた大量の手書きパネルの海で溺れながら、私たちは、ミュージアムというものが持つ原初的な欲望について考えることができるだろう。

近代科学のプロトタイプとして「博物学」が急速に体系化されていく中、一六～一八世紀のヨーロッパには、世界中からありとあらゆるモノが集まっていた。現在のミュージアムの源流のひとつは、そうして集められたモノを納める場所だったと言ってもいいだろう。しかし重要なのは、こうした知の営みは常に、専門化し権威化する一方で、一種の趣味として娯楽化もしていったということだ。当時のヨーロッパにおいては、博物学が孕《はら》んでいた〈モノを蒐集する〉という悦楽の肥大化が、王侯貴族たちの手による「驚異の部屋《ヴンダーカンマー》」なる奇妙な〝ミュージアム〟の設立ブームを生み出すことになった。そこには、動物の剝製や植物、鉱物といったいかにも博物学的なサンプルや、美術品、貴重品だけでなく、ユニコーンの角や人の顔が浮かび上がった石などいかがわしいガラクタたちが、床から天井にいたるまで所狭しと陳列されていた。

日本では明治後半から六〇年代までの間にしばしば開催されていた「衛生博覧会」も、「科学の啓蒙」を後ろ盾に、伝染病や性病などの患部や男女の営みなどを展示した仮設の〝ミュージアム〟だが、集められたモノをみせることで知の娯楽化を体現しているという意味ではヴンダーカンマーの末裔《まつえい》と言っていいだろう。見世物小屋の隠微な楽しみも色濃く残していたという意味では秘宝館直系の先祖でもあるが、ここで重要なのは、この衛生博覧会が大衆に大いに受けたという事実である。

衛生博覧会を含めた一九世紀以降の世界的な博覧会ブームこそ、王侯貴族の専売特許だったヴンダーカンマーが大衆化する過程だった。日本中を沸かせた七〇年大阪万博の跡地に、この万博の熱気と思想の延長で作られた国立民族学博物館が、圧倒的な数の収蔵品をあえて混沌状態で展示している日本最大の常設ヴンダーカンマーであることは偶然ではない。

いまや、ヴンダーカンマーの残滓《ざんし》は、日本中のそこかしこに存在している。「ナイトスクープ」の「パラダイス」、都築響一（『ＲＯＡＤＳＩＤＥ　ＪＡＰＡＮ　珍日本紀行』など）や『ワンダーＪＡＰＡＮ』誌言うところの「珍スポット」とは、現代版日本型ヴンダーカンマーの別名に他ならない。この「パラダイス」「珍スポット」の本質を一言で表すとすれば、「キッチュ」である。一般的には「まがいもの」「いかもの」などと訳され、対象を批判的に評価する際に使われることばだが、七〇年代に、「民衆」文化を再評価する文脈で議論を展開した石子順造によると、それは「ひとびとがそうであることを望む」もしくは「そうであるのをおそれる」ことを、ダイレクトに、あるいは過剰に吐き出した大衆的表現の一つである。

「ナイトスクープ」の「パラダイス」第一号が秘宝館であったことは重要だ。性的なるものに対する思いがダイレクトかつ過剰に花開いた施設であるという意味で、秘宝館はまさに〈キッチュミュージアム〉の代表であるが、キッチュというものが、日常に潜む大衆の欲望を実体化したものであるとすれば、キッチュミュージアムとしての秘宝館は、大衆文化＝ポピュラー文化ミュージアムのひとつの形に違いない。

（イトウユウ）

「ナゾのパラダイス」外観
（2012年12月撮影）

「ナゾのパラダイス」展示風景
壁には，性にまつわる箴言などが書かれた紙がびっしりと貼られている。（2012年12月撮影）

コラム5　銀座通り（新橋―京橋間）――街そのものがポピュラー文化ミュージアム？

一九二五年五月、東京。モダン文化が花咲いていたこの時代、流行の最先端を発信していた銀座通りで、闊歩《かっぽ》する人々の服の柄や靴の種類、眼鏡の形や髪形の種類などを、分類し、数え、記録している不思議な一団がいた。

今和次郎《こんわじろう》率いる「考現学《こうげんがく》」グループの面々である。

考現学とは、提唱者の今自身のことばを借りれば、「現代風俗或は現代世相研究に対して採りつつある態度及方法、そしてその仕事全体」のこと。しかし、その労力はもっぱら、関東大震災（一九二三）後急速に「モダン」化していった東京の路上を歩き回り、そこで観察できるあらゆるモノやヒト、それらをめぐる事象――「各種の人々の各種の場合に於ける歩速度や歩き方、腰のかけ方や坐り方、身体の細部に於ける癖、街路上に於ける通行人の構成、それに伴れて起る露天並の構成、公園の散歩者、各種の行列、演説会の光景、議場の光景、荷上げ人足や道路工夫の活動振り、野や道に於ける農夫、漁師の仕事振りや休養の状態、お祭りの人だかり、カフェーの一隅や劇場の廊下、スポーツ観覧席等」――を記録しつくそうというフィールドワークの経験にこそ注がれた。

現在の東京・銀座通り（銀座三越前）
（2011年7月撮影）

その記録集である『モデルノロヂオ〔考現学〕』（一九三〇）と『考現学採集〔モデルノロヂオ〕』（一九三一）は、スケッチや図表などのヴィジュアル図版が多く載った楽しい本であるが（その内容の一部は、藤森照信編『考現学入門』（筑摩書房、一九八七年）で知ることができる）、これらの本をめくっていると、当時を生きた普通の人々が、普段、どのような服を着て、何をどのように食べ、どのようなしぐさで街を歩いていたのか、といったことを知ることができる。

しかしながら、普通の人々の日常生活を、このように記録し、研究するといった営みは、決して長い歴史を持っているわけではない。

「日常生活」をめぐる文化を「ポピュラー文化」と言い換えることができるとしたら、日本における「ポ

同じ銀座通り，今らと同じ条件で，2010年に行われた泉麻人らによる考現学調査の記録（泉麻人編著『東京考現学図鑑』2011年）
考現学においては，人々の仕草に注目していることがわかる。

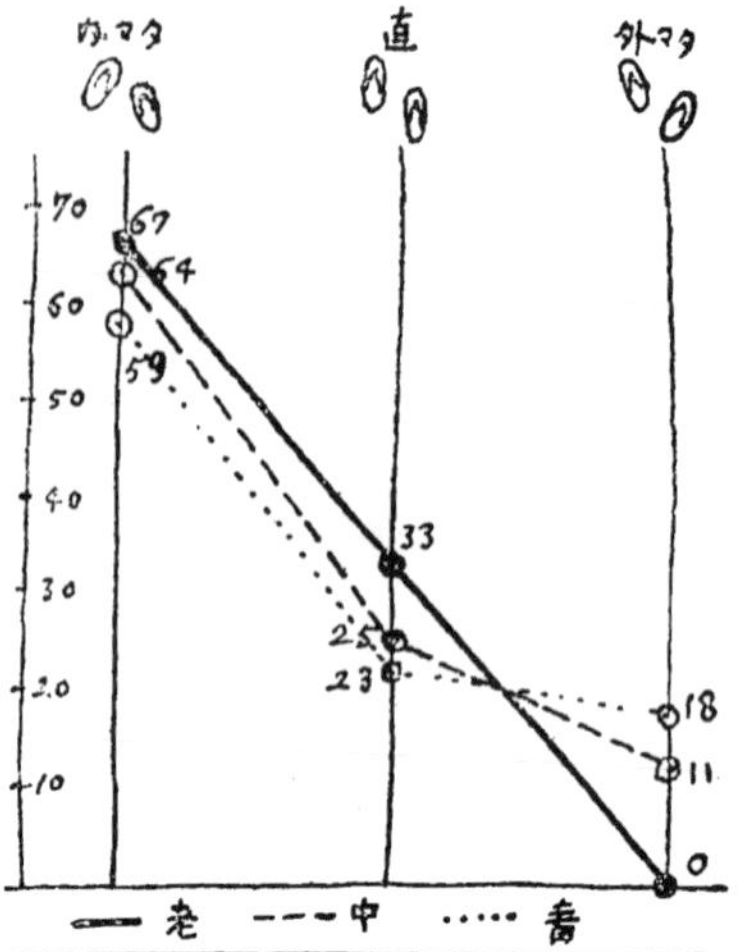

16日2時6分—22分・西側北行・TUTIHASI				
		内マタ	直	外マタ
73人	老年	8	4	0
	中年	25	10	4
	青年	13	5	4

1925年に今らが銀座通りで行った考現学調査の記録（「東京銀座街風俗記録」藤本照信編『考現学入門』筑摩書房，1987年）

ピュラー文化研究」の先駆けは、人々の日常を構成している衣食住や信仰などに関心を持った民俗学であるということができるだろう。民俗学という方法を発想し、体系化した柳田國男《やなぎたくにお》（一八七五～一九六二）は、全国津々浦々のムラに出向き、古老などから日々の暮らしや彼らの信仰などについて話を聞いた上で、名もなき人々の歴史を想像した。

江戸期にも、「ポピュラー文化」＝「日常生活文化」への関心は存在したが、それは、幕府が民衆をより効率的に支配するためのリサーチでしかなかった。柳田民俗学という方法の重要なオリジナリティは、人々が自らの生活を自らの手で記録し、〝研究〟することを――言い換えれば「誰もが民俗学者＝日常生活文化研究者になるべきだ！」と主張したことにある。

しかしながら、柳田のこの初志も、民俗学がアカデミズムの一部として制度化されていく中で徐々に薄められたことでいまや、誰もが実践できる民間学ではなく、専門家だけのものになってしまった。

そんな中、柳田の初志を受け継いだのが、弟子の今和次郎が提唱した考現学だった。田舎で採集できる古い言葉から日本人の本質的な文化パターンを探ろうとした柳田に対し、めまぐるしく移り変わる都市をフィールドに、日常生活のあらゆる断片をひたすら記録するにとどまった考現学は、民俗学のようにアカデミックな学問として認められることはなかった。ところが、一九八〇年代の都市ブーム・東京ブームの中、考現学は再発見され、注目を集めることになる。重要なのは、それが、まち歩き・タウンウォッチングという「趣味」の実践方法としてアカデミシャンでない多くの人に活用されたことだ。つまり、柳田による「誰もが日常生活文化研究者になるべきだ！」という提案が、一種の「娯楽」の方法として、（図らずも）実現してしまったのである。

この時代における考現学の〝末裔《まつえい》〟として有名なのは、赤瀬川原平（美術家、作家）や南伸坊（イラストレイター）らによる「路上観察学会」（一九八六～）である。彼らは、街の中のなんでもないような風景の中から、例えば、登った先に何もない階段を発見し、それに「純粋階段」と名前を付けるといった遊びをし続けた（路上観察学会による街の記録は、赤瀬川原平・南伸坊・藤森照信編『路上観察学入門』（筑摩書房、一九八六年）や、赤瀬川原平編『トマソン大図鑑』（筑摩書房、一九九六年）などに詳しい）。

「街で見つけた珍妙な看板、商品パッケージ、チラシ、雑誌や新聞記事の誤植などを笑いモノにする」、雑誌『宝島』の読者投稿コーナー「ＶＯＷ」に投稿するために街を歩いている人たちや、戦争遺跡を含めた「近代化遺産」や化学工場、高層団地やバブル建築、巨大仏や廃墟といったものを愛でるために旅に出る人たちも、考現学の末裔と言っていいだろう。

興味深いのは、彼らの実践の目的が、（柳田民俗学の目的がそうであるように、）蒐集された街の記録から何か本質的なものを引き出すことではなく、街を歩く中で、自らの日常生活を見直すための「自分の視点」（南伸坊）を発見することにある点だ。赤瀬川はそれを「自分の科学」と名付けている。

ミュージアムの一つの機能は、何らかの理論や本質を発見するための情報が詰まったモノを半永久的に保管することにある。そこには、「学問」というものが、個人ではなく、同じ方法論を持った複数の人々の思考の積み重ねによって、長い時間かけて行われるという前提があるだろう。であるならば、「自分の科学」を発見することこそが重要だと考える考現学の末裔たちにとって、従来のミュージアムは必要ではない。そこにあるのは、他者の経験によって蓄積された情報でしかないからだ。彼らにとっての「ポピュラー文化ミュージアム」は、彼ら自身の日常と地続きに存在する街そのものなのである。

（イトウユウ）

第3章　フィールドを捉える方法
——どのようにして見て、記録し、まとめるのか——

1　ポピュラー文化ミュージアムへのアプローチ

「ポピュラー文化ミュージアム」と呼べるような、あるいは、それに近いものは、様々な社会的、経済的な背景をもって成立し、種類も多様である。したがって、「博物館」の定義という既知の枠組みで全体を見渡して議論することが難しく、多角的な視点から捉える必要がある。まず、重要なのは、個々の具体的な事例を取り巻く状況を見据えたうえで、それらを丹念に記述していくといったアプローチを経た後に考察することである。その際に有効だと考えられるものが、質的研究法の一つである対象へのエスノグラフィーというアプローチである。[1]

もともとエスノグラフィーは、文化人類学の異文化研究で中心的な調査研究方法として発展してきたものである。しかし、社会学、心理学、教育学、看護学でもこの研究方法は活用されるだけでなく、近年は、マーケティングやデザインの分野でも関心は広まっている（伊藤、二〇〇九）。

筆者が専門とする文化人類学分野では、エスノグラフィーには二重の意味が含まれている。一つはプロセスとしての研究方法で、もう一つはプロダクトとしての研究成果物である[2]（Maanen, 1996 を参照）。研究方法として用いられる際は、実際にフィールド（現地）に赴いて調査を行うフィールドワークを指しており、これは後述する参与観察を中心として行われる。調査者は自分の関心のあるテーマを浮き彫りにするためにはあらゆる取得可能なデータ（インタビューによる語りのデータ、写真やビデオといった視覚的な映像データ、統計資料、新聞、雑誌、パンフレット、チラシといった各種資料などなど）を集める。

一方、研究成果物として用いられる際は、通常、報告書や論文といった文字媒体を使ってテキスト化されたものを意味する。エスノグラフィーとは、フィールドワークを開始し、そこで収集されるデータをテキストに落とし込んでいくといった研究活動全体を意味している。エスノグラフィーは、通常、長期間にわたるフィールドワークをしながら、フィールドで起こっている出来事や事柄を、そこに固有の文脈のなかで理解し、その理解を踏まえたうえで理論化を試みるものである。対象に関する仮説を検証するよりもその対象を探ることに力点が置かれ、「具体的な描写と抽象的な理論的考察とが一体となったアプローチ」（小田、二〇〇九）と言えるだろう。

本章では「ポピュラー文化ミュージアム」を対象に、このエスノグラフィーを参考にしたアプローチで迫ろうとした場合、どのようにすればよいのかを述べていきたい。そして、その応用編を次章で展開したい。

2　フィールドで観察をする

参与観察という方法

エスノグラフィックなアプローチは、フィールドにおいて基本的に対象を観察する、つまり、よく見るということを大きな基盤としている。しかし、一体どのような立場で観察をすればよいのか。重要になってくるのが、調査者と調査対象との関係である。そのことを考える前にまず観察をするということを考えてみたい。

観察をすることは、私たちにとってなじみ深いことであるが、これは単に対象を見ることだけを意味しない。厳密に言えば、それは（客観的な認識を目指す科学的な態度のもとで）対象を分析するという活動を含んだ行為である。それは、観察する対象を観察者とは完全に独立した外部のものとして位置づけ、それを観察者の主観や偏見などを交えずに、捉えていくことである。そして、捉えられた対象は、何を記録するのかという見通しを立てたうえで正確に記述がなされる。

しかしながら、私たちはこのように観察行為を厳密に捉えるという方向に向かうのではなく、これは特殊な知覚の方法であると考え、別の可能性もあるということも念頭に置いたほうがいい。私たちの日常生活の中での世界の体験は、見る、聞く、触るといった五感を通じた実践である。それは科学的な態度というよりは、日常生活に立脚したものである。目の前で起こっている出来事や事柄を受け止め、時として、それらについて考えたりすることであると言い換えることができる（麻生、二〇〇九を参照されたい）。むしろフィールドで観察をする際に大切になってくるのは、この広い意味で理解した場合の観察行為である。質的研究の文脈で言うならば、それは参与観察ということにあたるだろう。

観察をすることとは、調査者がどれだけ積極的にフィールドに関わるかどうかで大きく非参与観察と参与観察に分けられる。非参与観察は、例えば対象がある集団だとすると、調査者は集団の生活には直接的に参加せずに、あくまで部外者として観察を行う方法であり、先に述べた厳密な意味での観察にあたる。一方、参与観察は、調査対象がある集団だとするならば、その集団内に参加し、集団のメンバーとともに活動することによって内部の人々の視点から対象を浮き彫りにしていくといった観察であり、これは広い意味で理解した場合の観察することにあたる。エスノグラフィーにおける観察とは、非参与観察か参与観察かどちらなのかということでいえば、参与観察ということになる。この手法をとることは、すなわち、フィールドにいる人々、あるいはフィールドにある様々な物と相互に交渉（見たり、聞いたり、話をしたり、触れたり）しながら観察を進めていくということである。

「来館者」としての参与観察

では、ミュージアムにおいて参与観察を展開するならばどのような方法が考えられるであろうか。切り口は様々であるが、例えば、ミュージアムの内部の視点から社会的な組織を探るならば、その内部の人たちとの関わりを深くしていく必要があるだろう。そのときは、ミュージアムの中に入り込む必要ができてくる。しかし、これはかなり難しい。調査者はフィールドへ行くための予算や調査にかけることができる時間といった現実的な問題を考慮しなくてはならないからである。

ここで発想を転換してみよう。私達は日常生活のなかで何らかの実践を行っている。食事をしたり、買い物に出

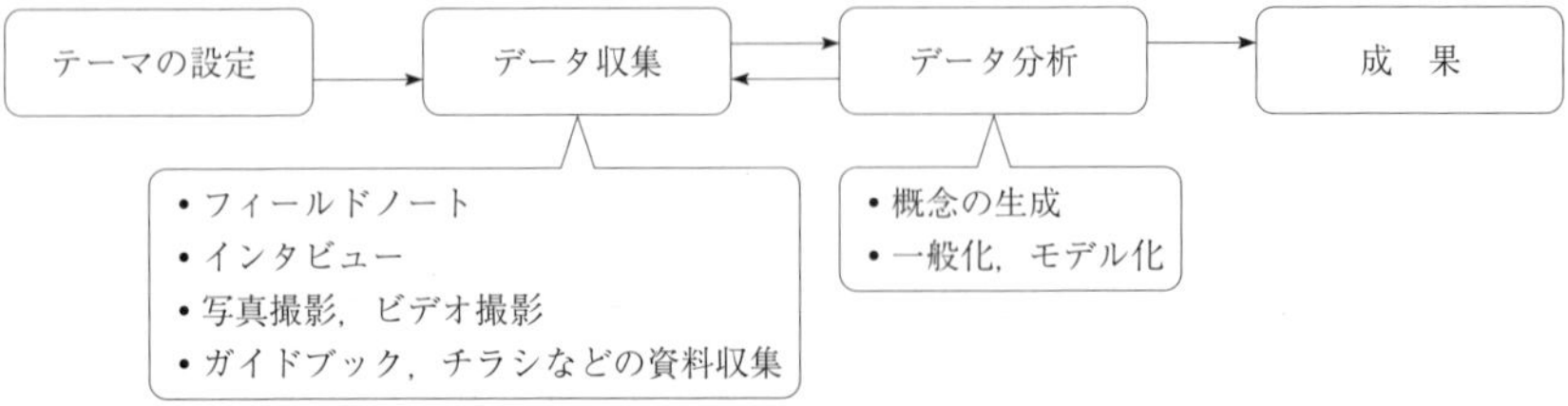

図3-1　エスノグラフィーのプロセス

かけたり、テレビを見たりなどである。その実践は、通常、一つひとつ反省や意識せずに行われる。もし意識していると円滑に日常生活は送れなくなる。ましてやそれを調査や研究の対象にしようとは思っていない。しかしながら、もしその日常生活への参与者（例えば、「消費者」）として記録し、自分が捉えた出来事や事柄をできるかぎり他者に伝えるようとする考えがあるならば、その日常生活での場がフィールドになる可能性が全くないとは言えない。

このことをミュージアムについて考えてみよう。私たちは日常生活で「来館者」という立場でミュージアムに赴く時があるかもしれない。そうであるならば、「来館者」の立場にたった参与観察ができる可能性はある。そういう意味で、参与観察をすることがまったく不可能というわけではない。要は、フィールドへの参入で大切なことは、調査者が自分の立場をどこに置くのかということである。調査者が、「来館者」という立場に立つならば、その記述は、十分に「来館者」の視点からのエスノグラフィックなデータとなりうるであろう。

3　フィールドへ行く前に

エスノグラフィーのプロセス

エスノグラフィーのプロセスは、図3-1のようにまとめられる。調査者は、各自が設定したテーマに基づいて、フィールドで起こっている出来事や事柄を記述し、分析をする。データ収集と分析は独立したものではなく、同時並行に進められ、その後、まとまった全体像が与えられるようにモデル化を行い、成果として報告書、もしくは論文などの作成を行う。この成果物を出すという最終段階でもって完了する。エスノグラフィーの最終目的は、フィールドで調査者が経験したことをテキスト化することである。

フィールドへの参入の際、多角的なアプローチをとることができるだけに、事前に準備をしっかりしないと何も得るものがなく、失敗する可能性がある。ただやみくもに「とにかく行けば何かがわかる」というわけでもない。そのため、事前の準備として、自分の問題意識を手がかりに調査のテーマを決める必要がある。テーマは、自分自身や他人にとって重要だと思われ、かつ、なんらかの研究の手続きをとって検討に値するものである[3]。はじめは、漠然とした問題設定かもしれないが、それに関連した資料をできる限り収集し、すべて目を通し、そのうえで、自分なりの問題設定を決めていくというプロセスをとることが重要である。

調査企画書の作成

調査テーマが決まり、調査の目的がはっきりしたら、実際に調査を行う際の準備に入る。まずは、何らかの調査企画書づくりをやっておいたほうがいいだろう。どんな調査でも必ず事前に企画書を作る習慣をつけたほうがよい（表3-1を参照）。

調査企画書の利点は、(1)調査の目的、対象、手法、項目などを反省的に考え、整理できること、(2)調査の際、その意図や目的などを相手に伝えることができること、(3)調査許可をとる必要がある場合、相手への承認を得ること、(4)調査実習の一環として行う場合、他の学生や教官などと調査の目的や項目などの情報を共有できることが挙げられる。

とりわけ、ミュージアムでフィールドワークをする際、その許可を求めた方がよい[4]。その場合、自分が何者であるのかを知らせるために、企画書は重要である。連絡の取り方は、近年では、ＷＥＢ上にホームページを開設しているミュージアムが多いので、それを見て連絡方法を確認する。

表3-1　調査企画書作成のポイント

(1)大学名，学部名，学年，氏名など所属を述べ，自分が何者なのかを明らかにする。
(2)自分がどういうテーマで何について調べようとしているのか明確にする。
(3)調査は授業での報告書や論文などを作成するためなのかどうか目的をはっきりさせる。
(4)データの収集におけるプライバシーはどう保護するのかを意識する。
(5)報告書や論文などが完成した場合は，関係者に配布するのかどうか。

4　フィールドでのデータ収集

フィールドノートをとる

フィールドではデータを収集するだけに始終するものではなく、それらをまとめ、何らかの形として整理しておく必要がある。記録は、フィールドノートに記していくのであるが、それは、(1)フィールドでの記録（何かが起きているその瞬間）、(2)フィールドから離れた後の記録（自宅での整理、編集作業など）と二つに大別することができる。

フィールドでは、ノートに自分が注目したところを鉛筆やボールペンを用いてメモをとる。要所をおさえる形式ならば、ポケットにも入れられるB６サイズの大きさのノートか測量現場などで利用される測量野帳が便利である。ノートは、メモだけでなく、スケッチをする場合もある。建物や配置の細かい地図はないことが多いため、建物の間取りを図に描いておき、要所に注釈をつけたりする。ノートで記録されたことは、分析するための基礎資料となるため、いつ、誰が、どこで、なぜ、何をどのように（５Ｗ１Ｈ）、を意識してメモをとる。そして、観察したこと、もしくは聞いたことを記録するだけでなく、自分が感じたことや考えたことも記していく。[5] フィールドでの細かい部分にこだわって、メモをしていく。数量的把握の場合は、事前にチェックシートのようなものを作っておくとよい。この段階でのメモは、自分自身しか分からないような走り書きになってもかまわない。

次に、フィールドから離れた直後に、自宅に戻り、フィールドで記したフィールドノートを見ながら、補足的なメモを追加したりしつつ、なるべく早く詳細に整理して、全体を文章として、書き直す必要がある。このとき、パソコンなどを利用して、文書ファイルとして保存すればよい。

写真やビデオをとる

フィールドは常に流動的であり、そうした場に身を置き、記述するという行為は難しい。そこで記録を補助するものとしてカメラやビデオカメラがある。

近年、デジタル機器が普及して、私達は、デジタルカメラ（もしくは、カメラ付きの携帯）やデジタルビデオカメラを手軽に手にすることができるようになってきた。これらの機器で記録したデータを何度も繰り返し見ていくことによって、目で見るときには見過ごされていた些細なことや場面のなかで同時に起こっている複数の出来事を確認することもできる。時に気づかなかったことでも、写真を見直すことで改めて確認することができることもあるし、ビデオカメラで撮影した記録データは、静止画像では記録できなかった人間の行為（行動やその場での発話など）を把握する際に有効である。[6]さらに、フィールドワーク終了後に、フィールドの様子を誰かに報告する際にこれらの映像データは有用である。

写真を記録として位置づけるためには、少なくとも、どこの場所で何年に撮影したのかが分からなければ、記録としての意味はない。デジタルカメラで、情報収集した場所の周囲を写せば、そこに年月日や時間も記録されるので一石二鳥である。そして、その写真が何を意味するものなのかタイトルをつけていき、管理していく。

ただし、ミュージアムでむやみに写真やビデオをとることには気をつけたい。展示品の著作権などの関係でいつも写真撮影ができるというわけではない。ミュージアムの多くは、撮影してもいい場所と撮影してはいけない場所があるので、撮影する際には、ミュージアムに確認することが必要である。

ところで、撮影した写真をインフォーマントの人たちに示しながらインタビューを行うと、それが円滑に行われる場合がある。そういう意味で、写真は単に何かを記録するだけのものではなく、それに記録されているものにより記憶を喚起させるものでもある。写真は、記録する手段でもあり、調査データを収集するための手段でもあるという二重の性質をもっていることは覚えておこう。

インタビューをする

フィールドでは、聞くことも重要になる時がある。調査者がフィールドで出会う他者であり、何らかの情報を提供してくれるインフォーマントに質問し、情報を得るためのインタビューも一定の役割を果たす。インタビューの形式は、いくつかの種類に分けることができる。例えば、住原則也は次のように整理している（住原、二〇〇一）。(1)非公式なインタビュー（informal interview）、(2)系統性をもたせないインタビュー（in-depth, open-ended unstructured interview）、(3)ある程度、目的に沿ったインタビュー（semi-structured interview)、(4)厳密に作られた質問表に答えさせるインタビュー(structured interview)、である。

「非公式なインタビュー」とは、質問項目も設けずに、フィールドの調査の流れの中で自然に行われるものである。言ってみれば、日常的な会話に近いものであるが、調査者には、あくまで何かの情報を得るという意図がある。「系統性をもたせないインタビュー」とは、フィールドの特定の人物に対して特定の場所(落ち着いて話が聞ける場所など)でインタビューをするものである。調査者は大まかな質問は用意していても、インフォーマントが自由に話をしたい方向にまかせながら話を聞いていく。「ある程度、目的に沿ったインタビュー」とは、ある程度質問項目が設定されており、目標があるが、インフォーマントにも比較的自由に話してもらうタイプのものである。「厳密に作られた質問表に答えさせるインタビュー」は、アンケート調査のようなものであり、予め用意した質問表に答えてもらうタイプである。この場合、できるだけ多くの人たちに答えてもらい、何らかの傾向をつかむことが意図される。

インタビューをする目的は、フィールドノートをとった後、調査者が見出した事柄が妥当かどうかをインフォーマントへのインタビューによって検証することである。また、それによって、別の事実も見出す機会にもなることがある。調査者が観察だけでは気がつかなかったこともインフォーマントへのインタビューを通じて新たに発見することができる場合もある。

エスノグラフィックなアプローチでは、自然な会話のなかでインタビュー形式にもっていくことが中心となることを考えれば、「非公式なインタビュー」が重要になるが、実際には、フィールドの状況や自分のテーマによって(1)から(4)を組み合わせることが多い。調査者がフィールドに参入する期間が短いか、もしくは、数回程度によるものであるならば、「系統性をもたせないインタビュー」か「ある程度、目的に沿ったインタビュー」になるだろう。調査者は、ある程度目的をもって、聞きたいことをまとめておく必要がある。したがって、事前に文献調査か、もしくは、ミュージアムの見学などを行っておかなくてはならない。

では、誰をインフォーマントにするのか。例えば、ミュージアムの場合、どのような話を聞くのかということに関わってくるが、当然のことながら、ミュージアムに関わるすべての人を対象者とするわけにはいかない。仮にミュージアム内部の関係者にインタビューをしたいと考えるとしよう。もし知人がミュージアムにいるならば、その知人にお願いをするということもできるが、多くの場合、そんなにうまくは行かない。また、人づてにミュージアムの関係者を紹介してもらうということもできるが、これもあまり期待はできないことが多い。全くミュージアムの関係者に行き着くことができないのであれば、ひとまずミュージアムに電話をかけるか、電子メールで連絡して取材の申し込みをする。そのうえで、自分がインタビューをどういう目的で試みるのかを告げたあと、担当者を紹介してもらい、日取りを決め、ミュージアムに赴く。

インタビューでは、調査者の態度が影響をするが、こちらが話すのではなく、あくまで相手に時間を割いてもらって、聞くという立場で相手と接することが重要である。そのために、お互いの心理的距離をはかりつつ、回答者のペースで行っていく。なお、インタビューの内容は、フィールドノートなどに書き記すのもよいが、できるならばＩＣレコーダーなどを利用して録音したほうがよい。録音する場合は、黙って録音をしてはいけない。相手に断りを入れよう。

もし調査者が別の事柄についてインタビューをする必要性を感じるのであれば、その担当者から他の人を紹介してもらうことができるかもしれない。ある一人のインフォーマントを契機として他のインフォーマントになってくれる人に行き着くことができ、対象者を広げていくのである。

ところで、インタビューであるが、筆者は次のような経験をしている。まず、インタビューそのものを断られたことである。また、運良くインタビューをする機会ができても、例えば、インフォーマントは、歓迎してくれたが、話したいことしか話してくれなかったことがあった。さらには、話をすることはできたが、明らかに表面的なことしか話してくれなかったり、「それを知りたければこの本を読みなさい」と言われてしまったりしたこともある。

このようにインタビューを試みるとしても、成功するとは限らない。インタビューをするためには、当然、調査者が相手から聞く技術（質問の仕方などを工夫するなど）を身につける必要もあるが、自然な形で相手から何らかの情報を引き出すのは、やはり相手との関係をそれなりに構築してからではないかと考えている。したがって、筆者は、フィールドワーク初期であれば、まず対象をよく観察することを中心に展開することをすすめたい。

5　データの分析・解釈

データ分析・解釈の目標

データ分析の目標は、フィールドの世界を具体的にテキストとして再現することである。この段階では、データを整理しつつ、抽象度を上げて説明するための概念を取りそろえ、自分が観察した世界を再現していく。調査者は具体的なものと抽象的なものの狭間で行き来することになる。そのうえで、調査者は最終的な成果物（通常、ある大きさが決まったレポート用紙や原稿用紙などの紙媒体のうえに文字や図やグラフなどを挿入して構成される報告書や論文など）を生み出していく。フィールドでの出来事や事柄は、移ろいやすく、時間的にも空間的にも様々なものが交差し、混じり合った、ごちゃまぜのものとして調査者の目の前に現れる。したがって、収集したデータも当然ながら同じようなものとなる。そこでデータを分析することで、そうしたごちゃまぜの状態から、整理された、ある一定の論理が展開していく流れを作っていくことが求められる。

データを整理する

調査者がフィールドで収集したデータは、自分の設定したテーマに答えていくために、取捨選択される必要がある。例えば、手書きのメモを読みやすいようにパソコンのワープロソフトで入力したり（前節の「フィールドノートをとる」で示した二番目の作業）、一覧表として提示できる項目は、分かりやすく一覧表にまとめたりする。また、数量的な統計データであれば、表やグラフにして視覚的に分かりやすい形にしておく。空間の全体を見渡せるように地図を作成したり、地図上に注釈をつけたりする形で整理してもよい。また、撮影した写真は、分かりやすいように、タイトルを付けて管理する。写真はフィールドでの様子を思い起こし、フィールドノートを整理する際の手がかりとなる。写真の管理は、パソコンの画像管理のソフトウェアを利用して行うことができる。

そうした整理をした後、整理されたデータを繰り返し読んだり、見たりする。この作業を通じて、フィールドにいたときには気がつかなかったことも見えてくることがある。この過程で分からないことがあれば、さらなる文献調査、あるいは再度、フィールドへ赴く必要が出てくるかもしれない。

データを概念化する

収集してきたデータを概念化させることは全体の作業のなかで中心的なものとなる。概念化とは、ある具体的な複数の事柄、行為、出来事などに対して、それらに見られる共通事項を捉えたうえで包括的に表現することである。例えば、商店で何かを買ったり、サービスを受けたりする行為をまとめて「消費」という概念で言い表すことができるだろう。もっと分かりやすく言えば、ノート、ハサミ、鉛筆、ボールペンなどの個々の具体的なものは、「文房具」という言葉でまとめて表現することができる。このとき、個々のものを包括的に捉えたという意味で、概念化したと言うことができる。

フィールドで収集した各種データを整理し、何度も読み返して行く過程でパターンを見出し、いくつかに分類できることに気がついてくるだろう。そのとき、そのパターンを各自の問題設定に関係するように概念化していく。この作業は、具体的なデータに対して言葉で荷札のようなものを付け整理していく作業である。これにより、データをさらに分析するための土台が作られる。

概念間の関係を把握する

データの概念化がある程度できたところで、より抽象度を一段と上げていく必要がある。作り出した概念と概念を統合して、フィールドのデータをより包括的に把握することができるようなモデルをつくることが重要である。概念同士を体系的に関連づける作業は、事実に何らかの構造を与える作業である。このとき、概念同士の関係を図などで視覚化するとよいかもしれない。そして、複数の概念を関係づけることができる上位の概念をみつけることでまとまりのある構造ができてくるだろう。

理論の参照

データの分析作業は、だいたいにおいて、具体的な事実のデータを抽象化し、概念を作り出していき、いくつかの概念と概念の関係を論じるという作業である（図3-2）。それは、調査の対象である具体的な世界とその世界を説明しうるものとして組み立てられた抽象的な理論の枠組みとをつなぎあわせてい

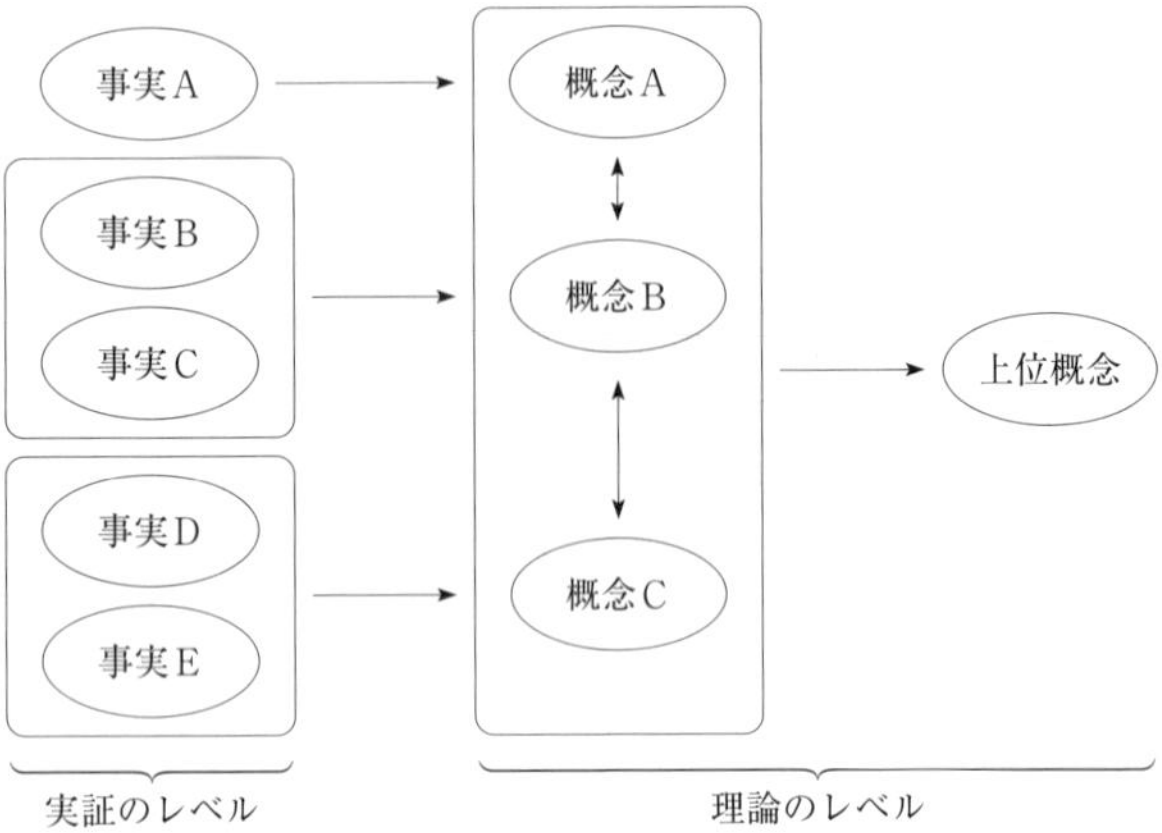

図3-2　データ分析モデル図

く作業であると言える。(7)

データの分析が成功するかどうかは、概念化がうまくできるかどうかにかかっている。作業を進めるに当たっては、既存の理論を参考にすることは有効である。理論といっても、個別の現象のみを具体的に説明する理論から多くの現象に適用できるような抽象度が高い理論まで様々であるが、既存の理論の中にある概念を参照することで、フィールドで収集した具体的なデータに名称が付けやすくなる。と同時に、概念同士の関連も見出しやすくなる。

したがって、関係しそうな先行研究の文献にあたるのは重要である。特に該当する専門分野、または、その分野に関連しそうな分野の用語集や事典は役に立つだろう。用語集や事典には、大抵、その用語に関する文献なども掲載されているので、さらに踏み込むこともできる。

しかし、既存の理論をそのまま当てはめるのではなく、その理論を当てはめつつも批判検討しつつ、自分が導きだす独自の概念と結びつけながら、議論していく。つまり、既存の理論と対話をしつつ、進めていくのである。基本的なことは、繰り返しになるが、自分が収集したデータを何度も見返すことである。フィールドで経験したことに言葉を与える作業は難しいが、自分の経験をうまく説明してくれそうな概念を根気よく見つけていくしかない。

実際のところ、手続きを踏めば簡単に結論が導きだせるのかというと決してそうではない。どちらかといえば、ひらめきといった直感的な考えが出てきて、進められるのが通常である。うまくいくようになるのはそれ相応の技術が必要になってくるだろう。そのためには、同じようなテーマを扱った先行研究の論文や報告書がどのように構成されているのかを読みこなし、試行錯誤していくことが求められる。

6　調査者自身に委ねられるエスノグラフィー

本章では、様々にある質的研究法の中でもエスノグラフィーを用いた研究アプローチを中心に述べてきた。調査者は、フィールドでの自分の五感を通じて得られた情報をもとに、経験した世界をテキストとして再構成し、第三者に伝える形に変えていく。フィールドでデータを収集する時間よりも、フィールドから帰ってきて、それらのデータを整理し、分析、および解釈し、テキスト化していく方に多くの時間が費やされるだろう。何かを調べたり、考えたりするという行為に終わりはない。したがって、節目や区切りを意識して段階でのまとめが必要となってくる。さもなければ永遠に終わることなく成果物を生み出すことはできないだろう。

フィールドでどんな種類のデータを収集し、どのように解釈し、分析していくのかという方法は、調査者によって様々だというのが実情である。調査の進め方は、調査者のデザインに任されているというところが大きい。一番良い方法は、報告書や論文を多く読みこなすことである。それらを読む際、何が内容として記されているのかに注意を払うだけでなく、執筆者当人がどのようなテーマのもとで、どのように調査データを収集しているのか、そして、それらをどのように分析しているのか、さらには、分析した後に、どのようにテキストを構成し、提示しているのか、それらにも注意を払う必要がある。

また、基本的に研究とは、先行研究を十分に踏まえたうえで、自分で考えるところから始まるが、それは自分一人だけで完結する世界で行われるというわけではない。もし大学の講義や実習であるならば、教官との関係がある。また、友人や同期の人たちもいる。この中で意見を交換したりすることで調査テーマや調査データの分析の方法が見つけられるのではないかと考えている。また、報告書や論文を作成する段階で他の誰かに見てもらったりすることで次第に形となっていくのである。

注

(1)　質的研究法は、量的研究法に対立する形で定義される。量的研究法では、数量化された調査データをもとに統計的手法を用いて研究が行われる。例えば、質問文やその回答が前もって設定されている調査票を用いたアンケート調査や既に集計された各種統計データを利用する研究などである。一方、質的研究法では、数値化しにくいデータを分析、あるいは解釈しつつ研究が行われる。質的研究で扱われるデータは、フリックによれば、インタビューによる口頭データと、参与観察、非参与観察、エスノグラフィー法、写真と映像の分析を通して得られる視覚データである（フリック、二〇〇二）。

(2)　エスノグラフィーは、日本語で「民族誌」と訳される。日本の文化人類学の分野では、フィールドワークと区別して、エスノグラフィーをフィールドワークの成果物と理解される傾向がある。本章では、フィールドワークとその成果物全体を含みこむものとして理解したうえで、書かれたものに焦点が当たる「民族誌」という言葉を用いず、「エスノグラフィー」という言葉を使うことにしたい。

(3)　何らかの研究の手続きをとり、自分や他人にとって重要で検討に値するものであればすべてテーマにすることができるというわけでもない。それは書き手に与えられた制約があるからである。例えば、「ポピュラー文化ミュージアムとは何か」というような大きなテーマであるならば、四百字詰め原稿用紙数十枚程度で議論するのは難しいし、一〇枚程度のレポートであるならばなおさらである。レポート程度のものが課されている場合、過去の実習の調査レポートなどを参考にして、どのようなテーマが扱われているのかを参考にするのがよい。テーマの範囲を狭めれば狭めるほど成果物はしっかりしてくる。

(4)　フィールドワークをするにあたっては、自分一人だけではなく、相手がいるということを必ず意識するようにして、マナーを遵守することが求められる。文化人類学分野に関しては、日本文化人類学会が、「倫理綱領」を規定している。次のURLで確認することができる。http://wwwsoc.nii.ac.jp/jse/onjasca/ethics.html

(5)　フィールドノートの要点は、対象を観察し、記述する際に、マクロの視点（経済的、社会的、文化的な背景など）とミクロの視点（その場で起こっている出来事や人びとの行動など）のバランスをとることである。フィールドで観察を推し進めていくと、一つの事柄に集中しがちであるが、その事柄が全体とどのように関連するのか、マクロの視点も必要となってくる。

(6) 人の行動を記録するのに威力を発揮するデジタルビデオカメラをフィールドワークで利用する研究者も増えている。しかし、手持ちで撮影する際、カメラよりもビデオカメラの方は、対象を直接よく観察するという基本的な態度をそこねる危険性がある。ある特定の対象を撮影することに注意が注がれ、他のことに注意が向かなくなり、フィールド全体を観察することを阻むのである。ある特定の人物の行為を詳細に分析するための調査などの明確な目的がない限り、ビデオカメラの使用は避けたほうがいいであろう。こうしたフィールドでのデジタル機器の活用に関しては（山中、二〇〇二）を参照されたい。

(7) このデータ分析に関してはいくつかの方法が開発されている。例えば、「データ対話型理論」(grounded theory) はその代表的なものの一つである。これは「データに根ざした理論を開発する目的で集められたデータを分析する手続き」（フリック、二〇〇二：二二〇）であり、社会学者のグレイザーとストラウスによって提案された。基本的な考え方は、分析する際に、現象に関わる事柄をデータとして読み取り、変換し、そのデータとの相互作用から理論を生み出すというものである（グレイザー・ストラウス、一九九六を参照）。また小田博志は、その著書『エスノグラフィー入門——〈現場〉を質的研究する』で、分かりやすく丁寧にエスノグラフィーのプロセス全体を解説しており、本章も大いに参考にしている。

参考文献

麻生武『「見る」と「書く」との出会い——フィールド観察学入門』新曜社、二〇〇九年。

ヴァン＝マーネン、ジョン著、森川渉訳『フィールドワークの物語——エスノグラフィーの文章作法』現代書館、一九九九年。

伊藤泰信「学という市場、市場のなかの学——人類学とその外部環境をめぐって」織田竜也・深田淳太郎編『シリーズ来るべき人類学——経済からの脱出』春風社、二〇〇九年。

小田博志『エスノグラフィー入門——〈現場〉を質的研究する』春秋社、二〇一〇年。

グレイザー、バーニー・G、ストラウス、アンセルム・L著『データ対話型理論の発見――調査からいかに理論をうみだすか』新曜社、一九九六年。
佐藤郁哉『フィールドワーク――書を持って街へ出よう』新曜社、一九九二年。
住原則也「フィールドワークを通じて学ぶ方法」住原則也・箭内匡・芹澤知宏編『異文化の学びかた・描きかた――なぜ、どのように研究するか』世界思想社、二〇〇一年。
フリック、フリック著、小田博志・山本則子・春日常・宮地尚子訳『質的研究入門――〈人間の科学〉のための方法論』新版、春秋社、二〇一一年。
松田素二・川田牧人編『エスノグラフィー・ガイドブック――現代世界を複眼でみる』嵯峨野書院、二〇〇二年。
山中速人『マルチメディアでフィールドワーク』有斐閣、二〇〇二年。
Atkinson, P. A., Coffey, A. J., Delamont, S., Lofland, J. and Lofland, L. H. (eds.) 2001. *Handbook of Ethnography*, London: Sage.
Denzin, Norman K., and Yvonna S. Lincoln, 2000, *Handbook of qualitative research* (2nd), Sage.
Hammersley, Martyn and Paul Atkinson, 1995, *Ethnography : principles in practice* (2nd ed.), London; New York. Routledge.
Maanen, JohnVan, 1996 Ethnography. In Adam Kuper and Jessica Kuper (eds.) *The Social Science Encyclopedia-Edition* 2. London: Routledge.

（岩谷洋史）

第4章　フィールドワークの展開
――「水木しげるロード」を事例に――

1　どのフィールドを対象にするのか

本書の「まえがき」で指摘されているように、近年、ミュージアム概念は拡大してきており、これまでミュージアムと考えられてこなかったものに対しても言われるようになってきている。例えば「大阪ミュージアム構想」など、ある特定の地理的な空間全体をミュージアムと見立てる構想が発表されている。本章では、第3章の応用編として、そのようなミュージアムのようなものをフィールドとし、どのように調査データを収集し、分析し、そして、どのようなことが言えるのかをプロセスを追って述べてきたい。

対象として選定したのは、鳥取県境港市にある「水木しげるロード」である。「水木しげるロード」といえば、商店街に水木しげるの漫画に出てくる妖怪をモチーフにしたブロンズ像が設置されたとして有名になった。ここで筆者が「水木しげるロード」に関心をもった理由はいくつかある。

まず、ポピュラー文化に属する漫画のキャラクターが観光に利用されているということである。以前の観光のあり方から言えば、神社仏閣、城などの伝統的な文化（まさに「文化」として捉えられてきたものである）や温泉や山岳、海岸などの国立公園などの自然などが対象となっていたが、「水木しげるロード」はそれらとは一線を画している。ポピュラー文化が地元の境港市にとってどのような意味を持つものとして現れているのかという問いをもったからである。次に、「水木しげるロード」は、厳密にはミュージアムとは呼べないが、このミュージアムのようなものを調べることによって、ミュージアムを再考察する手がかりを与えてくれるのではないかという期待がある。そして最後に、個人的な理由からであるが、鳥取県出身の筆者はかつて境港市によく赴いていたし、一時期、住んでいたこともあった。その頃は、まだ「水木しげるロード」もなく、過去の記憶と照らし合わせながら、現在の街の変わりようを知りたくなったということもある。

2　フィールドへ行く前に——事前の準備と考察

インターネットを利用して調べる

さっそく調べてみよう。まず、「水木しげるロード」というキーワードでインターネットの google や yahoo などの検索エンジンを利用すると、多くの「水木しげるロード」に関する情報がＷＥＢサイトから得られる。

例えば、Wikipedia の記述から次の具体的な事柄を知ることができる。「水木しげるロード」がどのような経緯で設立されたものであるのかを教えてくれる。境港市出身の漫画家水木しげるの代表作である妖怪のモチーフを設置し、低迷する地域の商店街を活性化させようという意図で始められたこと、一九九三年に銅像二三体の設置から始まり、二〇一〇年には一三四体となり、充実していったということ、それに伴い、「水木しげるロード」に沿って、「妖怪神社」「水木しげる記念館」「妖怪倉庫」「妖怪楽園」などの施設が設けられていったこと、さらには、ＪＲ境線では「鬼太郎列車」や「ネコ娘列車」、近隣の米子空港には「鬼太郎空港」という愛称がつけられたこと、境港から隠岐汽船（鬼太郎フェリー）で結ばれ、かつ水木しげるの先祖のいた隠岐の島町への「水木しげるロード」の延長も進められていること、などなどである。

では、どのくらいこの「水木しげるロード」に観光客がやってくるのであろうか。これについて Wikipedia は断片的にしか情報を提供していない。そこで境港市の市役所に直接電話をし、レポートを作成している旨を伝え、水木しげるロードに観光客数の推移がわかる一覧表をＦＡＸで送ってもらった。その一覧表をグラフ化したものが、

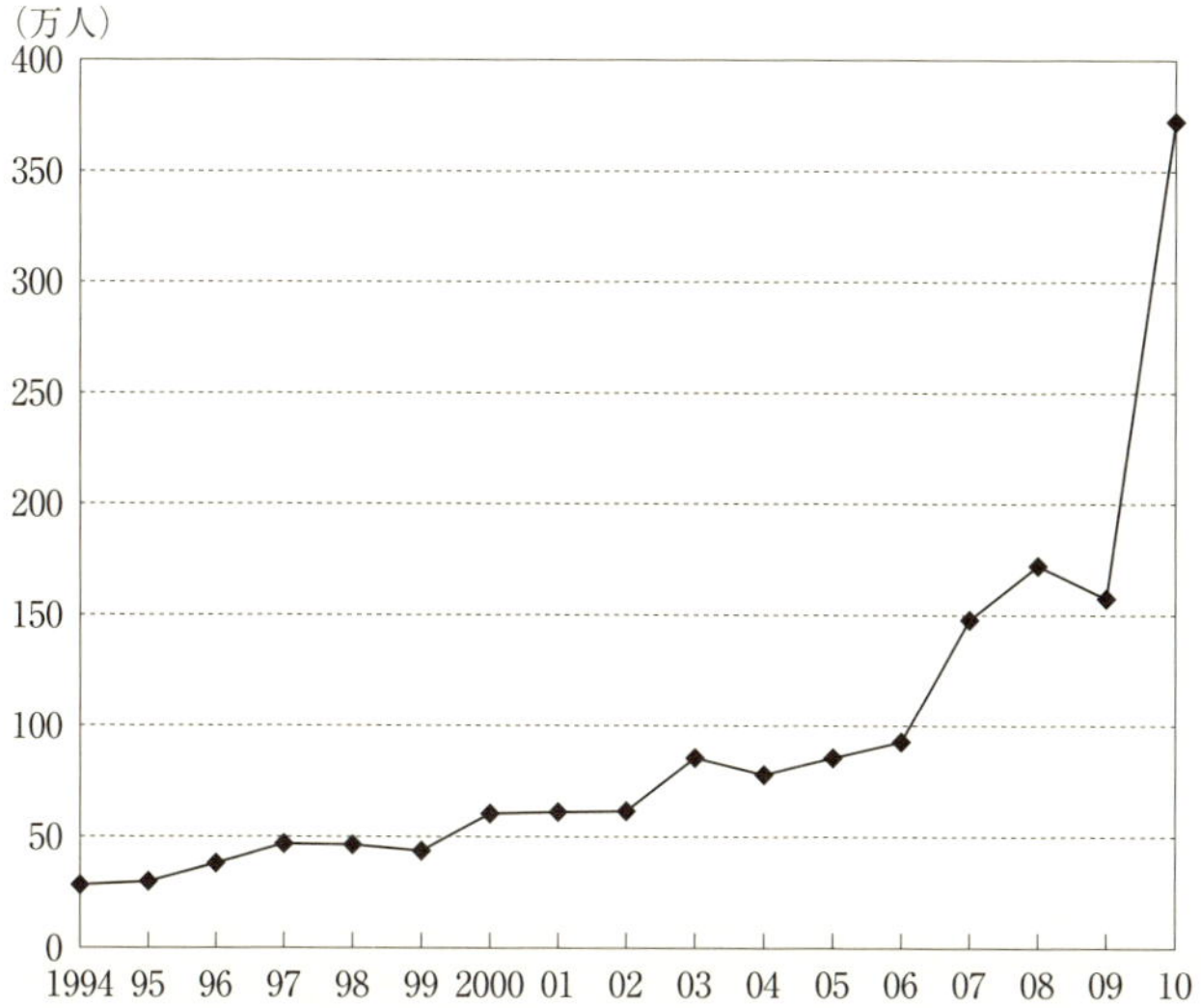

図4-1　水木しげるロード入れ込み客数推移図（境港市貿易観光課の資料より筆者が作成）

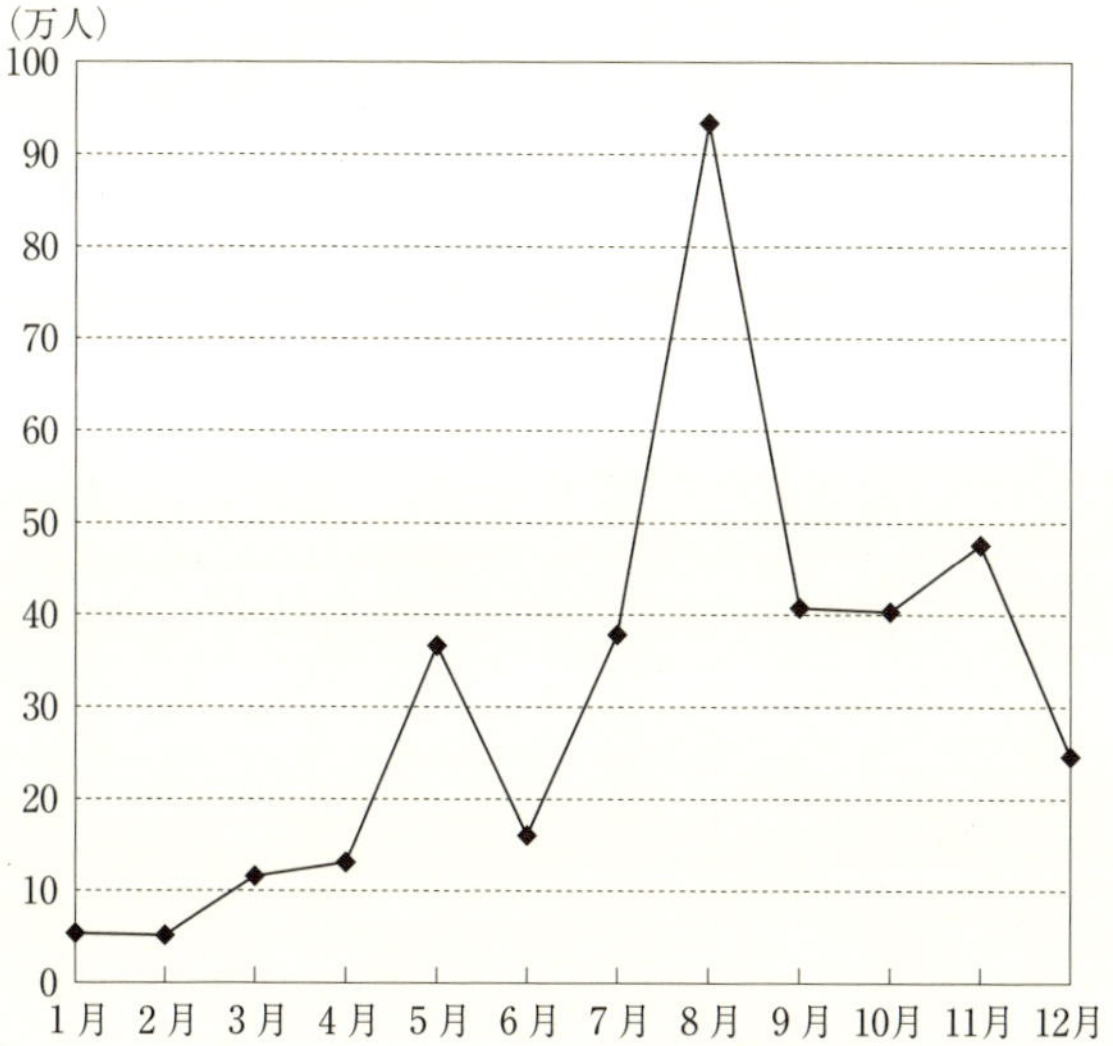

図4-2　水木しげるロード入れ込み客数2010年月別推移図（境港市貿易観光課の資料より筆者が作成）

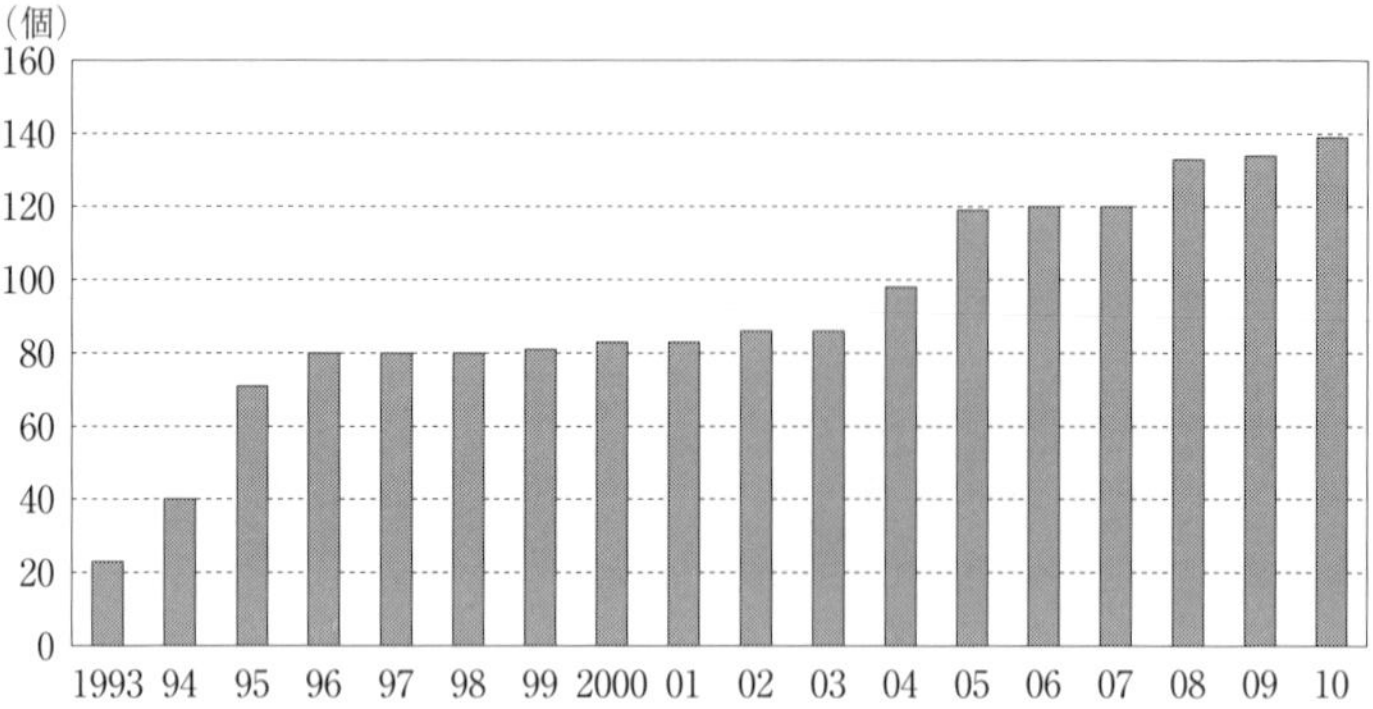

図4－3　ブロンズ像設置推移表

図4－1と図4－2である。

銅像が設置されたのは一九九三年であるが、そのときは観光客は、まだ二万一〇〇〇人であった。翌一九九四年から月別に観光客入れ込み客数がとり始められ、横ばいの期間はあるが、年々、観光客入れ込み客数が増加している。二〇〇七年以降は、増加率が高くなっており、とりわけ二〇一〇年は、前年の倍以上の観光客がやってきている。月別にみると、山が二つあることがわかる。五月と八月であるが、一年にかなりの変動が見出される。五月の大型連休と八月の夏期休暇などと重なるためであろう。この背景には何があると考えられるのか。

まずは、ブロンズ像や関連施設について、細かくどのようなものが拡張されてきているのかを調べてみよう。インターネットを利用して、境港市、境港観光協会、鳥取県の各サイトだけでなく、新聞記事や観光客によるブログなどから探ってみる。また、水木しげるロードに関する報告書もネット上で多数見つけることができるので、これらをもとに、まず、ブロンズ像設置推移表を作成し、グラフ化してみると、図4－3のようになる。

一九九六年八月にブロンズ像八〇体でもって、「水木しげるロード」は完成を迎えるが、このとき、水木しげるロード完成式典が行われた。しかしながら、その後も「水木しげるロード振興会」[1]（一九九八年発足）をはじめ様々な民間企業などの参加により、ブロンズ像の設置はなされていった。[2]

また、ブロンズ像だけではなく、水木しげるロードに沿うように、二〇〇〇年一月に地元の街づくり会社である㈱アイズによる妖怪神社[3]、二〇〇一年三月には、地元の㈱妖怪企画による「妖怪倉庫[4]」が建てられ、二〇〇三年八月に「水木しげる記念館[5]」が開館し、二〇〇七年四月に、東京の民間会社による「ゲゲゲの妖怪楽園[6]」といった施設が順次設けられていった。

また、水木しげるロードでは、「げげげの鬼太郎ゲタ飛ばし大会」や「妖怪そっくりさんコンテスト」などの各種イベントが多いことも特徴である。時系列に沿って、例えば表で整理してみると、表4-1のようになる。

異なるレベルのものを同じ基準で、一覧表として表示させ、比較できるようにすると、個々の一覧表では見えてこなかった関連性が見えてくる。ブロンズ像の増加と観光客の増加との関連はあるだろうが、単純に「ブロンズ像の増加により観光客が増加した」と結論づけることはできない。その社会的な諸要素もからまりあっているのである。「ゲゲゲの鬼太郎」の漫画やアニメのキャラクターは、数十年にもわたって、何度も繰り返し、テレビ番組や映画などを通じてなじみ深いものになっていることにより、認知度が高いキャラクターである。少なくとも、それら鬼太郎を代表とする妖怪に関連する事柄を新たに作り出し、観光客を増大させることに成功したといってもよいだろう。

ただし、近年の観光客増加は、単純に「妖怪」との関連だけで語られるものでもない。特に注目しなくてはならないのは、二〇一〇年である。二〇一〇年には、NHKの連続テレビ小説において「ゲゲゲの女房」（原作は水木しげるの夫人の武良布枝の自伝の同名作品）が放映され、人気を呼んだ。その影響もあって、過去最高の年間三〇〇万人を突破することになったと推測される。もしそうであるならば、水木しげるロードの観光客数の増大は、初期のものと近年のものとでは性質が異なるものであるとも指摘することができるかもしれない。

事前の準備で分かること

このように、「水木しげるロード」についての情報は多く、様々であった[7]。したがって、フィールドに行かなくても対象について知ることができる。そして、幸いにして、それらを踏まえて何らかの想像は可能であるし、考察をしたり、分析したりすることもできる。

これらの諸事実を抽象度を上げて記述すれば、次の文章にまとめることができる。

表4－1　水木しげるロードに関するイベント

世界妖怪会議	「世界妖怪協会」が開催する会議であり，世界妖怪協会とは，世界や日本の妖怪に興味をもつ人々が，互いに話し合いを行って妖怪への理解を深める等の目的のため集う際に，その中心となる会。会長は水木しげる。会議は，1996年，1997年，2002年に境港市で開催されている。
げげげの鬼太郎ゲタ飛ばし大会	2010年で第12回目。毎年８月に開催される，日本ゲタ飛ばし協会（広島県福山市）の認定を受けた正式競技。大会ルールにのっとり協会公認ゲタを飛ばす距離を競うものである。鬼太郎のちゃんちゃんこ着用が義務づけられている。
妖怪川柳コンテスト(8)	2010年で第５回目。「妖怪」を題とした川柳を募集し，コンテストを行う。主催は，境港市観光協会，協力は，水木プロダクション・境港商工会議所，協賛は，水木しげるロード振興会・水木しげる記念館・妖怪神社・夢みなとタワー・米子空港利用促進懇話会・名物料理を作る会・みんなで選ぶ境港の水産加工大賞実行委員会，後援は，境港市となる。
妖怪そっくりさんコンテスト(9)	2010年で第５回目。主催は，妖怪そっくりコンテスト実行委員会・水木しげる記念館・夢みなとタワー・由志園・メテオプラザ・境港市観光協会で，後援が，水木プロダクションと境港市となっている。
境港妖怪検定(10)	2010年で第５回目。「妖怪を知ることは，日本の風土や文化を再確認するということ」ということで，「妖怪の権威・水木しげる先生の妖怪考察を通じて妖怪に対する知識を高める」ことが目的である。主催は，境港商工会議所・境港市観光協会。
境港妖怪ウォーク	2010年では，第２回目。社団法人日本ウォーキング協会「美しい日本の歩きたくなるみち500選」に選ばれた境港の街を，水木しげるゆかりの地に立ち寄りながら歩く。日本市民スポーツ連盟公認大会である。
妖怪シンポジウム	2010年２月28日が第１回目で，2011年２月21日に第２回目が行われる。主催が，境港商工会議所，境港市観光協会，夢みなとタワーで，後援が，鳥取県・境港市・水木しげるロード振興会である。
ゲゲゲのゲタつみ大会	2010年で７回目。水木しげるロード振興会がゲタの歯並びから連想して，11月11日を「ゲタの日(11)」と制定。それに合わせ開催されているイベント。水木しげるロード振興会主催。

経済的な衰退から脱するために、境港を中心とする地域社会は、水木しげるという漫画家が生み出した妖怪たちに新たな資源として注目した。その結果、「水木しげるロード」が創造された[12]。同時に、地域社会が「妖怪」というキャラクターで再編成される過程をも生み出されることになった。

この文章にはいくつかのやや抽象度が高いキーワード（これこそが第3章で述べた概念化なのであるが）で構成されている。「地域社会」「地域おこし」「地域資源」「再編成」である。

「地域社会」という言葉は、境港市を中心とした周辺地域のことを示している。それは単純にある一定の範囲の地理学的な空間という意味だけでなく、そこで暮らす人たちによって何らかの集団や社会的ネットワークが形成されているということをも意味する。

一方で、「地域おこし」という言葉は、具体的には、人口減にあえぐ境港市で交流人口の増大、観光客の増大による経済効果などの事実を示している。ただ、「地域活性化」という言葉と類似するが、あえてこの言葉を使ったのは、その言葉に能動的な意味合いが含まれているからである。当初は行政主体だったとしても、年々、地域社会の中の各種団体の主体的な取り組みが顕著になっているからである。

さらに、「地域資源」という言葉については、「資源」という概念を適用させることで、地域の人々が生活や産業などの活動で利用できるものという意味を含めているからである。具体的には、まず、「水木しげるロード」の妖怪ブロンズ像や「水木しげる記念館」「妖怪神社」などの施設を指している。そして、物質的なものだけではなく、「ゲゲゲの鬼太郎」というキャラクター、つまり無形のものをも含んでいる。もともとそれらは資源にもならなかったかもしれないが、新たに資源として活用されていったものである。ここにはアニメや漫画などのキャラクターが資源として活用できるという認識がなければならないのは言うまでもない。

このように具体的な事実を組み合わせることで、短い文章を作ることができる。これがデータを分析するという作業となる。収集した調査データは、具体的な事実で構成されており、それらをいかに分析して、より抽象的な語

表4－2　調査計画表のサンプル

対　象	水木しげるロードとそこに来る人々
場　　所	水木しげるロード（鳥取県境港市）
問題意識	•現地で人々はどういう行動をしているのであろうか。 •観光客は，何に注目しているのだろうか。 •街に彼らがやってくることで，何が変わるだろうか。
調査対象	•道路に沿って設けられた展示物（ブロンズ像）の視察 •ブロンズ像だけなく，周辺施設や周辺地区などの視察 •ここにきている人たち（家族連れなど），観光客の行動の観察
方　　法	観光客の一人として，エスノグラフィックなアプローチを行う。主に参与観察と写真撮影を行う。また，あわせて，地図，チラシ，雑誌などの資料収集も行う。
調査スケジュール	2010年８月の休日

り方ができるのかということが重要である。

フィールドワークのための問題設定　以上のように、インターネットの検索エンジンで調べただけでも、「水木しげるロード」について知ることができた。しかし、メディアを通じてもどうしても分からない事柄があることも事実である。まず、現場で人々がどのような微細な活動をしているのかは、実際に行って見なければわからない。また、街の雰囲気などもやはり行かないとわからず、自分の経験として語ることはできない。

そこでフィールドワークを始めるために、まず、(1)現地で人々はどういう行動をしているのであろうか、(2)現地で人々は、何に注目しているのだろうか、(3)街に多くの人たちがやってくることで、何が変わるだろうかという三つの問いかけを設定した（表４－２）。現地にやってくる人たちは「観光客」であると考えられるので、これらの問いかけをもち、実際に「観光客」の一人として参与観察をするために現地へ出かけてみた。なお今回は、現地をよく見て、フィールドノートをとることと写真を撮ることに専念している。これらの調査データからどれだけのことが言えるのか検討してみよう。

3　フィールドノートを整理する

フィールドから帰ってきた後、メモや写真をみながら、特定の場所ごとにフィールドノートを整理した。試みとして、(1)ねずみ男駅（JR米子駅）、

(2)鬼太郎駅（ＪＲ境港駅）、(3)水木しげるロードの商店街（店の種類、店構え、売られている商品などなど）、(4)妖怪神社、(5)妖怪ブロンズ像、(6)水木しげる記念館の六つほどのシートを作成してみた。この作業が第3章第4節「フィールドでのデータの収集」で述べた「フィールドノートをとる」の二番目のものにあたる。

これらは、フィールドノートに書かれたメモ書きの断片的な情報とそこで適宜撮影した写真一八〇枚を、帰宅後、じっくりと見て、編集したものである。いろいろな記述の方向が考えられるが、この記述は、ルートマップ式に自分が空間内を移動していくという体験をもとにして写実的に構成し直したものである。それはその現場に赴いていない他者と共有できるような形で、そのときに感じられた主観的な情報も含めながら記述している。

「ねずみ男駅」（ＪＲ米子駅）（二〇一〇年八月一五日（日曜日）九時〜）

ＪＲ米子駅に到着し、構内を案内に従って歩いて行くと、「０番線のりば」（日本語とハングルで示されたオブジェ）という表示が見えてくる。韓国からも観光客が来るからであろうか。０番線は、境線の乗車ホームである。０番線は「ゼロ」ではなく、「レイ」と呼ぶようである。案内に従って歩いて行くと、まず目立つのが、大きな木を彫って作られた「ねずみ男」の像である。その像の上のホーム屋根に「一反木綿」の像が覆いかぶさるようにつるされている。木像には、「ねずみ男」と書かれてあり、この駅の名前の愛称が「ねずみ男駅」だということがわかる。また、その奥にいくと、「鬼太郎」と「目玉親父」の妖怪ブロンズ像も設置されている。ブロンズ像の「鬼太郎」は、「妖怪の国へようこそ」と記された旗をもっており、ここを訪れた人たちを迎えてくれているようである。とともに、この駅が、「妖怪の国」、つまり水木しげるロードがある境港市へ行くための起点であり、列車は、そことつなぐための物であるかのような印象を与えてくれる。そのように観光客が体験できるように意図されて作られているのであろうか。

その他、ホームには、周囲の階段には、記念撮影用の鬼太郎列車乗車（観光地によくあるような）。段を利用して、「鬼太郎」のイラストが描かれていたり、「ねずみ男駅霊番のりば」という看板が書かれていたりした。ホームには、様々な箇所に、いくつかの妖怪オブジェが設置されている。「こなきじじい」「ネコ娘」「ねずみ男」とおなじみのキャラクターである。製作者の氏名も記載されていて、協力が「境港まちづくり応援団」となっている。「境港まちづくり応援団」とはどういう組織なのであろうか。

夏休みで、かつ盆期間中であるからだろうか。親子連れが何組か見られた。写真撮影をして、構内はにぎわっていた。観光客として「水木しげるロード」に向かおうとしているのであろう。二番～五番乗り場に行くためにかかっている跨線橋には、「海、山、旅のドラマは米子駅から」というスローガンが書かれている表記があった。0番線の鬼太郎ばかりの世界と比べると対照的な雰囲気を醸し出している。以前に考えられていた観光のあり方と現在の観光のあり方が変化しているように感じられた。しばらくホームで待っていると、列車が入ってきた。ネコ娘列車だ。

JR米子駅に降り立った時点で、境港を中心として周辺地域が、「妖怪」キャラクターを活用しようとしていることがすぐに分かる。駅は妖怪の世界への入口なのである。

なお、この描写のなかに「妖怪オブジェ」についてのものがあるが、これは帰宅後インターネットを利用して分かったことであるが、「妖怪オブジェコンクール」[13]が主催され、そのコンクールで出品されたものである。

現場から、帰宅後にまとめる際、データと照らし合わせながら、文献やWEBサイトなどを用いての反復作業を行っていく。そして、さらに、ある程度、まとめた段階でもう一度、現場へ訪れるということにすると、見落としていたものをもう一度見出すことができるかもしれない。たいてい、リサーチクエスチョンが最も明確になるのは現場から帰ってきて、報告書を書いている時のことの方が多い。そういう意味でも調査データはなるべく早めに整理を行ったほうがよい。

「鬼太郎駅」（JR境港駅）（二〇一〇年八月一五日（日曜日）一〇時～）

ネコ娘列車は、二両編成の列車である。この日は満員で、座れない人たちもたくさんいた。客層は、目立った動きをする本格的な一眼レフカメラをもった男性客の他、夫婦、カップルなど様々であるが、多くの乗客は、家族連れでざわついていた。狭い車内で三〇分ほど揺られて、境港駅に到着する。プラットホームに降りたち、人ごみのなかに紛れ込みながら、改札口へと向かう。

境港駅は、一番線と二番線の二つの線しかない小さな駅である。駅舎は、頭端部に灯台を思わせるデザインがなされている。改札口を出ると、目に飛び込んできたのは、「水木しげるロード」霊在月ナイトスペシャル」というポスターである。二枚貼られていた。キャッチコピーらしきものに、「夏の夜は妖怪と遊ぶ・怪⁉」とある。しかし、「霊在月」とは何だろうか。「れいざいつき」と読むのだろうか、それとも「れいあるつき」と読むのだろうか。八月の主に土日の一九時から二二時までの間に、紙芝居や影絵遊び、コンサートなどが、水木しげるロード内の「カッパの泉」「妖怪神社」「水木しげる記念館」で行われるようである。

駅に隣接して、「みなとさかい交流館」と記された建物がある。この四階建ての建物は、モダンな建築物であり、隠岐島に向かう隠岐汽船のフェリーターミナルの機能だけでなく、土産物売り場、レストラン、展示場や公衆浴場などもある。建物に入ると、一階に境港市観光案内所があり、案内所に入ると、多くの観光客に職員の方々が対応をしている。

『妖怪ガイドブック　第15版』が一〇〇円で売られていて、購入する。このガイドブックは、水木しげるロード内の妖怪ブロンズ像が網羅されており、写真と説明文で個々のブロンズ像が紹介されている。なお、このガイドブックは、スタンプラリーの台紙になっている。妖怪ガイドブックは、駅前の観光案内所に持っていくと、スタンプ二〇個以上でオリジナルシールがもらえ、三六個全部押してあると「完走証」がもらえるようである。完走し終わった親子連れが観光案内所にスタンプをもってきているのが見られる。

「鬼太郎駅」前広場（二〇一〇年八月一五日（日曜日）一〇時二〇分〜）

駅前は近年、区画整理された場所である。ロータリー式の道路になっていて、自動車が走る道路に沿ってやや広めの歩行者用道路になっている。駅を出てすぐに、机で原稿を執筆している男性のブロンズ像があり、机のまわりには、ねずみ男が机にこしかけ、横では、鬼太郎が頬杖をしながら、その男性を見ている。背後には、目玉おやじがみつめているという構図になっている。御影石の机の前面に、「水木しげる先生執筆中」と記されており、「鬼太郎、ねずみ男、目玉おやじと遊びながら妖怪漫画の執筆に没頭する水木サン。周りにひそむ妖怪の声にタハッ…。Ⓒ水木プロ　2005」とある。このブロンズ像のまわりで何組かの親子連れがブロンズ像といっしょに写真をとっているのが印象的である。

その左手には、河童の三平・たぬき・カッパがそれぞれ、竹馬にのっているブロンズ像があり、前進していくと、右手には、赤い立方体の郵便ポストの上にある葉書に乗った小さな鬼太郎のブロンズ像、続いて、スイカを食べようとしている死神のブロンズ像、そして、水木夫妻のブロンズ像などが見られた。境港駅構内と歩道は隣接しており、そこにはフェンスが設けられているが、「祝・決定　平成22年春からNHKで放送　連続テレビ小説『ゲゲゲの女房』　水木しげる夫人が綴った二人の半生記」と記された横断幕があり、すぐその横には、「二〇一〇年ねこ娘年キャンペーン　虎の衣を借るねこ娘　今年はトライの年だニャン！」と記され、虎風にアレンジされたネコ娘のイラストが描かれた横断幕が貼られていた。

妖怪神社（二〇一〇年八月一五日（日曜日））

反対側の歩行者道路で人が群がっている。入り口には、鳥居のようなものが見られた。枝打ちしただけの粗野な灰色の木の柱が二本立って、その木の柱を渡すかのように、一反もめんの形に彫られた横木が設置されている。その鳥居の左には、石で「妖怪神社　水木しげる」と彫られていた。右には、神社でいうところの手水場らしきものがある（図4-4）。「目玉のおやじ清めの水」と記されていた。これは、ただの水場ではない。石製の器に、石で作られた目玉おやじの目玉があり、それが下からあがってくる水の水圧によって、動く仕組みになっている。何人かの観光客が、その目玉を触り、くるくると、まわしていた。神社のなかに入ると、大きさが異なる巨大な石柱が二本たてられていて、大きい方には、おみくじを結ぶためのみくじ掛が巻かれている。その二つの石柱の間に、木製のいびつな形の木板がはさまっている格好になっている。ご神体なのだろう。

境内の周囲には、「御神体の目玉石」があり、この石の由来が書かれたパネルが設置されていた。その説明文に、「参拝は、二礼二拍手一礼の後、御身体に触れ妖怪のパワーを受けてください」と書かれている箇所がある。ここは、パワースポットなのである。その他、「妖怪絵馬」や「お守り」なども売られていた。

図4-4　妖怪神社

妖怪神社は、株式会社アイズという境港市の街づくり会社（市民一八人の出資で設立された会社）によって設立されたものである。この新しい施設は、「神社」と命名されているが、本来の意味での「神社」[14]ではなく、神社のようなものである。当日は見出せなかったが、「妖怪神社」について帰宅後にWEBサイトを利用して調べてみると、さらに興味深いことがわかった。妖怪が既存の民俗的要素と関係づけられるということである。妖怪神社初詣（一月一～一五日）、妖怪節分祭り（二月）、妖怪ひな祭り・猛霊八惨大明神祭（三月三～一〇日）、妖怪七夕祭（七月）、霊在月祭（八月一～三一日）、妖怪厄払い護摩供養（一二月一五～三一日）などである。いわゆる民俗学でいうところの、「年中行事」である。この神社は、既存のものを借りるかたちで成立しているのである。

水木しげるロード商店街（二〇一〇年八月一五日（日曜日））

駅から水木しげるロードが始まるが、道路には、様々な妖怪のブロンズが点々と設置されている。他にも、子供が遊べそうな妖怪広場もあったり、鬼太郎交番があったり、街灯が目玉のおやじであったりと、「ゲゲゲの鬼太郎」が過剰とでも呼べるほど演出されている水木しげるロードである。観光客の人たちが話をしているのが聞こえてきた。「こんなに妖怪だらけ」。確かにそうである。しかし、ここは商店街でもあるのだ。ブロンズ像に沿って、店が軒を並べている。歩行者道路を歩いていると、「東府屋」という店が目についた。店入り口の上部にある電灯が、目玉のおやじになっている。

ねずみ男が歩いてきた（！）。着ぐるみをきたねずみ男が手招きするかのように歩いている。そのまわりを親子連れがとりまいている。着ぐるみといっても、かなり手作り感がある。

また歩いていると、「美保の松」という旅館が見えてきた。山陰地方特有の赤い屋根瓦が特徴となった和風の建物である。交差点に到着したここからは歩行者天国となっており、一般車両は通行禁止のようである。交差点の横断歩道をわたり、少し歩くと、次第に観光客らしき人が多くなってきた。そして目に入ってきたのは、「鬼太郎はうす」という店である。黄色と黒色で店の壁面が彩られて、目立つ店構えをしているが、「ゲゲゲの鬼太郎絵画まんじゅう」などのお菓子や鬼太郎グッズが売られていた。

その店の道路反対側には、「水木ロード郵便局」があった。子供のころには街のあちこちにあった赤い円柱状のなつかしい郵便ポストが建物前にある。休日で休みであったが、数人の観光客が、建物前に設置された掲示板を見ている。郵便局の宣伝ポスターが貼られていたが、そのなかに、「鬼太郎の風景日付印を押印します」と書かれていた。葉書をここから投函すると、押印が鬼太郎になっているようである。

ここの通りには、鬼太郎にちなんだお店も多く並んでいる。「妖怪ショップげげげ」という怪しげな店が目に入った。店の入口上部には、一反もめんをかたどった看板とその下にやはり目玉おやじをかたどった電灯がある。店の前には、ネコ娘、鬼太郎、ねずみ男の顔の部分をくり抜いた、観光地でよく見かける木製の顔出し看板がある、かなり手作りという感じである。入り口は木枠の横あけ式の扉であり、木枠にはめ込まれたガラスにうつる像に目がとまる。ガラスは、透き通るほどの薄さが感じられ、辺りを写した深い光の反射が目に入ってくる。その反射した像がゆらいでみえる。ガラスの表面が不均一になっているためなのだろう。筆者にとってはなつかしさを感じさせてくれるガラスである。まさに「昭和」なのかもしれない。このガラスは何年も前から使われ続けているのだろうか、あるいは、このような演出ができるガラスがはめこまれているのだろうか。鬼太郎が歩いている。もちろん、着ぐるみである。かなり手作り感がある。

そして歩いていた前方にも人だかりを発見した。そこには鬼太郎がいた。観光客は、順番に記念撮影をしていた。

そして、今度は、来たときとは反対側の道を歩いてお店やブロンズ像を見ながら、駅の方まで戻っていく。テレビ番組の「金スマ」で好評らしい「雪花の郷」というアイスのようなカキ氷のような食感の冷菓を売るお店があった。人形カステラを焼いて売っていた店があった。一〇個三〇〇円の焼きたてである。鬼太郎茶屋という店の向かいの通りに目をやると「いこいの館鬼太郎」では、手作り大判焼きが売られていた。水木しげるロードを歩いていた途中で、「神戸ベーカリー」というパン屋を見つけた。境港なのになぜ「神戸」なのかわからないが、妖怪パンを売っているパン屋である。店の前のウインドウには様々なパンが飾られていた。「ねずみ男」「猫娘」「ぬりかべ」「鬼太郎」「砂かけ婆」の顔にかたどられたパンなどである。そして、「妖怪饅頭」というお店では、妖怪饅頭が売られていた。「鬼太郎」「目玉のおやじ」「ねずみ男」「猫娘」の四種類がセットになって入っている。カスタード、チョコレート、こしあんの三種類である。

水木しげるロードを歩いているときに気がついたことは、新しい建物もあるが（図4-5）、そのなかには古い昔からあるような建物（図4-6）も多かったことであり、街の景観としては均衡がとれたものではなかったということである。あくまでブロンズ像の設置が主要な目的であり、店の構えが変化しているのは、後になってからである。したがって、街そのものを新しく再開発するというものでもなければ、街並保存を目的としているわけでもない。筆者自身がこの街になんらかの「なつかしさ」を感じたのは（それは出身地という理由ではなく、特定の場所に依

図４－５　水木しげるのロード内の新しい店

図４－６　「昭和」を感じさせる店の一つ

存しない感情である）、所々で時代的に古いものが混在しているからであろう。そうした感じ方は、水木しげるロード建設者の意図とは異なるのかもしれない。

　それから、観光客の数は多いが、ブロンズ像を一点一点にじっくり鑑賞している人はあまりいなかったということも特徴である。圧倒的に観光客がとっている行動は、お土産物屋でお土産を買い、露店でアイスクリームやジュースを飲むといった行動なのである。一眼レフの本格的なカメラで、ブロンズ像を写真におさめる男性を見かけることはあったが、大多数の人たちはそれらに目もくれないように歩いていた。

　しかし、すべてのブロンズ像がそうではなく、あるブロンズ像に対しては、反応する人たちが大勢いた。それは、鬼太郎、ねずみ男、目玉おやじ、ネコ娘などのゲゲゲの鬼太郎に出てくる主要な妖怪たちのブロンズ像である。とくに鬼太郎とねずみ男は、水木しげるロード内に何体もあり、等身大ほどの大きなブロンズ像の前では、観光客が一斉に携帯電話のカメラで撮影したり、ブロンズ像と一緒に記念撮影をしたりしている人たちもいた。他には、ブロンズ像は単に撮られるだけではなく、触れる対象でもある。その形跡として、ブロンズ像の表面が光っているものがいくつかあった。それは触れた証拠である（図４－７）。

水木しげる記念館（二〇一〇年九月一九日日曜日）

ＪＲ境港駅の方から歩いてくると、「水木しげるロード」の端にあたる「水木しげる記念館」に到着する。駅から歩いてきた観光客は最終的にこの地点に行きつき、この記念館に吸い込まれるかのように入っていく。この日は多くの観光客がこの中に入っていくのが見られた。この建物は、白壁の和風の建物である。入口に近づくと、案内掲示板が設置されていて、一般七〇〇円、中高生五〇〇円、小学生三〇〇円の入館料を払って入館する。館内の受付の人たちは次から次へとやってくる来館者に対応して忙しそうであった。以下を一覧表としてまとめてみた（表４－３）。

館内は基本的に写真撮影が禁止なので、カメラをバックのなかにしまって入っていった。一階は、水木しげるの人生の歴史の紹介や、妖怪アパートや妖怪の世界、妖怪洞窟でたくさんの妖怪に出会い、三面スクリーンでは、妖怪の世界や水木しげるロードについての短編も見ることができる。行列に沿う形で一点一点展示品を見ていく。妖怪がどのような場に出現するのかが理解できるようになっている。しかし、妖怪だけにクローズアップされているというよりは、記念館は、キャラクターの生みの親である水木しげるに焦点が当てられていると言ってよいであろう。水木しげるが、どこで妖怪キャラクターを生み出しているのか、その仕事場を再現し、水木しげるがどのような経歴とともに妖怪を生み出しているのか、そして、その発想はどこから出てくるのかといったことが分かるような展示方式である。

二階は、企画展示室で撮影可能なので、写真撮影など行いつつ、一点一点見ていった。「鬼太郎と仲間たちの秘密」がパネルなどを利用して展示中であった。「鬼太郎や鬼太郎の仲間の妖怪たち」と題して鬼太郎と目玉おやじ、ねずみ男などが詳しくパネルで紹介されていた。鬼太郎は一三〇センチで、

図４－７　触れられた痕跡があるブロンズ像

表4－3　水木しげる記念館

一　階	
げげの間	水木しげるの人生の歩みがパネルで紹介。イラストや絵画などとともに展示。
水木しげるの仕事場	仕事場の再現。
妖怪アパート	茅葺きのような家（妖怪アパート）の前に，ねずみ男，こなきじじい，目玉おやじ，鬼太郎，砂かけばばあ，一反もめんなどの人形を展示
のんのんばあとオレ	水木少年にのんのんばあが妖怪のことを教えている
妖怪洞窟	洞窟になっていて，その壁に40体ほどの妖怪のオブジェが展示されている。洞窟下部から照らし出された照明によって，オブジェの見え方が変化する仕組みになっている。
あやしの土蔵	建物の地下室（「開かずの土蔵」とも呼ばれている）が，改造されて，透明の床から下部が覗ける仕組みになっている。妖怪たちが日常的に住む風景が再現されている。
映像シアター	スクリーンと音響で水木しげるの妖怪の世界を見ることができる。
ふるさとの妖怪たち	日本各地の各都道府県の妖怪たちを紹介。
精霊の間　水木しげるの冒険	水木しげるが，世界中で集めたコレクション（主に仮面）の展示と，旅の記録を写真で紹介。
妖界庭園	小説家の京極夏彦が配置を考えた庭園中庭。
二　階	
企画展示室	「鬼太郎ものしり大辞典」が開催中。
壁のらくがき	二階の企画展示室にいくまでの階段の壁に，水木しげるが直筆した妖怪たちのイラストが描かれている。
いこいの広場	この部屋は，休憩室のようになっている。「第四回妖怪そっくりコンテスト」の受賞者が写真入りで張り出されていた。

ねずみ男は一六〇センチらしい。ちなみに、目玉おやじは九センチ九ミリである。それぞれの箇所には、等身大のイラストがパネルに描かれていた。そのほか、歌川広重の「東海道五拾三次」と並べるように、水木しげるの「妖怪道五十三次」が展示されている。また、鬼太郎に関する図書が並んだ「鬼太郎図書室」（といっても、手にとっては見られず、ガラスケースのなかに入れられている）があったり、鬼太郎に関連するなつかしい玩具（ぬいぐるみ、人形、ゲームセットなど）や鬼太郎と妖怪達のイラストが描かれている茶碗や弁当箱、箸などもガラスケースの中で展示してあった。片隅に「水木しげると女房のゲゲゲな時代」という展示ブースがあった。二〇一〇年に放映中だったＮＨＫ朝の連続ドラマ「ゲゲゲの女房」を記念しての特別展示であったが、小さなスペースに畳が敷かれ、そのうえに、ちゃぶ台が置かれている。ちゃぶ台の上には、急須や、『月刊ガロ』などが置かれ、ちゃぶ台のまわりに座る、水木しげると夫人がパネルに描かれた絵が置かれている。その後ろには、白黒テレビがあり、正面の壁のうえには、振子時計がかけられ、横には、ハンガーにかけられた白いシャツがかかっている。どうやら、水木しげるが漫画家としてスタートした時代のものを再現しているようであった。これを見る来館者はなつかしいと思うのか、あるいは、放映中のテレビ番組とシンクロナイズさせてみるのであろうか。どちらにしても、ある古い特定の時代を展示しているのである。基本的に、来館者は見てまわるという態度が中心である。唯一、触れたりするのは、二階の企画展示場にある等身大と思われる鬼太郎の像（握手できる）と鬼太郎とねずみ男の立体パネル（パネルの後ろにまわれる）のところぐらいである。しかし、本当に来館者が多かった。どこも行列で見ていくしかなくて、ゆっくりと展示品をみることができなかったのが実情である。

4　調査データをもとにした概念化の作業

基本的な概念の作成

それでは、以上の整理したフィールドノートと事前調査で得られた情報の分析をし、いくつかの概念を作り出してみたい。

図4－8　多くの人でにぎわう商店街

図4－9　人影がない市街地

まず、「具現化」「拡大するミュージアム」「均衡のとれていない空間」という言葉が思い浮かぶ。それらは、「水木しげるロード」がどのような空間をなしているのかを言い表すものである。そして、「ポピュラー文化の消費」「選択された消費」である。これらは、観光客の行動に焦点を当てることで作り出される言葉である。

はじめに、「具現化」について述べよう。これは、虚構の世界だったものが、街の至るところで具体的に形となって実現されていることを示すために考えた言葉である。

具現化

漫画やアニメの世界は、虚構に属する世界である。JR米子駅構内のキャッチフレーズで、境港は、「妖怪に出会える街」と掲げられているが、本当に「妖怪」に出会うということはありえない。会えるのは、着ぐるみの妖怪であったり、妖怪ブロンズ像であったり、妖怪に関する各種商品であったりする。

本章第2節で触れたように、近年、「水木しげるロード」を中心に周辺地域も含めて、水木しげるや妖怪たちに関連したものに置き換えられていっている。例えば、街のあちこちが、空間的にも時間的にも「妖怪」との関連づけが行われている。着ぐるみの妖怪たちは、「妖怪神社」の年中行事に現れる。また神社では、観光客が絵馬に「妖怪」への願いを書いている。このことは虚構の世界が、現実の世界のなかに組み込まれていることを意味する。

二番目の「拡大するミュージアム」について述べよう。

図4－8と図4－9を比較してみると分かるように、「水木しげるロード」から一歩外れれば、人影はまばらと

なっており、「水木しげるロード」周辺が特異な場であることが分かる。このことは「水木しげるロード」が市街地の中でも景観的に境界づけられた場であることを示している。そして、その「水木しげるロード」の妖怪ブロンズ像を一点一点見ていくという仕組み（例えば、観光客はスタンプラリーを用いて一点一点見て行くことなど）は、ミュージアムにおける展示の閲覧と類似する。

その一方で、すでに示したように、「具現化」という現象が起きている。つまり、モノの設置が単純に、屋外に拡大するだけでなく、空間の意味が時間とともに、あるテーマに沿って、書き換えられるのである。

これらのことを指し示すのに、「拡大するミュージアム」と名付けることができる。それは空間的に拡大するだけでなく、拡大した空間の新たな意味付け作業が行われていることを指している。

三番目の「均衡のとれていない空間」は、「水木しげるロード」の空間的なもう一つの特徴を捉えようとして考えた言葉である。

フィールドの調査で、「水木しげるロード」周辺は、以前のものがすべて更新されるといったような再開発をして作られた空間ではないということが分かる。既存の空間を土台として、妖怪ブロンズ像の設置や新しい商店が開店したという形態をなしている。したがって、「美保の松」という旅館や昭和の雰囲気を感じさせる「妖怪ショップげげげ」といった商店があるように、既存の古い建物なども点在しており、そのことが全体的に見た目において、「均衡のとれていない空間」を作り出していると言ってよいだろう。

四番目の「ポピュラー文化の消費」については、ここにやってくる観光客が「ゲゲゲの鬼太郎」という漫画やアニメなどのポピュラー文化に属するものが徹底的に演出された商品やサービスを消費しているという現実を指し示すための言葉である。観光客は、飾られた空間の中で、設置してある妖怪ブロンズ像を見る、触れる、写真にとる、商店で妖怪関連商品を買う、鬼太郎に関連する食べ物を食べるといった行為を行っている。

最後の五番目の言葉である「選択された消費」には、すべての観光客が「水木しげるロード」にある妖怪に関するものをくまなく消費するわけではないという意味が含まれている。

図4-10　着ぐるみの鬼太郎と記念館撮影する観光客

観光客の「ポピュラー文化の消費」は、選択して消費している側面も兼ね備えている。例えば、妖怪ブロンズ像の中でも観光客が特に注目するのは「鬼太郎」や「ねずみ男」などの特定のものである。妖怪ブロンズ像の中でも触れられているものとそうでないものがあったり、一緒に写真が撮られるとしても、やはり「鬼太郎」や「ねずみ男」などに集中する。その他の妖怪ブロンズ像に対しては、素通りしてしまう観光客さえいる。

それでは、次にこれらの基本的な概念から概念同士を検討し、さらに何が言えるのかを述べてみたい。

概念と概念間の関係を検討

ここまでで、「具現化」「拡大するミュージアム」「均衡のとれていない空間」「ポピュラー文化の消費」「選択された消費」といった五つの言葉で整理した。今度はこれらの言葉をさらに包括的に扱うことができる言葉を見出してみよう。

「具現化」「拡大するミュージアム」「ポピュラー文化の消費」にといったことに関して言えば、「水木しげるロード」に集まっている、もしくは、集まってくる人たちが作り出す空間は、日常的な空間ではなく、にぎやかで、飾り立てられた、まるで祭りが行われているような空間であるということが分かる。それはまとめて「祝祭的な空間」と言ってもよいだろう。

観光客は着ぐるみの妖怪たちと写真撮影をしたり（図4-10）、妖怪関連商品を購入したりする一方で、商店街の商店は、地元の日常品を販売するというよりは、もっぱら観光客向けの商品の販売に勤しんでいる。その空間は「水木しげるロード」周辺に暮らす人たちの日常でも、やってくる観光客の日常でもないだろう。「水木しげるロード」は、妖怪ブロンズ像や着ぐるみの妖怪たち、様々な関連して商品を通じて、地元住民と地元以外の人々とが交じり合う場なのである。

さらに、「均衡のとれていない空間」「ポピュラー文化の消費」「選択された消費」に関して言えることは、観光客は、ただ単にその場で意図的に作り出されたものを消費しているわけではないということが要点になる。「観光客」として参与観察を行った筆者を含めて、「水木しげるロード」内にある妖怪に関連するものを取捨選択している観光客は多数いると考えられる。また、古びた建物が「水木しげるロード」には点在し、「均衡のとれていない空間」を構成しているが、その必ずしも妖怪に焦点が当たらないものに注目する観光客もいる。それは、ある意味で、観光客が新たな価値を付与する行為と言ってもよいだろう。なぜならば、「水木しげるロード」の基本は、妖怪ブロンズ像の設置だけでなく、妖怪に関連した新しい施設の開設、新しい商店の開業などで街を新しくしようという意図が強く働いているように思われ、それに関わらないものに注目するということは意図されているものから外れるからである。したがって、観光客は意図されたものの一方向的な受け手と断言するわけにはいかない。このようなことから、観光客は主体的にその場の読みを行っていると言え、「消費の技法」と名付けることができる。

ただし、本当に「技法」とも呼び得るものなのか疑問も残る。なぜならば、妖怪ブロンズ像の特定のものに注目させるというのはもともと仕組まれたものであるかもしれないし、「なつかしさ」を想起させることもそうなのかもしれない。したがって、この概念を確固とするには、もう少し具体的な調査データが必要である。例えば、「水木しげるロード」を作る際に想定されていたことや、水木しげるロードを訪れた観光客が書き記したブログなど多数インターネット上で見ることができるが、そうしたものと照らし合わせる必要があるだろう。

調査データから何が言えるのか

以上のように、まず調査データから、いくつかの概念をつくることができた。まず、「水木しげるロード」という場を言い表すために、「具現化」「拡大するミュージアム」「均衡のとれていない空間」という言葉を考えた。そして、それらを「祝祭的な空間」という言葉で包括的に捉えた。また、「ポピュラー文化の消費」「選択された消費」という観光客に焦点を当てた言葉を考え、これらに「均衡のとれていない空間」の考察を加えることで、全体を「消費の技法」といった言葉で理解しようとした。その結果をまとめて、文章にすると次のようになるだろう。

「水木しげるロード」は、ミュージアムの一つの形態である。それは、現在進行中である虚構の世界を具現化させた、いわば、拡大するミュージアムであると言えよう。そのミュージアムは、祝祭的な空間でもある。その中で観光客は提供されたモノや情報を消費している。しかしながら、これを単なる一方向的な消費活動ととらえることはできない。それは観光客が主体的に空間の読みを組み替えているということが示唆されるからである。そこに消費の技法とも呼びうるものがあるのではなかろうか。

最後に、「ではなかろうか」と文をもっていったのは、「消費の技法」が確固としたものではなく推測の域にすぎないからである。断定を避けたのは、読者への判断に委ねるとともに、自分の今後の課題として取り込むということを示唆している。

5　フィールドで求められる柔軟性

本章では、第3章の応用編として「水木しげるロード」を対象にフィールドワークを行い、そこから収集された調査データをもとに分析や解釈を行い、データの再構成をしつつ、簡単な結論を導き出した。

ここで導き出した結論は、「水木しげるロード」をある特定の視点から見たものである。したがって、別の結論を導き出すこともできる可能性は十分にある。最も重要なことは、各自の問題意識をどのように立ち上げていくのかである。調査者は何も考えずにフィールドに行けばよいというわけではないし、それを行ってしまうと、収集されたデータはデータとしての意味をまったく失ってしまう危険性もある。したがって、十分な事前の準備は必要である。

そうかといって、フィールドで調査を行っているときの面白さというのは、思ってもみなかった事柄を見出すということである。逆に、あまりにも事前に準備をしすぎると、それに囚われてしまい、先入観をもってフィールドへ赴き、一面的な側面から見てしまう危険性もあることは知っておく必要がある。しっかりと事前に準備するとしても、フィールドでは常に柔軟性が求められるのである。

注

（1）http://mizukiroad.net/
（2）ブロンズ像の内訳を見てみると、従来は、妖怪ブロンズ像ばかりであった。しかし、近年では、二〇〇五年に「水木しげる先生執筆中」、二〇〇六年に「山高帽の水木先生」、二〇〇七年に「水木しげる先生顕彰碑」、二〇一〇年に「水木しげる夫妻のブロンズ像」と「隠岐へ向う鬼太郎親子」の横の「水木しげる先生」といった水木しげる作家自身のブロンズ像の設置が目立っている。妖怪そのものから、妖怪を生み出している個人への焦点化が起こっているといえよう。これは後述するフィールドワークの際に作成したデータのところでも触れる。
（3）http://www.yo-kai.net/
（4）http://www.youkaikikaku.com/
（5）http://www.sakaiminato.net/mizuki/
（6）http://www.yokairakuen.jp/
（7）逆に、対象について情報量が少ないところでは、上記で行ったような、資料を収集するということを改めてフィールドで行う必要性に迫られるかもしれない。しかし、重要なことではあるが、資料収集、あるいは現場にある事物の確認程度であるならば、フィールドワークをする積極的な意義とは言いがたい。
（8）http://www.sakaiminato.net/senryu/
（9）http://www.sakaiminato.net/contest/
（10）http://www.youkai-kentei.com/

(11)　全国木製はきもの業組合連合会が「ゲタの日」と設定しているのは、七月二二日である。

(12)　この一文は、活動に対して肯定的に見た場合に導き出される。しかし、境港の地元にあるものとは、関連性は必ずしもないものが資源となっていき、さらには、地元の様々なものがそれとの関連づけで語られるようになってくる。水木しげるの漫画は、自身の「のんのんばあとオレ」以外で、地元との関連性があるわけではないし、「ゲゲゲの鬼太郎」に出てくるキャラクターたちは、どこかの場所にくっついているわけでもない。非場所性の存在である。そのとき、地元との「乖離」と名付けることもできる。「乖離」という言葉には、否定的なニュアンスが含まれている。もし分析する者が、もともとあった地元がこの活動で破壊されているのではないかということを考えるならば、この「乖離」という言葉を頻繁に用い、「創造」という言葉を用いることはないだろう。概念化は、分析する者が何を言いたいのか、という立場によるのである。

(13)　http://www.sakaiminato.com/site/page/new/news/200308/ob/

(14)　もっとも本来の意味の「神社」、つまり神道に基づき作られた祭祀施設とこのような施設が同類のものなのか、そうではないのかという考察はやってみなければならないが、ここでは区別しておこう。

（岩谷洋史）

コラム6　軍艦島――廃墟 or 産業遺産

「――私たちも今、資源のない島、日本に住んでいる」。これは、一昔前に話題になったCMのキャッチコピーである。このCMは、不思議な島の姿を映し出している。小さな島だが、そこには所狭しと高層の建築物が林立し、そのすべてが廃墟となっている。島のシルエットはさながら軍艦のようである。

この島は、長崎港の沖合にある端島《はしま》という島である。その特徴的な姿から、いつの頃からか、「軍艦島」と呼ばれるようになった。先述のCMが伝える通り、この島の海底では、かつて石炭が採掘されていた。島の上に密集する建築群は、その石炭採掘のために集められた労働者とその家族が暮らす、一つの「まち」だったのである。長崎港から船で近づくと最初に見えるのは、七階建ての小中学校であり、そのすぐ隣にはやはり高層のアパート（社宅）がある。島内には他にも商店街、病院、神社、寺、映画館などがあり、一九六〇年代にはおよそ五〇〇〇人もの人々が住んでいた。

ところが、一九七四年に炭鉱が閉鎖し、この島はたった三カ月で無人となった。その後、老朽化した建築物が崩落する危険などから、地元の高島町（二〇〇五年に長崎市に合併）は、長らく島への上陸を禁止していた。だが二〇〇九年四月、長崎市が造成した見学路が一般公開され、一部の見学が可能となった。二〇一二年六月一三日の読売新聞の記事によれば、上陸ツアーの利用客は開始から三年で約二七万五〇〇〇人に上り、長崎市は新たな観光資源として期待しているという。

ミュージアムとしてのこの島の面白さは、第一にその展示法にある。舗装された見学路には、三カ所の見学スポットがあるが、そこには解説用の案内板はない。この島を見学するためには、長崎市から認可された業者のツアーに参加する必要があるが、基本的にガイドが同行する。ガイドによって説明のバリエーションが異なるのも魅力の一つである。

第二に、その保存のされ方である。今日、様々なメディアで「産業遺産」として紹介されることの多いこの軍艦島だが、実は国（文化庁）や自治体からは文化財としての指定や登録を受けていない（二〇一二年七月現在）。現状では、いわゆる「廃墟」なのである。だがこれまでに、専門家やアーティストなど様々な人々がこの島に関心を寄せ、その「保存」を訴えてきた。その効果もあって、二〇〇九年一月には軍艦島は「九州・山口の近代化産業遺産群」の構成資産の一つ「端島炭坑」として、正式にユネスコ世界遺産の候補となった。これに対し、長崎市は今のところ、「島の維持保全を行い、風化の過程を見せる」という方針をとっている。

こうした保存・展示法が意味することは一体何だろうか。この島で暮らした元住民にも、故郷の保存を訴える人々がいる一方で、「そっとしておいてほしい」と願う人々もいる。近づき難い「廃墟」に魅力を感じる人々もいれば、「歴史的建築物」の復元を求める声もある。

たしかに、「保存」は廃墟としての魅力を損なうかもしれないし、「展示」による「観光地化」への懸念ももっともである。だが、今後何らかの保存をしない限り、廃墟としての魅力に触れることはできなくなるかもしれないし、誰でもアクセスできるように「展示」しない限り、「産業遺産」としての社会的価値を共有していくことは難しいだろう。

このように、この島にどのような価値を見るかによって、保存の仕方も説明の仕方も全く変わってしまう。この場所を通して「何を伝えるのか」ということをめぐっては、様々な思惑が交錯しており、ガイドによる説明や、「風化の過程」の展示は、いわばとりあえずの妥協点といえる。軍艦島は、このように、保存や展示というミュージアムの大前提に新たな課題を投げかけているのである。

（木村至聖）

対岸の野母半島からみた軍艦島
（2007年 8 月27日撮影）

コラム7　韓国群山市《クンサン》——日常の歴史を写すミュージアムとしての地方都市

韓国全羅北道《チョンラブクト》の西海岸に面する群山市《クンサン》は、人口およそ二六万人の都市である。この小都市を、あえて「ミュージアム」として紹介するのには理由がある。それは保存性の高さである。国家主導型産業化と脱植民地化という、解放後の韓国で行われた急速な再開発のうねりを考えると、この都市には、驚くほど植民地時代の遺跡が残る。敵産家屋と呼ばれる日本式建物をはじめ、寺院やその町並みは、この町自体が過去のものを蒐集した、まるで博物館のような印象を与えている。それだけではない。朝鮮戦争中の銃弾が痕跡をとどめ、当時の米軍向けの商店や慰安施設が現在でも使われている。このように、植民地時代のみならず、当地の解放直後の変容もまたそのまま窺うことができるのである。つまり群山は、過去一〇〇年、朝鮮半島に生きた人々の息遣いを感じることができる一大ミュージアムとして町全体が受け継がれた、韓国ではまれな都市なのである。

このような郡山は、韓国の人々が生きてきた・生きている歴史を、その日常文化から知るうえで、次の二つの点で意義深い。第一は、開発と保存の葛藤から生じつつある文化の変容という点である。過去を巧みに保存してきた郡山も開発と無縁ではなく、近年セマングム干拓の大規模事業が一部完成した。これに伴い、数年前から同市観光振興課では、ツアーとして、近代文化遺産とセマングム防潮堤と組み合わせた探訪コースを運営している。再開発をめぐる行政側と住民側の賛否両論の中において、記録の保存という郡山の伝統の変容は、過去のあり方に対する韓国人の価値観の変化を知るための一つのバロメーター、韓国の現在を理解するうえでも重要な場を提供している。

第二は、「歴史」を体感できる稀少な場という点である。同じ歴史であっても、歴史ドラマ・映画の撮影場所である富川《ブチョン》ファンタスティック・スタジオなどとは異なり、日常の歴史性が真に豊かに残された郡山では、そこに散在する史跡のみならず、地元の人々とのふれあいを通じて、観光客は、歴史書には出てこない人々の暮らしとともに「歴史」に遭遇することができる。そこで出会う歴史は、植民地、解放、戦争、さらには開発の中で、人々の生活文化がどのように持続し、また変化してきたのかを体感できる数少ないまさに「ポピュラー文化ミュージアム」なのである。

これらを実感するにふさわしいお勧めの訪問先をいくつか紹介しよう。まずは、一九〇八年に建築された旧郡山税関である。韓国銀行本店とソウル駅舎と並ぶ数少ない近代初期建造物で、ヨーロッパ様式が導入されている。室内には、郡山港一〇〇年の歴史がわかる写真資料が展示されている。また、郡山が植民地時代の港湾都市として繁栄していたことを窺わせる旧朝鮮銀行も一見に値する。当時の朝鮮の代表的作家蔡満植《チェマンシク》の小説『濁流』の主人公が働いていた職場としても知られている場所である。解放後、民間の興行クラブに譲渡されたが、火災によって廃業となり、その後は当初の壮大な様子は姿を失い、放置されていた。しかし、二〇〇八年に文化財に登録され、復元作業が今後行われる予定である。さらに一九〇九年、金鋼寺という名称で創建された東国寺は、現存する韓国唯一の日本式寺院として貴重な建物である。最後に、旧広津家屋をはじめとした様々な日本式屋根、長屋、城郭様式は、この都市の大きな特徴をなすものである。（朴　祥美）

群山の位置

旧郡山税関

第Ⅱ部　ジャンルとしてのポピュラー文化ミュージアム

第5章　化粧品のミュージアム
――その困難と可能性――

1　文化となった化粧品――専門メディアとファンの成立

ポピュラー文化のミュージアム化を扱う本書において、本章では化粧品がミュージアム化することの困難とその可能性について論じていく。そのために、まずは「どのようにして化粧品がミュージアムに展示されるような『文化』の一ジャンルとして成立してきたか」を見ていく必要があるだろう。

専門メディアの登場

さて、現在、化粧品を中心として美容にまつわる消費活動が隆盛を極めている。特にメディア上の動きにおいては、美容情報の専門誌が一九九〇年代以降になると登場してくる。実はこれまで、美容情報はファッション誌やライフスタイル誌の一部ページに掲載されるに過ぎなかったのである。二〇～三〇代女性を対象としたものには『VoCE』（講談社、一九九八年創刊）、『マキア』（集英社、二〇〇四年創刊）、『美的』（小学館、二〇〇一年創刊）があり、それぞれ二〇〇八年度の発行部数は『VoCE』一二万二九二部、『マキア』一二万六六七部、『美的』一四万二五八三部である。(1) また、それよりやや若い一〇～二〇代向けでは『ビーズアップ』（スタンダードマガジン、一九九七年創刊）もあり、一四万六〇〇部発行されている。このような美容専門誌の登場が指し示すのは、いわば、化粧を「身だしなみ」として捉えるのではなく、より「趣味」性の強い行為として捉える認識の広まりである。

また、化粧品の情報が掲載される重要なメディアとして、雑誌以外にインターネット上のサイトを挙げることができる。有名なものに「@cosme」、「Yahoo! BEAUTY」、「i-Voce」などがある。それぞれ、株式会社アイスタイル、ヤフー株式会社、講談社によって運営されている巨大なサイトである。そこでは、化粧品や美容器具に関心のある一般の人々が、その使用感、テクスチュア、効果、機能などについて口コミ情報を書き込めるようになっている。[2]また、化粧品や美容器具などに点数をつけて、商品類のランキングを行うこともある。

ファンの登場と広まり

近年、これらのサイトは相当に大きな影響力を持っていると考えられている。例えば@cosmeは、一九九九年に開設されたのだが、二〇〇一年には口コミ件数が一〇万件、二〇〇三年には一〇〇万件、二〇〇四年には二〇〇万件を超えており、書き込みの数がきわめて多いサイトとなっている。マーケティング・プランナーの中島美佐子（二〇〇五）によると、この口コミ数は、国内の様々なレビュー系サイトと比較しても最大規模だという。[3]読んでみると分かることだが、膨大な書き込みは、化粧を「身だしなみ」や「義務」として捉えていない。むしろ「快楽」や「趣味」の領域で捉えている。ある種、化粧品の「ファン」と呼べる人々が多数存在していることが分かるのである。

書き込まれた口コミの多さもさることながら、それとは別に、「観客」の存在も指摘できる。前記のようなサイトには、「書き込む」形で参加する人も大勢いるが、書き込まれた口コミ情報やランキングを「チェックして読む」形で参加する人も多数いるのである。つまり、書き込むわけではないが、化粧品や美容器具を買う前に、情報を見て、実際の商品購入の参考にする人々がたくさん存在するということである。読む人を含めると、さらにサイトの影響力の大きさが察せられよう。このような化粧品情報を扱うサイトは、消費者にとっても、企業にとっても、もはや無視できない存在になっている。

さらに、口コミ情報がインターネット上に載るという事態は、先に挙げたような企業が運営する有名サイトで起こっているだけではない。無数にある個人のホームページやブログにおいても、同様のことが起こっているのである。

こうして、化粧品や美容法の効果や感想を、ネット上に書く人が多数存在することになったが、そのような人を

「美容ブロガー」などと呼ぶこともある。ちなみに、こういった「専門的知識の豊富な非専門家」を、M・フェザーストン（一九九一＝一九九九、二〇〇三、および一九九五＝二〇〇九、二〇〇〇）は「新しい文化仲介者」と名づけ、消費文化が進んだ社会に、特徴的な役割を果たす人物であるとしている。これらの新たな文化仲介者の中には、ちょっとした有名人になって、人気サイトで紹介されたり、雑誌に採り上げられたり、本を出版したりして、人々に影響を及ぼすようになった人もかなり存在する。本人も化粧ファンであるが、さらに美容ブロガーのファンとも呼べる人々がフォロワーとして存在することになる。

ポピュラリティを得た化粧

専門雑誌の成立、およびインターネットにおける書き込みの成立（企業が運営するサイト、個人のブログ）からは、義務でも身だしなみでもなく趣味として美容を楽しむファンや愛好家が大勢いると分かるだろう。この事態をもう少し突き詰めて考えると、「専門メディアが成立したこと」と「ファンが増大したこと」は、化粧（品）が文化（特にポピュラー文化）として成立する要件であり、成立してきた結果でもあるといえる。

このようにポピュラリティを得てきた化粧品は、その人気にともなって関係のあるミュージアムが開設されている。[4] 例えばポーラ化粧文化情報センター資料閲覧室（東京都品川区、二〇〇五年開設、二〇〇七年に現在地へ移転）、資生堂企業資料館（静岡県掛川市、一九九二年開設、二〇〇二年リニューアル）、花王ミュージアム（東京都墨田区、二〇〇七年開設、詳細は後述）などが挙げられよう。[5] 化粧品がミュージアムに展示しうる文化として成立してきた要因として、さしあたり「専門メディアの成立」と「ファンの存在」を指摘したが、しかし実はそれだけでは不足している。ミュージアムに展示するに当たり、化粧品がさらされている困難が生じているのである。その点に関しては、第3節で改めて説明していくことにしたい。

2　花王ミュージアムの基本情報——考察の前に

本論では花王ミュージアムを中心に見ていくので，第2節では基本情報を押さえておきたい。

花王ミュージアムの設立背景

花王が化粧品業界に本格的に参入したのは一九八二年のことである。ポーラが一九四六年、資生堂が一八九七年に本格的に化粧品業界に入っていたことを考えれば[6]、ずいぶん近年のことといえる。業界へは新規参入であったものの、国内シェアは四位と躍進し、二〇〇六年カネボウ化粧品のグループ化に成功して以降の現在、国内シェアは二位になっている。花王は洗剤などの日用品のトップメーカーであるが、化粧品についてもかなり力を入れている。二〇一〇年三月の花王の売上高は、化粧品などのビューティーケア事業部門が四六・二％で、他の事業を引き離して最も高い（ちなみに二番目に高いのが、洗剤などのファブリック&ホームケア部門で二三・四％[7]）。

ミュージアムについても花王の開設時期が最も新しい。実は「ミュージアム」を名乗っているのは唯一花王だけであり、資生堂やポーラのそれは資料館や資料閲覧室という名前である。本章では、最も新しくかつミュージアムを名乗っていることから、花王ミュージアムを取り上げている。

花王ミュージアムは、花王すみだ事業場敷地内で、二〇〇七年に一般公開を始めた。だが、それ以前の一九九〇年に、同敷地内に「清潔と生活の小博物館」が開設されていた。小博物館は開設されて以降、創業者・長瀬富郎の遺言状が所有者から寄贈されるなど、少しずつ拡充が進められていた。そこで二〇〇四年に博物館リニューアルプロジェクトが発足し、本格的なミュージアム設立に向けて動き出したのである。二〇〇六年に社員に向けて公開され、二〇〇七年に一般公開となった。

誰が訪れているのか

さて本章を書くに当たり、文献調査とミュージアム関係者への聞き取りを併用して行っている。文献は、一般書籍および花王で所蔵している資料などを利用した。聞き取りは、二〇〇九年二月二二日、二〇一〇年六月一四日に現地を訪れ、ミュージアムの館長、副館長、案内の方、そして主席

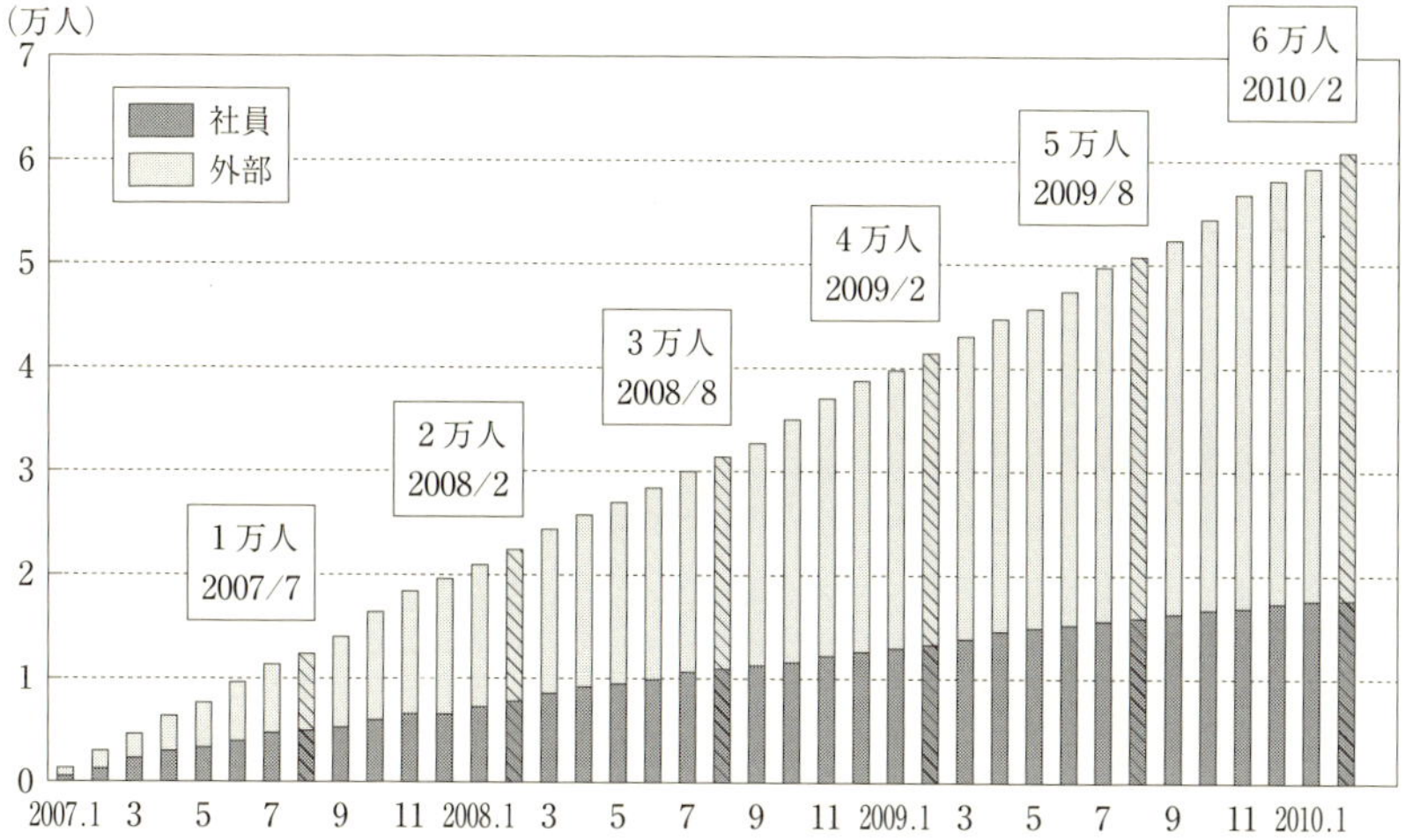

図5-1　ミュージアム来館数（累計）

研究員の方々に対して行っている。また、本章における写真は、著者がミュージアムに許可を取って撮影したものだが、通常の場合、写真撮影は基本的に不可となっており、指定された二カ所のみ記念撮影が許可されている。

また具体的な第3節の考察に入る前に、「こういったミュージアムは誰が訪れるのか」「あまり人が訪れないのではないか」「もしかして花王の社員だけが来ているのではないか」という疑問に答えておきたい。まず、花王ミュージアムへの来館者は年間約二万人にのぼる。そのペースは開館から現在まで衰えていない。実際の資料から数値を出し、来訪者の社員／社外の人の比率を見ると、社外の来訪者が多く、おおよそ社外から社員の二倍くらいの人数が訪れていると分かる（図5-1）。

次に、社外の来訪者と一口にいっても、どのような属性の人が来ているかも気になるところであろう。花王の方への聞き取りによると、訪れる人の内訳は、「社員もいるが社外の人もかなり多」くて、「例えば、女性のグループがウォーキングの途中で来ることもあれば、バスツアーの一環として団体客が来ることもあり、学校行事の一環で小学生が訪れることもある」という。実際の数値で確認すると、二〇一一年における社外来場者の集計では、女性グループを含む一般消費者が約三五％、社会科見学やゼミ活動などで訪れる小学生や大学生、大学院生、専門学校などの学校関係者が約三四％、他社のビジネスマンが二六％であった[8]。

私たちが次節で詳しく見る花王ミュージアムは、多くの人が訪れ、かつ、多様な属性の人々が訪れていることが分かる。ただし本書は、ファンのいるようなポピュラー文化を展示するミュージアムに注目するものなので、来館者のうちでも女性グループなどの一般消費者に焦点を当てた議論になるだろう。では次節で、実際に花王ミュージアムを紹介していこう。

3　化粧文化とテクスチュア

ミュージアム訪問

さて花王ミュージアムを訪れてみよう。通常五人以上のグループによる事前の予約が必要であるので留意されたい[9]。見学希望日の二カ月以上前より電話で受け付けている。見学は無料でできる。実際に訪れると、スライド→工場見学→ミュージアムという三つの行程で見学することになる。

まず、ミュージアムをめぐる前に別室に案内され、そこで会社案内のスライドを五分程度見る。内容は、企業としての花王の歩みを紹介するものとなっている。歓迎の言葉もスライドに載せられており、訪れる人にちょっとした驚きを与えるだろう。

次に、化粧品工場の見学がある。ファンデーションが機械でパッケージングされるところなどを見ることができる。また、化粧品のテスターがおいてあるコーナーがあり、花王の化粧品を自由に試すこともできる。花王の方への聞き取りによれば、訪問している女性客は、このテスター周辺で盛り上がることが多いという。

工場見学の後、いよいよ花王ミュージアムを本格的に見学することになる。ミュージアムは三つの展示ゾーンに分かれており、一つは「清浄文化史ゾーン」、もう一つは「花王の歴史ゾーン」、そして「コミュニケーションプラザ」である。企業が持っているミュージアムは、「自社の歴史」を紹介することに力点が置かれていることが多いが、ここでは清浄に関わる「文化全般の歴史」が力を入れて展示されているという。つまり「自社の歴史」（＝花王の歴史ゾーン）と「文化全般の歴史」（＝清浄文化史ゾーン）を、見る人が重ね合わせられるように設計されているのである。花王は、各種メディア製作や施工を専門に行う専門の企業（ミュージアムやイベントを作る専門の会社）に助言を受けつつコンセプトを練ってミュージアム作りをしたという。

「清浄文化史ゾーン」では、国内外の、古代から現代にわたる人びとの入浴、洗濯、掃除、化粧などの清浄にまつわる資料が多数紹介されている。例えば、紀元前二五〇〇年頃にシュメール人やエジプト人がせっけんの原料にしていたタマリンドやナツメヤシの展示、古代エジプトで洗浄剤として使われていた天然の炭酸ソーダの展示、古代ローマの化粧道具の展示がある。日本の展示では、平安時代の洛中洛外図屏風に描かれていた昔の洗濯の様子を再現したものや、豆科の「さいかち」という植物（古来洗剤として使われていた）がどのくらい洗浄力があるかを調べた映像、江戸時代の化粧道具などがある（図5-2）。また、江戸時代の銭湯を復元した模型があり、そこにはジヨイスティックを使った仕掛けがあって子供たちに人気があるという。時代は、明治期以降も扱い、高度経済成長期、二〇〇〇年までの清浄文化に関わるものを様々な形で展示している。

「花王の歴史ゾーン」では、花王という企業が歩んできた歴史を展示している（図5-3）。二八水（一九〇〇年発売の化粧水）、一八九〇年に作られた花王の最初の石鹸、創業者の遺言状、一九三一年に一新された石鹸のパッケージ、新聞広告やポスターなどが並べられている。「花王の歴史ゾーン」は、「清浄文化史ゾーン」の明治期以降の展示と合わせ鏡のように左右に配置されて両方を見る構成になっている。

「コミュニケーションプラザ」では、花王の現在の商品、広告が展示されている。また、肌の測定器、髪の測定器なども置かれている（図5-4）。現在の花王の活動を紹介するビデオも設置されている。

最後に、お土産をいただいて帰ることになる。お土産は、シャンプー・コンディショナー、あるいは洗剤などである（場合によって変更があるそうだ）。

問題提起

多くのファンを擁し隆盛をきわめる化粧（品）だが、ミュージアムに展示するには二つの困難が伴っている。結論を先取りすれば、一つは、化粧（品）が、ミュージアムに展示しうるようないわゆるハ

図５－２　清浄文化史ゾーン（江戸時代の化粧道具）

図５－３　花王の歴史ゾーン

図５－４　コミュニケーションプラザ（肌や髪の測定器）

イカルチャーという意味での「文化」として認識されづらく、消費される「商品」として見なされがちであるという困難だ（ポピュラー文化とハイカルチャーという区別自体、現代ではかなり曖昧であって、両者を相互排他的なものと考えるのは間違いであるが、本論では一応の方向性として区別する必要がある。そこでハイカルチャーとしての方向が強い場合に、カギ括弧をつけて「文化」と示したい）。そして、もう一つには、美容に関わるミュージアムで展示できる「モノ」に限界があるということである。

この二つの理由は、化粧（品）がミュージアム化する時に抱える困難であると同時に、ポピュラー文化がミュージアム化するときに抱える困難と共通するかもしれない。以下で詳しく見ていきたい。

化粧（品）は「文化」たりえるのか(1)
——アカデミックな関心の高まり

様々なものがポピュラー文化化しているとはいえ、いまだ化粧（品）は「文化」として認められにくい雰囲気があることを確認していきたい。まずは「化粧文化」というタームをめぐる議論を出発点に考えていくことにしよう。化粧文化という言葉自体はさほど不自然に感じられないかもしれない。実際、ポーラ化粧文化情報センターの利用案内には「化粧文化に関する新しい情報提供の場」といった文言が見られるし、資生堂企業資料館のホームページにも「日本の化粧文化」との言葉が見出せる。(10) つまり「化粧文化」なるタームは普通に使用されているのである。

しかしながら、実は、化粧文化というタームは昔からあったわけではない。そもそもこの言葉を広めた村澤博人によると、この言葉は研究誌『化粧文化』が創刊された一九七九年に生まれたという。当時は「まだまだ「化粧が文化」といっても納得してもらえない時代であった」（村澤、二〇〇六：九〇）と彼は回想している。すなわち、一九七九年段階では、まだ「化粧文化」は成立していなかったのである。

時代が移って、研究誌『化粧文化』が休刊になった二〇〇六年の時点で、村澤は次のように語っている。「今では当たり前に「化粧文化」という言葉を使うようになった（中略）雑誌はなくなっても、化粧文化に関しては、顔学会、化粧文化研究者ネットワークをはじめ、私が参加していない様々な団体でも、研究活動がなされていくであろうと、私は楽観的に考えている」（村澤、二〇〇六：九一）。

ここで重要なのは村澤が、化粧が学会やその他の団体で研究されていくことを証左に、「化粧文化」が成立したと主張していることである。つまり「アカデミックな関心の高まり」によって、化粧が「文化」として担保されると考えていることだ。したがって、化粧をミュージアムに展示しうる文化として成立させる要件として、ポピュラリティを得ること（「専門メディアの成立」と「ファンの存在」に示されるように）とともに、「アカデミックな関心の高まり」（ハイカルチャーとしての装いを持つこと）も挙げることができよう。つまり、化粧品に関しては、身だしなみというより趣味として認知するファンが登場すること（すなわちポピュラーカルチャーとして成立すること）と同時に、アカデミックに論じられるほどの「文化」たること（すなわちハイカルチャーとしても成立すること）の両方が重要になってくる。二〇〇九年には、村澤は次のような宣言をするに至る。

「大げさに言えば、企業が支える『化粧文化』の時代は終わった。創刊当初に比べれば大学でも大学院でも化粧文化に関連したテーマが数は少なくても当たり前のように研究されるようになったわけですし、私のように「化粧文化」の旗を掲げて大学でゼミをもったり、来年からは専攻として拡大できたりが可能な時代になったわけです。化粧文化も自立できる時代と言えるでしょう。(11)」

村澤は、実際に化粧に関わる雑誌を編集していた経験から一九七九年の時点では「文化」と見なされなかった化粧が、アカデミックな関心の高まりとともに、「文化」と見なされていると主張するのである。ここにおいて、化粧品もミュージアムに展示できるようなハイカルチャー的な装いを身につけたように見える。

化粧（品）は「文化」たりえるのか(2)——しょせん商品か？

ただし、村澤の宣言には別の内容が含まれている。「企業が支える化粧文化の時代は終わった」ということである。その指摘はある意味で妥当なものだろう。しかし、ことミュージアムに関して言うと、企業によって建てられているのが現状である。ポーラ、資生堂、そして花王といった有名な企業によってミュージアムは開設され、維持されている。むしろ、企業の支えなしには成立し得ないといってよい。化粧品単体（もしくは美容単体）のミュージアムはなく、いわゆる「企業系ミュージアム」の枠内で、化粧品が扱われているのが現状だ。

例えば資生堂企業資料館は、商品パッケージやポスター、雑誌広告など資生堂の広告を展示している。「企業資料館」という名前の通り、化粧文化そのものへアプローチするというよりは、自社の歴史を振り返る意味合いが強い。事実、利用案内には次のような文章がある。「一階では、時代にそって創業から今日までの一三〇年にわたる資生堂の歴史と、企業文化のあゆみを展示しています」（傍点は筆者による強調）。

先に詳しく見た花王ミュージアムではどうだろうか。商品と関係のない清浄文化一般に関わる展示があることから、そして、化粧行為そのものに関連するコーナー（コミュニケーションプラザ）が設置されていることから、自社の歴史を展示するだけではないといえる。とはいえ、基本的には資生堂企業資料館と同じく、企業のミュージアムといった側面も強い。そもそも花王ミュージアムが設立された目的について、館長の根本利之氏（以下、館長と記す）は次のように語っている。[12]

「日用品のリーディングカンパニーとして、一二〇年の事業活動の中で収集した資料を展示して、広く社内外に公開して多くの人たちに学ぶ機会、学ぶ場を提供したいという、それが一番目のねらいです。現在の言葉で言うとCSR的な企業の社会的責任みたいな、そういう考え方が一番ですね。

それから二番目は、花王もカネボウだとかいろいろな会社、グループ企業が増えまして、社員一人ひとりの考え方は（違ってきているが）、基本になるところはやっぱり同じでいたいねということで、花王グループ社員の求心力センターとしたいと。研修の場ですね。花王の事業の歴史とか創業者をはじめとする各時代、時代の経営幹部たちの思いとか、行動というものをもう一回勉強して現在を見返して、先々の仕事、あるいは社会を考えるという、そういうねらいが二つ目ですね。（傍点筆者）」

重要なのは、ミュージアムが「社外」に向けられたものであると同時に、「社内」に向けられ「研修の場」として使用されていることである。博物館リニューアルプロジェクトが発足した二〇〇四年頃、花王は事業エリアが広がってきた時期であり、そのこともあって「社員一人ひとりの気持ちが遠心力のように、外に、外に向いていっちゃう」（館長）ようになったという。そこで社員一人ひとりの考え方を同じにするような「求心力センター」が必要になり、博物館リニューアルプロジェクトが発足したのである。館長はミュージアムを設立した動機を端的に「まず社員にたくさん来てほしいなという思いです」とも語っている。

いずれにせよ、化粧に関わるミュージアムはいまだ企業が支えているといってよいだろう[13]。実際のところ、現代を「化粧文化も自立できる時代」と捉えた村澤博人でさえも、ミュージアムに展示されるモノとしての化粧品については、次のように嘆いているくらいである。

化粧道具なんて国宝でもない限り、美術館に飾るなんて、というような意識がけっこう存在するようである。いや、絵画や彫刻に比べて化粧道具や頭飾品、あるいは装身具は収集品としては格が下がるというような話がよく聞こえてくるのである。

（村澤、二〇〇八：八〇）

こうしてみると、ミュージアムがポピュラー化している今でさえ、そしてポピュラー文化がそのままミュージアムという空間に収まりやすい日本においてさえ（第1章参照）、化粧品はミュージアムに納めにくい存在である。ポピュラー文化の中でも、特に「消費」され、使い捨てられていく「商品」というイメージがあるからだろう。その意識を数式のように書くなら、

絵画や彫刻＞化粧道具や装身具（歴史的）＞今売っている化粧品（商品）

という不等号になる。

したがって、化粧（品）は、専門のメディアが登場し、多くのファンが存在し、「化粧文化」という言葉が普通に使用され、アカデミックな関心が高まっているにもかかわらず、いまだミュージアムに展示すべき「文化」とは見なされにくいと言える。いや本当は、消費の対象であれ、商品であれ、文化（あるいは「文化」）であるはずだ。しかし、あるモノがミュージアムに鎮座し、人々が「鑑賞する」という状況になるためには、それを価値あるものと捉える社会的コンセンサスが必要になるのであろう。そのモノが「商品」として捉えられている限り、価値を低く見られ、何か「他の価値付け」が必要となる。例えば花王ミュージアムでも、単なる「化粧品」の展示は行えないと考えていた。このミュージアムでは「清浄文化」の展示というように別の意味を付与していた。

「私は花王ミュージアムと呼んでいますけれども、（本当は）清浄の歴史博物館、日本語で言えばね。（中略）花

王の製品だけでは清浄文化史、あるいは清潔な暮らしの展示は成り立たない」（館長）

作り手の側にも、商品だけでは「文化」の展示は成り立たないという意識が存在しているのである。こうして、ミュージアムに収まるだけの「文化」として成立したようにいったんは思われた化粧品であるが、まだハイカルチャー的な装いが足りていないことが分かる。

テクスチュアは展示できるのか(1)——運営上の困難

もう一つには、ミュージアムで展示される「モノ」の問題もある。そもそもミュージアムは（様々な例外を含みながらも）基本的には「視覚」に依存した施設である。モノを収集し、保存し、「展示」するミュージアムに対して、もちろん五感を動員して向かい合うわけだが、現状では、やはり「視覚」＝「目で見る」ことが最も使用されることは否めない。したがって、ポーラ化粧文化情報センター、資生堂企業資料館、花王ミュージアムいずれにおいても、展示される「モノ」は、どうしても書籍、広告、パッケージ、容器などが中心になる。

しかしながら、おそらく、化粧に関心を持つ人々にとって——つまりファンにとって——、重要な情報は、化粧品のテクスチュア、使用感、効果といったことだろう。ジャーナリストの三田村蕗子も次のように語っている。

化粧品にとってブランド力は重要な要素だが、一目でブランド名が分かるヴィトンのバッグとは大きく異なる点がある。化粧品はいったんつけてしまえばブランド名はわからない。最終的に物を言うのは機能の高さや使い心地、感触の良さだ。

（三田村、二〇〇五：五九）

ときおり、インターネットの書き込みや美容雑誌の記事において、化粧品の容器を愛でるような文章もあるにはあるが、やはり記事の中心は、テクスチュアや効果に関わることである。人々は化粧品の容器やポスターに関心があって買うのではなく、中身の効果に関心があって買うのである。

人々の関心の中心を分かっているためか、花王ミュージアムでは、広告、パッケージ、容器の展示以外にも、化粧品のテスターが設置されていたり（工場見学の際）、肌や髪の測定器が置かれていたりする（図5-4参照）。そして、事実、そういったテクスチュア、使用感、効果に関わる「展示」は、人々の関心を引いているという。そのことを先述の館長のインタビューから見てみたい。

筆者：以前、案内の方に聞いたところだと、女性のお客さんは、このテスターや、こちらの測定器でキャーキャーと言って喜んでいると聞いたんですけど、それは本当ですか。

館長：本当ですね。それで、よくいわれるのは、私に合った化粧品を今日この場で買っていきたいという、そんな声が多いんですが、ここの事業所の中はお金のやりとりは一切やってないんですよね。（中略）あくまでも体験をするというところで納まっていると。ただ、それだけでもみんなはキャーキャー騒いでいますよ。

（中略）

筆者：展示品としては、やっぱり「物」が中心なんですね。例えばメーク商品を使って、モデルさんにメークをして、化粧品によってどういう「効果」があったかというビフォー／アフターの展示はお考えにならないのですか。

館長：それは、今もそういう議論をしているんですよ。（中略）一人ひとりがそれを占領しちゃうと、一人二〇分遊んじゃったとかいうと、ほかの人たちのストレスがたまっちゃうわけですよ。だからそういう遊ぶ機械があっても、運営に適さないものもあるわけですよね。（中略）そういうものを持ってきたら、またみんなは「キャーキャー」言うと思うんですけどね。

このように、テスターや測定器など、実際に化粧品を使用する側に人気のあるものを置くことに、ミュージアム側は躊躇を見せている。下記のインタビューでも同じことが語られている。

筆者：「実際に使ってみたらどうかな」という発想で（ミュージアムを）造られましたか？

館長：それは工場見学で、工場のガラス越しにファンデーションとかができているところを見られるんですが、そこにテスターがあるんですね。そこでやってもらうんです。

筆者：そこは大人気らしいんですけど。

館長：そうそう。男の人は冷ややかですけど、女性はもう！

筆者：動かないと聞きました。

館長：だからそちら（＝工場見学）で対応してもらう。ここ（＝ミュージアム）でそういうふうに固まっちゃうと（＝動かなくなると）、他のお客さんの迷惑になっちゃうじゃない。

筆者：なるほど。そうすると、体験する機械とか、テスターとかは、あえてスムーズな運営のために置かない？

館長：そうそう。だから簡単なものだけですよ、こうやったら拡大して見えるとか。ペンで何かを書くとか、そういうのは極力置かないようにしている。（中略）ここ（＝ミュージアム）はもうスムーズに流れてくれればいいと。

聞き取りからは、「テクスチュア」、「使用感」、「効果」に関わる展示が、人々の関心を集めている状況がはっきりと分かる。だがしかし、それらの展示はミュージアムの中心的存在には置かれない。スムーズな運営のため、どうしても展示物は書籍や広告、パッケージ、容器などが中心となってしまうという事情がある。他のミュージアムも状況は同じであろう。

テクスチュアは展示できるのか(2)
——感覚を展示する困難

さらに考えてみれば、ミュージアム側が意図的に、つまりスムーズな運営のために、「テクスチュア」、「使用感」、「効果」の展示を制限しているだけではないことにも思い至るだろう。そもそも、そのような情報は「収集し展示することそのものが困難である」からだ。化粧品をめぐる経験は、化粧水を肌にのせたときの清涼感や、クリームをつけたときのしっとり感、アイシャドウをまぶたにのせたときの陰影、口紅をつけたときの色合いなどであり、それらの感覚をめぐる悲哀や快楽であって、ミュージアムに収集・保存・展示できない位相を多く含んでいる。

コンサートや映画に行った人が、それにまつわるミュージアムに行っても、全く同じ体験は出来ないことと同じである。たしかに、ステージ衣装や台本、スチール写真などを見て、その体験の残滓に触れることはできるかもしれない。あるいは当該アーティストが愛用するギターや映画監督が使用したメガホンを見て、ある種の鑑賞体験に近い感覚は味わえるかもしれない。だが、それは音楽経験そのもの、映画経験そのものとは少し違っている。歌を聞いたり映画を見たりして心が揺さぶられる体験は、マイクや衣装、あるいは愛用の品々を見るだけでは、完全には再現できないからだ。化粧品も同じである。書籍や広告、容器を「見る」展示が中心で、テクスチュア、使用感、効果を「体験する」展示は後景に退いている中で、化粧品を展示してみても、「ああ気持ちが良いなあ」、「キレイになった！」、「ああ肌に合わないかも…」といった体験を再現することにはならない。そもそも視覚を中心とする展示では、必然的に、ポピュラー文化の体験を完全に再現することは難しいのである。

立ちすくむ化粧品の展示

まとめてみよう。化粧品がミュージアムに展示されるためには、（「専門メディアの成立」と「ファンの存在」によって示されたような）ポピュラリティを得ること、および（「アカデミックな関心の高まり」に見られるような）「文化」的な装いを持つことの双方が必要であった。そしてその双方はある程度達成されている。しかし、そのことが化粧品のミュージアムを困難にもしている。

展示される内容としては、企業が生産する「商品」ではなく、「文化」として成立しなければならない。しかし、「ファン」が知りたいのは、テクスチュア、使用感、効果であって、より生きられた文化としての見せ方が求められる。言い換えれば、「展示内容」としてはハイカルチャーの方向性、「展示方法」としてはポピュラーカルチャーの方向性を求められることになる。化粧品はこの二つのベクトルに引き裂かれてしまうのである。ポピュラーカルチャーとして成立しつつも、ハイカルチャー的な認識をされなければならないという、二つのベクトルのはざまで立ちすくむ状態にあるといえるだろう。

4　企業の支え、見せえないモノ

さて、ここまで、化粧品がミュージアム化する困難を見てきた。最後の節では、各々の困難と連動した次の二つの問題について簡単に考察しておきたい。一つは、化粧品は消費される商品であり、その文化は企業によって支えられている部分が大きいが、その是非をめぐる問題である。もう一つは、「見る」以外の「感覚」「体験」の展示が困難である時代背景の問題である。

企業の支えの是非

まず一つ目の問題を考えていこうミュージアム（博物館を含む）を扱う研究では、展示物の背景にある「政治的な力」や「イデオロギー」について注目するものが多々ある。金子淳は、「博物館研究（Museum Studies）では、一九八〇年代あたりから、博物館のもつ権力性・イデオロギー性を批判的に検証しようとする動きが活発化し、近年はますますその勢いを増しつつある」（金子、二〇〇一：一四）という。そして次のように述べている。

近代博物館はその仕組みとして、その政治性をすでに内在化されており、原理的にここから自由になりえない。（中略）特定のイデオロギーに媒介された価値を普及する手段として、その社会におけるさまざまな媒体（メディア）のなかから、「眼に訴える」ことをその最大の特徴とする博物館という〈装置〉が選択されてきたのである。そこに、近代博物館の成立する主たる理由が存在する。もちろんそのイデオロギーは時代に対応して変容を重ね、時としてデモクラシーという衣をまとい、また科学的真理の追究を標榜し、ときには天皇制イデオロギーを擁護する。（金子、二〇〇一：一〇～一一）

あるいは川口幸也も、ミュージアムを「暴力と狂気を内側に秘めている」ものと捉え、次のように語っている。

ミュージアムとは、博物館であれ、美術館であれ、動物園であれ、水族館であれ、それぞれに標榜する専門の科学的知に基づいてモノや生きものを語ろうとする装置である。（中略）ここで忘れてはならないのが、ミュージアムが、一八世紀後半以降の近代に西洋で生まれたという事実である。そしてこの時代が、西洋がアジア、アフリカを植民地として支配していった時代とほぼ重なるということを考え合わせるならば、持っている外見上の穏やかさとか知的、美的な洗練は、額面通りに受け取るわけにはいかないことに思い至る。

（川口、二〇〇九：三六〜三七）

これらの指摘は正しい。ミュージアムの背後に、植民地主義や、デモクラシーなどの（時代によって変化するが、その時々の）イデオロギーを読み取ることができるし、またその作業は重要でもある。当然ながら、ここでいうイデオロギーには資本主義的な「企業の論理」も含まれよう。したがってミュージアムに企業の論理を読み取り、批判を加えていくことも必要である。

もっと素朴なレベルで、私たちもそういったミュージアムの背後に何かを感じることもあるだろう。例えば「企業系のミュージアムは、しょせん企業の宣伝でしょ」と考えてしまうかもしれない。たしかに、企業系ミュージアムは宣伝の意味も込めて作られてもいる。

だが、ミュージアムと向き合う上でそれだけで終わるのはもったいない。先の館長は創設メンバーと「PRなんか絶対によそうと」(14)考えてミュージアムを作ったと言っている。つまり作る側は、単に宣伝するのではなく、文化や歴史を残そうという気持ちで臨んでいるのである。もちろん、作り手の意図とは関係なく（あるいは意に反して）、イデオロギーは存在するのは周知のことかもしれないが、それでもミュージアムを作る側の意図をここで確認するのは無意味ではないだろう。

「いろいろな企業博物館の話を聞いていますと、やはり皆さんそれなりに各産業分野のリーディングカンパニーとして、それぞれの事業分野の歴史を語り継いでいきたいという、そういう思いは非常に強いようですね。そういう歴史を伝えていく、自分の会社のＰＲだけじゃないんだという思いで、皆さん構成されていると思うんです。（中略）結局、最初から花王のＰＲ館ではないんだと（思ってます）。」（館長）。

館長の語りにあるように、ＰＲではないものを作りたいという意図が、企業のミュージアムにある。花王の前会長の後藤卓也は、企業史料協議会で社史のシンポジウムがあった時に、基調講演を行っており、その際、産業の歴史を後世に伝えていくのは、各企業の経営者の大切な責務であると主張したという。つまり、経営者は、売り上げや利益だけを追求するのではなく、産業をどうやって継続させ、残し、伝えていくかを考えるべきであるという主張なのである。

そうであるならば、企業系のミュージアムに対して「企業の論理が隠されている」と批判的な視点をとるだけでは不十分で、そこに展示される物に対して違う視点をもつことも必要になるかもしれない。化粧品のミュージアムを見る時に、「商品の宣伝だ」と考える前に、別様の考察の可能性を探ることも大事になるのではないだろうか。

特に化粧品の場合、第3節で見たように、その収集や展示について、企業によって大きく支えられている。第8章で、大量生産商品の私的な収集とその展示の議論があるが、化粧品に関しては、ファンによる私的な収集よりも、企業による収集がまだ中心である。このような社会状況の下では、より豊かな「化粧文化」のためには、「専門メディアの成立」、「ファン・愛好家の存在」、「アカデミックな関心の高まり」だけでなく、実は「企業の支え」も重要になってくるだろう。したがって、企業によって支えられる文化（あるいは「文化」）を批判するよりも、ファン、研究者、企業が協同しながら「化粧文化」を創造し、考察していく方が、より建設的である。

見せえない
モノの展示

次に二つ目の時代背景の問題を考えたい。化粧（品、行為）は、他のいわゆるポピュラー文化と同様、視覚だけではない複数の感覚で経験するものであることは既に見てきた。しかし、見る以外の位相は、ミュージアムで収集したり展示したりするのが難しいことも見てきた。それはこれまでミュージアムが

（基本的には）「視覚」に依存した施設であることに由来する。

視覚が近代で特権化されてきたという主張は、これまでたびたびなされてきた。マーティン・ジェイの言葉を借りると「長いあいだ、外的現実の真理をわれわれに教えてくれる最も有力な感覚として、視覚が特権化されてきた」（ジェイ、一九九三＝一九九六：二三）のである。

その視覚の装置としてミュージアムがあることは、先の金子や川口が語っているとおりである。あるいは、吉見俊哉（一九九二）も、博覧会のような「まなざしの制度」が、「近代化のための装置、殖産興業や富国強兵のためにかかせぬ装置」や「民衆教化の装置」として機能することを指摘した。こうしてみると、視覚が、ミュージアムや博覧会という装置を通じて、近代化にとって重要な役割を演じてきたことが分かる。

その一方で、ジェイによると、今や視覚中心主義に対する反省や批判も起こっている。彼によると、フランスを中心に他の土地でも、哲学、映画批評、フェミニズム、神学、文学批評、文学の中に、視覚の特権化に対する根深い不信が見いだせるという。とはいえ、ジェイは、視覚不信を称え、他の感覚の復権を唱えるわけではない。むしろ彼は次のように語っている。

> 他の感覚に対して一つの感覚を特権化する意味は、それほど単純ではない。視覚や聴覚、ないし他の感覚の一つを本質的なものと考えるよりも、むしろ、それらの多様で相互に矛盾することすらある可能性を引き出し、異なった文化は異なった時代にそれぞれある感覚を他の感覚よりも強調するのだと認める方が、はるかに実り豊かである。（ジェイ、一九九三＝一九九六：一六一）

その上で「いまやわれわれは視覚を信用しない新たな時代」に入りつつあるのかもしれないと、ジェイは言う。「異なった文化が異なった時代に」「ある感覚を他の感覚よりも」強調するとすれば、視覚不信の時代には、見せえないモノを収集し展示したいという欲望も起こってくるのではないだろうか。それは、聞く経験であったり、つける感触であったり、味わいであったりするかもしれない。あるいはそれらの経験によって引き起こされる快楽や悲哀であるかもしれない。これらのモノを、いかにして収集し、展示していくのかを考えるのが今後重要になると考える。

化粧品に限定していうなら、テクスチュア、使用感、効果の収集と展示を考察することが重要になるだろう。こういったモノは、今だとむしろ百貨店やインターネットの中に見出せるかもしれない。よって、百貨店の化粧品売り場やインターネットの掲示板などを「新たなるミュージアム」的な存在として捉え、そこでの様々なモノの収集と展示を考察していくことが大切になると思われる。別言すれば、ミュージアム概念の拡張が今、求められているとも言えるだろう。

注

（1）『マガジンデータ二〇〇九（二〇〇八年度版）』による。社団法人日本雑誌協会HPでも確認できる。

（2）専門家や企業の人間が書き込んでいる場合もあるが、多くの場合は一般の人が書き込んでいると思われる。

（3）しかも、「@cosme」は、「Yahoo! BEAUTY」と二〇〇七年から協業をはじめ、化粧品のクチコミ情報を協力しつつ収集・公開している。両者は協業することで、日本最大規模の化粧品のクチコミデータベースを構築しようとしており、その影響力はさらに大きいものとなるだろう。

（4）香水についてのミュージアムは代表的なところを挙げるなら、香水や香りに関わる映像やパネルを展示する磐田市香りの博物館（静岡県磐田市）や、香水瓶の展示を行う伊豆一碧湖香りの美術館（静岡県伊東市）などである。いずれも香りを体験するコーナーが設けられている。ただし、伊豆一碧湖香りの美術館は二〇〇九年八月三一日で閉館した。

（5）化粧品会社が所有するミュージアムには、ポーラ美術館（神奈川県箱根町）や資生堂アートハウスも挙げられるが、これらは基本的に、絵画や彫刻といったいわゆる美術作品を展示している施設である。特に資生堂アートハウスは、資生堂の化粧品広告を展示することもあったが、二〇〇二年にそういった企業資料は全て資生堂企業資料館に移し、より美術品に特化した施設となっている。ただし、ポーラ美術館は、ポーラ文化研究所より提供された化粧道具などを展示することがある。だが、それは、ポーラ美術館に限ったことではなく、ポーラ文化研究所が他のミュージアムに協力して行われるものと同じである。なお、資生堂かまくら工房という施設もあって、口紅の展示や化粧品に関わる書籍の展示など行っていたが、二〇〇六年に閉館している。

（6）創業は、いずれの会社ともっと古い。花王は一八八七年、ポーラは一九二九年、資生堂は一八七二年である。

（7）花王は、化粧品やスキンケア、ヘアケアなどの「ビューティケア事業」、特定保健用食品の飲料や食用油、サニタリー製品などの「ヒューマンヘルスケア事業」、衣料用洗剤や住居用洗剤などの「ファブリック&ホームケア事業」、工業用製品の「ケミカル事業」に分かれている。

（8）ほか、海外からの訪問者（属性の詳細は不明）がある。一般公開から三年たった（約六万人来場した）時点での社外来場者の集計では、他社のビジネスマンが約三八%、学校関係者が約三〇%、一般消費者が約二五%だったので、一般の人の訪問が伸びている。

（9）相談によっては配慮されて、それ以下の少人数でも行けるようになることもあるそうだ。

（10）http://www.shiseido.co.jp/corporate-museum/visit/　二〇一〇年八月五日アクセス。

（11）村澤博人のＨＰ　http://www.plala.or.jp/face/　二〇〇九年一〇月一日アクセス。

（12）インタビューはほとんど手を加えず記載するが、分かりにくい場合は（…）で補足する場合がある。また、繰り返しや相づちなどは適宜、削除してある。

（13）本文では扱わなかったが、ポーラ化粧文化情報センター資料閲覧室は、美容について研究する者にとって重要な場所で、当該研究所の刊行物や、化粧文化に関わる図書や報告書、雑誌などを閲覧できる。ここでは企業文化よりも化粧文化を扱おうとしている趣はある。ただし、あくまで中心は（資料閲覧室という名前の通り）資料であり、化粧品そのものの展示や広告ポスターの展示が大々的に行われているわけではない。

（14）ＰＲはPublic Relationsの略だが、ここでは宣伝の意味で使用している。

参考文献

金子淳『博物館の政治学』青弓社、二〇〇一年。

川口幸也編『展示の政治学』水声社、二〇〇九年。
日外アソシエーツ編集部『企業博物館事典』日外アソシエーツ、二〇〇三年。
村澤博人「休刊となった研究誌『化粧文化』を振り返って」『フレグランスジャーナル』二〇〇六年八月号、フレグランスジャーナル社。
村澤博人「美術館と化粧道具」『フレグランスジャーナル』二〇〇八年二月号、フレグランスジャーナル社。
三田村蕗子『愛と欲望のコスメ戦争』新潮社、二〇〇五年。
吉見俊哉『博覧会の政治学』中央公論社、一九九二年。
Featherstone, M., Archiving Culture, British Journal of Sociology, Voi. No. 51 Issue No. 1, *London School of Economics*, pp. 161-184, 2000.
Featherstone, M. 1995, *Undoing Culture*, Sage.（西山哲郎・時安邦治訳『ほつれゆく文化』法政大学出版局、二〇〇九年）
Featherstone, M. 1991, *Consumer Culture and Postmodernism*, Sage.（川崎賢一・小川葉子訳『消費文化とポストモダニズム』上・下、恒星社厚生閣、二〇〇三年）
Jay, M., *Force Field*, Routledge, 1993.（今井道夫ほか訳『力の場』法政大学出版局、一九九六年）

＊本稿は文部科学省科学研究費補助金・基盤研究（C）「美容実践を通じた中高年女性のアイデンティティの実証研究」（課題番号：23530633、研究代表者：谷本奈穂）の助成を受けて書かれたものである。

（谷本奈穂）

コラム8　神戸ファッション美術館——身体と物の美の体系を展示する

神戸ファッション美術館の最大の特徴は、「ファッション」の「美術館」という点にある。すなわち、「衣服」ではなくて「ファッション」であり、「博物館」ではなくて「美術館」であるということだ。別の言葉で言うならば、「ファッション」という定義不可能で多義的な対象を「美術」として展示するという挑戦を、名前に込めているということだろう。

衣服を収蔵している博物館ならば、国立民族学博物館や日本民藝館のような物質文化研究を行っている機関や、文化学園服飾博物館や杉野学園衣裳博物館といったファッションに関係した教育機関の付属施設がある。あるいは京都服飾研究財団のように、デザイナーによって作られた衣裳を収蔵している研究機関もある。しかし、これらが、収集の対象を「衣裳」なり「装飾品」に絞っていて、「ファッション」を扱っているのではないということは留意してもいい。というのも、そのことは、分類し名付けることのできる「物」しか収集しないという美術館や博物館の特徴と大きく関係してくるからである。

ファッションは、単に物の集まりではない。その時代その時代が身体と物の集合に与えた意味の体系であり、美の体系である。そのような各時代や地域特有の美の体系を切り取って、保存して、展示することが、この美術館の役割である。「ファッション」の「美術館」であるということは、そのような困難に挑戦するということでもあるのだ。

この美術館が「ファッション」にこだわるのには理由がある。一九九七年に神戸市によって設立されたこの美術館の存在目的は「神戸ファッション美術館条例」によって決められており、その条例の第一条には、この美術館が「ファッションに関する産業及び文化の振興を図るため」に設置されたことが記されている。この美術館が、ファッション関係の本を中心にした秀逸なライブラリーを備えているのも、商品の展示ができるギャラリーや、ファッション・ショーができるホールを併設しているのも、この「ファッションに関する産業及び文化の振興を図るため」という目的を重視しているからに他ならない。つまり、美術館を保存収集の場で終わらせることなく、ファッション産業における創造のための支援ツールとして積極的に位置づけていこうという意思から、「ファッション」という名が冠されているのだ。

しかし、残念なことに、この美術館は実際のところ「服飾史博物館」に留まってしまっている。民族衣装から最近のパリ・コレクションで発表されたオートクチュールまでが、所狭しと並べられた展示空間からは、

神戸ファッション美術館

博物館ではなく美術館を名乗ることへの意気込みは感じることが出来ても、「ファッション」とは何かというラディカルな問いかけを見出すことは難しい。

もっとも、ファッションを展示することに特有の困難が邪魔をしていることも確かである。本来、身体を覆い、動くことによって初めて成り立つものを、静止した状態で展示すること自体無理がある。制度上の問題から美術と同じ方法論で展示せざるを得ないという事情もある。ファッションを展示するには、衣服以外の、あまりに多くの物が必要だという資料収集上の困難もある。

しかし、だからといって、「ファッション」の「美術館」が不可能で不要ということには全くならない。「ファッション」の「美術館」は、産業の支援ツールである以前に、何よりも美を手がかりに人間の身体と向き合う場所として必要だ。ファッションとは、近代市民社会と不可分の存在である。われわれが身体的にどのような存在であるのか、あるいは、歴史的にどのような存在であってきたのかを映し出す鏡として、「ファッション」の「美術館」は機能する。現在の自分たちの存在を問いただす装置として、「ファッション」の「美術館」は他の美術館や博物館とはまるで違う役割を担っているのだ。そのために「ファッション」の「美術館」は、身体とじっくり対話できる空間を作らなければならないだろう。

（井上雅人）

コラム9　郊外型ショッピングモール——消費の聖堂から公共空間へ

かつて百貨店の社会的機能はミュージアムのそれに重なるものであった。百貨店にならぶモノは、商品であるだけでなく、新奇な、あるいは稀少な展示品でもあった。その意味で百貨店は趣味＝テイストを教育するメディアであったと言われる。百貨店とミュージアムの類似性の背景には、一九世紀後半から二〇世紀初めにかけての万国博覧会と百貨店の関わりがある。博覧会で培われた収集・分類・展示などのノウハウは、同時代に生まれた百貨店という「消費の聖堂」において商品の陳列や販売方法に取り入れられていった。現代の郊外型ショッピングモールが百貨店の末裔であるかどうかについては議論の余地がある。ただ日本の場合、百貨店やファッションビルが鉄道のターミナルを中心に発展してきた一方、郊外から地方かけては、自動車の普及にともなってロードサイドの画一的とも評される商業集積が主要な消費空間として定着してきた。百貨店と郊外型モールは、それぞれの時代の消費文化の前線のひとつであるという点で共通している。

株式会社イトーヨーカ堂が開発・運営する「アリオ」は、二〇一一年現在全国に一一店舗を展開し、その多くが郊外に立地するショッピングモールである。ここでは二〇〇六年一二月大阪府八尾市にオープンした「アリオ八尾」を事例として、郊外型モールが公共空間として機能しうる可能性についてみてみよう。

一九世紀に誕生した消費の聖堂、つまり百貨店やアーケードはすぐれて公共的な施設と見なされていた。当時の百貨店は商品購入をめぐる身分制や商慣行を終わらせ、実際お金を払う人々のみならず、そこをただぶらぶらする人々をもまた商品をめぐるイマジネーションの世界へと誘うことになった。一方、現代のショッピングモールはしばしば批判の対象になっている。いわくコミュニティからの孤絶、ニセモノのコミュニティ、ソフトな監視技術によるセキュリティへの依存、地域経済への見えざるコストの押しつけ、など。しかしながら、こうした批判は、実際にモールが提供しているサービスの種類やクオリティについて多くのことを教えてはくれない。

さてアリオ八尾ではどうだろうか。まず一階駐車場イトーヨーカドー側入口から店に入ることにする。核店舗のイトーヨーカドー側からアリオモールにさしかかるところにあるコーヒー豆・輸入食品店「カルディ」店頭では、無料でコーヒーの試飲ができ、その香りは店内はもちろん店の周囲にまで広がっている。店の前にあるベンチはそのコーヒーを片手に会話を楽しむ人々で占められている。このことを店の販売戦略と見なす向きもあるだろう。ただ驚きなのは、無料試飲のサービスをしているカルディの店員の態度に関してさえ「お客様のご意見」が寄せられ、モール責任者からの回答が店から遠くないところに公開されていることである。

アメリカのモールでは、高齢者がウォーキングできるよう開店時間前からモールを開放している例があるが、アリオ八尾でもコミュニティのハブとしての役割を引き受けるように様々なイベントが毎月開催されている。一階の広場で行われるイベントをチェックしてみよう。二〇一一年五月の場合、「アンパンマン」ショー、「小沢仁志」トークショーといったエンタテインメント性の強いものから、「高校生軽音バトル」、教会による「母の日」チャリティーコンサート、「けん玉パフォーマンス」といった地域参加型のものまで多岐にわたるイベントが行われている。イベントは親子でも恋人（候補）とでも楽しめる。もちろん一人でぼんやり眺めていてもＯＫ。まったく無条件にというわけにはいかないが、モールが私たちを拒むことはない。ここでやはり疑問なのは、これらのイベントがかりにアリオ八尾に近接する公共施設である八尾市文化会館（プリズムホール）で行われた場合、そこにどれだけの人が集まるだろうかということである。公正を期していうとプリズムホールでのイベントの多くも無料である。それにしてもモールが果たすかもしれないコミュニティのハブとしての機能を、私たちは真摯に検討し十分生かしてきたといえるだろうか。

およそ三〇年前から近鉄八尾駅前ではすでに「西武八尾店」が営業を開始していた。現在、西武と同じセブン＆アイ・ホールディングス傘下のアリオ八尾は、最寄り駅である近鉄八尾駅から西武の二階フロアと上空通路を通り抜けて入店が可能になっており、駅からもアクセスしやすい構造になっている。西武の開店からはすでに四半世紀以上が経過した。そこを通る際の入口を見ただけでも、百貨店とモールの違いにとどまらない機能・デザイン面の変化がわかるだろう。

ショッピングモールが車で訪れることを前提に設計されているのは、アメリカほどではないにせよ日本も同様である。ただアリオ八尾のように、日本の場合には鉄道によるアクセスも無視できない。とはいうものの、駅から近いということがただちにユニバーサルなアクセスを意味するわけではない。例えばエレベーター。車椅子やベビーカーを利用する人々には欠かせないエレベーターを設置している駅でも、そこに辿り着くまでのホームの幅が非常に狭かったり、エレベーター自体がホーム端の不便な場所にあったりといったことがめずらしくない。アリオ八尾の場合、最寄り駅には各ホームに一基ずつエレベーターが設置されているが、エレベーターの定員が少ないため、利用者はエレベーターが少なくとも一往復するのを待ってからでないとそれを利用することができないことが多い。このことはアリオ内のエレベーターが定員や台数に関して余裕をもって設置されていることと対照的である。アリオでは、エスカレーターの速度も子どもや高齢者に配慮し、毎分二〇メートルに設定されている。実際乗ってみるとエスカレーターとしてはかなりゆっくりと感じられる。

コーヒーを片手におしゃべり

　モールにやってくる人々の交通手段が車や鉄道にとどまらないことも、アクセシビリティという点で日本の郊外型モールの特徴になっている。アリオ八尾には近鉄バスのバス停もあるのだが、それ以上に目を引くのは自転車と原付バイクの利用の多さである。そのためアリオでは敷地内に七カ所の駐輪場を設け、それを管理するスタッフが配置されている。もちろん、駅から近いために、駐輪場を利用するのはモールにやってくる人々だけではないというのが、筆者がインタビューしたスタッフの言なのであるが。

　公共空間としての郊外型モールの可能性の検討は、比較的若い世代を中心に始まったばかりである。私たちはそこが「ギラギラ」はおろか「キラキラ」した消費空間ですらないことをすでに知っている。しかしそれでもなお週末になるとそこに集まるのは、すでにモールが（来るべき）コミュニティにとって欠かせない場所であることに私たちが気づいているからではないだろうか。

（松田いりあ）

第6章　ポピュラー音楽関連ミュージアム

1　ポピュラー音楽のミュージアム

本書は、ポピュラー文化のミュージアムに焦点を当てている。ポピュラーという語には「当世流行の」「広く出回った」「通俗的な」などの含意があり、旧来的には、ポピュラー文化の収集や保存、展示は必ずしも求められてこなかった。歴史性や希少性において値打ちのあるものとは見なされなかったからだ。しかし、他章でも触れられているように、近年、伝統的な美術館／博物館の範疇に収まらないポピュラー文化系のミュージアムが増えている。マンガを代表として大衆文化を扱ったミュージアムはブームの渦中にあるといってもよいだろう。

そのなかでポピュラー音楽の分野はどうかといえば、実は新機軸のミュージアムはあまり多いとはいえない。最近になって建設された音楽系のミュージアムも、伝統的なスタイルに従っているところが多いのである。もちろん例外はあり、本章ではその例外的なミュージアムを中心に検討していくことになるが、その際には、「ポピュラー音楽」そのものが持つ性質と「保存と展示」というミュージアムの目的の、ある種の「相性の悪さ」についても考察する必要があるだろう。ひいてはそのことが、ミュージアムの持つ「場所性」という問題系を考えるきっかけにもなるはずだ。

音楽のミュージアム

まずは日本における音楽に関連したミュージアムを概観しておこう。「音楽」のミュージアムということならば、いくつも存在する。西洋クラシック音楽や民族音楽の古書や骨董楽器、資料などを集めた伝統的なスタイルのミュージアムだ。代表的な場所に、民音音楽博物館（東京都新宿区）、大阪音楽大学音楽博物館（大阪府豊中市）、浜松市楽器博物館（静岡県浜松市）などが挙げられる。これらの場所には、人類の文化的営為としての歴史遺産が所蔵・展示されていて、実際に見て回れば興味は尽きない。

また、多数存在するのが各地のオルゴール館で、ホール・オブ・ホールズ六甲（兵庫県神戸市）を筆頭に人気も高い。オルゴールの音色はノスタルジーやロマンティシズムを惹起するのか、観光地の施設としてカップルの定番スポットとなっている例が多いようだ。

オルゴールは一〇〇年ほど前のコレクションが館の目玉となるが、その時代の音楽関連の遺産でいえばもうひとつ、蓄音機がある。金沢蓄音器館（石川県金沢市）は、蓄音機を五四〇台収蔵し、ＳＰレコードを二万枚収集している。もともと個人コレクターが所有していたＳＰ盤（一九五〇年頃まで流通していたレコード盤）の寄贈を受けて、金沢市が二〇〇一年に開館した新しいミュージアムである。当地には金沢文芸館や泉鏡花記念館、茶屋街などが隣接し、レトロ観光の一翼を担っている。

音楽は本来的に質料性（嗅覚や触覚を伴うモノの重み）とは無縁であるのだが、これらの館では、オルゴールや蓄音機や古楽器といったかつての時代の物質的遺産の保存と展示がなされていて、荘厳な雰囲気を醸し出している。もちろんその音色を聴かせてくれる館もあるが、音に集中するだけでなく、骨董ピアノや巨大オルゴールや蓄音機のたたずまいを見てレトロ気分に浸るというのが鑑賞のあり方である。

音のミュージアム

骨董品や歴史的遺産を展示する伝統的なスタイルのミュージアム以外では、「音」を展示の目的としたミュージアムがある。音楽と呼ぶ手前のものである自然音や動物の鳴き声、人工音などを収集し、体験型でサウンドスケープを楽しむ試みである。サウンドスケープは、人間がどこかに暮らすことそのもののなかに広がっている世界でもある。ある意味では街の全体がミュージアムと呼べるかもしれないが、人々の日常の認識では、そのような想像は普通行わない。そこでそのような体験をイベントと銘打つことによって体感させてくれる場所もある。「鳴く虫と郷町～The Songs of Insects」（兵庫県伊丹市）などはその例だ。また、常設型のミュージアムとしては「音戯の郷」（静岡県榛原市）があり、様々な楽器をならしたり、野鳥や周囲の自然音を聴いたりする体験ができる。これらの取り組みのいくつかは新規性に富んだ特徴をもっており、本章並びにコラムで触れたいと思うが、本章の主題はポピュラー音楽のミュージアムなので、ここでは簡単な紹介にとどめる。

ポピュラー音楽のミュージアム

ポピュラー音楽系を探してみると、「著名人」系のミュージアムに行き当たる。日本で最初の音楽批評家・あらえびすの記念館（岩手県紫波町）や、昭和の大作曲家・古賀政男の音楽博物館（東京都渋谷区）に始まり、著名歌手の美空ひばり（京都市）や石原裕次郎（北海道小樽市）の記念館などが各地にある。ただし、その大半はご当地の偉人の紹介もしくはファン向けの展示となっていて、人物の足跡を知るにはよいが、ポピュラー音楽を網羅するというアーカイブ的な目的は望めない。さらに、Jポップのグレイやhideなどの記念館など、期間限定オープンという形態を取るパターンも多く、それらはポピュラー（＝当世流行の）の語義には忠実といえるが、本書のプロジェクトの母体である「持続可能な文化アーカイブ研究会[1]」のテーマである継続性の追求という趣旨からは外れる。

それではポピュラー音楽を網羅的に、アーカイブ収集目的を持って運営しているミュージアムがないかというと、北海道にある。それが、新冠町聴体験文化交流施設レ・コード館（北海道。以下「レ・コード館」と表記）である。

レ・コード館は、レコードなどの記録媒体を「音の遺伝子」「思い出の遺伝子」と位置づけ、一〇〇万枚のレコードの収集を目標として、広く視聴覚資料と再生装置を収集展示している。また、視聴などによって公開する施設のほか、併設のライブラリーも有する。資料所蔵状況は、二〇一〇年八月現在で七八万枚を数え、雑誌は七〇〇〇冊にのぼる。レ・コード館が特徴的なのは、その所蔵枚数だけでなく、それらのレコードの音源を来場者が聴くことができる点にある。しかも、歴史的な蓄音機の音色を体験できるブース、オールホーンスピーカーを備えたレコードコンサートのブース、個室のリスニングブース、ジュークボックスの設備があり、まさに聴体験文化交流の名にふさわしい施設となっている。

レ・コード館の所蔵レコードは、クラシックや昭和歌謡、あるいは希少盤や限定盤にとどまらず、近年にいたるまでの様々な種類の音楽が混在しており、それらに差異を設けていない。その点でも特徴的であり、全国的に見て比肩する施設はない。したがって本章の取材と分析は、レ・コード館に多くを当てたいと思う。だがその前に、ここまで曖昧に用いてきた「ポピュラー音楽」という言葉の意味を今一度整理しておく。

2　ポピュラー音楽の定義と性質

ポピュラー音楽の定義

前節では「ポピュラー音楽」という言葉の意味を厳密に定義せずに用いてきた。ポピュラーの言葉には、前節で示したように「当世流行の」「広く出回った」「通俗的な」などの含意もあるのだが、例えばクラシック音楽でも、人気があればポピュラー音楽と呼ばれるかといえば、そう区分されることはほとんどない。そこで、まずは学術的な「ポピュラー音楽」の定義を確認しておきたい。

これまでの音楽文化研究において、ポピュラー音楽は、理念型図式を用いてその定義を示されている。音楽学者のフィリップ・タグ（一九八二＝一九九〇：一七）は、音楽の公理として「民俗音楽」「芸術音楽」「ポピュラー音楽」を分類し、製作と発信が玄人によるものか素人によるものか、保存と配給の形式が口伝か記譜か録音か、出資様式は貨幣経済とは無関係か公共出資か自由事業か、などの項目によって、その性質を明らかにしようとした（表6-1）。また、社会学者の渡辺潤（二〇〇〇：二三二～二三五）は、タグの議論を引き継いだうえで「音楽の三角形」について考察している。渡辺によると、鶴見俊輔の『限界芸術論』（一九六七）も、三つの極点を持つ構図になっているという。「限界芸術」は日常的な集団生活の中で育まれ継承されてきた文化様式であり、「純粋芸術」は主にクラシック芸術に対応する専門家集団による芸術様式であり、「大衆芸術」は企業と専門家の合同作業によるポピュラーアートを指していて、それぞれタグの定義と重なっている。

こうした属性に基づく分類は、あらゆる様式が混在して企業管理もしくはＷｅｂのネットワークを通じて展開する今日の状況を考えると、あくまでも対照表としての意味合いを超えるものではないが、美術館／博物館を考える視点をもってみれば、大量配給より以前の、録音より以前の、産業化以前の「民俗音楽」や「芸術音楽」を、より

表6－1　音楽の三角形の公理（Tagg 1982=1990: 17, 渡辺 2000: 232）

	民俗音楽	芸術音楽	ポピュラー音楽
制作と発信	おもに素人	おもに玄人	おもに玄人
大量配給	異　例	異　例	通　例
主な保存と配給方式	口伝え	記　譜	録　音
当の音楽範疇が主に生じる社会の種類	遊牧か農耕	農耕か工業	工　業
当の音楽の制作と配給のための20世紀の主な出資方式	貨幣経済とは無関係	公共出資	「自由」事業
理論と美学	特　別	普　通	特　別
作　者	不　詳	作者あり	作者あり

重宝して後世に残そうとするのは普通の考え方であることが分かる。

さらに、社会地理学者の山田晴通による、より簡潔な定義も記しておこう。山田によれば、「ポピュラー音楽」は「大量複製技術以降に出現した商品化指向の音楽の諸様式の総称」（山田二〇〇三：一九）である。この「大量複製技術以降」と「商品化志向」というふたつのポイントは、表6－1の「ポピュラー音楽」項目の特徴を凝縮した表現であるといえる。次に、この二点を敷衍したうえで、ポピュラー音楽の性質について考えを巡らせてみたい。

ポピュラー音楽の性質：遍在性

複製技術以降に出現したポピュラー音楽は、録音された音源が工業的にプレスされて出回ることによって人々に流布することを前提としており、音楽ライブという手段はあるものの、まったく同質の録音が「いつでも・どこでも」出回ることにその特質を持つ。これが、同じ音楽といっても「いま・ここ」にしかない一回性の価値――ベンヤミン（一八九二＝一九四〇）が「アウラ」と呼んだもの――が与えられていた民俗音楽や芸術音楽と、根本的に異なる部分である。さらに、様々なポピュラー文化のジャンルも、この「複製性／一回性」の区分けによって弁別できる。ポピュラー音楽や映画や小説、マンガなどのジャンルは複製技術に基盤を置き、上演文化（演劇・演芸・舞踊など）のような一回性に価値を置く文化ジャンルとは隔たりがある。

この「いつでも・どこでも」という遍在性は、とりわけポピュラー音楽に特徴的である。思考実験的に、他の二項対立モデルを用いることで、ポピュラー音楽と他の文化ジャンルとを区分けしてみよう。「非質料性／質料性」で分ければ、ポピュラー音楽や映画などのジャンルと、小説・マンガ・写真・ポスター・絵画などのジャンルが区別できる。後者は、紙などの固形物に定位することで流通するものである。もちろんポピュラー音楽はレコードなどの容れ物を必要としてきたし、映画はフィルムという物質が必要ではあるのだが、両者はラジオやテレビという電波に乗って流通することが可能であり、そうやって消費されてきた。

次に、「移動性／固定性」の面で、ポピュラー音楽と映画は弁別される。映画の場合は、まず映画館という空間に固定されるし、家庭内でのテレビ放映やビデオでの視聴だとしても、それをじっくりと鑑賞するためにはテレビのある部屋にとどまらなければならない。その点、ポピュラー音楽は、家庭内のどこにいても、あるいは何をしていても鑑賞することができる。もちろん街中でも同様である。

これらポピュラー音楽の複製性、非質量性、移動性の特徴は、すべて「いつでも・どこでも」という遍在性に結び付いている。そして、このような思考実験で確認してわかることだが、現在の文化ジャンルは、そのほとんどがポピュラー音楽的な諸特徴を有するようになってきている。すなわち、ＩＴ時代における文化コンテンツのデジタル化である。

ただし、他の文化ジャンルがデジタル化によって遍在性を示すようになるのは、ここ一〇年程度の話である。逆に言えば、ポピュラー音楽は、特定の場所の記憶を最初期からもっていないことが浮き彫りになる。これはミュージアムが否応なくもつ「場所性」——すなわち当該の美術に関する知識を集積し、展示の構造を空間的に配置し、記憶の場を生成すること（クレイン、二〇〇〇＝二〇〇九）——と鋭く対立する。

ポピュラー音楽の性質：コモディティ化

続いて、ポピュラー音楽の「商品化志向」という側面から敷衍して考えてみよう。世に出るポピュラー音楽は、その一曲ごとが金銭的価値を伴うものと見なされてきた。インターネットが広まった時期、まだ電話回線を通じたナローバンドの通信時代に、文化作品の流出に関してポピュラー音楽が最も早く問題視された。細い回線でも圧縮した音楽ファイルならば交換できたという事情もあったが、それをいうなら音楽よりも軽い文字テキストや写真の流出がもっと問題視されてもおかしくはなかったはずである。しかし、楽曲一曲ごとに商業的価値を帯びると見なされていたからこそ、その無料での交換が問題視されたのである。

やがてポピュラー音楽は、民間企業の商用目的でのアーカイブ化が充実していく。iTunes Storeでもタワーレコードでもツタヤでもいいが、それぞれが検索システムを万全たるものにしていき、今では楽曲、曲目、歌詞やジャケットにいたるまで網の目のようにデジタルのシステムのなかに組み込まれている。同様の音色の楽曲を検索して表示するデータマイニングの技術も実用段階に入り、どこからでも楽曲情報を引っ張り出せるというクラウドコンピューティング思想の先取りのようなこととなっている。クセックとレオナルド（二〇〇五＝二〇〇五）は、未来の音楽産業の姿として、気に入った音楽をいつでも・どこでも取り出せる「水のような音楽」像を予測したが、半ば現実化している。これはポピュラー音楽がコモディティ（日用品）のように差異が消失していく事態を示している。

そしてここで重要なことは、企業によるポピュラー音楽のコモディティ化が進行しているがゆえに、国家や行政、非営利団体による取り纏めが、今さら求められないということである。これは「アーカイブ」としてのミュージアムを必要としないことを意味する。

むろん著名作家の遺品、楽器、楽譜、音盤などの質料性を伴ったモノを、想い出という場所性に寄り添いつつ展示することは可能だし、それらをテーマとした館は多数あるが、それは私たちの「音楽」自体の体験に結び付くものではない。なぜならば、そこで聴く音源の質は、他所で聴く音源の質と変わりがないからである。私たちがこの世に一枚しかない絵画を、作者ゆかりの地もしくは歴史ある所蔵館で絵画鑑賞を目的として鑑賞することとは、根本的に異なるのだ。

3　場所性と非―場所性――レ・コード館を中心に

フォーラムとしてのミュージアム

ポピュラー音楽とミュージアムの関係を考えることは、「場所性とは」「展示とは」という問題を考えるきっかけとなるのではないか。場所性や展示に関する問いかけは研究者ならびに実践者の間ではすでに広まっており、ポストモダン的な展示について模索がなされている。伝統的なスタイルのミュージアムは、継承性や起源などの歴史主義を基盤にしたモダニズムに位置づけられていたが、近年、そうした枠組みでは捉えられないミュージアムが増えている。異種混交性、非連続性、変容、ズレといったポストモダニズムのテーマは、ミュージアムの蒐集や展示のあり方に疑問を投げかけているのである（太田・三木編、二〇〇七：四三）。

また、より具体的には、文化人類学者の吉田憲司が、美術史家のダンカン・キャメロンの言を援用し、「テンプルとしてのミュージアム」「フォーラムとしてのミュージアム」の二つの概念を示して、後者の意義について論じている（Cameron, 1972／吉田、一九九九：二一六）。「テンプルとしてのミュージアム」はすでに評価の定まった宝物を人々が拝みにくる神殿のような場所、「フォーラムとしてのミュージアム」は未知なるものに出会いそこから議論が始まる場所である。フォーラム型では、文化の担い手が直接展示したり、展示を見る人に語りかけたりする装置が用意され、常設の展示を必ずしも必要とせず、非連続的に変化していく様子そのものを来場者に見せて、議論を呼び込むことがコンセプトとなる。

音楽関連のミュージアムでは、第1節で紹介した（コラムでも紹介している）サウンドスケープ系のイベントや博物館を、そうした次代の試みと捉えることができる。兵庫県伊丹市のイベント、「鳴く虫と郷町～The Songs of Insects」は、その時々で変化する虫の鳴き声を展示の中心に据えて、街歩きの動機としている。静岡県榛原郡の「音戯の郷」は、楽器をならし野鳥や周囲の自然音を聴く体験を、コンセプチュアルな体験館で実現している。そしてこれらの試みは、音楽の「場所性」と「非―場所性」のせめぎ合いについて考えることにつながる。すなわち、虫や野鳥の声というものは（よほど地域にしか生息しない動物でない限り）、本来的には「非―場所」的なものである。しかしそれらを用いて街全体や地域全体の「文脈」と連関づけることは、「場所」の記憶を生成させる。人と音と場所の対話（フォーラム）が始まるのである。

ただし、両者ともポピュラー音楽ではなくサウンドスケープの展示である。より遍在的でコモディティ化の進む「非―場所」的なポピュラー音楽の展示を、どのように考えるべきなのか。レ・コード館へ向かおう。

図6－1　レ・コード館外観

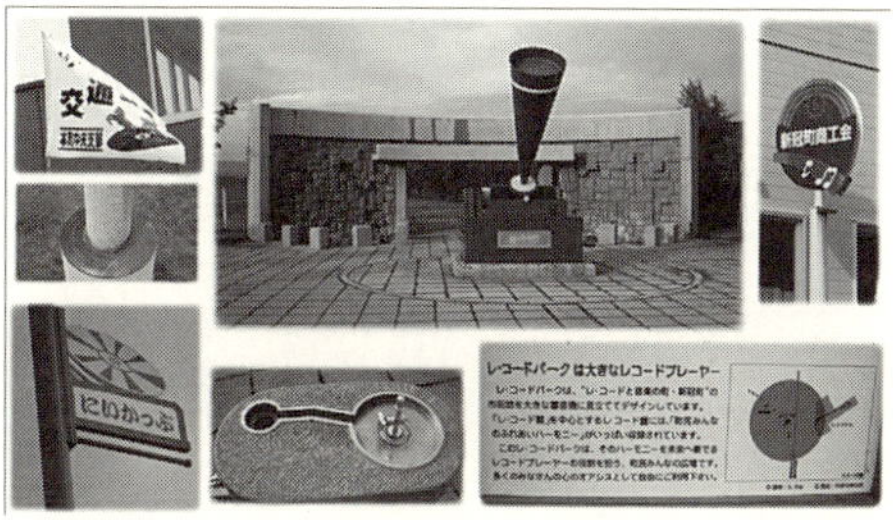

図6－2　レコードの町の風景

もう一つの可能性としてのレ・コード館

レ・コード館は北海道新冠町にある。札幌からは二時間程度が必要であるが、道南に位置するので新千歳空港からは車で一時間強あれば到着できる。鉄道もJR新冠駅が近くにあり、アクセスに困ることはない。ただ、どこの地方にも共通して言えることだが少子化の波にさらされており、近隣に目を引く観光スポットが他にないため、訪れる人はそう多くはない。そのような事情もあり、「レコード&音楽による町おこし」が一九九〇年に計画され、一九九七年に中核施設のレ・コード館がオープンしたのがはじまりである。

町に入ると、レ・コード館の特徴的な円柱状の建物が目に飛び込んでくる（図6－1）。近隣にはレコードプレーヤーの形状を模した公園「レ・コードパーク」や、「レ・コードの湯」と名付けた温泉施設もあり、また、町のいたるところでレコードをデザインした看板やのぼりを見ることができる（図6－2）。

まるで町全体がオブジェのようなのだが、しかしいかにも観光地といった浮わついた感はなく、無理

図6-3　レコードバンク

をした観光資源のように奇観を呈しているわけでもない。町中のいくつかの場所を散策してみての個人的な感想だが、町の人たちは特別に外来者のことを意識するでもなく普段の生活を過ごし、オブジェたちはその風景のなかに溶け込んでいるように見えた。

だがその自然な溶け込み方は、逆に一つの疑問を浮かび上がらせる。それは、なぜレコードでなければならないのか、という不自然さである。新冠町は昭和の名馬ハイセイコーを生んだ土地であり、いまも同地の牧場では多くの競走馬を生産している。例えばその記念館や競走馬ミュージアムを建設すれば、場所性を強くたぐり寄せることになっていただろう。

とはいえ、もちろん私は、そうすればよかったと言いたいわけではない。むしろ、北海道の自然豊かな新冠町に忽然と現れた非―場所的なポピュラー音楽の記念館の、そのコントラストに興味が生まれたのである。

館内の施設

レ・コード館に入場すると、円状に広がった広々とした空間に、レコード棚やリスニングブース、ジュークボックスなどが配置されているのが見える。展望タワーにつながる中央の円筒の壁にはリクエストランキングに基づいたレコードジャケットが飾られている。私が往訪した当時（二〇〇九年八月）は、坂本龍一やベンEキング、松山千春、サイモン&ガーファンクルなどのポピュラー音楽系が目立った。実際、来場者のリクエストだけでなく、所蔵レコードも邦楽ポピュラー音楽の率が高いそうである。玄関から左手奥には寄贈されたレコードの収納庫があり、ガラス張りなので所蔵の様子をうかがうことができる（図6-3）。

館内のレコードについては、そのほとんどが寄贈によって集められている。設立時から「レコード文化の拠点施設・レコード一〇〇万枚」をスローガンとして全国に情報発信をし、最初の二年で三五万枚が集まり、現在では八〇万枚に迫り、なお募集を続けている(2)。

先述したように、それらの音楽を、プレミア盤／通常盤などの区別なく「すべての人々の共有財産として開放」しているのが特徴的で、入館の際に申し出れば、個室のリスニングブースだけでなく、最高グレードのオールストレートホーンスピーカーシステムを備えたレ・コードホールで試聴することができる（図6-4）。私も、この長さ三・四メートル、開口部一・七メートルのホーンシステムでロック歌手の古いライブレコードをリクエストして聴いてみたのだが、あまりの音圧の迫力に身震いするほど感激した。

また、館内のミュージアムには、様々な蓄音機やロウ管レコードなどが展示されているが、特筆すべきなのは、そのなかにある体験コーナー（蓄音機コンサート）で、ガイドに従って一九世紀末～二〇世紀中盤までの蓄音機の音色を実際に体感できることが挙げられる。手巻き式から電動式、紙や木でできたラッパ状のホーンなど、時代ごとの蓄音機を操作して、ロウ管やSP盤を、竹針や鉄針で聴かせてくれるのである。蓄音機固有の音の質感のそれぞれの違いが、ガイドの説明も手伝ってはっきりとわかる仕掛けになっている。レコードや針は消耗品であり（とくに竹針は一回かけたら捨てなくてはならない）、蓄音機はメンテナンスが欠かせないため、いまこれらの音を実際に聴ける施設は少ないのだが、めったに味わえない体験をすることができた。

図6-4　レ・コードホール

一通り見て回ったあと、新冠町教育委員会職員・吉田綱平さんにお話を伺った（二〇〇九年八月二一日）。吉田さんによると、この惜しみない開放の方針は、「聴体験文化交流館」の理念に沿ったものだという。

筆者：聴体験。「聴く体験」ですね。

吉田：はい、それが正式名称で、ロウ管レコードにしても「一〇〇年前の音を聴けますよ」と、実際に「当時、貴族だったり王様みたいな人しか聴けなかったその音楽をいまあなたは同じものを聴いていますということを体験しては

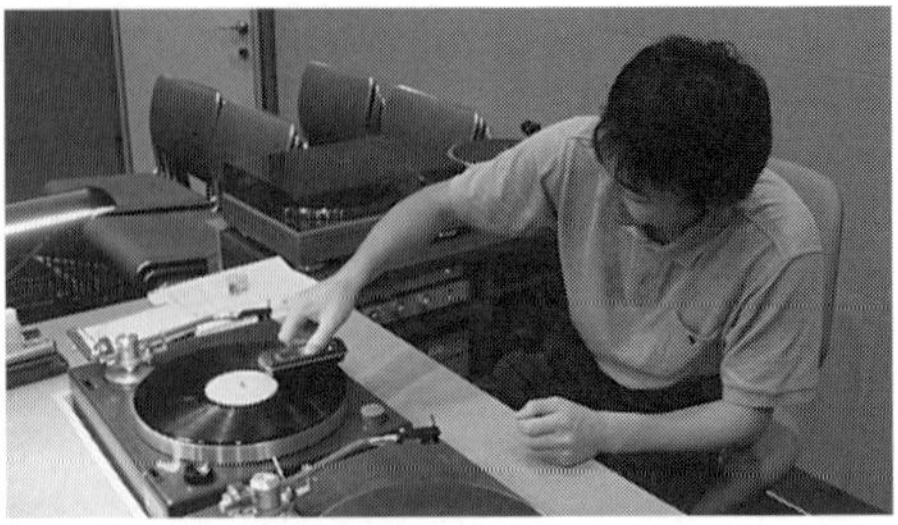

図6-5　レコード盤を丁寧にクリーニングする吉田さん

じめて、「そこからはじまるでしょう、いろいろなことが」ってことなので。レコードに関しても、本当に貴重品で「これもう一枚しかないよ」というとそれは使わないですけど、今でもそれなりにアメリカとか世界中に散らばっていて聴けるものについては「もう、聴いていこうよ」と。で、「ちょっとずつそれを大事に有効に使っていきましょう」ってことでやっています。

レ・コード館の「体験」に重きを置く姿勢は、「フォーラムとしてのミュージアム」のそれである。これは所蔵するレコードを等価値化することによって可能になっている。うやうやしく丁重に飾っておくだけでは「体験」は生まれない。ただし等価値化とは、どれも軽んじるということではなく、逆にどの盤も等しく大事に扱う思想であることも付け加えておく（図6-5）。

歴史と現状

レ・コード館のそもそもの設立は、町内の音楽サークル「一枚のレコード」メンバーのアイディアから始まっている。一九八〇年代末、竹下内閣時にふるさと創生基金として市町村に一律一億円が手渡され、町が用途についてのアイディアを募集したところ、その発案があり、ちょうど音楽産業が全面的にCDへと移行した時期だったこともあり、レコードを軸にまちおこしすることになったという。

新冠町とレコードとのつながりというのは、何もない。本当に、町内にオーディオマニアの人がいたという事実以外に、存立の根拠はないのである。しかしそれは実はことさら珍しいことではなく、当時のバブル時代には、多くの自治体がまちおこしを名目に、地域とつながりの薄いいわゆる「ハコ物」を建設していた。レ・コード館も例外ではなく、建設には最終的に二五億円かかっている。そうして作られた建物の多くが、現在では運営に行き詰まっていることは周知の通りであるが、そのなかで、なぜレ・コード館が存続しているかというと、外部資本によらず、町営だったことが大きいと吉田さんは語っている。

吉田：ここが三セクでもなく、業者が入っているわけでもなく、町直営だったのが、逆に今ではメリットのひとつになっていますね。ええと、実は専門職は一人もいないんですよ、うちは。ぼくももしかしたら、明日から税務課で税金のことをやっているかもしれないですけど、たまたまここに六年いて、レコードを一から、かけ方から勉強してやっているわけなんです。専門職を抱えちゃうとダメなのでみんなで協力してやりましょうと。併設されたコンサート会場にしても、音響・照明・舞台、全部職員が直営でやっているんですよ。

筆者：なるほど。

吉田：本当はコンセプトとしては学芸員も置きたい、二人ぐらい。専門職も置きたいんですが、だけどそこを置いてしまうと、人件費がとられてしまうので。「いつでも減らせる。いつでも増やせる」、そういう役場の大きいキャパの中の一部にしておくことが必要だということですね。

レ・コード館の運営は、新冠町の教育委員会の直営に置かれている。受付の人はガイドを兼ねるし、楽曲のリスト入力作業や資料整理もすべて職員の手で行っている。ちなみに広告費もほぼかけておらず、そのせいもあって北海道の観光ガイドやドライブマップに載ることは少ない。儲けを一番に考えなくていいというのはたしかに強みである。無理な観光誘致策をしなかったからこそ、バブル崩壊以降も破綻せずに存続できているし、非―商用的であるからこそ、企業に対抗するような形ではないアーカイブ収集が可能になっている。寄贈されたレコードを保管し、来場者に聴かせる。このシンプルな役割が、レ・コード館の「すべての人々の共有財産として開放する」というポリシーにかなっている。

さて、とはいえ、もちろん館の施設は投資に見合った目的ももたなくてはならない。それが、町民の交流を活性化させ「文化を中核とした町づくり」を行うというものである。

吉田：それもあって、いま事業として力を入れているのは、九割くらい町内の人たちに対するものなんですね。
筆者：あ、事業自体ですか。利用状況というだけじゃなくて。
吉田：ええと、町民が使っているのがだいたい例年で七～八万人くらいです。年間で合計すると。で、旅行者で来られるのは去年で九〇〇〇人なので、まあ一割ちょっとですよね。残りの九割くらいは町内・町外の、コンサートを見に来たり、研修しに来たりする人たちなので、要するにそこにいかにアピールをするかってことで、事業の、施設の位置づけをもう変えてしまっています。
筆者：それはいつぐらいが転換ですか。
吉田：バブルが崩壊してすぐです。できてすぐです。二～三年後にはそういうことを考えなくちゃいけないんじゃないかっていう話をしまして、最近は、レコードについては現状維持で、町内の文化活動に関しては、今まで以上にどんどんやるぞっていう形ですね。

実際、レ・コード館の建物のなかには、図書プラザや研修室、そして町民ホールがある。図書プラザは音楽関係の資料も揃えているが、一般図書や児童向け図書も豊富に揃えており、町民への情報提供や、学校教育・生涯学習に必要な書籍を提供している（図6-6）。研修室は、町内・町外の音楽サークルの利用はもちろん、絵画などの文化活動や町民会議にも利用されている。町民ホールは、コンサートの開催のほか、学生音楽サークルの発表会やダンスパーティ、カラオケ大会なども行われていて、老若男女を問わない町民の集いの場となっている。また、サークルメンバーの募集やイベントの告知なども、施設内に設置した伝言板を利用できるようになっている（図6-7）。その結果、地域住民のつながりは活性化し、札幌などの音楽サークルや各種団体との交流が生まれ、高齢者は病院で時間をつぶすのではなくカラオケ大会に集うようになった。施設の役割は相応以上に果たされているのであり、レコード目的での観光客は多くはないが、真の意味での「まちおこし」に成功しているといえよう。
レ・コード館は、そのコンセプトとして、レコードを人々の記憶を運ぶ「音の遺伝子」と位置づけている。また

「レ・コード」の「レ」は「返る」、「コード」は「心」を表す言葉を選んでいる。そのコンセプトおよび名称には、館を訪れた人がレコードを聴くことによって「心の記憶を呼び覚ます」ことが含意されている。そして、そこにとどまらず、町民や町外に出た人に対しては、レ・コード館の名前を聞いたときに自分の町のことを連想させるような、「心が帰る」意味も込められているのである。

音の遺伝子の体験

以上のように、レ・コード館の諸特徴を見てきた。これらは——必ずしも意図した結果としてではなく——「音楽の非—場所性」「展示のあり方」を浮き彫りにしている。

まず、レ・コード館のコンテンツは、等価値化されたアーカイブであった。寄贈されたレコードは十分に出回った邦楽ポピュラー音楽の比率が高く、もちろんなかには歴史的なレコードやビートルズのレア盤など希少なものもあるが、プレミア盤／通常盤などの区別は行わず、館が所有するすべてのレコードを試聴できることが原則であった。

図6-6　図書プラザ

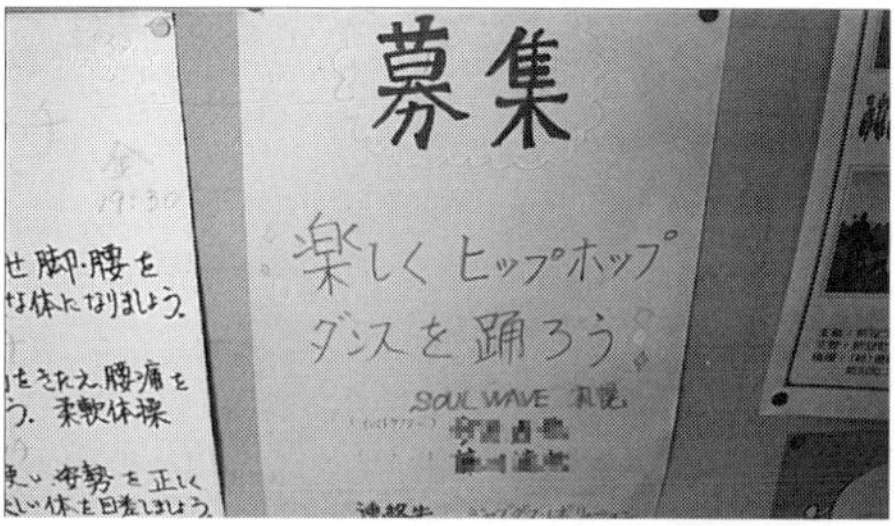

図6-7　サークルや催し物の案内

さらに、館の存立は無根拠であった。音楽やレコードにゆかりのある地ではなく、著名関係者の生地でもなかった。広告費にほとんど予算をかけていないので、メディアを通じてルーツを「ねつ造」されることもない。清掃とメンテナンスの行き届いた館内は、ただそこにレコードがあるという事実性のみを示しているかのようだった。

しかしその一方で、最後に見てきたように、レ・コード館は強い場所性を有していた。それは地域共同体のつながりである。運営が街の教育委員会なので、幼年教育から生涯教育まで様々に携わり、講話会や生涯学習講座、こども読書会など、音楽関係にとどまらない様々なイベントを実施している。また、青年団や商工会、文化協会、NPOからのアイディアも積極的に採用し、町民の集いの場所となっている。そして、このコミュニティのつながりが強ければ強いほど、（音楽系のイベントや公演がフックになっていることは確かだが）集められた音楽そのものは後景に退いていく。

すなわち、古今東西のポピュラー音楽の音源が集積されたこの場所は、音楽がここに集まらなければならないという地理性をもたない、徹底的に「非―場所的」な空間だったのである。

この非―場所性は、しかし逆説的に、来場者として「音楽」を「体験」しに来た者にとって、純粋な音楽そのものの経験をもたらす。先述したように、レ・コード館には、個室のリスニングブース、年代物のジュークボックス、巨大スピーカーのレ・コードホール、ロウ管レコードを試聴できるミュージアム蓄音機コンサートなど、様々な音響施設がある。

筆者：蓄音機コンサートでロウ管を聴けたのはよい体験でした。

吉田：国内でもたぶんそんなにないはずですね。ロウ管を展示しているところはたくさんあるんですけど、実際にメンテをして音が聴けるところはたぶん一〇カ所くらいじゃないですか。本当にその、「頼めば聴かせてくれる」みたいなところを含めても一〇カ所くらいだと思います。

筆者：SP盤の蓄音機も、竹で作った針とか、鉄製のもので聴かせていただいて。

吉田：そうですね。竹は耐久性がないですし、鉄は逆に、繰り返し使うと盤がすぐにダメになっちゃうんですよ。だから、つねに尖ったやつで聴きましょうっていうことです。一回聴いたら終わりっていう感じです。

筆者：それでも来場者のために用意してもらえるのは、やはり「聴体験」が理念としてあるということですね。

吉田：はい。一番最初に。

筆者：実際、聴かなければ始まらない。

吉田：わからないですよね。「どんな音が入っているのか想像してみてください」になっちゃうので。そうじゃなくて、やはり聴いて初めて、例えば当時の技術の高さということもわかる。「あんなに綺麗な音がするんだ」っていう。最後に聴いてもらった蓄音機も、あの音は今のスピーカーでは絶対に出せないんですよ。というのも、SPレコードを今のシステムで聴くとアンプを通すじゃないですか。アンプを通すとノイズもすべて大きくなってしまうので、チリチリチリって音もすごくうるさい音で聴かなきゃいけない。ただ、蓄音機で聴くと、そのチリチリって音を再生する過程のなかで落としていくっていうんですかね。減衰させて中央のいい音だけを出すっていう仕組みをあのホーンがもっていて。

筆者：紙のホーンですね。

吉田：そうです。そういうことを考えると、SPレコードは今のプレーヤーでも聴けるんですけど、本当に「昔はどんな音がしていたのか」っていうのは、当時のものじゃないと分からないっていうことがあるので、直しながら使っています。

レ・コードホールでクラックルノイズ混じりの美音を聴き、ミュージアムで前世紀の蓄音機を当時の設備と針と円盤で聴くことは、けっして展示を眺めることには繋がらない。ここは、「テンプル」としてすでに評価の定まった宝物に驚嘆するミュージアムではなく、「フォーラム」として自分で直接体感するポストモダン型のミュージアムである。そしてその体感は、場所ではなく時間性に結びついた体験である。

かつてメディア学者のM・マクルーハンは、メディアの変遷によって視聴のあり方が変わることを指して「メディアはメッセージである」と述べた（マクルーハン、一九六四＝一九八七）。明治時代のロウ管蓄音機、戦前のSP盤、昭和後期のLPレコード、それぞれの歴史的なメディアによってまったく異なる音の鳴り響きを体感することは、メディアそのものが時間性に区切られたメッセージを放つことを再認識させてくれる。私たちはそこで、場所を軽く飛び越えて、時間の旅に誘われているのである。

遍在でもなく均質でもないポピュラー音楽の「音」の姿が、非―場所的で等価値化されたレ・コード館という場所だからこそ鮮明に蘇る。「遺伝子」とは、実は時間的な系脈に他ならないのである。

4　発展研究への誘い

私は文化社会学を専攻しているがゆえに、音楽を体験するとはどういうことか、という主題をもとに今回の議論を組み立てた。遍在的でコモディティ型のポピュラー音楽をひとつの場所に保存し展示することには、大きな矛盾が潜んでいる。しかし矛盾があるからこそ、根源的な場所性や時間性について思考が至ることを、ミュージアムでの体験が教えてくれた。

ただ、取材をした感触としては、地域とミュージアムというテーマで考えることもありえると思えた。実際、一九九〇年代以降、新機軸のミュージアムが林立している状況だが、地域にうまく根付いたものもあれば、そうでないものもある。

来場者としては気楽に訪れて館内のアーカイブを楽しめばよいミュージアムだが、そこに住む人々にとっては、また違ったリアリティが見えていることだろう。どういった要件を整えれば地域連携がうまくいくのか、また、どのような理念をもてば存続していけるのか。それを考えることが「持続可能な文化アーカイブ研究」の発展的思考に関わってくるに相違ない。

そのようなことに思いを至らせるほどに、レ・コード館の取材は興味深いものであった。時間を割いて取材やインタビューに応じていただいた関係者各位に感謝したい。

注

（1）持続可能な文化アーカイブの構築を第一の目的に掲げ、写真・映画・テレビ・アニメーション・ポスター・ビラ・マンガ・ゲーム・ファッション・ホームビデオなどの消費文化財、ビジュアル文化を中心とした「20世紀型・日常メディアの文化」の収集と研究資料としての分類法の確立を目指す研究会。(http://ucrc.lit.osaka-cu.ac.jp/movie/samc/about.html)

（2）　同館への寄贈には、いくつかルールがある。詳細については以下のURLを参照していただきたい。http://www.niikappu.jp/record/q_and_a/kizou.html

参考文献

太田喬夫・三木順子編『芸術展示の現象学』晃洋書房、二〇〇七年。

山田晴通「ポピュラー音楽の複雑性」東谷護編『ポピュラー音楽へのまなざし』勁草書房、二〇〇三年。

吉田憲司『文化の「発見」――驚異の部屋からヴァーチャル・ミュージアムまで』岩波書店、一九九九年。

鶴見俊輔『限界芸術論』勁草書房、一九六七年。

渡辺潤『アイデンティティの音楽――メディア・若者・ポピュラー文化』世界思想社、二〇〇〇年。

Benjamin, W., *Das Kunstwerk im Zeitalter seiner technischen Reproduzierbarkeit*, Zeitschrift für Sozialforschung, 1936.（高木久雄・高原宏平訳、佐々木基一編『ヴァルター・ベンヤミン著作集2　複製技術時代の芸術』晶文社、一九七〇年）

Camron, Duncan, 1972, "The Museum: a Temple or the Forum", *Journal of World History*, 4(1).

Crane, Susan. A., ed., *Museums and memory*, Stanford University Press, 2000.（伊藤博明監訳『ミュージアムと記憶』ありな書房、二〇〇九年）

Kusek, D. and Leonhard G., *The Future of Music : Manifesto for the Digital Revolution*, Boston, MA: Berklee Press, 2005.（yomoyomo訳『デジタル音楽の行方』翔泳社、二〇〇五年）

McLuhan, Marshall, *Understanding Media : The Extensions of Man*, New York: McGraw Hill, 1964.（栗原裕・河本仲聖訳『メディア論』みすず書房、一九八七年）

Tagg, Philip, "Analyzing Popular Music: Theory, Method and Practice" *Popular Music*. No. 2. 1982.（三井徹訳「ポピュラー音楽の分析――理論と方法と実践」『ポピュラー音楽の研究』音楽之友社、一九九〇年）

（南田勝也）

コラム10　「鳴く虫と郷町」、伊丹市昆虫館——ミュージアムの連携

毎年九月上旬に兵庫県伊丹市で行われる「鳴く虫と郷町」は、「竹の虫カゴやツボに秋の鳴く虫を入れて、虫の音を愛でる江戸時代の楽しみ方を再現する」イベントである（「鳴く虫と郷町」実行委員会二〇一〇「鳴く虫と郷町レポート」）。「旧岡田家住宅・酒蔵」（国指定重要文化財）・「旧石橋家住宅」（県指定文化財）がメイン会場となるが、それだけでなく、周辺商店街各所や公道、公園などにも一五種類二〇〇〇匹の虫が展示される。いわば、酒蔵や町家が残る街全体をミュージアムに見立てた、期間限定のイベントだと言えるだろう。

本イベント開催期間中には虫の展示だけでなく、伊丹市文化財団が中心となって、約二〇種類もの関連イベントが各所で行われている。その内訳は、星の観察会や句会などの教育や教養に関わるものから、アート作品の展示やコンサートなどの文化・芸術に関するものの、ハーブティーやお酒、食事を楽しむものまで多岐に及ぶ。もともとは原型となる企画展を伊丹市昆虫館が単独で行っていたのだが、二〇〇六年からは中心市街地に会場を移して、市内の他のミュージアムや文化施設などと連携した現在の形となった。

様々な企画が交差する同イベントの展示は、実に興味深い。そこには順路などというものはなく、来訪者は、それぞれに自分なりの楽しみ方を見つけることができるのである。こうした形態はフジロックフェスティバルに代表される近年の音楽イベントのあり方を踏襲したものだと言えるだろう。ただしここでは、同市文化財団の中脇健児氏の言葉を借りるなら、「虫」こそが老若男女を惹きつける「キラーコンテンツ」であり、来訪者からは「懐かしい」、「風情がある」、「オシャレで新鮮」など実に多様な反応があるのだという。いわば、虫というオブジェが、昆虫館というミュージアムに固有の文脈から切り離され、それぞれの施設やイベントの文脈におかれることによって、新たな意味が与えられ、鑑賞者から様々に受け取られているのである。

またそれは街中を舞台にすることと、地元企業・商店や市民の積極的な参加によって、元来ミュージアムの範囲外であった娯楽性や商業性とも結び付いている。採取された虫の一部は、昆虫館による指導のもと、市民に提供され、二〇〇九年には約一〇〇店舗の商店が店内や軒先などで、展示を行った。ミュージアムだけでなく、市民との連携も「鳴く虫と郷町」においては重要であり、実際にいくつかのイベントは市民が企画や運営を手掛けている。企画・準備段階から市民を参加させることによって、来訪者や市民に主体性を持た

せることに成功しており、それによってミュージアムだけでなく、ミュージアムと地域社会を繋ぎ、さらには虫の飼育や展示を通じて市民同士の交流を促進しているのである。

全国各地でまちおこしイベントやアートフェスティバルが頻繁に行われている昨今、このような機能は今後のミュージアムが果たす役割を考えるうえで重要な位置を占めるのではないだろうか。同イベントは単なる企画展ではなく、虫を媒介として、市内に点在する文化施設やミュージアムがそれぞれの専門性を発揮しつつ、ゆるやかに繋がりをもち、ひとつの統一された世界観を構成しているのである。伊丹市昆虫館の坂本昇氏は同イベントが昆虫館ではなく、街中で行われるようになったことについて、「昆虫館に来る人は、虫が好きな人に限定されているけれど、より多くの人から様々な反応がダイレクトに返ってくるようになった。そういった意味で、以前よりも（昆虫館の）存在意義を示すことができたのではないか」と語っている。

こうした試みは全国的にも注目を集めており、二〇〇九年には文部科学省の「地域の知の拠点・博物館ネットワーク構築推進事業」に選定されている。

（永井純一）

趣向を凝らした虫の展示

鳴く虫と音楽のコラボレーション

コラム11　京都嵐山　美空ひばり座——昭和の歌姫とノスタルジー

第6章でも触れられているように、音楽関連のミュージアムの一つとして、個人（アーティスト、作詞・作曲家、評論家など）に焦点を当てたものがある。そういった施設においては、しばしば当事者が使用した衣装や楽器などの展示が中心となるのだが、熱心なファンを超えて訴求力のあるものは多くない。それゆえに期間限定のものやすでに閉館してしまっているものも多く、音楽系ミュージアムの困難を物語っているといえよう。そうした中において、「美空ひばり座」はいくつかの点で興味をひかれる存在である。

同館は、美空ひばりが実際に使用したモノや衣装などのコレクションと、映像・音源のアーカイブによって成り立っている。地上二階地下二階の四フロアに五つのシアターを有する施設水準の高さは、特筆に値すると言えるだろう。むろん、コレクションは無造作に置かれているのではなく、「昭和時代と美空ひばり」「歌手・美空ひばり」「女優・美空ひばり」「ひばりのコレクションルーム」「母・美空ひばり」の五つのテーマに沿って構成されており、それぞれに展示された品々は偉大な芸能人としての功績を讃える一方で、その人のプライベートにも迫る内容になっている。

本書の関心から言えば、特に興味深いのは「昭和時代と美空ひばり」のゾーンが一フロアを占めており、館内で最大の規模だという点である。そこでは、彼女に関するパネルだけではなく、再現された「昭和」の町並みを舞台に当時の流行や風俗に関する品々がともに展示されている。それは「美空ひばりの軌跡」以上に、「彼女が生きた時代」を見る者に訴えかけるものでもある。その意味では、ミュージアムの場所性もまた重要な役割を果たしている。たしかに美空ひばりが、映画出演が多かった頃には一年の大半を京都で過ごし、居を構えていたという事実はあるのだが、同館が現在の場所に存在する必然性は高いとは言えない。しかしながら、同館は京都の嵐山に存在することによって、熱心なファン以外の観光客にアピールするだけでなく、「京都」と「昭和」のイメージの相乗効果によって、ある種のノスタルジーを来館者に喚起するのである。それはミュージアムが提示する記憶の問題であり、そこで喚起される（あるいは喚起されない）イメージについて考察することは、同館を訪れる本書の読者にとって重要な関心事となろう。

アーカイブに関しては、映画やテレビ出演時の映像やレコードなどの音源を収蔵するだけでなく、デジタル化が進められている。特に音源に関しては、録音されたすべての美空ひばりの音源のアーカイビングを目標としており、現在も作業が続けられている。専用のシアターではデジタル音源のほかに、当時の音源を蓄音機で聴くこともできるので、両者を比較するのもおもしろい。

また、来館者は館内に設置された端末を通じてこれを聴くことができるだけでなく、自分の好きな楽曲を選んでオリジナルCDを制作することもできる。しかしながら、iTunesをはじめとしたデジタル配信が本格化し、YouTubeなどに希少な音源や映像がアップロードされるなど、インターネットを利用したコンテンツ消費が進むなか、こういった試みやサービスがどのように位置づけられるのかは、今後の課題となるだろう。

最後に同館をめぐる論点として、来館者の世代に関する問題が挙げられる。現在のところ同館を訪れる来館者の中心を占めるのは、美空ひばりと同年代、あるいはそれよりも少し下の世代の人々であり、若い世代は多くない。これはポピュラー音楽全般に関わる問題だが、一部の例外を除いては、世代間の継承がなされていないのである。こうした状況において、ミュージアムが果たす役割については今後も継続した議論が必要となるだろう。

（永井純一）

演出される「ノスタルジー」

コラム12　音戯《おとぎ》の郷《さと》——生活音の再発見

「音を扱うミュージアム」というと、あなたはどういうものを想像するだろうか。

すぐに思いつくのはきっと、偉大な作曲家の足跡を辿る展示や、著名なロック・バンドの愛用した楽器をおさめた展示だろう。そこには当然、アーティストが制作した楽曲が流れているはずだ。このように、私たちは「ただの音」では展示する価値はなく、人の手によって作り込まれた音楽作品、または作品を作った人物像を展示するべきだと、暗に信じている節がある。

けれどもここ、音戯の郷（静岡県川根本町）で展示されているのは、そうした作品ではない。つまり、アーティストが人生を賭けて作った渾身の一作でも、ヒット・チャートを騒がせた名曲でもない。あるのは、チリリンと鳴る電話のベル、ガタゴト走る汽車の音、チーチーさわぐ鳥のさえずりなど、わざわざお金を払って買う必要のない、文字どおりの「ただの音」だ。

するとあなたは、ここで疑問に思うはずである。そんなものがはたしてミュージアムに収まるのかと。答えはイエスだ。第一に、現代の生活で失われた音を保存し、後世に伝える意味で、それはミュージアムの展示対象になる。ここには、機織り機や蔵の扉の蝶つがいといった、今では聞かれなくなった生活音が多数展示されている。それらの音に触れることで、来館者は古きよき日本の生活習慣に思いを馳せることができる。

とはいえ、大切なのはそうした「伝統の保存」ばかりでない。第二に、ふだんは気に留めない自身の生活をふり返る契機になる点でも、ミュージアムになる。ここには、日常生活で無意識のうちに耳にしている音を意識的にとらえようという「サウンドスケープ（音風景）」の思想が生きている。

この思想は、カナダの作曲家R・マリー・シェーファーが提唱したものだ。彼は近代産業が発達し、工場や車両の騒音が登場したことで、世界中のサウンドスケープが土地の固有性を失っていくと考えた。そのため、人々が身の回りのサウンドスケープを分析的にとらえ、改善に取り組むようになるべきだと訴えた。彼の主張は、環境問題を考える運動と連動し、学校の音楽教育に採用されるなどして、現在では世界中に浸透している。

音戯の郷にも、シェーファー流の思想が流れている。ここには多彩な生活音が展示してあるが、ただ雑然と流すのではなく、来館者の興味をそそり、音に集中させる工夫が凝らされている。なかでもユニークなのは、聴くための道具として聴診器（写真上）を採用し、一人ひとりに手渡すサービスである。聴診器は通常、体内の様子を探るために用いられるが、音が直接耳に入り込むので、来館者はおのずと耳を澄まさずにおれない。例えば、野鳥の鳴き声を集めたコーナー（写真下）では、スピーカーの内蔵された柱からわずかに音がこぼれるだけで、聴診器を近づけないと音が聞きとれない。それは一見不便に思えるが、ヘッドフォンにはない利得もある。自分の手で聴診器を押しあてることで、音を一方的に気化されるのではなく、自分で発見した気分になれる。聴診器の配布は、来館者の「聞く自由」を保障するうえで重要な役割を果たしているのだ。

「戯れる」とは思いのままに遊ぶということであり、そのためのルールはなるべく少ない方がよい。聴診器は使用するたびにメンテナンスを必要とするが、音戯の郷はそうした面倒なサービスを提供することで、私たちが日頃いかに多くの音に囲まれているかを再発見させてくれるだろう。

（山崎　晶）

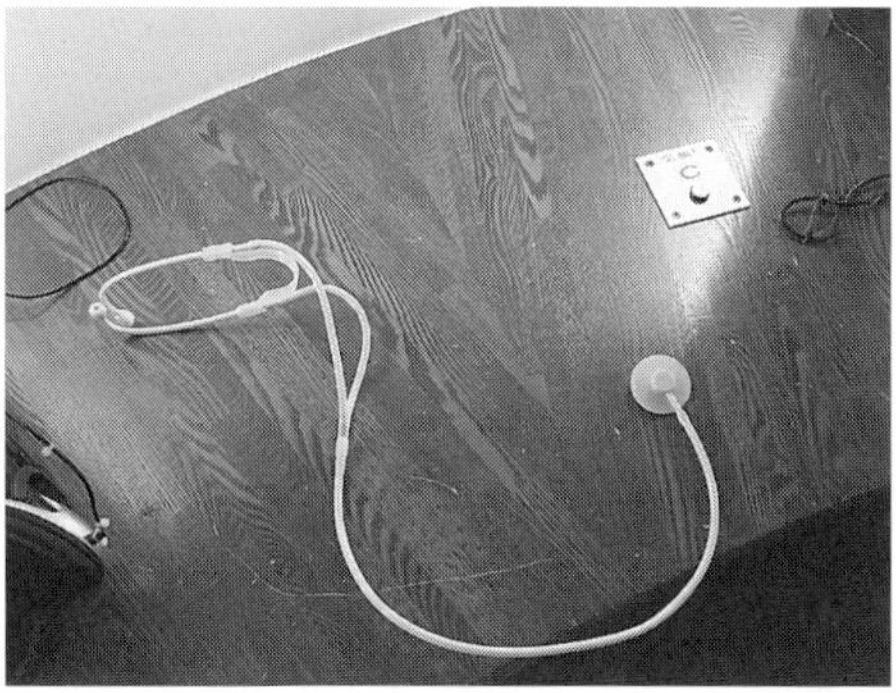

配付される聴診器

野鳥の鳴き声を集めた装置〈森のごあいさつ〉

コラム13　浜松市楽器博物館──異世界への扉を開く

私たちはしばしば、ミュージアムのパンフレットなどで「展示物を身近に感じてほしい」という一文を見かける。しかしだからといって、実際に私達がそれを身近に感じとることは、思いのほか難しい問題だ。そもそもミュージアムという空間自体が、私たちの日常からは大きくかけ離れている。たとえありふれた日用品であっても、ただミュージアムに置かれているだけで、私たちはそれを「特別なもの」に感じてしまうだろう。だとすると私たちは、どうやって展示品を身近に感じとればよいのか。

浜松市楽器博物館（静岡県浜松市）にあるコレクションも、その多くはある意味でありふれたものである。ここには世界の楽器が三〇〇〇種ほど所蔵されているが、それらは世界に数点しか存在しない希少品ではない。実際、館長の嶋和彦氏は、それらを一種の「サンプル」と呼んでいる。すなわちここの展示品は、世界の楽器のサンプル、ひいては来館者が世界を身近に感じ取るためのきっかけ＝サンプルなのであり、もしも興味のある楽器が見つかったなら、次はその楽器の「故郷」に出かけるなどの行動につなげてほしいという。

こうした同館の姿勢は、展示物の「見せ方」にも表れている。館内では写真の撮影が自由に許可されているし、展示物を覆うガラスケースもほとんど見当たらない。来館者と展示物を隔てているのは、低い位置に設置された透明の板やロープであり、それすら設けられていない場合もある。そのため来館者は、首を伸ばせば楽器に刻まれた文字を読めるし、ピアノ類にいたっては、しゃがんで裏側を覗きこむこともできる。楽器と楽器の仕切りも最小限に抑えられているので、正面にある楽器越しに、反対側に置かれた楽器の「お尻」や「背中」を眺めることも可能だ。楽器には凝った装飾が施されている場合が多いから、来館者は美術品としての魅力も存分に堪能できる。

一見するとぞんざいに扱われているように思えるかもしれないが、そこには来館者への行き届いた配慮がある。展示物がケースに収められていると、来館者の視線はおのずと固定される。仮に展示物の脇に何点か写真が添えられていたとしても、それはミュージアムから提供されている倍率や角度であることに変わりはない。けれども、展示物との隔たりが取り払われていれば、来館者は一人ひとり眺める角度や距離を定めることができる。つまりそれは、私たちが展示物と否応なしに関わりをもつための工夫なのである。

来館者に主体的な関わりをもたせるこの仕掛けは、通常とは違った意味で、ミュージアムだからこそ示すことのできる社会的役割を示唆する。通常、ミュージアムの展示にはジレンマが伴う。展示物を身近に感じてもらおうと公開するはずなのに、ガラスで覆われたり、撮影を禁じられたりすれば、来館者はそれを縁遠いものと感じかねない。展示物を公開する目的と、その状態を保持する義務とは、しばしば矛盾した効果を来館者に与える。だからこそミュージアムは、展示する内容とともに、展示する方法をも工夫する必要があるのだ。

その点、楽器博物館では、ありふれた楽器を展示しているからこそ、展示物をガラスで覆う義務を免れていた。しかしだからといって、そこで得られる体験まてもがありふれているわけではない。来館者は展示物と主体的に関わることで、物理的な距離以上に、心理的な距離を埋める。そうして得られた特別な体験を胸に、来館者は今日も、世界の楽器に思いを馳せていることだろう。

（山崎　晶）

展示物ごとに別の展示物の背面を見ることができる

木琴の一種　しゃがんで裏側を覗くことができる

コラム14　古賀政男音楽博物館——雰囲気の複製

偉人をたたえたミュージアムでは、生家や仕事場など、その人物が人生のある時期を過ごした建物を用いている場合が少なくない。偉人のプライヴェートな空間を訪れることで、私たちは業績が産み出された「舞台裏」を覗いた気分になれる。ゆかりある建物を利用したミュージアムは、その建物自体が貴重な展示物の一つであるといえよう。

ただし、保存の環境をコントロールしやすい遺品とは異なり、建物は温度の変化や風雨、地震にさらされて必ず老朽化する。どれほど頑丈に作られ、細やかに手入れされていたとしても、いつかは建て替えを余儀なくされる。それは、ミュージアムにとって故人の面影を残した貴重なコレクションを失うことでもある。それはやむを得ないことだとして、ならどうすれば、前の建物により近い雰囲気を残せるだろう。

古賀政男音楽博物館（東京都渋谷区）は、昭和を代表する作曲家・古賀政男の遺志を引き継ぐ形で開館した大衆音楽のミュージアムである。館内には、古賀の愛用品の展示や作品を鑑賞するブースのほか、大衆音楽のデータベースや、カラオケスタジオまである。ここは、古賀が一九三八年から晩年まで居住していた東京・代々木上原の敷地内に開館した。当初は旧古賀邸をほぼそのままで使用していたのだが、老朽化による改築を経て、一九九七年からは新しい建物（写真上）で運営されている。

古賀の仕事の多くは、作曲や歌手へのレッスンなど、彼の自宅で行われていた。芝生や日本庭園、石庭など、多様な様式の広い庭や贅を尽くした部屋や家具は、古賀のアイデアの源であり、そこには、古賀と彼に関わった人々の記憶が詰まっている。そうした「建物の記憶」を残すために、当館が選択したのは、建物の部分的な移築（写真下）であった。

もっとも、ミュージアムにとって、建物を移築させることや仕事場の再現自体はそれほど珍しくはない。古賀政男音楽博物館の特徴は、入口に近い部屋と移築部分を展示している部屋との間に、細長く薄暗い廊下を設けたことである。この廊下は門から玄関までの長い道のりを表しており、起点には旧古賀邸の門柱が再現されている。歌手たちがレッスンに向かった時の緊張を、来館者にも体験してもらうために作られたのだそうだ。緩やかな傾斜がつけられた廊下はわずか数メートルだが、窓がなく、照明が落とされ、両側には建て替えで失われた古賀邸の庭の四季の映像が流れている。明るい展示室に向かって斜面を歩くと、来館者はまるで、古賀の生前時にタイム・スリップしたような気分になるだろう。

　ＣＧ技術の向上した現代では、五分程度の映像であれば、もはや肉眼では判別できない精度で、本物そっくりの人間の表情や動きを表現できるようになっている。人間の動きでさえそうなのだから、写真や図面を元に建物を復元することはさほど難しくはない。だが、建物の場合、模型や映像で概観や間取りは忠実に復元できても、土壁が発するにおいや床板の軋みといった生活の息吹を復元させることは困難だ。実際、たとえ建物の部分的な移築が実現しても、もとの文脈から切り離されている以上、当時の雰囲気を再現することには限界がある。廊下の設置によって、まるで古賀が生きていた頃へと旅する気分を醸し出した古賀政男音楽博物館の取り組みは、故人の影を慕ううえで有効な役割を果たしていると言えるだろう。

（山崎　晶）

現在の古賀政男音楽博物館

レッスン室の移築部分

コラム15　六甲オルゴールミュージアム――自動演奏楽器の演奏が聴ける

ゼンマイを巻く。小箱のふたを開ける。クラシックの名曲が流れてくる。これが通常のオルゴールのイメージだろう。シリンダーが回転して金属製の櫛の歯をピンで弾いて演奏するものである。オルゴールはオランダのオルゲル（orgel）が語源と言われている日本だけの名称である。英語ではミュージック・ボックス（music box あるいは musical box）と呼ばれる。オルゴールミュージアムでは、こうしたタイプのオルゴールの祖先も含めて様々なタイプの自動演奏楽器が収集され展示されている。

ミュージアムは瀬戸内海国立公園の六甲山にある。高山植物園に隣接した三階建のログハウス風の建物である。一階にはミュージアムショップとオルゴール組立を体験する工房がある。二階には第一展示室、コンサート展示室、カフェがあり、三階にはさらに二つの展示室がある。コンサート展示室は吹き抜けになっていて、三階のバルコニーからもコンサートを聴くことができる。

ここに収集されている自動演奏楽器は、主に一九世紀から二〇世紀にヨーロッパで作られたシリンダーオルゴール、ディスクオルゴール、自動演奏オルガン、自動演奏ピアノ、オートマタ（音楽付からくり人形）などである。この他にもヴァイオリンやバンジョーなど弦楽器の自動演奏楽器もある。シリンダーオルゴール、ディスクオルゴールは、記録媒体のシリンダーやディスク自体が回転することによって演奏する。自動演奏オルガンや自動演奏ピアノの記録媒体は穴のあいたロール紙である。

オルゴールミュージアムでは、自動演奏楽器が展示されているだけではない。コンサート展示室で一時間に二回、二〇分、一五分のコンサートが解説付きで開かれている。この部屋の正面には、高さ約四・六m、幅約七・八mの自動演奏オルガンがある。ダンスホールなどで楽団の代わりとして演奏されていたダンス・オルガンである。メロディー楽器だけでなく打楽器も備えており、いざ演奏が始まるとホール全体を揺らすような大きな音が出る。それぞれのコンサートでは様々な種類の楽器が紹介される。自動演奏楽器が作られた時代の曲だけでなく、「世界にひとつだけの花」など日本のポピュラー音楽も演奏される。コンサート以外の時間には、手回しオルガンなど、来場者が自ら演奏する機会もある。

音楽とテクノロジーとの関係という視点から興味深いのは、蓄音機との関係である。自動演奏楽器は一九世紀に盛んに作られたが、一九世紀末に蓄音機が発明されてから、次第に蓄音機にとって代わられるようになった。自動演奏楽器の楽曲情報は、ピンや穴で一音ずつ記録されている。いわばデジタル方式の記録である。これに対して蓄音機は発せられた音の振動をそのまま記録するアナログ方式の記録である。シリンダーやディスクにピンを植えたり、紙に穴をあけたりする自動演奏楽器の記録方式は、コンピューターのディスプレイ上で曲を作っていく今日のデスクトップミュージックと共通するところがある。演奏を楽しむだけでなく、音楽史上の位置づけが実感できるような展示の仕方があってもいいのでないか。

オルゴールミュージアムは、六甲の他にも松島、天童、河口湖、伊豆高原、浜松、清里、岡山県美作市に有力なものがある。これらに共通しているのは、第一に観光地にあること、第二にほとんどが一九九〇年代以降に開館していることである。古いものでも一九八〇年代である。オルゴールミュージアムは何故観光地にあり、一九九〇年代以降続々とできたのか。興味深い問題である。六甲のミュージアムには「穏やかな風　アンティークな時間」というキャッチフレーズがつけられている。

（小川博司）

＊二〇一二年三月、ホールオブ・ホールズ六甲から改称。

六甲オルゴールミュージアム

第7章 テレビ・映像関連ミュージアム
――「大和ミュージアム」を事例に――

1 映像のミュージアム／アーカイブとは

なぜポピュラー文化ミュージアムを研究するうえで、「映像（映画やテレビやアニメ）」というジャンルが設定されるのだろう。映像は最近、「動画」という言葉で呼ばれているように、「動く画像」だ。「動く画像」はＤＶＤなどで気軽に持ち運べるし、家の中のＴＶ画面やＰＣで見ることもできる。日常生活でほとんど毎日、私達が目にしているといっても過言ではないほど、無意識に浸透している「映像」について、調査してみることにやぶさかではないだろう。また、近年の映像系ポピュラー文化ミュージアムは、「まちおこし」の増加や（例えば杉並アニメーションミュージアム）、インターネットの普及（例えばＹｏｕ Ｔｕｂｅ）、アニメーションの流行（例えば三鷹の森ジブリ美術館）といった、時代の流れに沿って二〇〇〇年頃から増えてきている。これから「映像」という大きな森に、一緒に分け入ってみよう。

映画関連ミュージアム　映画やテレビ番組など、動く映像をテーマにレポートや卒業研究を書くなら、どのような調査をすればいいのだろうか。その映像に関する文献資料と映像資料を探してみよう。例えばある一本の映画作品について研究しようとすると、文献資料については、その作品の監督やスタッフの情報、制作・配給・上映の仕組み、作品評、当時の社会背景などを調べる。映像資料については、ＤＶＤ化されていたり、インターネット上で公開されたりしているなら、何回でも繰り返し見て、その映像の全体から細部まで分析することができる。

詳しい資料や情報を手に入れ、よりよい研究成果をあげるためには、映像のミュージアム／アーカイブを訪ねてみよう。映画のフィルムは主に東京国立近代美術館フィルムセンター（東京都中央区）に収集されている。映像や文献に加えて、撮影や映写の機材、ポスターなど、初期から現在に至る映画について総合的に収集・展示されているため、来館者は多角的に調査することができる。

東京国立近代美術館フィルムセンターは、映画のアーカイブでは唯一の国立の施設で、国立近代美術館の映画部門として一九七〇年に開設された。ここでは主に(1)映画作品の収集、保存、復元、(2)映画作品の上映、展示、貸与、(3)調査研究、(4)教育普及、以上の四点が行われている。もっと具体的にみると、映画の特集上映会、展覧会やシンポジウムの開催、所蔵資料の公開、国際映画祭への出品協力、調査研究の発表、教育施設での上映やレクチャーなどがある。[1]映画の専門知識を備えた研究員が所属しており、映画文化の様々な資料や情報を一般の人々に向けて発信し、映画文化の普及に務めている。

フィルムセンター所蔵の映画作品は基本的に、フィルムセンターのホールで開催される上映会を訪れて見るかたちになっている。上映スケジュールをＨＰやチラシでチェックして、フィルムセンターへ行ってみよう。料金は一般の映画館よりも安く抑えられており、プログラムによっては小・中学生は一〇〇円、高・大学生は三〇〇円で鑑賞できる。ただしある特定の所蔵作品を見たい場合は、特別映写の手続きが必要になり（有料）、作品を自由に視聴できるシステムは整備されていない。このように作品の上映回数は限られており、ＤＶＤのように何度も繰り返し見られない。そのため映像の細部まで分析するには、日頃から映像をしっかり見てメモをとる作業に慣れておくとよいだろう。

フィルムセンターの文献資料については、館内に図書室が整備されており、所蔵資料をＨＰ上で検索できるので、気軽に利用してみよう。例えば『キネマ旬報』（一九一九年創刊、現在も出版されている最も古い映画雑誌）で作品の評論や上映記録を探したり、『映画年鑑』で映画の統計資料や映画団体の活動記録を調べたり、『世界映画大事典』のような事典で様々な専門用語について知ることができる。

フィルムセンターの他にも、神戸映画資料館（神戸市）はフィルムセンターに次ぐほどのフィルムの収集量があり、福岡市総合図書館（福岡市）はアジア映画の収集に重点をおいている。昭和館（東京都千代田区）では昭和一〇年から三〇年頃のニュース映画や記録映像を館内で視聴することができる。国立国会図書館東京本館（東京都千代田区）、早稲田大学坪内博士記念演劇博物館（東京都新宿区）、松竹大谷図書館（東京都中央区）、川崎市市民ミュージアム（神奈川県川崎市）、鎌倉市川喜多映画記念館（神奈川県鎌倉市）、京都府京都文化博物館（京都市）、東映太秦映画村映画文化館（京都市）、阪急学園池田文庫（大阪府池田市）、広島市映像文化ライブラリー（広島市）などでも映画の関連資料が体系的に収集・保存され、一般の利用が可能になっている。各施設によって収蔵物や展示物の特徴が異なるため、ぜひいろいろな施設を訪れてみてほしい。

アニメーション関連ミュージアム　映画のミュージアム／アーカイブではおおむね映画全般、つまり劇映画、アニメーション映画、実験映画、ドキュメンタリー映画、広告映画など様々な種類の映画を総合的に扱っているが、近年はアニメーションに特化したミュージアムが増えてきた。主な施設に、杉並アニメーションミュージアム（東京都杉並区）と三鷹の森ジブリ美術館（東京都三鷹市）がある。

杉並アニメーションミュージアムは二〇〇五年にオープン（前身は二〇〇三年設立の「杉並アニメ資料館」）。杉並区には約七〇のアニメーションスタジオがあり、アニメーション産業を重要な地場産業と見なして「アニメの杜《もり》すぎなみ構想」を二〇〇〇年度から掲げ、アニメーション産業の支援の一環としてミュージアムを設立した。主にアニメーションの歴史や制作プロセスの展示、原理や制作の体験、上映会などを行っている。図書室には書籍・雑誌やDVDが収蔵されており、無料で自由に閲覧できる。なかでもユニークなのは、アニメーション関係者のインタビュー映像が収蔵されていることだ。「機動戦士ガンダム」の監督の富野由悠季、「アンパンマン」のマンガ家のやなせたかし、東映動画（現在の東映アニメーション）を立ち上げた大川博、人形アニメーションのCM制作を手がける真賀里文子ほか、プロデューサー、アニメーター、デザイナー、脚本家、評論家など、約七〇名のインタビューを視聴できるようになっている。

三鷹の森ジブリ美術館は、主にスタジオジブリ作品の関連資料や、「天空の城ラピュタ」の「実物大」のロボット、「となりのトトロ」のネコバスに乗れる部屋などを展示して人気を博している。しかしジブリ作品以外の企画展示も行ってきており、ロシアの絵本「3びきのくま展」、イギリスの人形アニメーションのスタジオ「アードマン展」、アメリカのCGアニメーションのスタジオ「ピクサー展」などを開催し、海外の映像文化を紹介してきた。そのほか劇場公開やDVD化というかたちでも国内外のアニメーションの秀作を普及している。さらに「アニメーション文化活動奨励助成制度」を実施し、調査研究に対して一件あたり三〇万円以内で研究支援を行っている。

テレビ番組アーカイブ（ライブラリー）

テレビ番組を収集している主な施設は、NHKアーカイブス（埼玉県川口市）と放送ライブラリー（神奈川県横浜市）がある。[2] NHKアーカイブスではNHKの約六〇万本の番組を保存しているが、そのなかで代表的な番組六六〇〇本を、NHKアーカイブスおよび全国のNHK放送局の「番組公開ライブラリー」で、私たちが無料で視聴できるようになっている。番組公開ライブラリーで視聴できる作品はNHKアーカイブスのHP上で検索できるため、番組を検索して、最寄りのNHKの施設へ出かけてみよう。放送ライブラリーは放送法に基づく国内唯一の放送番組専門のアーカイブ施設であり、約一万七〇〇〇本のテレビとラジオ番組、CM、一九五〇～六〇年代のニュース映画を、館内において無料で視聴できる。

これらの施設では、館内で映像を視聴するシステムになっているため、施設へ行ってそこで映像分析を行うことになる。ダビングも貸出も基本的には許可されていない。

ただし公立・私立の図書館のなかには映像資料の貸し出しサービスを行っている所もある。映像を分析するには、まず三回、見てみよう。一回目は、ストーリーや概要を把握する。二回目は、映像の細かい点まで詳しくチェックする。三回目は、二回目でチェックした映像の細かい特徴が作品全体にどのように働きかけているのか分析していく。この作業を繰り返すと映像分析に慣れていき、映像を一回見るだけでも多くのことを発見できるようになるだろう。

テレビが一般家庭に普及するまで、映画は娯楽の主流であった。人々は映画館でドラマやニュースやアニメーションを見ていたのである。テレビ放送が一九五三年に日本で始まると、映画の作り手がテレビ番組も手がけるようになっていく。そして映画館で上映された作品がテレビで放映されたり、テレビの人気ドラマが映画化されたりするように、映画とテレビは何らかのかたちでつながりのあるケースが少なくない。さらに映画とテレビに加えて、小説、マンガ、絵本、ゲーム、音楽など複数のメディアで一つの作品を商品展開するメディアミックスが定着してきた。

2　複数のミュージアム／アーカイブへ行ってみよう

複数のメディアにわたる作品について調査するなら、複数のミュージアムを訪れてみよう。例えば「サザエさん」を研究するとしよう。「サザエさん」は一九四六年に長谷川町子による連載マンガとして始まり、実写映画、舞台、テレビアニメ、テレビドラマ、CMなど広く作品が展開されてきた。映画のミュージアムでは映画館で上映された作品（とくにフィルム作品）、アニメーションのミュージアムでは映画館およびテレビで放映された作品、テレビ番組のミュージアムではテレビで放映された作品を調査することができる。さらに長谷川町子美術館（東京都世田谷区）や京都国際マンガミュージアム（京都市）、昭和のくらし博物館（東京都大田区）などでも有益な情報を得られるだろう。

映像作品のなかの特定のテーマについて研究するなら、映像のミュージアム以外にも足を運んでみよう。例えば「はだしのゲン」は広島で被爆した少年が逞しく生き抜いていくストーリーで、一九七三年に『週刊少年ジャンプ』の連載マンガとしてスタートし、アニメーションや実写映画、テレビドラマなど複数のメディアで展開されてきた。「はだしのゲン」における「原爆」や「戦争」のテーマを主に検討する場合、広島平和記念資料館（広島市）や長崎原爆資料館（長崎市）をはじめ、国立歴史民俗博物館（千葉県佐倉市）、靖国神社遊就館（東京都千代田区）、国立科学博物館（東京都台東区）など、様々なかたちで原爆や戦争を取り上げているミュージアムにも、映像のミュージアムと併せて訪れてほしい。より多角的で広い視点から映像作品を見直し、考察を深めることができるだろう。

3　映像／記憶／想起のなかの戦艦大和

映像の中の戦艦大和

ここからは、「戦艦大和」をテーマに設定して、映像、言説、ミュージアムを複合的に分析する。映像はＤＶＤで視聴できる「戦艦大和もの」の一二作品、言説は東京国立近代美術館フィルムセンター所蔵の雑誌および公共図書館所蔵の書籍、ミュージアムは大和ミュージアム（広島県呉市。正式名称は「呉市海事歴史科学館」。図７－１）を主にフィールドワークして、戦艦大和について考察してみよう。

図７－１　大和ミュージアム

大和ミュージアムは二〇〇五年にオープンし、観光スポットとして注目を集め、同年公開の映画「男たちの大和／YAMATO」（佐藤純彌監督）がロングランのヒット作になった。戦艦大和は、第二次大戦期の末期に、特攻作戦で沈んだ実在の戦艦である。近年になって、戦艦大和の関連本や模型も店頭を賑わせ、これら一連の流れは「大和ブーム」(3)と呼ばれた。さらに二〇〇九年には、一九七〇年代から八〇年代にかけて人気を博したアニメーション「宇宙戦艦ヤマト」シリーズが「宇宙戦艦ヤマト　復活編」（西崎義展監督）として映画館に再び現れ、二〇一〇年には木村拓哉主演の実写版「SPACE BATTLESHIP ヤマト」（山崎貴監督）が劇場公開された。さらにアニメーション「宇宙戦艦ヤマト　２１９９」シリーズ全七章が二〇一二年より公開され始めている。第二次大戦期の戦艦がなぜ今も脚光を浴び、メディアでどのように表象されてきたのだろうか。まず戦艦大和が映画でどのように表象されてきたのか、映像および言説から調査していく。

戦艦大和がメインテーマとなっている劇場用の映画／アニメーションは、それほど多くない。戦艦大和がタイトルに含まれる作品は二〇一二年までに、劇映画「戦艦大和」（阿部豊監督、一九五三年）、「宇宙戦艦ヤマト」（舛田利雄監督、一九七七年）をはじめとするアニメーション映画シリーズ六作、劇映画「男たちの大和」および「SPACE BATTLESHIP ヤマト」、「宇宙戦艦ヤマト　２１９９」というアニメーションシリーズが第三章までという、計十二作が映画館で公開されている。さらに大和が登場する映画を「殴り込み艦隊」（島津昇一監督、一九六〇年）や「連合艦隊司令長官　山本五十六」（丸山誠治監督、一九六八年）など、古い作品から順に見ていくと、あることに気づくだろう。それは、一九七〇年代半ばまでの多くの映画で、大和がほとんど脇役に回っていることだ。大和が主役の一九五三年の「戦艦大和」でさえ、「世界の三馬鹿、無用の長物は、万里の長城、ピラミッド、それに戦艦大和」という、大和に対して否定的な言葉が発せられている。じじつ大和は世界最大の戦艦ではあったが、沖縄特攻作戦で沈む前に、他の戦艦に比べて特記されるほどの活躍をほとんど見せなかった。大和が映画館のスクリーンでヒーローとして描かれるようになったのは、「戦艦大和」から二四年後に劇場公開されたアニメーション「宇宙戦艦ヤマト」から見られる傾向なのである。[4]

「宇宙戦艦ヤマト」は海底に沈んだ戦艦大和が宇宙戦艦となって蘇り、人類を滅亡から救うために宇宙へ旅立ち、強大な敵と戦うさまを描く。シリーズ第二作の「さらば宇宙戦艦ヤマト　愛の戦士たち」（舛田利雄監督、一九七八年）は、一九七八年の日本映画の配給収入で第二位のヒット作になり、広く一般の注目を集めた。当時の批評のなかには、SF作品として高く評価するとともに、戦艦大和のような戦時期の特攻とヤマトを同一視するものもあった。例えば評論家の吉本隆明は、「おおまじめに観客を泣かせる心情の迫力をもった日本的な特攻物語」（吉本、一九七八：二八）と評価している。たしかにラストシーンにおいて、主人公が敵の巨大戦艦に体当たりしていくことで幕を閉じるという、第二次大戦期の特攻を彷彿させる演出が認められる。

さらに映像を分析すると、ヤマトが「小さく」描かれていることに気づくだろう。強大な敵を倒すために、満身創痍となって広い宇宙を進んでゆく「小さな」ヤマトの姿は、第二次大戦期の日本の姿と重なり合う。実在の戦艦大和は世界最大の戦艦であったが、「宇宙戦艦ヤマト」ではヤマトは小よく大を制するヒーローとなり、戦艦大和のプラスイメージが強調されている。このように魅力的なヒーローとしての大和のイメージが「宇宙戦艦ヤマト」で構築されると、他の戦争映画でも大和がクローズアップされはじめ、「男たちの大和」に至っては二〇〇五年の日本映画で第一位のヒット作になったのである（これまでの分析の詳細は、佐野（二〇〇九：二七九〜三〇四）を参照）。

歴史研究者の平間洋一は、戦艦大和関連の近年の出版物において「大和が片道分の燃料しか搭載していなかったなどと、必要以上にその最後を美化し、悲惨さを強調する傾向」（平間編、二〇〇三：四）にあると指摘するが、それは「宇宙戦艦ヤマト」以降の映画作品においても同様であった。メディア研究者の福間良明は『男たちの大和』において、CGを駆使した戦闘シーンの過剰な「リアリティ」が大和の乗組員たちの「男同士の絆」を美化し、それが特攻という「不条理な死」に意味を充填して、私たちが作品に「感動」していくという映画体験のプロセスを示している（福間、二〇〇九：二四四〜二六五）。

このように大和は、作品ごとに「史実」が再構成されることによってイメージを変遷させてきた。映画作品のほかにも小説やTVの情報番組など、様々なメディアで提供された戦艦大和の情報が、私たちの記憶として蓄積されている。こうした複数のメディアにおける戦艦大和のイメージは、大和ミュージアムにおいても重視されて再配置されている。

映像からミュージアムへ

大和ミュージアム（呉市海事歴史科学館）は二〇〇五年四月にオープンし、一年間で約一七〇万人の来館者を集め、全国の博物館のなかで第一位の記録となった（小笠原、二〇〇七：二）。これは映画「男たちの大和」のヒットと関連が強い。大和ミュージアム開館の三カ月後に、「男たちの大和」で使用した戦艦大和の前半分の「実物大」のロケセットが広島県尾道市の日立造船向島西工場で公開され、一〇カ月間で一〇〇万人もの来訪者を集めた（小笠原、二〇〇七：二四五）。二〇一〇年三月の時点でも、砲身などロケセットの一部が近辺施設で展示されている。「男たちの大和」の撮影はオープン前の大和ミュージアムでも行わ

図７－２　１／10スケールの戦艦大和

れており、一／一〇スケールの戦艦大和の巨大な模型（全長二六・三メートル）（図７－２）や歴史の展示室がロケに使われた。

大和ミュージアムにはさらに「宇宙戦艦ヤマト」関連の展示もかつてあった。たとえば模型が二つ（一／一〇〇モデルとカットモデル）、タッチパネル式クイズ、絵などがある。それらは現在は二〇一〇年八月二九日に開館した「ヤマトギャラリー零（ＺＥＲＯ）」に移設されたが、マンガ原作者の松本零士は名誉館長として「未来へのメッセージ」を来館者に語りかけている。ミュージアムショップでは、大和ミュージアム公式モデルの宇宙戦艦ヤマトのフィギュア、キューピーとコラボレーションしたストラップが販売されている。

大和ミュージアムによるアンケート調査では、来館者の目的の過半数が「大和」にあると分析しており、そこには「男たちの大和」と「宇宙戦艦ヤマト」も含まれている（小笠原、二〇〇七：二四九）。また二〇〇六年五月二四日の『朝日新聞』は、大和ミュージアムの入館者のほぼ半数を三〇～五〇代の親子連れが占めていることに対して、その親たちが「宇宙戦艦ヤマト」を見て育った世代と重なっていると分析している。こうした事例から、映像作品がミュージアムの集客に貢献していると推測できるかもしれないが、しかし映像作品はたんに集客の役割を果たしているだけではない。大和ミュージアムをフィールドワークしてみると、「男たちの大和」の特攻作戦の「悲劇」のイメージと、「宇宙戦艦ヤマト」で描かれる「未来」のイメージが、大和ミュージアムの他の展示と連動して機能しているさまがみえてくる。

大和ミュージアムをフィールドワーク

大和ミュージアムの展示室に入場すると、まず一／一〇スケールの戦艦大和が目に入るだろう。模型の前には記念撮影のコーナーもあり、展示の目玉となっている。しかし展示室を巡回していくにつれて、大和関連の資料以外の、展示の多様さに驚かされるかもしれない。軍港としての呉市の歴史解説、戦艦大和の乗組員の遺品や遺影、零戦、人間魚雷「回天」とその乗組員の声、科学技術を体験するゲーム、JAXAの惑星探査のような宇宙開発技術の解説など、いわば歴史博物館と科学博物館と戦争博物館をミックスしたもの、といえるような幅広さがあるのだ。これはミュージアムの構想過程において、以下のような軍事色を懸念する動向があったことにもよるだろう。

> 県側からできるだけ軍事色を出さないほうがいい、旧海軍のことが強く出てくると、呉市としては正当化できても県としては採り上げにくい……等々の意見があり、呉市としても市議会や市民から軍事色が出ることへの批判が予想されることもあり、博物館建設の趣旨・目的としては、あくまでも造船を主幹産業とし、造船王国日本の一翼を担ってきた地域として近代造船技術の保存・展示・伝承をしていくことを強調していた（小笠原、二〇〇七：一三八）。

図7-3　零戦

じっさい零戦（図7-3）や人間魚雷「回天」を置く大型資料展示室に行くと、「ここで展示した大型資料は呉海軍工廠、広海軍工廠の技術的水準の高さとこれを達成した先人たちの努力をしめすものです」という、戦争遺産の科学技術の側面を強調する解説を読むことになるだろう。

もっとも、「共同体のために戦争で死んだ人々、それらの死者を管理するにあたって、主に二つの方向が考えられる。歴史化と科学化である」と社会学者のアンリ・ピエール・ジュディが指摘するように（ジュディ、二〇〇二：七六）、他のミュージアムにおいても戦争遺産が「歴史化」または「科学化」されている。例えば国立科学博物館に展示されている零戦は、「日本の航空技術を代表する飛行機」と解説され、六〇七年の法隆寺建立から始まる科学技術年表に記載されているように、日本の科学技術史の一部として「科学化」および「歴史化」されている。靖国神社遊就館では戦艦大和の砲声を聞くことができ、特攻機など多くの戦争遺産が展示されているが、古代から始まる日本の戦史の一部として「歴史化」されている。なお国立歴史民俗博物館では第二次大戦の展示が長らく不在であったが、二〇一〇年三月一六日より「戦争と平和」コーナーがオープンした。

大和ミュージアムにおいて顕著なのは、「科学」が「未来」へ羽ばたくイメージにつながっていることだ。例えば戦艦大和の造船技術は現代にも受け継がれていることが強調され、一／一〇の大和の模型のそばには「地域活性化に役立つ近代化産業遺産」と記された経済産業大臣による認定証が立てられている。四階建ての建物のうち、三階フロアはすべて科学技術と宇宙開発の未来に関する展示に割り当てられており、「宇宙戦艦ヤマト」のコーナーはここに配置されていた。いっぽう一階フロアの戦艦大和の展示では、大和の引き揚げ品、大和に関する証言映像、戦没者の遺品や遺影が配置されており、大和が沖縄特攻作戦で沈没したという悲劇性もまた強調されている。かつて「世界三大無用の長物」「大和ホテル」（雨倉、一九九八：五五）と揶揄されたような、大和のマイナスイメージは存在せず、「男たちの大和」で示された「悲劇」が前面に出ていると見なせるだろう。美術史研究者のジョルジュ・ディディ・ユベルマンは以下のように指摘する。

ある文化において残存するのは、この文化のもっとも抑圧され、もっとも暗く、もっとも遠く、もっとも執拗なものである。ある意味で、もっとも死んでいるものである。というのは、もっとも忘れ去られ、もっとも幽霊的だからである。同様にもっとも生きているものである。というのは、もっとも動き、もっとも近く、もっとも欲動的だからである。それが〈残存〉の奇妙な弁証法である。（ユベルマン、二〇〇五：一六一～一六二）

戦争遺産という文化的記憶の展示は、複数の文脈に位置づける作業を要するものであるが、同時に人々に何かを強く思い起こさせるものでもある。文化研究者のアライダ・アスマンは、「記憶」と「想起」を区別している。記憶とは「蓄えること」であり、歴史上の日付を暗記するように機械的な方法で蓄えられた知識のデータベースを指す。想起とは「思い起こされる」ことであり、思い起こされるものは個人の諸々の経験によって変形され再構成されている（アスマン、二〇〇七：四三〜四四）。大和ミュージアムには大和や呉市の様々な歴史の「記憶」が配置されているが、来館者は自身の経験にそってそれぞれに「想起」する。一／一〇の大和の模型を見て、戦争体験の「悲劇」を思う人もいれば、「宇宙戦艦ヤマト」の「未来」を思う人もいるだろう。大和ミュージアムは、実体験であれメディア体験であれ、幅広い観客層に何かを強力に思い起こさせるよう働きかける「想起の空間」たりえているのである。

4　「明るい」大和ミュージアム

最後に、大和ミュージアムの「明るさ」について考えたい。先述したように、大和ミュージアムは入場するとまず、吹き抜けの明るいフロアに一／一〇の大和の模型があり、写真撮影サービスを利用して記念撮影ができるようになっている。他の展示も「未来」へ向かうイメージを思わせるものが多い。ミュージアムショップには、戦艦大和や人間魚雷「回天」のフィギュア、大和と広島の名産品のコラボレーション、戦艦大和を被ったキューピーのストラップ、大和のプリクラなど、ポップに再構成された様々な大和がある。そもそも大和は海底に沈んだまま船全体は引き揚げられていないため、オリジナルが存在しない。大和の様々なシミュラークル（模造）は、オリジナルとコピーの間の区別を曖昧にし、歴史的時間の直線性を混乱させ、現代のある種の「明るさ」を身にまとっている。

大和のシミュラークルの強度は、原爆ドームと対照的なように見える。原爆ドームは戦争のいわば「負の遺産」を代表する。負の遺産とは、社会学者の萩野昌弘によると「人によっては、早く忘れてしまいたい忌々しい記憶を思い起こさせるできごとと、それに関連する事物」（萩野、二〇〇〇：四九）を指す。原爆ドームは「聖性と超越性を付与」（米山、二〇〇五：四九）され、広島の中心的なシンボルとなっているが、キーホルダーや絵はがきに模造されることはあっても、大和のキューピー人形のようにポップ化されることはない。いっぽう大和ミュージアムの「明るさ」は、まるで広島市が試みている「広島の「明るい」新たな記憶の景観の生産」（米山、二〇〇五：一〇五）の一部であるかのように思われる。つまり大和は負の遺産ではなく、いわば「正の遺産」として、観光施設や教育施設として機能することが期待されているのではないだろうか。

映画にせよフィギュアにせよすべて、オリジナルなき戦艦大和が作り直されたものに他ならない。戦艦大和のシミュラークルは、戦争遺産の今後のありようを考える際に欠かせないほどのポピュラリティをもっている。本章では、戦艦大和をめぐる映像と言説の分析からスタートし、大和ミュージアムをフィールドワークすることで、戦艦大和という戦争遺産の行方について検討した。ミュージアムは映像等、他のメディアを併せて複合的に考察することによって、新たに見えてくるものがあるだろう。

注

（1）東京国立近代美術館フィルムセンターＨＰ（http://www.momat.go.jp/FC/fc.html）およびフィルムセンター研究員の板倉史明氏による講演「日本における映画保存」（二〇〇八年八月二〇日、於：京都府京都文化博物館）。

（2）テレビ番組のアーカイブについては以下を参照した。石田、二〇〇九：一七六～一七七。

（3）大和ミュージアムにおいて、二〇〇五年度は戦艦大和の展示を来館目的とする入館者が三分の二を占めたと報じられている（『朝日新聞』広島地方版、二〇〇六年五月二四日付朝刊）。

（4）「宇宙戦艦ヤマト」（舛田利雄監督、一九七七年）、「さらば宇宙戦艦ヤマト　愛の戦士たち」（舛田利雄監督、一九七八年）、「ヤマトよ永遠に」（舛田利雄・松本零士監督、一九八〇年）、「宇宙戦艦ヤマト　新たなる旅立ち」（西崎義展総監督、一九八一年）、「宇宙戦艦ヤマト　完結編」（西崎義展・勝間田具治監督、一九八三年）、「宇宙戦艦ヤマト　復活編」（西崎義展監督、二〇〇九年）。

参考文献

アライダ・アスマン著、安川晴基訳『想起の空間——文化的記憶の形態と変遷』水声社、二〇〇七年。

雨倉孝之「「大和ホテル」と「武蔵屋旅館」の日々」『戦艦大和と武蔵』新人物往来社、一九九八年。

石田佐恵子「アーカイブの公共性」伊藤守編著『よくわかるメディア・スタディーズ』ミネルヴァ書房、二〇〇九年。

小笠原臣也『戦艦「大和」の博物館——大和ミュージアム誕生の全記録』芙蓉書房出版、二〇〇七年。

荻野昌弘「負の歴史的遺産の保存——戦争・核・公害の記憶」片桐新自編『歴史的環境の社会学』新曜社、二〇〇〇年。

佐野明子「戦艦大和イメージの転回」奥村賢編『映画と戦争——撮る欲望／見る欲望』森話社、二〇〇九年。

アンリ・ピエール・ジュディ著、斉藤悦則訳「カタストロフィの記憶」『文化遺産の社会学——ルーヴル美術館から原爆ドームまで』新曜社、二〇〇二年。

平間洋一編『戦艦大和』講談社、二〇〇三年。

福間良明「『男たちの大和』と「感動」のポリティクス——リアリティのメディア論」高井昌吏・谷本奈穂編『メディア文化を社会学する——歴史・ジェンダー・ナショナリティ』世界思想社、二〇〇九年。

山里裕一「「戦艦大和と特撮愛——テクノロジーへの高揚感」高井昌史編『「反戦」と「好戦」のポピュラー・カルチャー——メディア／ジェンダー／ツーリズム』人文書院、二〇一一年。

ジョルジュ・ディディ・ユベルマン著、竹内孝宏・水野千依訳『残存するイメージ——アビ・ヴァールブルグによる美術史と幽霊たちの時間』人文書院、二〇〇五年。

吉本隆明「宇宙フィクションについて」『映画芸術』一九七八年一〇月号。

米山リサ著、小沢弘明・小澤祥子・小田島勝浩訳『広島　記憶のポリティックス』岩波書店、二〇〇五年。


（佐野明子）

コラム16　神戸映画資料館——フィルムのONE PIECEを探せ！

神戸映画資料館（兵庫県神戸市長田区）は二〇〇七年三月二五日にオープンした、神戸で最初のフィルム・アーカイブ（映画資料保存所）である。館内には年代もののカメラやポスター、映画雑誌などが展示されており、自由に見学できる。企画上映会も行われており、とくにフィルム上映が多い点については、デジタル化が進む昨今において、貴重な試みといえるだろう。

上映会は、映画評論家の山根貞男氏をはじめとする映画講座や、映画監督のトークがたびたび企画され、映画の作り手と受け手が交流する場となっている。ほかにも長田区の祭りや国際映画祭と連携した上映会、映画を製作するワークショップなど、多彩な試みが行われてきた。

神戸映画資料館の前身は、プラネット映画資料図書館（大阪市北区）という館長の安井喜雄氏による私設のアーカイブであった。安井氏の所蔵フィルム等に対して、兵庫県商店街活性化事業が活用され、新長田まちづくり㈱から神戸プラネットが委託を受け、神戸映画資料館がつくられた。二〇〇九年四月からは神戸映画資料館と神戸プラネットが事業主体となり、独立採算事業として運営している。

神戸市長田区には、アニメ「鉄人28号」の一八メートルのモニュメントや、アニメ制作工房「アニタス神戸」が設立され、新たな文化発信の機能が備えられつつある。しかし私営のアーカイブ事業には、安井氏が「次年度も安泰である保証はなく、我々の更なる努力の必要性を感じている」と述べるように、経済上の困難を伴う。神戸映画資料館はサポーター会員やボランティアスタッフを常に募集しているため、人々が映像のアーカイブを支える立場を経験できる場にもなっている。

（佐野明子）

撮映・映写機

ポスターや雑誌

シアター内

資料整理のボランティア

コラム17　夢千代館――ロケ地ツアーの先駆的存在？　八〇年代のキラーコンテンツ「夢千代日記」

夢千代館は、兵庫県美方郡新温泉町にある風変わりなミュージアムだ。入場パンフレットによると、心温まる昭和の時代を「夢千代を通して」再現する博覧館、と説明されている。この館は小さな町の中心にあるが、テレビドラマ「夢千代日記」を見たことがある人とそうでない人とでは、決定的にその印象を異にする場所だろう。

「夢千代日記」は、一九八〇年代前半に制作され、二〇％を超える高い視聴率を得たＮＨＫのテレビドラマで、三シリーズ全二〇話、主演・吉永小百合、脚本・早坂暁、音楽・武満徹。映画化は一作にとどまるものの、その後もたびたび舞台化され、多くの観光客を温泉町に誘なってきた。ＤＶＤも発売されているが、現在では、ＮＨＫオンデマンドで第一シリーズを、ＮＨＫライブラリで全シリーズを視聴することができる。

物語の舞台は昭和三〇年代で、原爆投下時にヒロシマに住んでいた母親の胎内で被爆した主人公・夢千代と彼女が営む芸者置屋を中心に、ひなびた温泉町の人間模様をサスペンス・タッチで描く。

町全体をロケ地としたそのドラマは、遠く離れたところにいる熱心な視聴者たちに強烈な印象を植えつけた。わたし自身もこのドラマをリアルタイムで視聴したが、温泉町に初めて訪れた九〇年代の初めには、まるでテレビドラマのなかに入り込んでしまったような、町全体がドラマセットと一体化しているような、そんな錯覚をおこしたものだ。夢千代館には、当時のロケセット、台本や衣装の他、様々なテレビ文化資料が展示されている。館内にいくつか配置されたモニターでは、常時ドラマの一部が上映されている。このドラマを見たことがある者は「なつかしい」という感情を喚起され、初めて目にする者はその圧倒的な陰影、哀感に胸を打たれるだろう。あるいは、「暗い、暗すぎる…」とつぶやく者もあるかもしれない。そのような世界観は、九〇年代から〇〇年代にかけて、日本のテレビドラマの世界からは消え去ってしまった種類のものだからだ。

奇妙なことに、夢千代館は人気絶頂だった八〇年代に開館したのではなく、二〇〇四年の開館である。これは、「夢千代日記」が長く観光客を惹きつけるキラーコンテンツであったことの証でもあるが、テレビドラマや映画制作の後、長期間にわたって新歌舞伎座や新宿コマ劇場などで舞台化を重ねてきた影響、町の観光振興策としての役割も大きいだろう。舞台化は、一九八五年に始まり、一九九九年まで一五年ほど続いた。

このようなテレビドラマ由来の観光スポットは、日本全国世界各地に存在するが、ブームが去ったとたん閑古鳥が鳴き、しばらくのちに閉館となってしまうところも少なくない。温泉町の場合には、温泉街そのものの魅力とテレビドラマの世界が重なり合って存在していて、むしろこの夢千代館は休息所や通過点に過ぎないようにも見える。

「胎内被爆」や「原爆症」という言葉の持つ重みが当時の文脈を失い、別のものに変わりつつある現在、夢千代館の二階に展示されている原爆症関係の資料や、様々な訪問者たちの「語り」は、そういった記憶の風化に抗っているようでもある。

三・一一の放射性物質被害の拡大は、「夢千代日記」の物語の意味を変化させ、別な脈絡で読み解かれる契機となるに違いない。ぜひ、ポスト三・一一の目線から、テレビドラマ「夢千代日記」を視聴し、夢千代館の展示の意味を吟味してみてほしい。（石田佐恵子）

絵物語に描かれた「夢千代」

館内に置かれたテレビモニター

コラム18　伊丹十三記念館——イタミストの聖堂

愛媛県松山市には、地方の観光都市の多くがそうであるように、大小様々なミュージアムが存在している。だが、伊丹十三《いたみじゅうぞう》記念館は他の観光のついでにちょっと立ち寄る、という敷居の低さは持ち合わせてはいない。そこを訪れることは、個人のお宅に遊びに行くことに似ている。おみやげこそ必要ないかもしれないが、少なくとも前もって予定を計画し、行き方なりを確認しておく必要がある。地元の人間でもなければ、辿り着くのは意外と難しい。なぜ、こんな場所に？　ついそんな疑問を口にしたくなるような町の外れに、印象的な黒塗りのキュービック型建築物が現れる。

あまりにスタイリッシュなその記念館は、伊丹十三の「人となり」を表現し尽くしていて圧倒される。「13の顔を持つ男」これが、記念館や出版物、映像作品の統一テーマで、伊丹作品を分類・整理する軸となっている。それに沿って、展示も一三のコーナーに分かれている。「池内岳彦（子供時代の呼び名）」「音楽愛好家」「商業デザイナー」など、あまり知られていない側面もあれば、「俳優」「エッセイスト」「映画監督」など、よく知られた顔もある。「料理通」のコーナーはキッチンに擬えられていて、細かく区分けされた引出しには愛用の道具類が展示されている。

これほど展示物とのフィット感を考え抜いた展示方法は、他に例を見ない。それもそのはず、伊丹十三記念館は、イタミスト（＝伊丹十三の「盲目的な心酔者」）の建築家、中村好文の設計による「伊丹十三の家」そのものだからだ。

伊丹十三記念館が建てられている敷地は、一六《いちろく》タルトで知られる菓子メーカー、一六本舗の本社駐車場内にある。学芸員の中野靖子さんによると、その地は元々、松山出身の映画監督・伊丹万作《まんさく》の記念館となるべく計画されていたという。万作は一九四六年没、十三は父の死後、一六〜二〇歳（一九五〇〜五四年）の短い期間を松山で過ごした。伊丹万作記念館の計画は、一九九四年に発表され九九年完成を目指していたが、九七年の急な十三の死によって頓挫し、二〇〇七年に現在の十三記念館として完成・開館した。

伊丹十三記念館は〈ご当地ゆかりの有名人〉を地域振興と関連づけて建設されたミュージアムの類いでは全くない。そのことは、「CM作家」のコーナーで視聴できる愛媛限定の一六タルトCMからもうかがい知ることができる。他に「テレビマン」のコーナーでは、「遠くへ行きたい」という、一九七〇年代の独特の雰囲気を放つテレビ番組も見ることができる。

このように、伊丹十三記念館は、映像文化資料館としても第一級の価値を持つ。それらのテレビ番組やC

M類が展示・閲覧できるのは、伊丹十三とともにテレビ番組やCMを制作した人々が資料提供などの点で、記念館の活動を支援しているからだという。

　ポピュラー文化ミュージアムはともすれば「商業主義的」と断罪される傾向にあるが、伊丹十三記念館は、イタミストの聖堂としても絶妙のバランスを保って存在している。そこは、商業的成功と希有な才能とが出会う幸運な時代だった二〇世紀後半のテレビ文化の性質について、スポンサーシップと作品制作との関係、トランス・メディアとしての映像文化の担い手たちがどのような仕事をなしえたのか、彼ら・彼女らはどこから来たのか、現在の私たちとどのような関わりを持つのか、など、様々な側面から考えるための格好の素材を提供してくれる場所である。

（石田佐恵子）

黒塗りの伊丹十三記念館

展示室の様子

コラム19　兼高かおる旅の資料館——ちびまるこも憧れた「夢のかたち」

さくらももこは、一九六五年生まれの漫画家・エッセイストで、二〇年あまり続く長寿アニメーション番組「ちびまるこちゃん」で広く知られている。彼女自身がエッセイで語り、時には「まるこ」としてアニメーション作品の中でも語っているように、さくらの子供時代の夢は「兼高かおるのように世界を旅する、エッセイストになること」だった。それはおそらく、同時代の多くの人々に共有された「夢のかたち」であり、その原型を提供したテレビ番組こそ「兼高かおる　世界の旅」（TBS系列、日曜朝八時、一九五九〜九九年）なのだ。

兼高かおるは、一九二八年神戸市生まれ。現在も現役の〝旅のジャーナリスト〟を続けている。通常、人名を冠したミュージアムは、その人物が故人となった場合に多いが、金メダル選手や大リーガーなど「偉大な業績を称える」意味で、若くしてそのような施設を持つ場合もある。兼高かおる旅の資料館は一九八五年開館で、そのとき兼高は五二歳。二〇〇〇年代の記念館ブームよりずっと以前に建てられており、ミュージアム類似施設について考えるとき、その設置年に注目することには大きな意味がある。

旅の資料館は、兵庫県淡路島の中央東岸に位置する「淡路ワールドパークONOKORO」内にある。同パークには、世界の有名建築物のミニチュアワールドや童話の世界をガーデニングで表現した一角、遊園地的な乗り物類もあり、旅の資料館のみに入場することはできない。このテーマパークは関西からは日帰りドライブ圏なので、子供時代に遊びに行ったことがある人も多いかもしれない。ここでなくとも、これに類する〝博覧施設〟は全国各地に存在するため、実際にこの場所に出向いていくと激しい既視感に襲われる。難波功士によると、一九八五年の筑波科学万博前後に第二次地方博ブームが起こり、各地で類似施設が乱立したという（難波功士「八〇年代の地方博『乱催』とその後」『博覧の世紀』梓出版社、二〇〇九年）。兼高かおる旅の資料館もまた、その開館年と展示物の性質から、典型的な地方博の「夢の跡」として理解することができる。

だが、映像文化資料施設としてこの資料館をとらえると、また別の側面も見えてくる。展示そのものは「世界のあらゆるものを一望に眺める」という博覧の思想に貫かれていることは間違いないが、見る側の観点を「一九六〇年代のテレビ番組制作」といった関心に置くとたいへんに興味深い。当時兼高が使用していたフィルム撮影機材や、編集風景なども展示され、取材のプロセスなども詳細に展示してあるからである。

残念なことに、この資料館が設立された当初には目玉だった「世界の旅のハイライト」コーナー（展示ゾーン8）はその機能を失ってしまっている。三〇ある選択肢のなかから好みの国のボタンを押すと、その番組ハイライトが上映される、今でいうオンデマンドの映像ブースが置かれているのだが、そのシステムは現在では動いていない。一九八〇年代的なブースのデザインとともに、そのようなシステムが「ちびまるこちゃん的な夢のかたち」だった時代の「記憶の展示物」として見ることも可能であろう。

「兼高かおる世界の旅」の番組そのものは、TBSチャンネルで現在も繰り返し再放送を続けている。番組編集時に使われなかった膨大なフィルム類も公開されないまま眠っていると言われているため、博覧的な展示ではなく、二〇世紀の貴重な映像資料アーカイブとして蘇る日がもし来るのならば、それが待ち遠しく期待される。ぜひ、関係者による公開を検討してほしい。

（石田佐恵子）

取材フィルムの整理をする兼高かおるの模型

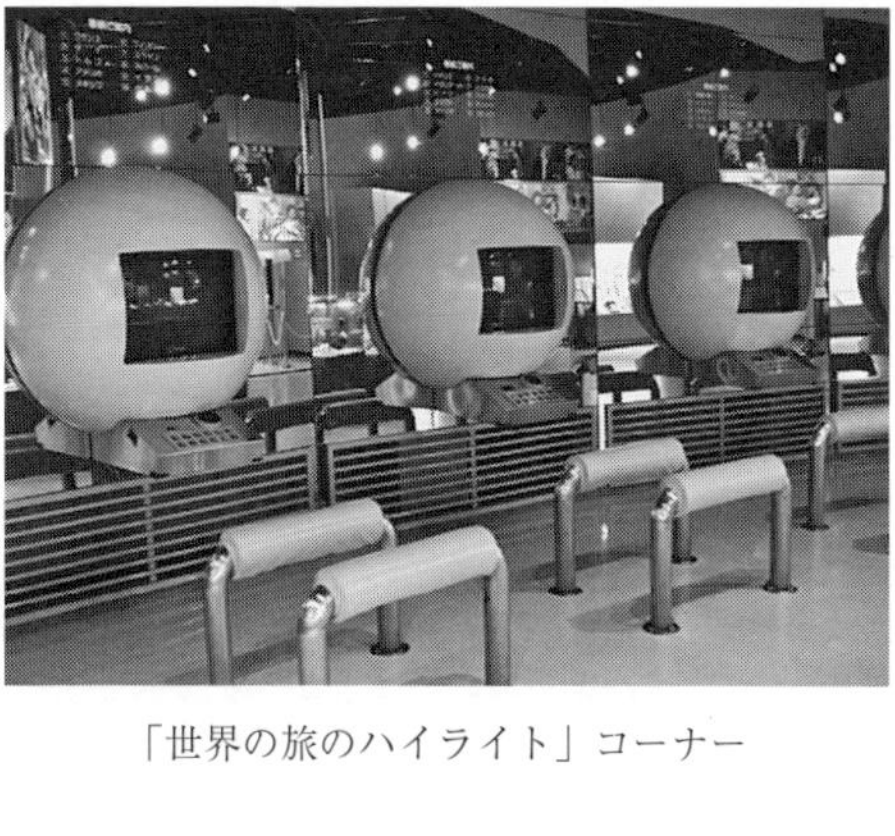

「世界の旅のハイライト」コーナー

コラム20　東アジアにおける映像アーカイブ――フィルム共有の不／可能性

二〇〇八年五月一〇日、韓国映像資料院は「返還、あるいは映画遺産の分かち合い：東アジアの流失映画の収集及び歴史記述」というシンポジウムを開催した。ここには韓国映像資料院はもちろんのこと、日本、中国、台湾、香港のそれぞれの映像資料院の代表が参加し、各国の映像収集及び保存の現状と課題を論じ、これからも国境を越えて相互が緊密にコミュニケーションを取っていく必要があることを確かめた。また、このシンポジウムのタイトルは、もはや映画は遺産となり、各国で分かち合うものでありながら、歴史資料としても重要な役割を果たす時代となった、といわんばかりである。

一方、欧米の国々において、映像関連アーカイブを作ろうとする動きは、二〇世紀にあった両世界大戦のなかでも東アジアよりはるかに早いものであった。国際フィルム・アーカイブ連盟（International Federation of Film Archives 以下、ＦＩＡＦ）の第一回総会（一九三八年）に参加した四つの国――イギリス、ドイツ、アメリカ、フランス――はそれぞれの状況とニーズに合わせてアーカイブを作ったのである。ドイツは一九三五年に帝国フィルム・アーカイブを作り、ナチの勝利を記録したフィルムを国の運営のもとで管理、保存しようとした。イギリスはイギリス映画研究所の一部として国立フィルム保管所を作り、フィルムそのものをどうやって永く保存できるのかというところに力を入れた。アメリカは一九三五年にニューヨークの現代美術博物館がフィルム図書室を運営し、その名称からも分かるようにフィルムをどのように図書のように活用できるのかという問題に力を入れていた。フランスは一九三六年パリにシネマテックフランセーズという映画館ができたが、ここではもともと映画が好きでフィルムを収集していた人々がそれをひたすら上映していた。ここは映画に対する議論も保存に対する議論もなく、ただ収集した映画を映写するだけの施設であった。

これらの初期映画アーカイブは、映画に対する観客のニーズと時代の要求が合わせられ、民間の力によりアーカイブになったものであった。当時は現在と同じように、国がすべてを管理し、フィルムの発掘、収集、復元、活用に力を入れていく形ではなかったのである。

こうした欧米の初期フィルム・アーカイブに比べると、東アジアにおけるフィルム・アーカイブは、両世界大戦が終わり、経済や社会が安定したあと、国の主導の下、アーカイブ施設作りが始まった。日本は一九五二年に国立近代美術館の映画部（現在、東京国立近代美術館フィルムセンター）として、韓国は一九七四年に財団法人韓国フィルム保管所（現在、韓国映像資料院、政府からの援助が出たのは一九九四年から）、中国は一九五八年広波電影電視総局の傘下機関として中国電影資料館を設立（現在、中国電影資料）、台湾では一九七九年に行政院新聞局と民間の協力を得て設立された中華民国電影事業発展基金会附設の電影図書館から現在の台湾電影資料館に、香港では一九九三年に香港電影資料館がそれぞれ設立された。

　国が主導するフィルム・アーカイブ化の過程は財政の問題もあり、残すべきものと捨てるべきものを分離し、選択していく過程でもあった。フィルム・アーカイブには「すべて」の映画を収集し、保存することはできないので、収集の段階から選択の優先順位が決められ、映写のときも何をどう見せるかという企画段階から選択の過程が入っているのである。このような過程の繰り返しは、フィルム・アーカイブが他のポピュラー文化関連施設より、よりナショナルなものになっていることを意味する。そもそもフィルム・アーカイブが扱っているフィルムや映画がポピュラー文化なのかどうかも議論の余地はあるが、ここで深く議論することはしない。

　しかし、近年アメリカが一九八九年に二五本の映画を映画文化財指定し、日本では二〇〇九年に「紅葉狩

シネマテックフランセーズ（フランス・パリ）のトイレ表示

日本フィルムセンターの様々な催し物

り」（一八九九年制作）、二〇一〇年には「史劇　楠公訣別」（一九二一年）、二〇一一年には「小林富次郎葬儀」（一九一〇）をそれぞれ重要文化財として指定し、韓国でも二〇〇八年に「迷夢」（一九三六）「自由万歳」（一九四六）など七本の映画を文化財として登録した。

文化財としてフィルムをみることは、国がフィルムを管理することでさらなる紛失や劣化を防止できるが、その一方でフィルムに一定の「価値」をつけることになったことも意味する。はたして、アーカイビングの対象にならないものと文化財として管理されるフィルムの「価値」は同等であろうか、これからのゆくえが気になるところである。

（梁　仁實）

第8章　マンガ関連ミュージアム

1　マンガ関連ミュージアムの概観とその分類

マンガ関連ミュージアムの特徴

二〇一一年一月、前月までの一年間に鳥取県境港市の「水木しげるロード」を訪れた観光客が三七二万人に達したことが市観光協会を通じて発表され、ニュースを賑わせた(1)。水木しげるロードの東端に位置する水木しげる記念館の年間入館者も四一万一〇〇〇人で過去最高を記録し、境港市は近年、マンガ・アニメを用いた「まちおこし」、いわゆる「コンテンツツーリズム」の成功例として注目を集めている。

また二〇一〇年一〇月には、横浜アンパンマンこどもミュージアムの入場者数が三〇〇万人に達したと報じられ、二〇〇七年四月のオープンからほぼ三年半での達成ということで、その集客力の高さがはっきりと示されたといえる。この「参加・体験型のミュージアム&モール」と謳われるアンパンマンこどもミュージアムは、ナガシマスパーランドに隣接するナガシマリゾートの一施設として二〇一〇年四月に名古屋アンパンマンこどもミュージアム&パークを開館、二〇一一年七月には仙台に三館目を開館、さらに二〇一三年四月には神戸に四館目のミュージアムが開館されることが発表され、話題となっている。

一方、マンガやアニメーション、ゲームやメディアアートをはじめ幅広い関連資料の収集・保存・展示や調査研究などを行う「メディア芸術」の国際的な拠点となる施設として構想された「国立メディア芸術総合センター（仮称）」が、「国営マンガ喫茶」「アニメの殿堂」などと揶揄され、設立予算執行の停止に至った二〇〇九年の騒動も記憶に新しい。

こうした「マンガ関連ミュージアム」は一九九〇年代から徐々に増え始め、様々な議論を巻き起こしながらも各地で着々とその数を増やしており、すでに珍しいものではなくなっている。市区町村や企業による設置となる公的なものから自宅を改装してコレクションを公開するような個人で運営される施設まで幅広く、その規模や運営形態は多様である。

また一般に「ミュージアム」として想定されるのは展示機能を備えた美術館的な施設であると考えられるが、マンガ関連ミュージアムには資料の収集・保存に加え、閲覧（あるいは貸し出し）を主な業務とする図書館的な施設が多く含まれる。それはマンガというメディアが主に雑誌や単行本といった紙媒体で展開されていることから、それらの資料を利用者に公開する際には図書館的な機能が少なからず必要になるためであり、実際にはミュージアム的な要素と図書館的な要素が複合的に組み合わされた施設が多い点に特徴がある。

またマンガは、一つのコンテンツが紙媒体だけでなくアニメをはじめとする映像媒体、ゲームやキャラクターグッズなどのマーチャンダイジングを通じて形を変えながら市場を形成する「ワンコンテンツ・マルチユース」型の産業である（中野、二〇〇九：一八）。

そのため「マンガ関連ミュージアム」といっても各施設が対象とする資料の内容は当然ながら紙媒体のマンガに限られるわけではなく、アニメーションやフィギュアといったマンガ文化に隣接する様々な媒体との接点を持つ。ここではマンガの隣接領域として相互に関連が深いアニメーション文化に関わる施設、フィギュアや玩具に関する施設なども広く参照しながら、マンガ文化に関わるミュージアムを概観しておきたい。

マンガ関連ミュージアムの分類

そもそもマンガ関連ミュージアムは全国にどのくらい存在するのだろうか。地方で小規模に運営されている施設なども含めるとその詳細は掴み難いが、比較的よく知られた代表的な施設だけを数えても全国に五〇〜六〇館程度は存在すると考えられる。それらをまとめた資料としては、日本動画協会が作成した「全国マンガ・アニメミュージアム　マンガ関連施設ＭＡＰ」に挙げられた施設をもとに、データを加えて二〇〇九年春に作成された「マンガ関連文化施設」のリストが参考になるだろう（村田、二〇〇九：一八二）。

そのリストに紹介されている施設は合計五一館となっている。

日本動画協会が関わる東京国際アニメフェアにおいては、二〇〇八年から継続して「全国マンガ&アニメーションミュージアムEXPO」が開催されており、二〇一〇年にも全国約五〇館のマンガ・アニメーション関連ミュージアムが紹介された。それらは関東地方に多く集中してはいるが、北海道から九州地方まで各地域に点在している。

これらのリストを参考にしながら、本章ではマンガ関連ミュージアムの代表的な施設について大まかな分類を試みた。分類したカテゴリーは「総合施設型」「図書館型」「地域振興型」「テーマパーク型」「企業設置型」の五つである。以下、それぞれのカテゴリーについて詳しくみていこう。

(1) 総合施設型

「総合施設型」は、マンガ関連資料の総合的な収集・保存・活用を幅広く実践している施設を指す。特定の地域や作家に関する資料を扱うのではなく、広くマンガ文化全般をその対象とする施設である。公立では川崎市市民ミュージアム(川崎市)、学校法人が運営する施設としては京都国際マンガミュージアム(京都市)や米沢嘉博記念図書館(千代田区)などが挙げられる。このような総合的な施設はマンガ関連ミュージアムを代表する重要な役割を担うと考えられるが、残念ながらその数は限られているのが現状である。

川崎市市民ミュージアムは博物館部門と美術館部門を擁する総合博物館であり、一九八八年に公立館で初めてマンガを総合的に扱う部門を擁して設立された。美術館部門に属する「マンガ分野」には専任の担当学芸員が配されており、幅広いマンガ資料の収集・保存・展示が行われてきた。マンガのみを取り扱う施設ではなく、むしろ「ハイカルチャー」に属する従来型の美術館に、マンガを総合的に扱う部門が設けられた形である。幅広くマンガ文化全般に目を向ける施設としては最も早い時期から運営されており、既存の美術館の枠組みのなかで「マンガ」を扱うことの難しさに直面しながら試行錯誤を重ねてきた歴史を持つ(金澤、二〇〇九)。

また、二〇一二年八月にJR小倉駅近くにオープンした北九州市漫画ミュージアムもここに加えられるだろう。基本方針として、「地元ゆかりの漫画家を中心に、幅広く漫画作品と関連資料を収集・保存し、漫画の特性や魅力をどのように伝えていくかなどの研究を行う」とあり、地元作家を中心にしながらも、マンガを総合的に扱う施設を目指していると考えられる[(2)]。

一方、設置・運営の主な母体が学校法人（私立大学）となる施設が京都国際マンガミュージアムと米沢嘉博記念図書館の二館である。この二館については、第3節にて詳しく取り上げたい。

(2) 図書館型

「図書館型」は、マンガ資料の収集・保存とともに、とくに館内での閲覧（ときには貸し出し）に特化した施設である。大きく公立と私立の二つに分けられるが、公立の施設としては、大阪府立中央図書館内に移転された国際児童文学館（東大阪市）や広島市まんが図書館（広島市）が挙げられる。

国際児童文学館は、児童文学研究者である鳥越信氏より一二万点に及ぶコレクションの寄付を受け、大阪府吹田市の万博公園内に大阪府立国際児童文学館として一九八四年に開館した施設である。大阪府の財政再建に伴い移転が決定され、二〇一〇年五月からは大阪府立中央図書館内に新たに国際児童文学館が開館される運びとなった。「児童文学館」という名称であるが、狭い意味での児童文学に限らず絵本やマンガ、少年少女向け雑誌、紙芝居など「子ども」に関わる資料を幅広く収集しており、その数は約七〇万点を誇る。

通常の図書館では耐久性が優先され、本のカバーをはじめとした付属品はすべて取り外されるが、国際児童文学館では文化財として本を扱うという観点からできる限り刊行時のまま表紙カバーから帯や函、ふろくまで保存するという独自の方法を採用している。優れた児童文学の研究に対して贈られる「国際グリム賞」の創設など、子どもと本をつなぐ国際的な活動や研究の促進にも力を入れており、職員の専門性の高さなど一般の図書館にはない特徴を持つ[(3)]。

一方、個人が設立した「図書館型」の施設としては、明治大学現代マンガ図書館（新宿区）のほか、第3節で述べる少女まんが館（あきる野市）や昭和漫画館青虫（福島県南会津郡）などが挙げられる。

現代マンガ図書館は、現在は明治大学の施設となっているが、元は設立者である内記稔夫氏が五〇年以上にわたって収集し続けてきた戦前から現代までの一八万点を超えるマンガ関連資料が揃って閲覧可能な私設図書館であり、とくに全国的にもまとまった所蔵の少ない貸本マンガのコレクションで知られる。(4) 東京都新宿区早稲田という恵まれた立地にあり、一般の利用者のみならず、マンガ業界に関わる編集者やライターなども多く利用してきたという。

こうした個人がそのコレクションをもとに地域で開設する私設図書館は、今後のマンガ関連ミュージアムのあり方を考える際に様々なヒントを与えてくれる。その点については次節で詳しく取り上げたい。

（3）地域振興型

「地域振興型」の施設は、地域にゆかりのある特定の作家に関わる資料を中心に所蔵しつつ、その地域の文化振興、いわゆる「まちおこし」としての効果を期待する施設である。

代表的な例としては、公立ではさいたま市立漫画会館（さいたま市）、横山隆一記念まんが館（高知市）、石ノ森萬画館（宮城県石巻市）などが挙げられる。

もちろん先に挙げた「総合施設型」の京都国際マンガミュージアム、「図書館型」の広島市まんが図書館なども
それぞれの地域に根付き、地域振興に関わっていることは間違いないが、ここで挙げる「地域振興型」の施設は、常に地域に密着した展示やイベントの開催に力を入れており、その地域に関わりのある特定の資料の収集・保存を行う点（マンガ文化全般に目を向けた幅広い収集方針を採用しているわけではない点）に特徴があるといえる。館名に作家の名前や地域の名前を冠することが多いこのタイプの施設は、現在のところマンガ関連ミュージアムのなかで最も多いと考えられる。

例えば、マンガ関連施設として全国でも最も早い時期に開設されたのがさいたま市立漫画会館である。一九六六年に近代漫画の先駆者である北沢楽天の晩年の住居跡に建てられ、楽天の晩年の画室がそのまま保存されているほか、原画をはじめとした遺作遺品を収蔵している。開館のきっかけは、一九五五年に亡くなった楽天の遺品を、遺族が大宮市（現・さいたま市）に寄付したことであった。市民の参加による漫画展の開催にも力を入れており、二〇〇〇年までの「大宮市民漫画展」は一五回まで、続いて二〇〇一年以降も毎年「さいたま市民漫画展」が開催され

ている。

二〇〇二年に開館した横山隆一記念まんが館（高知市）は、「フクちゃん」で知られる高知市出身の漫画家・横山隆一にまつわる資料が収蔵・展示されているほか、山田章博や西原理恵子、やなせたかしといった高知出身のマンガ家を広く紹介する施設となっている。「こうちまんがフェスティバル・まんさい」や「まんがの日記念・4コマまんが大賞」など、マンガ作品を一般公募するイベントを定期的に開催しており、マンガ文化を重要な資源と位置付け、「まんが甲子園」を主宰する高知県ならではの施設として全国的にも注目される。

こうした「地域振興型」の施設においては、マンガ家の育成やマンガ文化の発展を広く目指す取り組みが重視されている点に特徴があり、「総合施設型」と合わせて、マンガ関連ミュージアムの中でも重要な役割を担っているといえるだろう。

(4) テーマパーク型

「テーマパーク型」の施設は、これまでに述べてきた施設とは異なる方向性を持っている。マンガ関連資料の収集・保存に力を入れるのではなく、来館者の「体験」を重視した施設となっており、より娯楽的・商業的な要素が強い点に特徴がある。館全体がテーマパークのような設備や世界観を備えている施設が多く、子供を中心としたファミリー層が主なターゲットとなっている。

代表的な施設としては公立では香美市立やなせたかし記念館アンパンマンミュージアム（高知県香美市）のほか、アニメーション関連では三鷹の森ジブリ美術館（東京都三鷹市）などがある。企業によって運営されている施設としては横浜アンパンマンこどもミュージアム（横浜市）やウルトラマンスタジアム（石川県能美市）、ちびまる子ちゃんランド（静岡市）などがあげられる。

公立の二つの施設はどちらも子供を中心としたファミリー層に主に支持されており、建物前や屋上には人気キャラクターが出迎えるほか、子供たちが体を使って遊べるスペースが設けられている。この二館に共通する重要な特徴は、展示室において企画展示が定期的に行われ、大人も十分に楽しめる点と、閑静な立地にあり周囲には商業施設などがあまりみられない落ち着いた雰囲気を持っていることだ。

それとは対照的なのが、企業によって運営される施設である。先に挙げた横浜アンパンマンこどもミュージアム、ウルトラマンスタジアム、ちびまる子ちゃんランドなどは、例外なくショッピングモールや遊園地など大きな商業施設の一角に作られているのだ。

横浜アンパンマンこどもミュージアムは、「横浜アンパンマンこどもミュージアム＆モール」というアンパンマン関連のショッピングモールの中にある。ショッピングモール全体が一つのキャラクターで統一されており、その一部として有料のミュージアムのスペースが設けられている。横浜に続いて二〇一〇年四月にオープンした名古屋アンパンマンこどもミュージアム＆パーク（三重県桑名市）、二〇一一年七月にオープンした仙台アンパンマンこどもミュージアム＆モール（仙台市）も同様に、アンパンマンをテーマとした商業施設の中にミュージアムが入っている。

先に述べたように、二〇一〇年一〇月には、横浜アンパンマンこどもミュージアムの入場者数は三〇〇万人に達しており、とくにゴールデンウィークなどの繁忙期には一日の入場者が一～二万人を超える人気施設となっている。「ミュージアム」と名が付いているとはいえ、こうした娯楽的な要素の強い施設は従来的な意味での「ミュージアム」からはかけ離れたものとなっているが、マンガ関連ミュージアムとしては集客力の高いこうした施設が全国的に人気を博していることは疑いなく、今後もこのタイプの施設は増えていくと考えられる。

(5) 企業設置（歴史展示）型

「企業設置（歴史展示）型」は、企業が設置者となり自社の商品やその歴史を紹介し、その世界をより魅力的に見せるための場所を作り出しているような例で、多くの場合その企業名を冠した施設となっている。例としては海洋堂フィギュアミュージアム黒壁　龍遊館（滋賀県長浜市）やおもちゃのまちバンダイミュージアム（栃木県おもちゃのまち）などが挙げられる。いずれも企業名を冠した施設であり、当然ながら商業的な性格も備えているが、設置主体となる企業の商品がまとめて収蔵され、その企業や商品の歴史が一覧できるような展示に力が入れられている点が「テーマパーク型」施設との違いであると考えられる。そのため大人でも十分楽しめ、幅広い年齢層に親しまれている。

バンダイミュージアムは、バンダイが発売してきた玩具などの展示だけでなく、キャラクター版権元の協力のもと「機動戦士ガンダム」や「スーパー戦隊シリーズ」、「仮面ライダー」といった人気キャラクターの常設博物館として二〇〇三年に千葉県松戸市にてオープンした。二〇〇七年には現在の場所（栃木県おもちゃのまち）に移り、二万点を超える国内の貴重な玩具やエジソンの発明品のコレクションなども展示されている。「機動戦士ガンダム」関連の展示も充実しており、原寸大ガンダムの上半身がエントランスホールで迎えてくれることで知られる。

こうした玩具やフィギュアに関連する施設は全国に幅広く存在するが、例えばガレージキットやスーパードルフィー（SD）の販売で有名なボークスによるボークス天使の里・霞中庵（京都市）は、スーパードルフィーを加工するための工房や販売スペースがあるだけでなく、歴代のスーパードルフィーの展示や撮影スペースが設けられており、愛好者にとっては「聖地」とされる場所である。

二〇一一年七月にオープンした海洋堂ホビー館四万十は、高知県高岡郡四万十町にて廃校になった小学校の体育館を改築して開設された施設である。JR高知駅から一時間以上かかるという立地で、公式ホームページにも「へんぴなミュージアム」とあるが、「海洋堂の歴史とコレクションを集大成するミュージアム」とも謳われ、オープンから約八〇日で入館者が五万人を突破したと伝えられる。(5) 過疎地に観光客を呼び込み、町を活気づけようとする「まちおこし」が期待される施設の典型例ともいえる。

こうした施設の場合、たとえ「へんぴな」立地であってもその企業やキャラクターの熱心なファンは全国から訪れるため、それが実際に「まちおこし」につながる事例も多い。

2　マンガ関連ミュージアムに期待される役割

ここまでマンガ関連ミュージアムの概観とその分類をみてきたが、本章でとくに注目したいのは「総合施設型」と「図書館型」の施設である。

「総合施設型」と「図書館型」施設への注目

「総合施設型」は、マンガ文化に関わる幅広い資料の収集・保存・展示を行う総合的な機能を持つ施設として、マンガ関連ミュージアムの中でも最も重要な役割を果たすと考えられる。とりわけ近年の動きとしては、公立の施設ではなく私立大学が中心となって運営を行う比較的規模の大きい施設が誕生してきたことが注目される。次節では、そうした私立大学の取り組みの一つの事例として京都国際マンガミュージアムと米沢嘉博記念図書館の二館を取り上げたい。

一方、「図書館型」の施設は、主に紙媒体を中心に発展してきた「マンガ」というメディアの本来的な意味での受容（あるいは利用）にとって欠かせない機能を備えた施設であるといえる。それはマンガを「展示」することは可能かという問いにもつながるが、絵と言葉によって物語を語り、基本的には「本」という形式で印刷され、出版されてきた「マンガ」というメディアの場合、その受容は「読む」という行為と切り離すことができず、マンガ関連ミュージアムの利用者にとっても図書館的な機能はその利用目的の中心となるものと考えられるからだ。

「図書館型」の施設は大きく公立の施設と私立の施設とに分けられるが、公立の図書館型施設と私立の図書館型施設の大きな違いは、入館料が必要かどうかという点にある。日本においては、公立図書館の場合は図書館法により利用料無料の原則が定められており、入場料や貸出料などの利用料の徴収はできないが、私立の図書館型施設の多くは入館に料金が必要となっている。ただし多くの場合は安価で、この入館料によって利益を上げようとしているわけではなく、運営資金の一部とする程度となっており、駅前などの立地の良い場所に設置されるいわゆる「マンガ喫茶」や「ネットカフェ」などの商業的な施設とは大きく異なる。

こうした「図書館型」の施設といわゆる「マンガ喫茶」とを比較すると、料金体系のほかにもそのコレクションの内容に大きな違いがあることがわかる。一般的なマンガ喫茶では、発行部数の多い近年の人気作品、高い回転率を期待できる少年誌・青年誌の人気タイトルが揃えられ、どの店舗にも同じような蔵書が並んでいる。一方、マンガ関連ミュージアムに含まれる図書館型施設の場合、近年の作品ばかりでなく年代の古い雑誌や単行本、希少な資料などが幅広く収集され、コレクターそれぞれの個性が反映されたマンガ史的に魅力のあるコレクションが公開されていることが多い。

また一般的なマンガ喫茶が、空間を細かく仕切ることによって利用者のプライバシーを守り、プライベートな空間を重視したスタイルになっているのとは対照的に、多くの図書館型施設は閲覧スペースがオープンで、読者同士のコミュニケーションが生まれやすい点も大きく異なる。公立の施設に限らず、私立の場合でも、こうした施設は地域に根差した読者のコミュニティを形成する機能を持つと考えられる。

特色あるコレクションの魅力

なかでも本章でとくに注目したいのが、自らのコレクションを個人が公開している私設図書館の例である。「読み捨て」が前提とされ、公的に収集・保存されることがなかったマンガのアーカイブは、長らく個人のコレクターたちによって支えられてきたといえる。マンガの歴史に関する多くの著作をもつ清水勲氏による日本漫画資料館、前節でも触れた現代マンガ図書館の内記稔夫氏によるコレクションなどは半世紀以上かけて収集されたものであり、日本のマンガアーカイブの基礎を支えているといってよい。

本章では、個人が運営する「図書館型」の施設として一九九〇年代以降にオープンした二つの施設、少女まんが館（一九九七年〜）と昭和漫画館青虫（二〇〇六年〜）を取り上げたい。どちらも小規模で、決してアクセスがよい場所にあるわけではないにもかかわらず、その充実した個性的なコレクション内容と運営方針が話題となり、全国からマンガファンが訪れる施設となっている。

以上のように、次節では四つの施設を紹介することになるが、この四つのマンガ関連ミュージアムは、私立大学が運営の主体でありながらも比較的「公」的な性格の強い「総合施設型」の二つのミュージアムと、個人がその生活のペースに合わせて運営する「私」的な性格の強い二つの「図書館型」施設という、それぞれに大きく異なる方向性を持ったものとなっている。しかしそのどちらの方向性もマンガ関連ミュージアムの今後のあり方を考えるうえで興味深いものといえるのだ。

3　「公」的なミュージアムと「私」的なミュージアム

(1) アクセスのよい立地と「マンガの壁」

京都国際マンガミュージアム

京都国際マンガミュージアム（以下、マンガミュージアム）は、京都市中京区にて廃校となった小学校の跡地を利用して二〇〇六年に開館した施設であり、「MM（えむえむ）」という愛称で親しまれている（図8-1）。京都市と京都精華大学との共同事業として、京都市は土地・建物を提供し、教育委員会も担当部署として関わりを持つ。ただし運営自体は京都精華大学が中心となって進めており、出資面でも京都精華大学の負担が大きいため、運営の主体は学校法人と考えてよいだろう。[6]

京都市内の中心部である烏丸御池交差点の一角にあり、烏丸通沿いに芝生のグラウンドが広がる。烏丸通を歩いていると、昼は芝生に寝転んで館内のマンガを読みながらくつろぐ来館者の姿が多くみられ、夜はあたたかい光でライトアップされた建物が目に入る。休日には講演会やコスプレイベントが行われることが多く、コスプレイベントに参加するコスプレイヤーたちがグラウンドで撮影会を繰り広げる様子が見られる。利用者にとってはいつ来ても何かが行われている場所であり、地域の人たちにとってもその前を通ると「安心できる」施設となっている。

北側のエントランスの手前にはカフェが併設されており、カフェ内の壁面ではイベントなどで訪れたマンガ家たちが描いたイラストやサインが楽しめる。エントランスを入ると正面にミュージアムショップのコーナーがあり、その奥の入館受付のカウンターを抜けると壁面に「マンガの壁」が設けられているのが目に入る（図8-2）。「マンガの壁」とは、館内の壁面を書棚にして約五万冊のマンガが並べられたもので、来館者はどのマンガも自由に手

図８－１　京都国際マンガミュージアム外観

図８－２　常設展示の様子

に取ることができる。椅子に座って読むだけでなく、立ったまま読みふけったり、廊下に座り込んだり、家族や友人と語らいながらページを眺めたり、グラウンドに持ち出して芝生で寝ころびながら読んだりと、思い思いにマンガを楽しんでいる様子が見られる。

　マンガミュージアムでは常に何らかの展示や企画展、イベントなどが開かれており、展示やイベントに参加する来館者は全国から訪れる。外国人観光客の京都観光のルートにも組み入れられ、海外からの利用者の割合は一割を超えるほどだ。しかし、一般の来館者が館内で最も親しんでいるのはこの「マンガの壁」かもしれない。基本的に著者のあいうえお順に並べられた「マンガの壁」の中から、来館者は自分の好きな作品を選び、それぞれ自由なスタイルで読んでいる。マンガを読みに訪れる来館者がこれほど多いとは設立構想の段階から考えられていたわけではなく、いわば「想定外の事態」であったという（表、二〇〇九：四二）。一人で椅子に座って静かに黙読する一般的な図書館における書物との接し方とは異なるものだが、マンガというメディアには適したスタイルといえるかもしれない。

（2）建物の構造の特徴と多様な来館者の姿

　館内の構造としては、一階には似顔絵コーナーやマンガの制作過程をみられるブース、イベントスペースとなる「多目的映像ホール」があり、グラウンドに面して吹き抜けになった通路を抜けると「子ども図書館」として絵本が並べられたコーナーがある。二階には常設展示のコーナーと企画展などが行われる展示スペースが並び、紙芝居も随時開催されている。三階には、一階から三階まで各階の廊下や壁に設けられた「マンガの壁」のほか、研究室と研究閲覧室が設けられている。

マンガミュージアムは、商業施設が多い地域であるためドーナツ化現象で廃校になった旧龍池小学校の敷地を再利用するにあたり、グラウンドの北側と西側に配置された二つの校舎を改修してL字型につなげた建物となっている。龍池小学校は一八六九（明治二）年に地元の町衆たちによって作られた「番組小学校」の一つで、もとの校舎は一九二九（昭和三）年に西側の本館が建設され、その後一九三七（昭和一二）年に北側の新館が建設されている。とくに本館の一部には階段の装飾やアーチ型の造形部分など当時の建築様式がそのまま残されており、北側の建物も教室の並ぶ廊下や階段に小学校の面影がうかがえる。

また、この施設は地元の住民が地域の集会や運動会などの活動に随時利用しており、地元住民にとって身近な集いの場として利用されている点にも特徴がある。同じく中京区にあり、閉校になった明倫小学校の跡地を利用して作られた京都芸術センターと並んで、地域に根差したリノベーションの成功例として広く知られるものとなっている。

マンガミュージアムには二〇一〇年度は年間三〇万人の来館者が訪れており、二〇一一年八月には開館五年目で来館者が一〇〇万人を超えたことで話題になった。マンガ関連ミュージアムとしては「成功」した事例として語られることが多い。

こうした来館者数の多さやマンガミュージアムの「魅力」について、開館当時からのスタッフで国際マンガ研究センター研究員である伊藤遊氏に話をうかがったところ（二〇一一年二月）、利用者はいわゆる「マンガファン」に限らず、家族連れや中高年カップルなど非常に多様な利用者が訪れるとのことだった。交通アクセスのよいロケーションや小学校の雰囲気を残す建物によって「安全な場所」として認識されており、安価な入場料で「子供を安全に遊ばせられる場所」として利用されている側面があるのだ。

伊藤氏も関わる「京都国際マンガミュージアムにおける来館者調査」（村田ほか、二〇一一）においては、主に「マンガの壁」のマンガを読みに訪れる「図書館（Library＝L）型」の来館者、主に展示を楽しむ「博物館（Museum＝M）型」の来館者、その両者の行動パターンを行き来する「融合（Complex＝C）型」の来館者という三つの類型のほかに、そのどれにも収まらない「公園（Park＝P）型」の来館者がいることが明らかになった。この「P型」の来館者はマンガミュージアムに入っても、マンガを読むでもなく、展示を見るわけでもない。「ケータイをさわったり、スケジュール帳を開いたりして」時間を過ごす来館者や「子ども図書館」に長時間滞在する来館者などが例として挙げられている。こうした「P型」の来館者の目的は、「MM（えむえむ）の空間で時間を過ごすことそれ自体にある」と考えられる（村田ほか、二〇一一：八二）。

一般的なミュージアムとは異なり、こうした地域のコミュニケーションスペースのような自由な空間の利用が可能となっている点が、京都国際マンガミュージアムの大きな魅力といえるかもしれない。

（3）マンガミュージアムが抱える様々な矛盾

小学校の建物をリノベーションしたマンガミュージアムは、もともと「ミュージアム」（博物館・美術館）として建てられた施設ではないため、広い空間を確保し、展示物が見やすいように作られたホワイトキューブのような一般的なミュージアムの空間とは異なる。狭い廊下や小さな教室として小間切れに区切られた空間などは「ミュージアム」としては使いにくく、様々な構造的な矛盾を抱えているのである（村田ほか、二〇一一：八五〜八八）。実際には、別のミュージアムからの巡回展の場合でもそのままの展示を再現することは難しいケースも多い。

また伊藤氏の発言で興味深いのは、マンガミュージアムが抱える「公開」と「保存」との間の矛盾、「研究的意義」と「利潤の追求」との間の矛盾という指摘である。伊藤氏によれば、マンガミュージアムでは「アカデミックな研究」というベクトルと「利潤の追求」というベクトルの矛盾を、「研究室」と「運営室」という組織がそれぞれ担うことで解消しようとしてきたという。一つの展覧会でも、両者が「研究的意義」と「利潤の追求」ということをめぐって議論しながら組み立てるといったやり方を採るなど、バランスを保つ努力をしてきたが、「この両者の対立はしばしば、マンガ文化の理解に関する差異も示す」という。

「研究室」はしばしば、マンガ文化を幅広い歴史と空間の中に配置し、より客観的な事象として扱おうとする。一方、「運営室」においては、マンガというものを、今現在ここ日本で多くの人に楽しまれている娯楽である、という認識を持つ傾向にある。それゆえ、「研究室」が扱う展覧会には、現在あまり知られていない古いマンガ作品や海外の作品が含まれることが多く、「運営室」が扱う展覧会には、現在の日本で流行っているマンガ作品を取り上げることが多い。（伊藤、二〇一一：三）

マンガ関連施設の評価が、入館者数あるいは利益（「利潤の追求」）という偏った数字だけに求められる傾向があるなかで、「研究」機能を担う施設としても期待されているマンガミュージアムは、その運営方針のなかに常に矛盾し、相容れない部分を抱えることになる。この点は多くのマンガ関連ミュージアムが共通して抱える矛盾であるといえるだろう。

またマンガ関連ミュージアムの課題としてはっきりしていることは、一つの施設がすべてのマンガ関連資料の収集・保存を担うことは不可能だという点だ。伊藤氏はその点を解決するためにも、マンガ関連ミュージアムのネットワーク作りを進め、複数の施設が負担を分担したり、データを共有するためのインフラを整備していくことが課題だと述べた。

京都国際マンガミュージアムは何より専門的な知識を持つ研究員を複数抱える施設として全国的にも貴重であり、今後もマンガ関連ミュージアムのネットワークの中核になる施設であると考えられる。これまでに蓄積してきたマンガ関連ミュージアム運営のノウハウや国際的なネットワーク、充実した海外マンガコレクションなど、その強みを生かして、今後も全国のマンガ関連ミュージアムをリードする施設となることが期待される。

図8-3　米沢嘉博記念図書館1階展示室

図8-4　米沢嘉博記念図書館2階閲覧室

米沢嘉博記念図書館

米沢嘉博記念図書館は、明治大学付属の「まんがとサブカルチャーの専門図書館」である。二〇〇六年に亡くなった米沢嘉博氏のコレクションを中心として二〇〇九年に開館した。米沢氏は「コミックマーケット」創立メンバーの一人であり、一九八〇年からコミックマーケット準備会の代表を長く務め、現在の同人誌即売会・コミックマーケットの理念を形作った人物である。マンガ評論の分野でも、『戦後少女マンガ史』『戦後ＳＦマンガ史』『戦後ギャグマンガ史』という「戦後マンガ史三部作」で知られる。少年マンガや少女マンガに限らずカストリ雑誌から赤本・貸本、ＳＦや映画関連雑誌といった幅広い資料のコレクターとしても有名で、明治大学の出身者でもあったことから明治大学でのコレクションの受け入れが実現したものと考えられる。

明治大学の校舎からは歩いて移動できる距離にあり、明治大学の学生と教員は無料で利用することができるほか、一般の利用者も一日三〇〇円、一カ月二〇〇〇円、一年間六〇〇〇円で利用することができる。七階建ての建物は、一階が展示室（図8-3）、二階が閲覧室（図8-4）、三階から五階が閉架式書庫となっており、米沢氏のコレクションおよび同じくコミックマーケットに深く関わった岩田次男氏のコレクションを中心に、約一四万冊の所蔵を誇る。

二〇〇八年に新設された明治大学国際日本学部の教授である藤本由香里氏にお話をうかがったところ（二〇一一

年三月)、マンガだけでなくカストリ雑誌をはじめとする風俗雑誌など埋もれがちな資料を多く揃えている点や、コミックマーケットの同人誌の見本誌を閲覧可能である点が全国的にも例がなく、大きな「強み」となっているという。二〇一〇年から一一年にかけては「同人誌の小宇宙――米沢コレクションを中心に」、「コミックマーケットの源流――ファンの、ファンによる、ファンのための市場はいかに生まれたのか?」、「吾妻ひでお美少女実験室/吾妻ひでおマニアックス」、「耽美の誕生――ボーイズラブ前史」といった展示が行われているが、どれも当館の所蔵資料を生かした充実した展示内容となっており、トークイベントも毎月開催されるなど、マンガ関連ミュージアムとしては全国的にも注目される施設である。

明治大学では教員や事務方も参加する「明治大学マンガ図書館運営委員会」といった組織において運営方針などが議論されるとのことで、税金で運営しているのではなく、明治大学が独自に方針を決めればいいという部分で比較的自由な運営が可能になっているのではないかとのことだった。

米沢嘉博記念図書館は、明治大学が二〇一四年に開設予定の「東京国際マンガ図書館(仮称)」の先行施設として位置づけられており、この「東京国際マンガ図書館(仮称)」は二〇〇万点の所蔵が予定される「世界最大級」の施設になるという。こうした明治大学の戦略的な計画は、マンガ関連ミュージアムの今後を考えるうえでも目が離せないものといえるだろう。

少女まんが館

少女まんが館は一九九七年より東京都西多摩郡日の出町にて限定公開が開始された私設図書館で、「女ま館」の愛称で知られる(図8-5)。二〇〇一年から毎週木曜日の一般公開が始まり、二〇〇九年からは現在の場所(東京都あきる野市)に移って毎週土曜日(冬期を除く)の一般公開が続けられている。自然豊かな東京都あきる野市に建てられた木造の建物は全体が水色に塗られた「水色館」となっており、壁や階段にはびっしりと少女マンガ関連の雑誌や単行本が並んでいる(図8-6)。「女ま館」の噂を聞きつけた全国の少女マンガファンから随時寄贈された資料は、現在では約四万点にのぼるという。

主宰者である大井夏代氏と中野純氏ご夫妻によれば、もともとはパソコン通信で少女まんがについて語り合って

図8-5　少女まんが館外観

図8-6　少女まんが館2階

いたなかから、「古今東西の少女まんがを集める」という「少女まんが館」構想が生まれてきたとのことだ。一九九七年のオープン時は古い民家を借りた限定的なスタートだったが、全国から寄贈を集めることで徐々に蔵書数を増やし、二〇〇一年に夫妻が少女まんが館へ移住することによって一般公開もスタートした。

少女まんが館の特徴は、何よりそのコレクション公開のスタイルにある。なんとこの建物は、主宰者である大井氏と中野氏の自宅でもあるのだ。ご夫婦は有限会社さるすべりという出版活動などを行う仕事をされており、少女まんが館は「公的スペース（女ま館）+仕事場（さるすべり）+住居」という「公」・「職」・「住」が一体化した場所となっている。こうした自宅を「公」的なスペースとして公開するスタイルは、現在「住み開き」として注目を集めている（アサダ、二〇一二：五八〜六一）。二〇一一年三月には東京にしがわ大学にて「皆とシェアする〝自宅ミュージアム〟を開館しよう！――少女まんがの館を訪ねて（あきる野市）」という講座が企画されたほか、[7]雑誌などの取材を受けることも多いという。

少女まんが館の来館者について、館主である大井氏にメールにていくつかの質問をうかがったところ、以下のような回答をいただいた（二〇一一年三月）。

筆者：利用者は地域の方、遠方の方、性別・年齢層などどのような方が多いでしょうか。

大井：西東京在住の方が最も多いですが、東東京、埼玉、神奈川、千葉など、首都圏各地から来館します。遠方では、大阪、福島、長野などに在住の方々。仕事の合間、コミケ上京のついでに、など。日の出町にあった頃は、すぐ目の前が小学校でしたので、学校帰りの子どもがおそるおそるやってきたりしました。男女比は四：六くらいだと思います。意外に男性も多いです。年齢層は幼児から老人まで幅広いですが、三〇、四〇代の女性が一番多いと思います。逆に一番少ないのは、中高生。つまり、現役で少女まんがを読んでいる世代が一番利用しません。

筆者：利用者にとって女ま館さんはどのような存在だと思われますか。

大井：ある人にとっては、「ガラスの仮面」の単行本未収録部分が気軽に読める、貴重な場所。ある人にとっては、大人の夢を体現した場所。また、「自分が実際に利用しなくても、こういうところが存在しているだけで満足、安心」という人が多いようです。「聖地だ」と言う人もいます。

こうした回答からは、少女まんが館には全国から来館者が訪れ、少女マンガ愛好者にとって大切な場所となっていることがうかがえる。少女マンガのファンにとっては、古今東西の少女マンガが四万冊も集められた場所は、まさに「大人の夢を体現した場所」として特別な価値を持つのである。

また、この少女まんが館の活動が大井氏自身にとってどのような意味をもつかを尋ねたところ、次のような言葉をいただいた。

筆者：館主である大井さんにとって、女ま館とはどのような場所でしょうか。

大井：「わたしがわたしに帰る」場所です。娘でも妻でも母でも嫁でも女性でもなく、単なる「わたし」に帰る場所。少女まんがに心奪われた青春期の「わたし」に帰る場所です。そして、そういう「わたし」が、少女まんがという糸で結ばれた人々と一期一会する場所というか。至福の時を共有する場所というか。

図8－7　昭和漫画館青虫

こうした言葉からは、個人コレクションの公開という活動が来館者にとってだけでなく、主宰者の人生にとっても重要な意義を持つことがわかる。少女まんが館は、少女マンガのコレクションを通じて寄贈者と来館者、主宰者である大井氏・中野氏との「一期一会」を媒介しており、それぞれが「至福の時を共有する場所」となっているのである。

昭和漫画館青虫

昭和漫画館青虫は、福島県只見町にて二〇〇六年にオープンした施設である。周囲に広がる田畑のなかに白く塗られた外壁が印象的な木造平屋の洋風の建物は、昭和三〇年より運営されてきた基督教会と保育園を改築して作られたものだという（図8－7）。

この施設は一二時から一七時までの営業で、一時間毎に大人（一八歳以上）は五〇〇円ずつ支払うというマンガ喫茶とよく似た営業形態だが、回転率の高い近年の人気作ばかりを並べた多くのマンガ喫茶とは全く異なり、集められた蔵書に大きな特徴があるのだ。

「青虫」という館名の由来について、「月刊ガロなどの出版社であり、貸本漫画出版の老舗・青林堂の「青」と、漫画の神様と言われる手塚治虫の「虫」を合わせ、田舎の雰囲気に合うように名付けました」と説明されているように、閲覧室の蔵書やガラス扉の書棚に納められた貴重な資料群には昭和の漫画文化が凝縮されている。

閲覧室の壁には書棚がびっしりと並び、B6ハードカバーの貸本漫画、終戦直後の赤本漫画から少年少女雑誌、A5判の貸本漫画群や『ガロ』全巻が並ぶほか、マンガ関連の雑誌の創刊号を集めたコーナーなども興味深い。

また何より注目したいのは開館時期が五月から一〇月の最終日曜日までであり、毎年一一月から四月までは休館となる点だ。これは豪雪地帯で館自体が雪に埋もれるため、さらに「青虫」の年間維持費・館長の年間生活費獲得のためとのことである。

この営業形態からは、館長自身この施設の運営を通して利益を上げ、それによって生活しようとしているわけではないことがわかる。赤本や貸本をはじめとした戦後漫画文化とともに育ち、自身が熱心なコレクターであった館長が、私財を投じて自身のコレクションを公開しているのである。二〇〇六年のオープン以降、マンガ研究に関わるMLなどを通じて少しずつその存在が知られるようになり、たびたび雑誌にも取り上げられている。只見町へのアクセスは決して容易ではないが、マンガファンは全国から集まるという。(8)

こうした個人の主宰者によってコレクションが公開された少女まんが館や昭和漫画館青虫の事例は、マンガ関連資料のアーカイブを考えるうえでも興味深いものである。例えば石田（二〇〇九）は、個人が収集し保管してきた映像コレクションの研究上の価値を再考し、その公的アーカイブ化の可能性を模索する試みを行っているが、マンガ関連資料についても、個人コレクションを公的なアーカイブに生かしていく方向性は模索されるべきだろう。あるいは、こうした個人コレクターの全国的なネットワークが形成され、それぞれの所蔵資料の一覧がデータベース化されるだけでも、学術的な研究の基盤となる環境の整備につながり、全国的なマンガファンの欲望に応えることにもなるのではないだろうか。

4　マンガ関連ミュージアムが抱える課題

マンガというメディアは基本的には「読み捨て」の文化であり、保存には不向きな粗悪な印刷物である場合が多い。「たかがマンガ」と言われてきたように、まさに「大衆」向けの文化であり、「悪書」と名指されたり、「低俗なもの」と認識されてきた歴史を持つ。いわゆる「高級文化」（ハイカルチャー）の象徴でもある「ミュージアム」と「マンガ」とは、そもそも相性がよくないはずである。にもかかわらず、マンガ関連のミュージアムはなぜこのように増えてきたのだろうか。ここからは、近年のマンガ関連ミュージアムを取り巻く環境の変化や様々な動きに目を向けながら、本章での問題提起として、いくつかの点を考察しておきたい。

マンガ関連施設増加の背景

近年なぜマンガ関連ミュージアムが増加傾向にあるのか。その背景には複数の要因が絡んでいると考えられるが、ここでは、⑴マンガ・アニメ関連文化に対する海外からの評価、⑵国際的な輸出コンテンツとしての期待、⑶国内外の観光客をターゲットとした各地域による「まちおこし」的な期待、⑷マンガを学術的な研究対象とする動きという四点に注目して簡単に振り返っておきたい。

まず二〇〇〇年代に顕著になったのは、日本のアニメやマンガ作品が世界各地で受け入れられ、「MANGA」や「ANIME」といった単語が定着するなど、マンガ・アニメ関連文化に対する海外からの評価が高まったことである。二〇〇〇年代初頭の「ポケットモンスター」の世界的なヒット、二〇〇二年の「千と千尋の神隠し」（宮崎駿監督）のアカデミー賞長編アニメ賞受賞など、日本のポピュラーカルチャーに対する関心が高まるなかで、海外における「MANGA」の普及も進んだと考えられる。

また村田が指摘しているように、マンガ文化と「ミュージアム」との接近にはミュージアムの側の変化、とくに海外の現代アートシーンの変化も重要だろう（村田、二〇〇九：一七〇～一七二）。村上隆が二〇〇一年にロサンゼルスで行った「SUPER FLAT」展や、二〇〇四年のヴェネチア・ビエンナーレ国際建築展日本館における「OTAKU：persona＝space＝city」（「おたく：人格＝空間＝都市」）展は世界的にも注目され、日本のポピュラーカルチャーに対する現代アートの分野での関心の高まりを象徴するものであった。

そのような背景のなかで広がったのが、マンガ・アニメ関連文化に対する日本の各省庁による国際的な輸出コンテンツとしての期待である。産業・観光・文化といった様々な方向からマンガ・アニメが注目されるようになり、二〇〇二年当時の小泉純一郎首相による「知的財産立国宣言」もそれを後押ししたと考えられる。

「コンテンツ」としてのマンガの「ソフト・パワー」に期待する経済産業省、観光資源としてのマンガ施設の活用を考えている国土交通省、マンガを通じた国際交流を促進している外務省など、それぞれの省庁が新たな取り組みを始め、複数のプロジェクトやイベントが開催されるようになった。文化庁が主催し「メディア芸術の創造とその発展を図る」ことをねらった「メディア芸術祭」（一九九七年～）、東京都や経済産業省が関わり、アニメ産業の活性化を目指す「東京国際アニメフェア」（二〇〇二年〜）などの大規模なイベントのほか、二〇〇九年には外務省が「ポップカルチャー発信使」（通称「カワイイ大使」）を任命して話題となっている。「メディア芸術」の国際的な拠点となる施設として当初は一一七億円の設立予算が見込まれた「国立メディア芸術総合センター（仮称）」構想も、「メディア芸術祭」の延長線上に生まれたものであった。

残念ながら各省庁の動きはバラバラで、国の取り組みとして大きな成果を上げているとは言い難いが、京都国際マンガミュージアムはまさに文部科学省の「オープンリサーチセンター」としての補助金が五年間（二〇〇六〜一〇年）で数億円投入されたことから設立が可能になった施設であり、そうした「成功」事例も生まれている。

また各省庁の動きとは別に、各地域でもマンガ・アニメ文化を地域振興に役立てようという動きが広がったことも見逃せない。特定の作家や作品、キャラクターを利用した「まちおこし」が各地でみられるようになり、冒頭に紹介した鳥取県境港市の商店街「水木しげるロード」の例のほか、二〇〇七年にテレビアニメが放映された「らき☆すた」で有名になった埼玉県鷲宮町（現・久喜市）の鷲宮神社や鷲宮町商工会（鷲宮商工会）の取り組みなどは、作品やキャラクターを媒介として地域とファンとをつなぐ「コンテンツツーリズム」（「聖地巡礼」「オタクツーリズム」「萌えおこし」など様々に呼ばれる）の成功例として紹介されることが多い（山村、二〇一一など）。こうした各地域の取り組みやマンガ・アニメに対するイメージの変化も、マンガ関連ミュージアムが全国的に広がる背景になっているだろう。

一方、二〇〇〇年代にはマンガを学術的な研究対象とする動きも活発化している。日本マンガ学会が設立されたのは二〇〇一年であり、京都精華大学では二〇〇六年に「マンガ学部」が誕生、芸術系の大学ではマンガの描き方を学ぶ「マンガ学科」（東京工芸大学）や「まんが表現学科」（神戸芸術工科大学）のほか、各地に「マンガコース」が設置される動きが広がった。また、文学や美学、社会学や心理学といった幅広い分野でマンガを研究対象として卒業論文や修士論文、博士論文などが書かれる機会が増えたことによって、マンガ研究の一次資料として欠かせないマンガ関連資料のアーカイブの必要性が認識されるようになったことも見逃せない。

こうした複数の要因が絡み合うなかで、マンガ関連ミュージアムは二〇〇〇年代にとくにその数を増やしてきたのだと考えられる。

「テーマパーク型」（参加・体験型）ミュージアムの増加

また近年、マンガ関連ミュージアムを取り巻く動きとして注目されるのが、「参加・体験型ミュージアム」と謳われる「テーマパーク型」施設の増加傾向である。とくに企業が運営する商業施設と一体化した「ミュージアム」が増えているのだ。

横浜アンパンマンこどもミュージアムの入場者数が二〇〇七年のオープンからほぼ三年半で三〇〇万人に達したことは冒頭でも紹介したが、横浜に続いて二〇一〇年四月にオープンした名古屋アンパンマンこどもミュージアム&パーク（三重県桑名市）も横浜と同様に、アンパンマンをテーマとした商業施設の中にミュージアムが入った施設である。しかもここは全国でも有数の大型遊園地ナガシマスパーランドに隣接しており、広大なナガシマリゾートの一施設となっている。ナガシマリゾートを運営する長島観光開発株式会社と中京テレビ、株式会社アンパンマンチルドレンスミュージアムの共同出資にて設置された。施設の運営事業体は「アンパンマンミュージアム&モール有限責任事業組合」となっており、日本テレビ音楽、バンダイ、バンプレスト、セガ、不二家など「それいけ！アンパンマン」のキャラクターに関するライセンサー、ライセンシーなどを中心とする二二社により構成されている。

アンパンマンのキャラクターはターゲットの年齢層が低く一歳児にも人気があるため、両館とも一歳児から入場料が必要となり、横浜は一歳児以上一人一〇〇〇円、名古屋は一五〇〇円となっている。一歳児から一五〇〇円を徴収するこのような料金体系は、他のミュージアム関連施設では考えられないことだろう。「テーマパーク型」の施設では、就学前の幼児（およびその保護者）が利用者として最も重要な位置づけとなるため、他の施設ではほぼ無料となる幼児にも料金がかかるのである。(9)

アンパンマンの事例以外にも、こうした人気キャラクターを使った商業施設と一体化した「テーマパーク型」施設は各地に点在している。例えば静岡市のちびまる子ちゃんランドは、エスパルスドリームプラザという観覧車・

映画館・ショッピングモールなどが集結した清水港近くの複合施設の中にある。エスパルスドリームプラザのホームページには、「清水港発祥の地である日の出地区に「にぎわいを創出しよう」をキーワードに、官民共同によるウォーターフロント再開発計画の目玉のひとつとして誕生した」と書かれている。また石川県能美市にあるウルトラマンスタジアムは、総合ペットショップと遊園地を有し、「北陸最大規模のレジャーランド」と称される手取フィッシュランド内に設置されている。一方、熊本県荒尾市のウルトラマンランドは遊園地やゴルフ場、温泉、リゾートホテルなどを有するグリーンランドリゾートの中に位置する(10)。

以上のように、大型リゾートを構成する一施設として人気キャラクターを使った「テーマパーク型」の施設が作られている事例がいくつか確認できる。リゾート開発やウォーターフロントの再開発といった場面で、集客力が期待できる人気キャラクターのミュージアムがアトラクションのひとつとして求められたということだろう。

こうした娯楽的要素が強く、子供を中心としたファミリー層を主なターゲットとした営利企業の運営による「テーマパーク型」の施設においては、何らかの資料を展示するようなスペースはあるとしてもかなり小規模である。むしろ利用者に満足感を与えているのは、キャラクターの住む世界にそのまま入りこむような「参加」・「体験」を提供する建物や内装、大型の造作物、あるいはキャラクターを用いた大型遊具やプレイスペース、着ぐるみショーやライブステージなどである。ミュージアムは単体で完結しているのではなく、キャラクターの世界に「参加」し、商業施設全体を「体験」するレジャーの一部と捉えられていると考えてもいいだろう。

こうした商業的な施設は従来型の「ミュージアム」や「美術館」からは最も遠く離れたものであると考えられ、むしろその延長線上には、東京ディズニーリゾートやユニバーサル・スタジオ・ジャパン（USJ）といったキャラクターたちと夢の国で戯れる巨大テーマパークが見えてくる。はたしてこれらの施設は「ミュージアム」と呼べるものなのかという疑問も出てくることだろう。

しかしポピュラーカルチャーとミュージアムの関係を考えるとき、単にこれを「商業主義」、「もはやミュージアムではない」と切って捨てることはできない。こうした「テーマパーク型」の施設は決して成功例ばかりではないが、集客力の高い（＝人気のある）ミュージアムが複数含まれており、一般的な利用者にとっては「マンガ関連ミュージアム」といえばこうした「テーマパーク型」の施設をまず思い浮かべる人も多いだろう。就学前の乳児・幼児を主なターゲットとした一歳児でも楽しめるこうしたミュージアムこそが、いまや子供たちのミュージアム体験のベースを形作っているともいえるのであり、ではたして「ミュージアム」とは何なのかという問いが改めて浮き彫りになるのである。

マンガ関連ミュージアムが抱える問題と社会との軋轢

最後に、現行の施設が抱える問題点とともに、マンガ関連ミュージアムの増加に伴って公的な場所、パブリックな場所にマンガが入り込む際に起きる様々な問題にも目を向けておきたい。マンガというポピュラー文化がパブリックな場所に現れるとき、そこにはどのような軋みや軋轢が生じるのかを、いくつかの事例から確認しておこう。

まず、現行の施設が抱える問題点としては、前節で触れたように、多くの施設が「保存」と「公開」との矛盾、文化的・学術的な水準を維持することと利潤の追求（商業的な成功）を目指すこととの矛盾などを常に抱えていると考えられる。なかでもとくにそれが問題になるのは、国立や公立の施設において「マンガ」に税金が投入されるということに対して、一般市民の理解を得にくいという現実が顕わになるときではないだろうか。その事例としては、二〇〇八年に大阪府で起こった国際児童文学館の移転問題や、二〇〇九年に起こった「国立メディア芸術総合センター（仮称）」構想に関する騒動が挙げられるが、まずは国際児童文学館の移転問題について、その経緯を振り返っておきたい。

国際児童文学館は第1節でも紹介したように、大阪府吹田市の万博公園内に「大阪府立国際児童文学館」として一九八四年に開館した施設であり、狭い意味での児童文学に限らず絵本やマンガ、少年少女向け雑誌、紙芝居など「子ども」に関わる幅広い資料を約七〇万点収蔵している。子供と本をつなぐ国際的な活動や研究の促進にも力が入れられ、職員の専門性の高さなど一般の図書館にはない特徴が高く評価される施設であったが、二〇〇八年、大阪府の財政再建が進められるなか橋下徹知事（当時）によって場所が不便で利用率が低いことなどを理由に大阪府立中央図書館（東大阪市）に統合し、移転させるという方針が出された。施設の運営に関わっている財団法人大阪国際児童文学館は、一般の図書館（図書館法に基づく図書館）に統合する案では館としてこれまで続けてきた独自の活動は継続できなくなると反対を表明し、署名活動などを展開したが、統廃合案は可決された。その結果、万博公園内の施設は二〇〇九年末に閉館となり、二〇一〇年五月より大阪府立中央図書館内に新たに「国際児童文学館」が開館される運びとなった(11)。

この事例では、とにかく当時の大阪府における「橋下知事人気」が大きかったこともあるが、やはり子供向けの本（「たかが絵本」「たかがマンガ」）の収集や保存といった活動に対して、この不況のなか億単位の税金をかけるということに、一般市民の理解が得られなかったことが大きいと考えられる。その点では、一一七億円の予算というケタ違いに規模が大きく、より計画も不透明であった「国立メディア芸術総合センター（仮称）」構想に対するバッシングもやむを得ないものだったかもしれない。こうした反応からは、どこまでも「商品」であり、「読み捨て」の文化であると考えられている「たかがマンガ」が公的な「文化財」として「保存」の対象となることへの根深い違和感のようなものが感じられるのである。

学術的な研究基盤の整備という視点からは、個人や一企業の手によっては実現が難しいマンガのデジタルアーカイブ化やよりまとまった規模のマンガ文化関連資料の収集や保存など、国や行政に期待する役割は大きい。しかしこうした事例からは、マンガ関連資料のアーカイブ化を国にのみ頼ろうとする発想は容易には実現が難しいことがわかる。

だからこそ注目されるのが、前節で取り上げた私立大学の取り組みや個人のコレクターによる活動である。国や行政が主体となる施設とは異なり、私立大学が運営の主体となる施設においてはある程度自由な取り組みが可能である。また個人のコレクターたちの活動も、マンガ文化を各地域に根付かせていくことにつながる。国や行政、大学や個人が、それぞれのレベルでの取り組みを充実させることが、マンガ研究者でもマンガ業界の関係者でもなく、マンガファンでもない人々のマンガ文化に対するイメージを少しずつ変化させていくのではないだろうか。

また社会との軋轢という点では、二〇〇八年に起こった大阪府堺市の市立図書館における「ＢＬ本排除騒動」なども、ポピュラー文化が「公」的な施設に入り込む際に起こった興味深い事例である。一市民が書いた堺市ＨＰへの投書によって市内のすべての図書館から五五〇〇冊のＢＬ図書が排除されそうになったこの騒動は、公共の図書館における特定図書の排除や検閲につながるものとして批判を浴びたが、こうした騒動は東京都の都条例改正や「表現規制」問題、京都府や大阪市など各地での条例規制の問題とも関連して、社会のなかでのマンガ文化のあり方を再考させるものだろう。

二〇一二年八月には北九州市において北九州市漫画ミュージアムがオープンした。また二〇一四年度とされている明治大学の「東京国際マンガ図書館（仮称）」も開館に向けて着々と準備が進められており、今後も各地にさまざまなマンガ関連ミュージアムが誕生しそうである。各マンガ関連ミュージアムを訪れる際には、ぜひこうした課題についても考えてみてほしい。

注

（1）二〇一一年一月六日、各紙による報道。二〇一〇年三月から境港市出身のマンガ家・水木しげるのパートナーである武良布枝の自伝『ゲゲゲの女房』がＮＨＫの連続ドラマとして放映され、「ゲゲゲの」という言葉が二〇一〇年の年間流行語大賞になったほか、水木しげる本人も文化功労者として選出された。

（2）「（仮称）北九州市漫画ミュージアム基本コンセプト報告書」、（仮称）北九州市漫画ミュージアム基本コンセプト検討委員会、二〇〇七年。http://www.city.kitakyushu.jp/file/29090100/kakushubunka/houkokusho.pdf

（3）二〇〇八年にはこうした独自の活動が評価され、第一二回手塚治虫文化賞特別賞を受賞している。

（4）この貸本マンガのコレクションは「ゲゲゲの女房」のテレビドラマでも使われるなど、全国的にも知られる施設となっており、一九九七年には第一回手塚治虫文化賞特別賞を受賞している。

（5）二〇一一年九月二六日『高知新聞』より。

（6）文部科学省より二〇〇六～二〇一〇年度まで「オープンリサーチセンター」としての助成を受け、事業が進められた。

（7）当初二〇一一年三月一二日に予定されていたこのイベントは、前日に起こった東日本大震災の影響で延期となり、実際には二〇一一年一一月に開催された。

（8）二〇一一年七月の新潟・福島への集中豪雨災害による資料の浸水などが心配されたが、建物への被害はなかったとのことである。ただし只見線の一部が不通となるなど交通アクセスへの影響は続いた。

（9）公立の施設はまだ低く抑えられており、高知のアンパンマンミュージアムは三歳以上小学生までの小人三〇〇円（中学生・高校生五〇〇円、大人七〇〇円）、ジブリ美術館では四歳以上の幼児一〇〇円（小学生四〇〇円、高校・中学生七〇〇円、大人・大学生一〇〇〇円）である。

（10）ちなみにこの「グリーンランドリゾート」は熊本県だけでなく、遠く離れた北海道岩見沢市でも展開されている。ただし岩見沢市にはウルトラマンランドはない。

（11）七〇万点の資料を引き受けるにあたっては、中央図書館の書庫全体が集密化され、懸念された資料の散逸は避けられたようである。通常の図書館では受けられない出版社などからの資料の寄贈も財団を通して引き続き受けているとのことで、独自の収書や保存の方針も引き継がれ、利用者による閲覧も変わらず可能である。国際的な活動や研究は通常の図書館では難しく、また財団自体には収入がない（大阪府の委託を受けているわけではない）点など今後の活動に関しては課題も多いようだが、貴重な資料を幅広く揃える施設として継続が望まれている。

参考文献

アサダワタル『住み開き――家から始めるコミュニティ』筑摩書房、二〇一二年。

石田佐恵子「個人映像コレクションの公的アーカイブ化の可能性」『マス・コミュニケーション研究』第七五号、日本マス・コミュニケーション学会、二〇〇九年。

伊藤遊「〈マンガ／ミュージアム〉とは何か？――京都国際マンガミュージアムの事例を中心に」第三回国際学術会議「マンガの社会性――経済主義を超えて」報告資料（於・韓国漫画映像振興院）、二〇一一年。

表智之「マンガから広がるミュージアム空間――京都国際マンガミュージアムの事例より」表智之・村田麻里子・金澤韻『マ

ンガとミュージアムが出会うとき』臨川書店、二〇〇九年。

金澤韻「マンガ×美術館」表智之・村田麻里子・金澤韻『マンガとミュージアムが出会うとき』臨川書店、二〇〇九年。

増淵敏之『物語を旅する人々――コンテンツ・ツーリズムとは何か』彩流社、二〇一〇年。

中野晴行『マンガ進化論――コンテンツビジネスはマンガから生まれる！』ブルース・インターアクションズ、二〇〇九年。

村田麻里子「ミュージアムにマンガがやって来た！」表智之・村田麻里子・金澤韻『マンガとミュージアムが出会うとき』臨川書店、二〇〇九年。

村田麻里子・山中千恵・谷川竜一・伊藤遊「京都国際マンガミュージアムにおける来館者調査――ポピュラー文化ミュージアムに関する基礎研究」京都精華大学紀要委員会編『京都精華大学紀要』三七号、京都精華大学、二〇一〇年。

山中千恵・伊藤遊・村田麻里子・谷川竜一「人はマンガミュージアムで何をしているのか――マンガ文化施設における来館者行動と〈マンガ環境〉をめぐって」日本マンガ学会編『マンガ研究』第一七号、日本マンガ学会、二〇一一年。

山村高淑『アニメ・マンガで地域振興――まちのファンを生むコンテンツツーリズム開発法』東京法令出版、二〇一一年。


（増田のぞみ）

コラム21　韓国漫画映像振興院——ナショナルな「漫画の殿堂」

韓国漫画映像振興院は、京畿道富川市《キョンギドプチョン》にある。富川は、国際空港のある仁川《インチョン》広域市とソウル特別市に挟まれた京仁工業地域の中心、ソウルの衛星都市だ。巨大なマンション群が立ち並ぶ風景の中、体育館、公園などがまとまった文化地区にそびえ立つ振興院は、複合文化施設であり、大きく「ミュージアム漫画奎章《キュジャン》閣《カク》」と「漫画ビジネスセンター」の二つに分かれている。「奎章閣」にはアニメーション上映館、図書館、博物館があり、「漫画ビジネスセンター」には、作家創作室やベンチャー事務室などの業務施設が入っている。

振興院は、二〇〇九年、「韓国漫画一〇〇周年」の記念の年に華々しく開館した。政府のポピュラー文化支援政策と、地方自治の導入に伴う都市構想活性化の動きの中で、公的資金を投入して設立された「漫画の殿堂」である。市は現在、「漫画都市」構想のもと、漫画イラストを街並みに取り入れたり、漫画フェスティバルを開催したりと様々な取組みを行っている。モデルとするのは、フランスのBD（バンド・デシネ）都市、アングレーム。アングレームは、フランス語圏のコミックスであるBDのフェスティバルを開催し、ミュージアムの運営や作家支援などを総合的に行っている。富川もこれに倣い、漫画を「文化」としてブランド化し、「都市」単位での活性化を目指しているのである。

では、振興院内の博物館はこうしたブランディングにいかに関わっているのだろうか。博物館には、常設展示と企画展示コーナーがある。振興院のホームページによれば、常設展示は「韓国漫画一〇〇年の思い出を幻想的に体験できる空間」で、「韓国漫画の歴史と現住所を知らせる主要作品と作家らを紹介する」ものだという。たしかに、植民地期の近代漫画の始まりから朝鮮戦争を経て現在にいたる大がかりなセットが組まれており、漫画史が「ハンズオン・マインズオン」で体験できる。一方、企画展は「多様なイシューと新しいトレンドを見せる」もので、「漫画の文化芸術的価値を大衆化して拡大させていく」ことを目的とする。実際、海外のアート系のコミックスなどが多く取り上げられ、原画展示にとどまらず、インスタレーションや映像をふんだんに用いた「美術館」のような展示を展開している。このように、博物館は「歴史」や「芸術」という枠組みを用い、「韓国の漫画」について来館者に語りかけてくる装置となっているのだ。ある意味、西洋近代の思想を体現する「ミュージアム」らしいフォーマットを守っているといえるだろう。

だがここには、かつて韓国で流通していた「日本漫

韓国漫画映像振興院外観

画海賊版」、あるいは当時の体制の言論政策に従って作品を改変・修正してきたという「検閲の歴史」はみあたらない。また、「芸術的価値」を高めるのに役立ちそうにない漫画も隠されてしまう。本来はこうした作品もまた、人々に生きられた文化であっただろうし、そこに魅力を感じた人々もいたはずなのだが。

振興院を訪れた家族連れは、展示の様々な仕掛けに触れ、目を輝かせ、「これは昔お母さんが読んでいた漫画よ」などという言葉も交わしつつ館内を巡っていく。はたして、ここで引き継がれていくのはいかなる記憶なのだろう。彼らが楽しげにめぐる韓国漫画の過去は、「昔の漫画房（漫画貸本屋）」や「朝鮮戦争の風景」でさえも清潔で、博物館が提供する価値観に収まりきらないノイズがかきけされた、居心地のよい空間の中に広がっている。

（山中千恵）

コラム22　石ノ森萬画館《まんが》——地域再生のセンターとして

二〇一一年三月一一日、東日本大地震が引き起こした巨大な津波は、東北地方の太平洋岸地域に甚大な被害をもたらした。宮城県石巻市《いしのまき》もその一つだった。津波にさらわれ、一面廃墟となった同市旧北上川沿岸部の映像はテレビなどでもしばしば流れたが、その旧北上川河口付近の中州に、UFOのような形をした銀色の建物が津波に流されずすっくと建っている光景は、多くの人にとって、ほとんど奇跡のように見えたことだろう。

二〇一二年七月現在、修繕のため閉鎖中のこの建物——石ノ森萬画館が、日本を代表するマンガ家の名を冠したミュージアムであったことは、注目に値する。

近年、まちおこしの起爆剤として、マンガやアニメなどのポピュラー文化に市町村行政や地元住民の期待が寄せられている。そして、そうしたまちおこしの一つのセンターとして、しばしばマンガ関連文化施設が設定されてきた。

石巻の場合も、石ノ森章太郎と石ノ森萬画館は、震災以前から、まちおこしの重要な要素と見なされていた。萬画館は、最寄り駅であるJR石巻駅から、商店街を挟んで約一キロに位置するが、駅から萬画館に着くまでの間、石ノ森キャラクターであふれる駅舎を皮切りに、等身大像になった「サイボーグ009」「仮面ライダー」などが来訪者を館まで導いてくれる。震災前は、商店街の店舗をめぐるスタンプラリーも行われていた。

震災以降、石ノ森と萬画館は、こうしたまちおこしのセンターとしての機能を強化させている。石ノ森キャラはもはや、ひとり石巻だけではなく、東北全体の復興のシンボルとして全国にアピールするようになった。震災直後の一般的な言説として、重要なのはまず衣食住で、マンガなどの娯楽は二の次、というものがあった。しかし、いや、だからこそ、マンガ家やマンガ関係者たちは「自分たちができることはなんだろう」と真摯《しんし》に考え、行動したように思う。国内外の多くのマンガ家が、チャリティーイラストを描いたり、イベントを開催したりして義援金を集め、出版社は、そうした活動をサポートするだけでなく、インターネットを介してマンガ雑誌の無料配信も行った。筆者が同館を再訪した二〇一二年二月、入口を封鎖したベニヤ板には、著名なマンガ家も含めたファンたちによって、無数の石ノ森キャラや被災者を応援するメッセージが描かれていたが、これこそもしかしたら、マンガというメディアが持つ、最もプリミティブで、最も力強い機能のひとつかもしれない。

ところで、二〇一一年七月以降、石巻市街のいたるところに、「萬画の国・いしのまき　復興祈念企画展」

（開催期間「石ノ森萬画館が再開するまで」）と称した、石ノ森作品の複製画の〝展示〟がされている。休館中の萬画館に代わって、街全体をミュージアムに見立てるという発想である。近年、マンガやアニメの舞台のモデルになった場所を訪れる「聖地巡礼」というファンの遊びを利用したり、美少女イラストを配したパッケージで特産品を売り出すといった「萌えおこし」というやり方を積極的に取り入れたりする市町村が増えてきている。これまでマンガを使ったまちおこしは、ミュージアムのような施設を作り、そこを〝メッカ〟と設定することで、サブカルチャーでしかなかったマンガの文化的地位を保証するというやり方をとる傾向があったが、もともと街角や商店の商品棚に遍在している日常生活文化の一部としてのマンガを利用するというやり方を、行政が採用するようになってきたのである。こうしたやり方が進むことで、もしかしたら、マンガの、ひいてはポピュラー文化を扱うミュージアムの意義が改めて問われるようになるかもしれない。

（イトウユウ）

＊同館は、二〇一二年一一月一七～一三年二月一一日再開した。また、一時休館を経て、二〇一三年三月にリニューアルオープン。

休館中の石ノ森萬画館（2012年２月撮影）

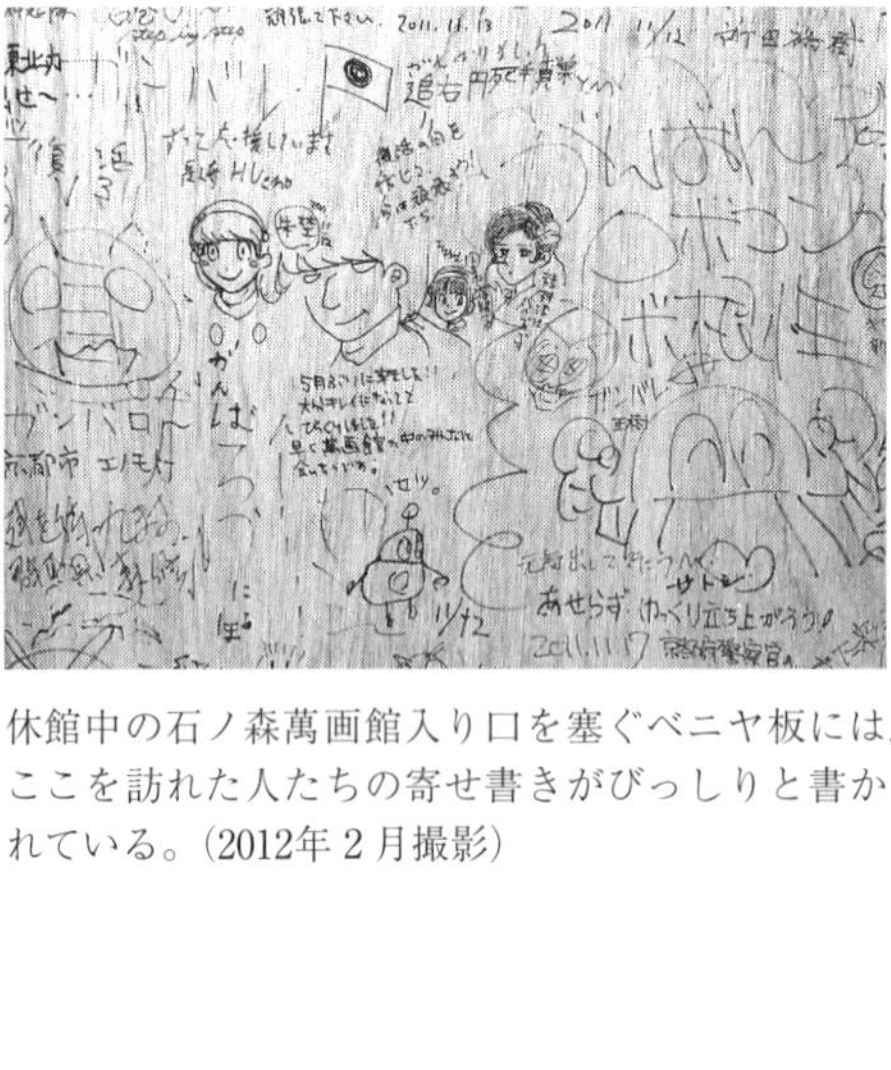

休館中の石ノ森萬画館入り口を塞ぐベニヤ板には，ここを訪れた人たちの寄せ書きがびっしりと書かれている。（2012年２月撮影）

第9章　マニア文化関連ミュージアム
――鉄道ミュージアムを事例に――

本章の目的

本章では、一連のマニアやオタク文化に関するミュージアム（以下、マニア文化関連ミュージアムと呼称する）について、その歴史的な変遷を辿りながら、今後の行く末を考えてみたい。結論として、その未来には二つの方向性がありうることを、実際の事例に即して提示する。

1　マニア文化関連ミュージアムとは何か

こうしたマニアやオタクたちの関心を集めやすいミュージアムとしては、大きく二つの種類が存在するといえるだろう。いうなれば、何がしかの実体を伴った「モノ」を展示するタイプのミュージアムと、モノというよりは「虚構（非モノ）」を展示するタイプのミュージアムである。後者について言えば、もちろん完全な「虚構」を展示することは不可能に近いので、例えばアニメやマンガ、ゲームというような、二次元の作品世界に関連した、結局は「モノ」が展示されることになるのだが、それでも、この二つには大きな違いがあるといえるだろう。

近年、オタク文化の代表として取り上げられやすいのは、「ACG」という総称もあるように、アニメやマンガ、ゲーム（Anime, Comic and Game）などである。本書の他の章でも取り上げられているように、マンガを中心にすえたミュージアムも増えてきた。いわば、後者の「虚構（非モノ）」を展示するタイプのミュージアムのほうが台頭しつつあるようだ。

しかしながら本章では、あえて前者の「モノ」を展示するタイプのミュージアムを取り上げてみたい。その理由として、前者のほうが登場時期が古く、長いスパンの歴史的変遷を辿りうるという点が挙げられる。今日でこそ、オタクという言葉は広く知られているが、むしろそれ以前のマニアという呼称のほうが一般的であった時代や、さらにそれ以前の科学少年、軍国少年たちの時代にまでさかのぼって、マニア文化関連ミュージアムをそれに関心を寄せた人々の文化と照らし合わせながら考えてみたい。

なぜ鉄道ミュージアムか

さて、日本における「モノ」を展示するミュージアムの代表例としては、乗り物に関するミュージアムを挙げることができるだろう。大きいものとしては船や飛行機、日常的なもので言えば、自動車やオートバイの博物館に至るまで、様々な乗り物に関するミュージアムが存在する。

だが、日本の乗り物に関するミュージアムの中でも、最も代表的なのは、やはり鉄道関連のミュージアムではないだろうか。さいたま市の鉄道博物館をはじめとして、リニア・鉄道館（愛知県名古屋市）や梅小路蒸気機関車館（京都市）、交通科学博物館（大阪市）など、数多くの鉄道ミュージアムが知られている。他の乗り物との違いとして、例えば、航空科学博物館（千葉県芝山町）ならば新東京国際空港の近くであり、またトヨタ博物館（愛知県長久手市）ならば自動車会社の近くであるといったように、それらが関連の強い特定の場所に立地する傾向があるのと比べ、広く日本全国に遍在しているということが、鉄道ミュージアムの大きな特徴であろう。近年では、これらを網羅したガイド本も複数出版されているが（図9-1）、このうち、白川（二〇〇七）の巻末に掲載された「全国鉄道博物館全図」によれば、北海道から沖縄に至るまで、実に一六五もの鉄道ミュージアムがあるという。

ここで取り上げられているのは、主として専用の建物や施設を伴うミュージアムだが、これ以外にも、廃線になった鉄道の一部を残した保存鉄道の数々や、あるいは大井川鐵道（静岡県島田市）のように、蒸気機関車や旧型の電車を現役で走らせている鉄道会社なども含めると、相当数の鉄道ミュージアムが存在することになる。この点からも、数ある乗り物のなかでも、日本における、とりわけ鉄道に対する想い入れの深さがうかがえよう。折しも、近年は空前の鉄道ブームだとも言われている。そこで本章では、マニア文化関連ミュージアムの中でも、特に鉄道ミュージアムに注目して、話を進めていくことにしたい。

図9-1　日本全国の鉄道関連ミュージアムのガイド本

後述するように、鉄道ミュージアムは歴史も古い。代表的な存在として知られる鉄道博物館についていえば、それ自体は新しいが、その前身は一九二一（大正一〇）年に開館した初代鉄道博物館にまでさかのぼる。その後、二代目鉄道博物館を経て、神田万世橋に移転した三代目鉄道博物館は、戦後も交通博物館と名前を変えて長らく人気を集めることになったが、二〇〇七（平成一九）年にさいたま市へと移転し、再び鉄道博物館を名乗ることとなった（白川、二〇〇七）。

こうしたミュージアムの歴史を辿る際には、当然のことながら、過去のミュージアムに足を運ぶことはできない。そこで本章では、主としてこれらの歴史を記した数々の著作や文献資料を基にして議論を進めていくこととする。先に紹介したガイド本は、その好例といえるし、それ以外にも各々の博物館が発行しているパンフレット類やホームページなども参考になろう。

またそれと並行して、時代ごとにこれらのミュージアムに強い関心を寄せたであろう人々の文化にも注目する。筆者はかつて、一〇～八〇代に及ぶ幅広い世代の鉄道ファンに対するインタビュー調査を行ったことがある（辻、二〇〇八）。その結果からは、それぞれの時代における、鉄道とともに、これらのミュージアムに対する関心のありようをうかがうことができよう。

主としてこれらの二次的な資料に基づきながら、マニア文化関連ミュージアムとは何か、その来る由縁と歴史的変遷を辿ってみたい。そしてその知見に基づいて、改めて実際のミュージアムと向きあい、その未来についても考えていくこととしたい。

2　博物館と少年たちの帝国主義

二つの注意点

さて、マニア文化関連ミュージアムの歴史を辿る際、注意しなくてはならないことが二つある。

一つには、マニア文化関連ミュージアムは、もとからマニア向けとして開館したわけではないということである。近年開館した、それも「虚構（非モノ）」を展示の中心に据えたミュージアムならば、その可能性が否定できないかもしれないが、本章が注目する「モノ」の展示を中心に据えたミュージアムについていえば、その多くはマニアの快楽を満たすためというよりも、むしろ異なった目的のために開館したもののほうが圧倒的であろう。

もう一つには、そもそもマニアという存在自体が元からいたわけではないということである。その言葉が意味するのは、特定の「モノ」や「虚構（非モノ）」に対して、異常なまでに高い関心や興味を示す人々のことである。しかし、こうした関心や興味の示し方は、近年において突如として芽生えたようなものではない。むしろ、かつてから一定の割合で存在していたふるまいが、社会が変化していく中で、結果的に異質なものとして突出させられてしまったといった方が正確である。後述するように、展示された「モノ」との遭遇から、未知なる世界の広がりへと想像力を膨らませていった若い男性たち、いわば科学少年や軍国少年たちが、戦後は、マニアやオタクと呼ばれる存在へと連なっていくことになるのである。

帝国主義のディスプレイ

さて、日本におけるこうしたミュージアムの源流を辿っていくならば、否応なしに帝国主義との関連に行きあたる。固定化された建物や施設を伴わずに、「モノ」を展示し人々の関心を集めた催しとして、すでに明治初期から国内でも各種の博覧会が開かれていた。代表的なものとしては、一八七七（明治一〇）年に東京・上野で開かれた第一回内国勧業博覧会を挙げることができるし、またそれ以前にも欧州各国で行われた万国博覧会では、すでに日本からの展示が行われていた（吉見、一九九二）。

社会学者の吉見俊哉は、こうした博覧会がまさに「帝国主義の巨大なディスプレイ装置」（吉見、一九九二：一八〇）であり、「プロパガンダ装置」（二五九）であったと指摘している。すなわち、「博覧会は、テクノロジーの発展を国家の発展、つまりは帝国の拡張に一体化させ、そのなかに大衆の欲望を包み込んで」（一八〇）いく存在だったのであり、分かりやすい事例として、当時の一連のパリ万博における世界各地の展示が「手軽な世界観光の経験」（二五九）であったと指摘している。

さらに吉見は、こうした「モノ」の展示に対する帝国主義的で「近代的なまなざし」を向けていく場が、博覧会という催しから、固定化された場所を持つ「動物園や植物園、博物館や美術館、各種の展覧会や見本市、百貨店やショッピングモール」（二七二）などへと変容していったことを指摘している。この指摘は、本章が注目するミュージアムの源流を考える上でも示唆に富むものといえるだろう。

鉄道博物館開館の背景

先にも紹介した通り、初代の鉄道博物館が開館したのは一九二一（大正一〇）年だが、それに至る背景はまさに帝国主義的な目的に彩られたものであった。そもそも、鉄道博物館の構想は、すでに明治末期から立ち上がり始めていた。その契機となったのは、後藤新平の初代鉄道院総裁就任である。一九一一（明治四四）年には、後藤総裁のもと鉄道院内に鉄道博物館掛が設置されている。鉄道博物館設立の目的としては、「鉄道の進歩発達の足跡や現状を「物質的」な側面から記録し、研究材料として提供することにより将来の鉄道の発展に貢献することを主眼とすると共に、職員や一般公衆の鉄道に関する知識を「開発普及」」することが掲げられていた（交通博物館編、二〇〇一）。

ここで、当時の鉄道がまとうイメージが、今日のそれとは大いに異なるものであったことを確認しておく必要があろう。参考になるのは後藤の経歴である。知られる通り、彼は南満州鉄道総裁や台湾総督府鉄道部長を歴任した政治家であり、鉄道院総裁に着任したのもその手腕を買われてであった。まさにその経歴が示すように、当時の鉄道とは、国外においては植民地経営のための主要インフラであった。国内においても、開業当初はわずかな路線に限られていたのが、二〇世紀の初頭には全国的な鉄道網がほぼ完成し、一九一二（明治四五）年には、最初の特急列車が新橋～下関間で走り始め、その二年後の一九一四（大正三）年には皇居のそばに東京駅が開業する。このように鉄道は、帝都東京を中心点とする、大日本帝国の版図の広がりを可視化する存在だったのである。

だが、鉄道博物館はその構想が立ち上がった後、順調に開館へと結び付いていったわけではなかった。途中で後藤が二度にわたって鉄道院総裁を退いたり、それとともに鉄道博物館掛の関係者も配置換えされてしまったからであった。

しかしその一方で、この時代には科学知識の普及が声高に叫ばれていた。当時の帝国議会では、「科学及工業教育ニ関スル建議」が一九一八（大正七）年に、次いで、科学博物館の建設を掲げた「科学知識普及ニ関スル建議」が一九二一（大正一〇）年に可決していた。こうして、「科学知識の普及と博物館設立運動が結びついて盛り上がりを見せる中で」、鉄道開業五〇周年の記念とともに、初代鉄道博物館は開館することになったのである（交通博物館編、二〇〇二：一八）。

科学少年・軍国少年の時代

こうした中で、鉄道博物館に熱心に興味や関心を寄せたのは、当時の少年たちであった。いやむしろ、先端的なテクノロジーや帝国主義的なディスプレイに興味や関心を覚えるような存在として、少年という主体がこの時代に形成されていったのだと言った方が正確かもしれない。

その背景としては、やはり明治期以来の大日本帝国が、「富国強兵」「殖産興業」といったスローガンを掲げ、後発的かつ急速に近代化を成し遂げようとしていたことが挙げられよう。先進的な近代社会に対して「追いつけ追いこせ」を目標にして、特に重点が置かれたのが軍事力の増強と産業化であり、科学や技術もそのための手段として注目を集めていったのである（飯田編、一九八九／廣重、一九七三＝二〇〇二／中岡、二〇〇六）。

またこうした後発近代化社会においては、性別役割分業がより徹底化されていたとも考えられる。「質実剛健」という近代日本における男性性を象徴したスローガンは、こうした急速な近代化の担い手が内面化すべきものであったといえるし、さらに重要なのは、次代を担うべき年少者たちに対しては、それがより理想化された形で期待されていったということである（辻、二〇〇九）。

いわば当時において「少年は日本男児の予備軍として「明るく正しく強く」（中略）という〈理想〉を目指すべき」（宮台・大塚・石原、一九九二・一九九三＝二〇〇七：二七）存在として、軍事的な力強さと科学的な知識を身につけることが期待されていったのである。こうした傾向は、日清・日露の両戦争に勝利を収め、近代化に「自信」を持ち始めていた明治後期以降の日本社会において、ますます強まっていったといえる。

加えて述べておくならば、このように少年たちが先端的なテクノロジーと帝国主義的なディスプレイを享受するという構図は、明治期に姿を現し始めた少年雑誌においても明確に見出せるものであった。その嚆矢ともいうべき雑誌『少年園』は一八八八（明治二一）年に創刊されているが、翌年には「電気車の図」（二巻二四号）というタイトルで電気機関車の引く列車の口絵が掲載されたりと、何度も鉄道関係の記事が掲載されていたし、また「内国勧業博覧会」（三巻三五号）「博覧会の附属品」（四巻三八号）といったように博覧会関連の記事も多く掲載されていた。こうして『少年園』を嚆矢として、少年雑誌というジャンルが成立することとなり、そこから派生して『子供の科学』に代表されるような少年向け科学雑誌というジャンルが成立していくこととなる。今日、マニア文化関連と目されているような一連の雑誌、例えば、鉄道雑誌やゲーム雑誌、あるいはパソコン雑誌なども、こうしたかつての科学雑誌から派生してきたジャンルであることを忘れてはならないだろう。

なぜ〝鉄道〟博物館だったのか

さて開館に至る経緯や時代背景とともに、鉄道博物館に熱心に興味や関心を寄せたのが、当時の少年たちであったことを指摘してきた。だが、さらに忘れてはならないのは、当時の少年たちが〝最も〟熱心に興味や関心を寄せたのは、おそらく鉄道ではなかったということである。

別な言い方をすれば、当時における最先端のテクノロジーや帝国主義的なディスプレイの象徴は、鉄道だけではなく、それ以上のものがあったはずなのである。おそらくそれは、軍艦や戦闘機に代表される軍事関係のものであろう。事実として、筆者がかつてインタビュー調査を行った際、おおむね七〇～八〇代の戦前派のオールドファンの多くは、鉄道ファンであると同時にミリタリーマニアでもあった（辻、二〇〇八）。

実は、軍事関係のミュージアムは、鉄道よりもさらに歴史が古い。今日にまで続く代表的なものとしては、靖国神社の遊就館を挙げることができるが、その成立の経緯は明治一〇年代初頭にまでさかのぼることができる。明治末には、国宝級の名刀や皇室関連の展示物、さらに（乃木大将自刃の際の軍服軍刀といった）日清・日露戦争関連の展示物までが加わり、当時において国内唯一の武器博物館の地位を確立していた。そして、一九三四（昭和九）年には、満州・上海事変を記念して附属国防館も併設され、当時の陸軍における最新科学兵器を展示するようになった。さらに一九三七（昭和一二）年になると、東京・原宿の東郷神社に隣接して海軍館も開館し、こうして昭和初期の東京には、事実上の陸軍博物館と海軍博物館が並存して、多くの科学少年・軍国少年たちの人気を集めることとなったのである（週報第七九号、一九三八）。

鉄道博物館にしても、開館の経緯からも明らかなように、こうした動きと無縁ではなかった。一九二一（大正一〇）年の開館以降、関東大震災で壊滅的な打撃を受け、二代目鉄道博物館として移転した後、一九三六（昭和一一）年に再度三代目鉄道博物館として、東京・神田の万世橋駅舎跡地に移転することになるのだが、この駅前広場に建てられていたのは、日露戦争時における海軍の英雄、「軍神」広瀬武夫中佐の銅像であった。三代目鉄道博物館は、戦後交通博物館と改称することになるが、その頃に撤去されるまで、この銅像は重要なシンボルとして博物館の目前に存在し続けていたのである。

博物館に通い詰めていた少年の一人である、映画監督の実相寺昭雄は著書『昭和電車少年』の中で、当時の様子を以下のように記している（書名からもわかるように実相寺も熱心な鉄道ファンであった）。

そう、広瀬中佐と杉野兵曹長の、台座から十メートルはあろうかと思われる銅像は、町のランドマークだったのだ。錦絵でも、写真絵はがきでも、その銅像の所在は確かめられる。わたしも、最初に博物館へ行った折りに、その銅像を見上げている。

博物館内に一歩足を踏み入れ、わたしは思わず息をのんだ。それは後年、ヨーロッパ各地の大伽藍に入り、高い天蓋を見上げたときに覚える、ある種の気持ちの昂ぶりに似ていた。…そこはまさに、鉄道少年にとっての宝庫、いや神殿だったのである。…とにかく、はじめて訪れたその日から、萬世橋というか須田町界隈は、わたしにとってのメッカとなった。

（実相寺、二〇〇二＝二〇〇八：五六～六二）

ここで記されているのは、実相寺が小学校一年生だった一九四三（昭和一八）年頃の様子だが、当時の科学少年・軍国少年たちがどのように「鉄道博物館」をまなざしていたのか、その一端をうかがい知ることができよう。加えて記せば、二〇〇〇（平成一二）年に、実相寺は少年時代を回顧して交通博物館を訪れているのだが、その際も直接向かわずに、「わたしは九段から歩きはじめることにした。その理由の一つは、靖国神社の遊就館に、広瀬中佐の銅像のミニアチュアがあるからだ。それを目におさめてから、少年時代のコースを辿ろうとしたのである」（実相寺、二〇〇二＝二〇〇八：六四～六五）と記している。おそらくこれは、特殊な事例というよりも、当時の少年たちに共通した特徴と言えよう。つまり当時の鉄道博物館が、少年たちにとって、靖国神社の遊就館などと並列してまなざす対象であったのは、単なる地理的な近接性によるものだけではなかったということである。

別な言い方をすれば、この点は、なぜ鉄道博物館というネーミングがなされたのかという問いに対する答えをも示唆していよう。というのも当時の鉄道は、少年たちにとって、興味や関心を寄せる対象の一つではあったが、「一番人気」というほどの存在ではなかった。むしろ先端的なテクノロジーや帝国主義的なディスプレイの最たる象徴として、遊就館に代表されるような、軍事関係のミュージアムがすでに存在していたからこそ、「二番手、三番手」のような存在として、いわば後発的に残されたカテゴリーとして、鉄道博物館というミュージアムが成立したと言えるのではないだろうか。

言うなれば，大きな人気を誇る今日の鉄道博物館と，当時の鉄道博物館とは，名称においては同じであっても，まったく異なった意味合いを持つ存在であったのである。

これと関連して，今日の日本社会は，他の先進諸国と比べて，相対的に「鉄道博物館」の規模が大きい（あるいは「比重」が大きい）のも特徴的といえるが，これは，軍事関係のミュージアムが少ないからだとも言えるだろう。例えば韓国の場合，ソウル市内に壮大な規模の戦争博物館が存在していて，小学校の遠足時にも頻繁に活用されているという。それに対して鉄道博物館はソウルから鉄道で一時間ほどの郊外に存在し，その規模も相対的に小さいのだが，こうした対比は，おおむね多くの先進諸国でも見られるものといえよう。

3　博物館からマニア文化関連ミュージアムへ

「想像力の文化」という通奏低音

さて，かつての鉄道博物館と今日の鉄道博物館がまったく存在意義の異なるものであったとしたなら，前者から後者へと，いったいどのような変容を遂げてきたのだろうか。あるいはマニア文化関連ミュージアムという存在が，かつてはなかったというならば，いったいどのように登場してきたものなのか。または，既存の博物館がどのようにしてマニア文化関連ミュージアムと目されるようになっていったのか。こうした変容の過程は，かつての少年たちの文化が，いわゆるマニアやオタクの文化へと変容していく過程とパラレルなものでもある。

こうした変容について，筆者は以前に考察を試みたことがあるが（辻，二〇〇九），以下，かいつまんでそのエッセンスを記すこととしよう。ポイントとなるのは，「想像力の文化」とでも言うべき，ある一つの通奏低音の存在である。

先に，かつての少年たちは，展示された「モノ」との遭遇から，未知なる世界の広がりへと想像力を膨らませていったのだと述べた。このように、「現実」の中にいながら「現実ではないもの」に対して想像力を広げていくふるまいこそが「想像力の文化」である。

これが通奏低音だというのは、後の時代に至っても、そうしたふるまい自体は変わらなかったのに対して、「現実ではないもの」が時代とともに大きく変わっていったということである。あるいは、「想像力の広げ方」が時代とともに変わっていったのだと言ってもよい。

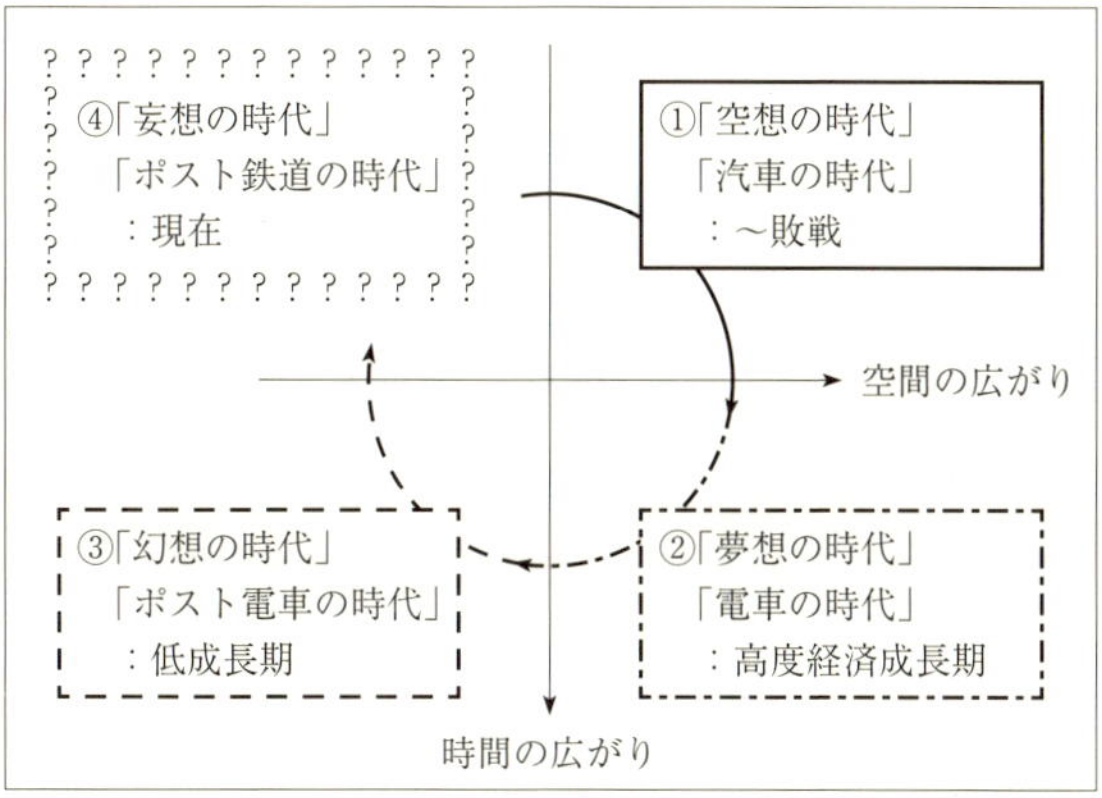

図9－2　鉄道ファンにみる「想像力の文化」の歴史的変遷

「想像力の文化」の歴史的変遷

筆者はこうした変容の過程を、鉄道ファンの文化を事例にして、四つの段階からなるものとして描き出した。ここで重要なのは、かつて鉄道を「想像力のメディア」だと言い表した社会学者の見田宗介の議論である。見田は、『銀河鉄道の夜』に代表される宮澤賢治の諸作品を分析しながら、鉄道とは、「現実」と「現実ではないもの」をつなぐような存在であり、いわば「今ここ（＝現実）」に存在する出発駅から、「ここではないどこか（＝現実ではないもの）」に存在する到着駅に向かって掻き立てられる「想像力」と深く結び付いたメディアなのだと論じた。この場合の、「ここではないどこか」には、空間軸上の諸外国も含まれれば、時間軸上の未来や過去も含まれている。

この点を受けて、「想像力の文化」の四段階の歴史的変遷を、座標軸上に示したものが図9－2である。図の横軸は右に向かって空間の広がりを、そして縦軸は下に向かって時間の広がりを表わしている。

右上の象限にあたるのは、明治期の近代化から敗戦後までにあたる①「空想（空間軸上への想像力の広がり）の時代」ともいうべき第一段階の時代である。それはまさにここまでに述べてきたような「大日本帝国」と「軍国少年」の時代であり、少年たちが、博物館に展示された「モノ」を通して帝国の拡大に想いを馳せていた時代であった。またこの時代を象徴する存在は、鉄道でいえば「汽車（蒸気機関車）」であったが、それが人気という面では、軍艦や戦闘機に次ぐ存在であったことはすでに述べてきたとおりである。

第二段階にあたる右下の象限は、敗戦後の高度経済成長期における②「夢想（時間軸上の未来の夢への想像力の広がり）の時代」である。この時代の少年たちは、敗戦で軍が解体し植民地を喪失していくとともに、空間軸上への「想像力の広がり」をも失い、むしろ未来の夢に特化した「想像力」を、鉄道に向けていくことになった。そしてシンボルが、鉄道の中でも、新幹線に代表される「電車」になっていった。

しかし左下の象限、③「幻想（時間軸上の過去の幻への想像力の広がり）の時代」に至ると、日本社会も「想像力」も大きな「方向転換」を迫られることとなった。「脱工業社会」「消費社会」が到来し鉄道の「斜陽化」が進む中で、「空想」や「夢想」の広がりを持ちにくい時代が到来し、「虚構（非モノ＝現実ではないもの）」の中に「想像力」の広がりを向けていくことになる。ＳＬブームに対して向けられたノスタルジックなまなざしや、それに次ぐ『銀河鉄道９９９』などのアニメのブームは、まさにその象徴であった。

こうした、第二段階から第三段階へと至る大転換期について、建築意匠論者の森川嘉一郎も、その著書『趣都の誕生』において以下のように記している。

科学技術による絶え間ない前進がもたらす輝ける未来、という高度経済成長時代に共有されていたビジョンは、七〇年代に入って、急速に色褪せてしまった。八〇年代の中頃には、このような状況を反映して出現した新しい人格が、「オタク」という呼び名によって見出されるようになった。彼らは性格として、科学を信仰し、大志を抱くはずだった少年たちである。それゆえこの〈未来〉の喪失によって受ける打撃が、ひときわ大きかったのである。彼らはアニメやゲームといった趣味に、退行していった。（森川、二〇〇三：一三四）

いわば、「想像力の文化」というふるまい自体は変化しなかったのだが、時代状況とともにそれに対するまなざしが、輝かしきものからおかしなものに対するそれへと変化していったのである。それに伴って、担い手たちも「少年」ではなく「オタク」としてラベリングされていくことになった。

こうした歴史的変遷に位置づけるのならば、現在は、第四段階の④「妄想の時代」にあるといえるのではないだろうか。いわば社会も「想像力の文化」も、その行き先が混沌としているような時代であり、混沌としているからこそ、わざわざ「虚構（非モノ）」ではない「モノ」に対して「想像力の文化」を強く抱くような古いタイプのオタクたちが、ネガティブな自己イメージを持たざるを得ないような社会状況にあるとも言えるのではないだろうか。

鉄道関連ミュージアムの歴史的変遷

さて、鉄道ミュージアムの歴史的変遷は、ここで述べてきた「想像力の文化」の歴史的変遷と重ね合わせていくとピタリと符合することがわかる。四つの時代区分ごとに、ちょうどその時期に開館（または改称）し、代表的存在と言えるミュージアムについて、以下に実例を挙げて述べていこう。

まず①「空想の時代」については、初代から三代目までの鉄道博物館を挙げることができるだろう。これらが帝国主義的な目的に彩られていたということや、その名称についても今日のものとは意味が異なって、むしろナンバーワンの花形としてミリタリー関連のミュージアムがすでに存在していたがゆえに、〝（残余カテゴリー的に）鉄道だけ〟を展示した博物館であったということは、すでに述べた通りである。

次に②「夢想の時代」については、交通博物館を挙げることができるだろう。これは、三代目鉄道博物館を前身として、一九四六（昭和二一）年に改称して開館したものだが（当初二年間は「交通文化博物館」）、敗戦後の民主化の中で、鉄道博物館としてではなく、交通全般に関する総合的な博物館という位置づけが目指されることとなった。管理すべき主体も、運輸通信省から日本交通公社が担っていた（やがて、日本国有鉄道が経営母体となったのちも、経営は日本交通公社に委託された）。

こうした動きの背後には、当時、博物館も連合軍の監視下に置かれていく中で、おそらくは戦前の帝国主義的な色彩を薄める目的もあったものと思われる。だがその一方で、むしろ鉄道が戦後復興の、あるいは未来の夢のシンボルとしての地位を確立していくに従い、交通博物館は、その名称とは裏腹に、事実上、鉄道（を中心とする）博物館として大きな注目を集めていったのである。

やがて③「幻想の時代」にいたると、ミュージアムにおいても、大きな「方向転換」を迫られることとなる。代表的なものとしては、蒸気機関車の保存を目的とした梅小路蒸気機関車館（京都市）や大井川鉄道（現在は大井川鐵道。静岡県島田市）などを挙げることができよう。前者は、日本の鉄道百周年を記念して一九七二（昭和四七）年に開館し、後者も日本で初めての蒸気機関車の動態保存（保存運転）を一九七六（昭和五一）年から行っている。

これらは、まさしく一九七〇年代のＳＬブームのさなかに開館されていることが大きな特徴であり、それ以前の鉄道ミュージアムが、先進的な西洋近代を見据えた帝国主義的なディスプレーであったり、あるいは未来の夢のシンボルとして展示を行っていたのと比べ、むしろ過去へのノスタルジーのシンボルを展示することに主眼が置かれているのが大きな違いである。ここに転換点を見出すことができるだろう。

加えて記せば、この時代、国内で最後に旅客列車を牽引した蒸気機関車（Ｃ57型135号機）も交通博物館に（そして現在の鉄道博物館に）展示されることになるのだが、しかしながら、梅小路蒸気機関車館や大井川鉄道は、そのコンセプトにおいてより徹底されていたと言えるだろう。

こうした整理に基づくならば、本章のタイトル・主題でもあるマニア文化関連ミュージアムという存在が、いつから登場してきたのかということについて、次のように言えるのではないだろうか。すなわち、おおむね①「空想の時代」や②「夢想の時代」までが、いわゆる既存の博物館、あるいは冒頭部の表現に倣うならば、何がしかの実体を伴った「モノ」を展示するタイプのミュージアムが中心的な時代であったのだと。

よってオタク文化が幅を利かせてくる、③「幻想の時代」以降に、「虚構（非モノ）」に関する展示を行うようなミュージアムが増してくることとなり、それが、ここで言うマニア文化関連ミュージアムと位置づけることができよう。あるいは、正確に言うならば、いわゆる既存の博物館であっても、この時代以降においては、マニア文化関連ミュージアムとして受容されていくこととなったのだと言ってよいかもしれないし、それは既存の博物館にとって、大きな低迷の時代を迎えることになったとも言えるだろう。

そして現在にあたる、④「妄想の時代」の代表的存在としては、埼玉県の鉄道博物館を挙げることができるだろう。言うならばそれは、過去の時代の「想像力」、すなわち、「空想」「夢想」「幻想」の対象であったものを全て同じ空間内に展示し、様々な「想像力」をその場において「妄想」しうるようなミュージアムであると言えるが、次節でさらにその詳細を取り上げながら、マニア文化関連ミュージアムの未来について考えてみたい。

4　マニア文化関連ミュージアムのこれから——発展研究への誘い

結論を先取りすれば、そこには二つの未来像があるように思われる。実際に筆者が訪れたことのある事例を示しながら、述べていこう。

マニア文化関連ミュージアムの日常化

一つ目の未来像としては、ミュージアムの展示物が徹底的に「日常化（日常的なものばかりが多くを占める）」されるという方向性が考えられる。それは、今日が後期近代の成熟社会であり、大きな「想像力＝ロマン」を広げていくこと以上に、「終わりなき日常」（宮台、一九九五）をやり過ごすことの方が重視されるならば、十分にありうる方向性である。

筆者が訪れたことのある事例でいうならば、日本国外であるが、スウェーデンの鉄道博物館はまさにそうした存在であった。

スウェーデン第二の都市イエテボリから、約一七〇キロの距離（電車で二時間ほど）にあるエンゲルホルムという小さな町に存在するこの博物館を、筆者は二〇一〇年夏に訪問した。図9-3の左上にあるように、その外観は立派であり、規模もそれなりに大きいのだが、語弊を恐れずにいえば、その展示内容は、少なくとも筆者にとってはつまらないものに感じられて仕方なかったのである。

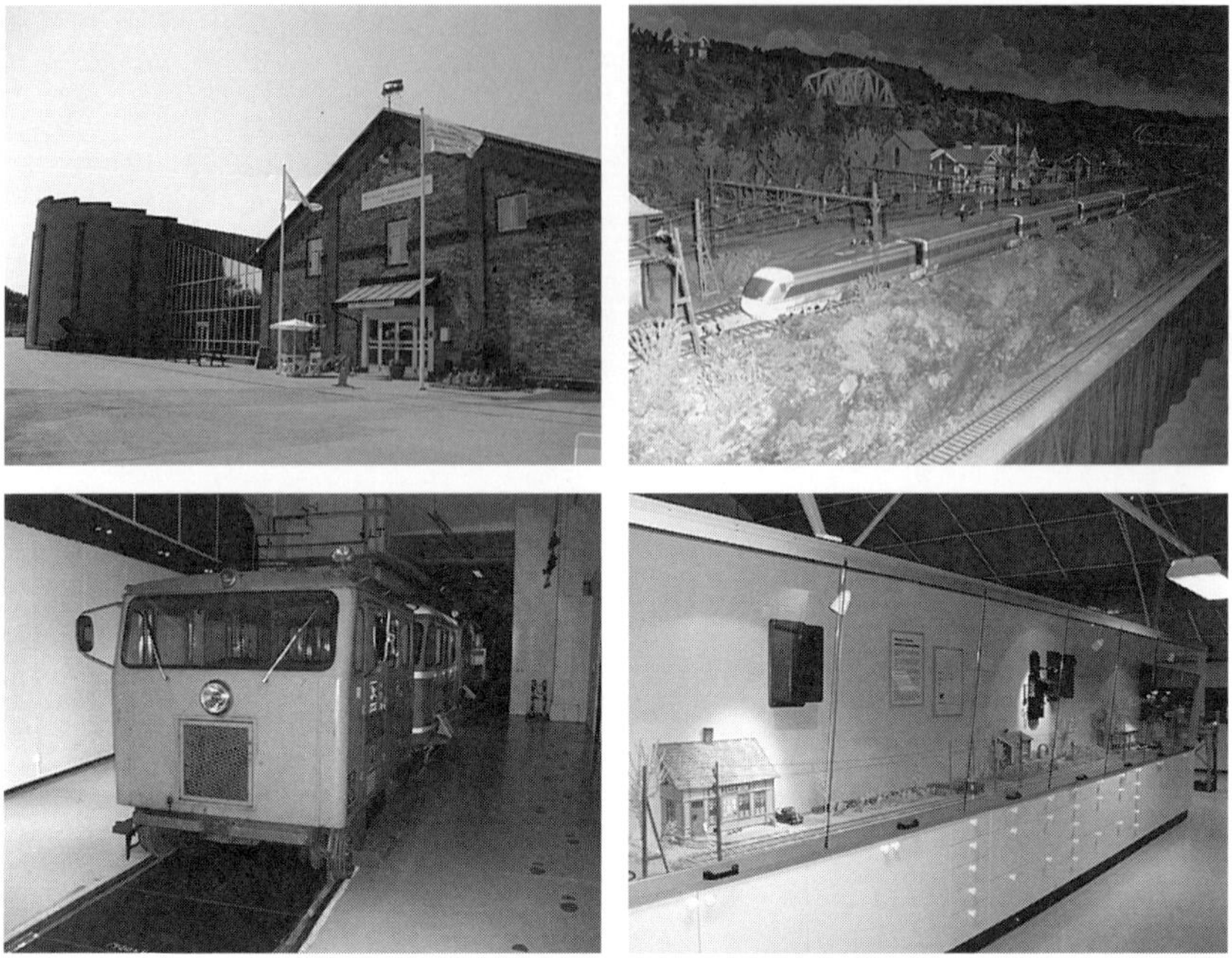

図9-3　エンゲルホルムにあるスウェーデンの鉄道博物館（いずれも筆者撮影）

それこそ、展示内容が「日常的」だったからということなのだが、一例を挙げれば、いわゆる「スター」のような、目をひいたり憧れを抱くような車両があまり展示されていないのである。スウェーデン国鉄にはX2000と呼ばれる高速特急電車があり、各地を結んで活躍中で、強いて言えばこれが「スター候補生」なのだが、特段それを目立って取り上げた展示は存在しなかった。鉄道模型のジオラマの中で、それを模した列車は走っていたものの、図の右上にあるように、造形が甘かったり、実際の編成が完全に再現されていなかったりと、力を入れた展示がなされているわけではなかった。

また、後に紹介する日本の鉄道博物館と比べると、展示内容には物語性が乏しく、何がしかの順序に従って展示されているというよりも、個別の展示物がそれぞれにバラバラに置かれている感じも覚えた。

では、この博物館ではどのような展示に力を入れているのかといえば、それはまさに「想像力」の対象というよりも、むしろすぐそこの

「日常」に身近に存在するような対象としての鉄道であった。具体例を挙げれば、地味なディーゼルカーや（図の左下）、あるいは鉄道を裏方で支える電信技術などである（図の右下）。それらは比喩的に述べるならば、いわゆる「はたらくくるま」の類のようなものであり、日本で近しいものを想起するならば、バスやタクシー、トラック、せいぜい消防車やパトカーのような存在として、鉄道がまなざされているということなのである。

したがって博物館のグッズ売り場においても、自国の鉄道車両を模したキャラクターグッズが売られているわけではなく、強いて鉄道好きの子ども向けグッズとして挙げられるのは、フランスのTGVと日本の成田エクスプレスを模した中国製のおもちゃぐらいで、むしろ中心を占めていたのは手堅い書籍などであった。

たしかに、スウェーデンがかつてより海上交通に重きを置いてきた国であることを思い起こせば、こうした展示内容になることは想像に難くない。しかし一方でその展示内容は、日本人である私にとって、表面上のつまらなさと同時に、今後の日本のマニア文化関連ミュージアムの一つの未来像を示唆しているという点では興味深いものでもあった。

マニア文化関連ミュージアムのアーカイブ化

次に二つ目の未来像としては、ミュージアムが徹底的にアーカイブ化するという方向性がありうるのではないだろうか。それは、展示物が素朴に「想像力」を喚起するといった単純なものではなく、むしろ「ある時代において、そのような展示物が「想像力」を喚起したことがあった」という、各々の時代の「想像力の文化」の存在そのものを整理するような方向性である。

その実例として分かりやすいのは、やはり現在の鉄道博物館であろう（図9-4）。

先に、四つの時代区分について説明したが、現在の鉄道博物館は、特定の時代に力を入れた展示を行っているというよりも、むしろ各時代を代表する車両を展示し、時系列的な物語性をもったものとなっているといえよう。いうなれば、各時代の「往年のスター」が目白押しの空間ということであり、例えばそれは「一号機関車」（図右上）や「（戦前の国際列車である）特急富士号の展望車」（図左下）、あるいは「0系新幹線」（図右下）などである。

繰り返し要点を触れておけば、これらは現在でも素朴にスターとしてあがめられているわけではなく、むしろ、

図9-4　埼玉県にある鉄道博物館（いずれも筆者撮影）

それらがかつて「スター」であったことがアーカイブされているわけであり、言うなればアーカイブ化された各時代の物語を、メタレベルの視点から俯瞰することに徹底しているのが、この博物館の特徴だということができよう。あるいは、こうした特徴は、かつて批評家・小説家の東浩紀が「データベース消費」と呼んだふるまいに近いものと言うこともできる（東、二〇〇一）。

また、こうしたアーカイブ化という方向性については、さらに「モノ」のアーカイブ化と「非モノ」のアーカイブ化という、二つの下位区分を設けることもできるだろう。前者については、鉄道博物館を事例に説明した通りだが、保存鉄道の運行が特に盛んなイギリスの事例などもその典型例と考えられるだろう。

一方で、メタレベルから各時代の物語を「妄想」することが主たる目的であるならば、アーカイブされる展示物は必ずしも「モノ」でなくともよい可能性もある。具体的には、「非モノ」である情報をアーカイブ化したバーチャル・ミユージアムがその好例であり、鉄道関連としては小田急バーチャル鉄道博物館が二〇〇七（平成一九）年に「開館」している（図9－5）。

その特徴として、実物の「モノ」としての車両に触れたり乗ったりすることは当然できないが、現存するものからすでに廃車となったものに至るまで、幅広い車両が「展示」されていることが挙げられる。実物の場合、スペースの関係から特定の一両だけが展示されることが多いが、インターネット上の同博物館においては、往年のスターであるロマンスカーが、十数両のフル編成で走行するシーンをバーチャルに楽しむことができる。

情報のアーカイブ化については、個々の鉄道ファンが自らのホームページ上に作成したものや、あるいはそれらをリンクしたものなども含めることができるが、本章の目的に従うならば、やはりこうしたバーチャル博物館が、マニア文化関連ミュージアムの未来像の一つの典型例を示していることを指摘しておくべきだろう。

図9－5　小田急バーチャル鉄道博物館（http://www.odakyu.jp/museum/）

これからのマニア文化関連ミュージアム

ここで示した二つの未来像については、どちらが優れているとか正しいとかいう類いのものではない。しかしながら、日本社会におけるマニア文化関連ミュージアムについて言うならば、少なくとも当面の間は、日常化よりもアーカイブ化のほうが進行していくのではないかと思われる。さらに「モノ」と「非モノ」であるならば、近年の動向からして、後者のアーカイブ化の比重が増してくることも想像に難くない（あるいは、こうしたアーカイブ化が隅々に至るまで徹底的になされ、その存在が至極当然のこととして受け入れるようになった先にこそ、日常化という現象が全面化するのかもしれない）。

いずれにせよ、日本社会にはマニアやオタク文化の分厚い蓄積が存在しており、当面はそのアーカイブ化が重要な課題となろう。そしてアーカイブが増えるほど、こうした文化を楽しむ機会は増えることになるし、それは、楽しみながら「想像力の文化」を鍛え直し、再構成していくよい機会にもなるのではないかと思う。

たしかに、後期近代の成熟社会を迎えた今日では、大きな「想像力」を広げることが困難であるようにも感じられる。かつてなし得たように、「ここではないどこか」という社会の「外部」を「空想」したり「夢想」することのリアリティが乏しくなりつつある。

しかし、だからこそ先を見据えていくために、「想像力の文化」が今までにも増して重要になってきているのではないだろうか。いわばそれは、この社会に徹底的に内在しながら「妄想」を膨らませていくというふるまいである。だとすれば、せめて「妄想」のバリエーションが乏しくならないように、出来うる限り多様な「想像力の文化」をアーカイブ化することが最大の課題といえるだろう。

今後、マニア文化関連ミュージアムに対しては、楽しい場であると同時に、そうした「想像力の文化」を鍛え直していく場としての存在意義が期待されよう。

参考文献

秋山岳志『機関車トーマスと英国鉄道遺産』集英社、二〇一〇年。

東浩紀『動物化するポストモダン――オタクから見た日本社会』講談社、二〇〇一年。

飯田賢一編『日本近代思想大系14　科学と技術』岩波書店、一九八九年。

宇野常寛『ゼロ年代の想像力』早川書房、二〇〇八年。

宇野常寛『リトルピープルの時代』幻冬舎、二〇一一年。

呉市海事歴史科学館監修『今すぐ行きたい！大和ミュージアムガイドブック』ザメディアジョン、二〇〇六年。

交通博物館編『交通博物館のすべて――知られざる歴史と魅力』ＪＴＢパブリッシング、二〇〇一年。

実相寺昭雄『昭和電車少年』ちくま文庫、二〇〇二＝二〇〇八年。

白川淳『全国鉄道博物館―鉄道文化の殿堂「鉄道博物館」＆全国の施設セレクト30』ＪＴＢパブリッシング、二〇〇七年。

辻泉「鉄道の意味論と〈少年文化〉の変遷――日本社会の近代化とその過去・現在・未来」平成一九年度東京都立大学大学院社会科学研究科博士学位論文、二〇〇八年。

辻泉「なぜ鉄道は「男のロマン」になったのか——「少年の理想主義」の行方」宮台真司・辻泉・岡井崇之編『「男らしさ」の快楽——ポピュラー文化からみたその実態』ミネルヴァ書房、二〇〇九年。

鉄道博物館『鉄道博物館』二〇〇七年。

中岡哲郎『日本近代技術の形成——〈伝統〉と〈近代〉のダイナミクス』朝日新聞社、二〇〇六年。

廣重徹『科学の社会史（上）——戦争と科学』岩波書店、一九七三＝二〇〇二年。

宮台真司・石原英樹・大塚明子『増補　サブカルチャー神話解体——少女・音楽・マンガ・性の変容と現在』筑摩書房、一九九二・一九九三＝二〇〇七年。

宮台真司『終わりなき日常を生きろ——オウム完全克服マニュアル』筑摩書房、一九九五年。

吉川正洋『ダーリンハニー吉川の全国縦断鉄博巡り』メタモル出版、二〇〇九年。

『大井川鐵道公式ホームページ』（http://www.oigawa-railway.co.jp/）

『独立行政法人　国立科学博物館　概要2010』（http://www.kahaku.go.jp/about/summary/index.html）

『別冊歴史読本　旧軍史跡——現代に遺された戦争遺産』新人物往来社、二〇〇九年。

『遊就館と海軍館』週報第七九号、一九三八年。

『遊就館の歴史』（http://www.yasukuni.jp/~yusyukan/history/index.html）

（辻　泉）

コラム23　〈城郭ミュージアム〉とは何か――城跡にある博物館(1)

城下町を起源とする都市には江戸時代の名残を示す城跡があり、石垣や水堀を修復したり再現したりして、公園あるいは観光名所として整備されていることが多い。こうした城跡公園には天守閣や本丸御殿のような往時を偲《しの》ばせる建物が建てられていることも多く、これらのランドマークは町のシンボルであると同時に、ゆかりのある戦国武将や大名家に関する品々を収蔵し展示する場所＝ミュージアムとしても機能している。

城跡や天守閣にロマンを求めて訪れる人は大勢いることだろう。歴史ファンの心をくすぐる刀剣や鎧兜は展示施設の必須アイテムである。しかし遺物を集める際のポリシーや収蔵品の展示方法に興味を持ってやってくる人はほとんどいないに違いない。お城のような外見の建築物をミュージアムとして眺めた場合に見えてくる特徴とは何だろうか。城跡に建てられた〈城郭ミュージアム〉の規模はお城の知名度と自治体の大きさに比例すると言っても過言ではないが、武士の時代の展示をする以外にどのような共通点があるのだろうか。京阪神から日帰りできる範囲にある〈城郭ミュージアム〉を訪問して分かったことを紹介しよう。

〈城郭ミュージアム〉には武具や美術品、調度品や書籍といった城主の家に伝わる宝物以外にも七つ道具とも言うべきものがある。城郭や城下町を再現したミニチュア。ゆかりのある有名な武将や藩祖の肖像画ないし彫像。藩政の実態が記された史料や藩札、民具、祭礼の衣装などの民俗資料。マネキンを置いた奥座敷から城下の町並みや本丸御殿まで、規模は様々だが等身大の再現物も欠かせない。〈城郭ミュージアム〉にはさらに再現ドラマのような映像教材を提示する装置や場所が必ずあり、総じてこれらは教科書では教えてもらえないローカルな近世史を学ぶために揃えられていると言える。

〈城郭ミュージアム〉の展示物はしかし、戦国時代や江戸時代を偲ばせるものばかりではない。城跡の発掘調査や復元工事に関する展示があるのは当然としても、意外なことに武士の時代とは縁遠いはずの弥生式土器や埴輪を収蔵・展示している施設が少なくなく、彦根城博物館、水口城資料館、安土城郭資料館、大垣市郷土館、舞鶴市田辺城資料館、高槻市立しろあと歴史館、和歌山城天守閣など、城郭や城主や藩政に関わるものだけに特化した施設と数において拮抗している。岐阜市歴史博物館、南丹市文化博物館、長浜市長浜城歴史博物館、たつの市立龍野歴史文化資料館、洲本市立淡路文化史料館、篠山市立歴史美術館、赤穂市立歴史博物館など、弥生式土器も扱っている〈城郭ミュージアム〉は「歴史」や「文化」を名前に組み込んでいることが多いが、古墳時代やときには近現代を付け足して地域の歴史を総合的に語ろうとするところに特徴と共通点がある。

弥生式土器を収蔵・展示している〈城郭ミュージアム〉の中でも滋賀県立安土城考古博物館は、古墳と城郭を同時に扱う必然性を考えるうえで特筆すべき施設であろう。両者はともに大規模な土木工事を行って建設されたものであり、長期間にわたる継続的な発掘調査が必要だという点で一致している。安土城考古博物館は城郭関連の展示棟と古代史関連の展示棟を結合させたような構造になっているが、城郭と古墳の両方を折衷したものというよりも、過去の土木工事の研究調査に特化した施設とみなすべきであろう。

尼信博物館と尼崎市立文化財収蔵庫はともに尼崎城に関する〈城郭ミュージアム〉であるが、収蔵の対象やポリシーは対照的かつ互いに補完し合う関係にある。前者は地元企業（尼崎信用金庫）の私設博物館で鎧兜や刀剣、藩政資料など城主だった大名家の遺物を扱っており、後者は城跡を再開発する際の発掘調査や出土品の復元と展示を担当している。官民が役割を分担し棲み分けを行っている例として、双方ともに特筆に値する施設であるといえよう。

（今井隆介）

長浜市長浜城歴史博物館

滋賀県立安土城考古博物館

コラム24　体験学習型の〈城郭ミュージアム〉——城跡にある博物館(2)

城跡に建てられた〈城郭ミュージアム〉には、大阪城天守閣のように巨大なものあれば水口城資料館のようなこじんまりとしたものもあり、城主の宝物や江戸時代の民具や城郭のミニチュアを陳列しただけのところもあれば、視聴覚装置を多数配置したり昔の暮らしぶりを等身大で再現したりして、地域の歴史と文化を効率よく学べるように様々な工夫を凝らしたところもある。例えば名古屋城天守閣は通路の一部を江戸時代の街路を再現した時代劇のセットのような内装にしつらえており、さらに照明をゆっくりと明るくしたり暗くしたりすることによって城下の一日を演出している。

織豊時代を中心に岐阜市の歴史を紹介する岐阜市歴史博物館は収蔵品やミニチュアや映像資料をただ見せるばかりではなく、訪問者に参加を促す〈城郭ミュージアム〉の典型といえるだろう。館内には楽市楽座の実施によって賑わう町並みを再現した「戦国ワンダーランド」と題したコーナーがあり、この一角だけが写真撮影可能となっているほか、スピーカーが組み込まれた等身大の人形が何体か置かれていて、織田信長の有名な施策について説明的な立ち話をしてみせてくれる。映像資料を提示する装置も画面に直接触れて操作する最新のタッチパネル式が採用されており、自宅のパソコンを扱うような感覚で見たい映像を選択し視聴できるようになっている。

濃尾平野を一望に収める金華山の山頂に再建された岐阜城天守閣は岐阜城に関するもう一つの〈城郭ミュージアム〉であり、戦国時代の遺跡を訪ねてやってきた巡礼者はここから四隣を睥睨《へいげい》した斎藤道三や織田信長の気分を味わうことができる。しかし歴史を展示することそれ自体に興味がある者には全く別な、他では得難い体験をさせてくれる。岐阜市のランドマークでもあるこの建物は、武士の時代の遺物に混じってNHKの大河ドラマで使用した衣装を収蔵したり、信長を描いた油絵や岐阜城にゆかりのある戦国武将の肖像画を額縁に入れて展示したりしており、さながら戦国時代に対する現代人のイメージや態度が具体的な事物となって陳列されているかのようにみえる。岐阜城天守閣は「歴史の展示とは何か」、「展示物のかたちで提供される歴史とは何か」を訪問者に問いかけるという意味で、特筆すべき施設であるといえよう。

忍者はポピュラーカルチャー化された日本の歴史を象徴する存在と言っても過言ではないが、伊賀上野城趾にある伊賀流忍者博物館は体験学習的な展示や演出を行っているというよりも、はっきりとアミューズメントパークの様相を呈しており、岐阜城天守閣と同様に歴史の観光資源化を知るうえで欠かすことのできない〈城郭ミュージアム〉である。伊賀流忍者屋敷、忍術体験館、忍者伝承館からなるこの施設は、忍者屋敷の様々な仕掛けについて実地に説明を受けたり、忍者ショーを観覧したり手裏剣を的に当てる体験ができる一方で、伊賀地方の古文書や忍者を扱った古今東西の創作物といった文献資料の収集と展示も行っており、清濁併せ呑む懐の深さには目を見張るものがある。

　城跡を訪れることはそれ自体が城郭の跡地利用の有様を実感し、発掘調査と再開発の現状を見聞する体験学習的な側面をもっている。しかしそのような体験を期待する訪問者は稀であり、城跡を訪れる人の数はその城郭を事前に知っているかどうか、つまり城郭そのものの知名度とそのお城に関わりのある人物の人気を変数とする計算式によって決定されると言ってよいだろう。その意味で、城主や戦国武将ではなくイメージキャラクターの知名度を引き上げる方法を選択した彦根城と彦根城博物館は、二一世紀の〈城郭ミュージアム〉を考えるうえでますます重要性を増している。世界遺産への登録やNHKの大河ドラマに頼らなくても全国から巡礼者を集める方策があることを立証して、他の〈城郭ミュージアム〉に範を垂れたからである。

（今井隆介）

岐阜城天守閣

福知山城郷土資料館

コラム25　都市計画型の〈城郭ミュージアム〉——城跡にある博物館(3)

現在訪問できる天守閣はほとんどが昭和の時代に再建されたものであり、失火や明治六年の「廃城令」や戦災による破壊を免れたのは姫路城や彦根城、松本城などほんの一部に過ぎない。空襲で焼失した天守閣を復興のシンボルとして再建するのはもちろん、それよりはるか以前の段階で失われていたものも全国各地で建築されたことを考えると、昭和は江戸時代初期以来の大築城時代だったとも言えるだろう。

城跡に天守閣を建築して町のランドマークとする発想は、例えば小浜市が小浜城天守閣の復元を計画しているように二一世紀になってもまだ効力を保っている。彦根城再建されるものも天守閣ばかりとは限らない。彦根城のように天守閣が現存しているなら表御殿を再建してこれを彦根城博物館として開設するし、名古屋城のように再建済みなら新たに本丸御殿を復元する。篠山城のようにそもそも天守閣が建設されていなかった場合は代わりに大書院が復元される。このように現代の築城合戦は対象を拡大して未だ継続中であるといえよう。

時代考証をせずに建てられたものであれ、入念に調査して忠実に復元されたものであれ、天守閣は基本的に収蔵品の展示場として使用されている。城跡の再開発が都市計画の一部であり、「築城」が今や〈城郭ミュージアム〉の開設を意味するとすれば、現代の築城熱は都市計画とミュージアムをどのように媒介しているのだろうか。興味深い事例をいくつか紹介しよう。

園部城趾にある南丹市文化博物館はその典型ぶりにおいて逆に特筆すべき〈城郭ミュージアム〉である。まず、古代から現代にいたる丹波地方の歴史を紹介する展示は、「文化」や「歴史」を名前に組み込んだ〈城郭ミュージアム〉の典型的な例となっている。博物館の階下には南丹市立中央図書館が、隣接する天守閣を模した豪壮な建物には南丹市マルチメディアセンターが入居しているが、園部城はそもそも天守閣をもたない城郭であって、町おこしの象徴として城跡に天守閣を新築してしまった典型であるといえる。ただし築城自体が目的であるかような施設とは一線を画するようにして、国際化と情報化に対応した新しい町づくりの中核となることが謳《うた》われており、〈城郭ミュージアム〉に町のシンボル以上の役割が求められるようになった典型的な事例としても興味深い。

尼崎市立文化財収蔵庫は、尼崎城の発掘調査とさらに古い時代の埋蔵文化財を扱っている点で滋賀県立安土城考古博物館に近い施設だが、「築城」が済んで開設された〈城郭ミュージアム〉とは違って、本丸周辺の再開発計画を現在進行形で見ることができる。当該地区にお城のような石垣と白壁をもった尼崎市立中央図書館が新築されたほか、城跡に建てられた近代建築を地域資産として活用する方法が模索されており、尼崎市立文化財収蔵庫が建物の保存と再利用を兼ねて歴史ある中学校の旧校舎に入居しているのもその一環である。素朴な築城熱とは異なる都市計画の進展を見守る価値は十分にあると言えよう。

まちおこしのシンボルとして城跡に天守閣を新築し、内部を陳列物で充填して末永く観光資源となることを期待する。こうした現代版「築城術」の原型となったのは一九三一（昭和六）年に落成した大阪城天守閣というよりも、一九三五（昭和一〇）年に竣工した伊賀上野城天守閣、別名「伊賀文化産業城」であろう。というのも前者が江戸時代に焼失したものの再建であるのに対して後者は全くの新築だからである。伊賀上野城天守閣は地元の物産を展示する場所として使用され、威風堂々とした外観から白鳳城の異名をとるようになり、忍者の里にそびえ立つ様子はさながらディズニーランドにおけるシンデレラ城のようである。私財を投じて建設を主導した地元の名士、川崎克《かつ》の言葉ほど小欄を締めくくるにふさわしいものは他にないだろう。

「攻防作戦の城は亡ぶる時あるも、産業の城は人類生活のあらん限り不滅である。」

（今井隆介）

伊賀上野城天守閣

尼崎市立文化財収蔵庫

コラム26　シャレコーベ・ミュージアム——プライベート・ミュージアムが提唱する科学と文化の融合

尼崎市にあるシャレコーベ・ミュージアムは、「世界初」の頭蓋骨の博物館である。ミュージアムの壁面に飾られた、約七〇〇万年前に存在した「最古の人類」と言われるサヘラントロプスの化石の大型模型は、国道二号線からもよく見え、通行人やドライバーに大きなインパクトを与えている。

本館で展示されているのは喫煙具やコップ、スケボーからバンドTシャツなど、ポピュラー文化の文脈でも馴染みの深い髑髏グッズから工芸品や美術品、そして本物の頭蓋骨標本に至るまで多岐に及んでいる。これらの展示物はすべて、河本圭司館長のコレクションであり、その数は六六六〇点に及ぶ（二〇一二年三月）。

館長である河本氏は、関西医科大学で長年教授を務め、執刀医としても活躍した医師である。仕事柄、頭蓋骨に接する機会が多かった河本氏は、一般的に持たれがちな「ガイコツは気持ち悪い、怖い」といったイメージを払拭し、人間の最後の姿である死や人生と向き合う場として、三〇年前から始めた自身のコレクションを公開するミュージアムを自宅の敷地内に設け、大学を退職した後二〇一一年一一月一一日に同館をオープンさせた。

ともすれば、好事家によるプライベート・ミュージアムに思えるかもしれないが、同館はそれにとどまらない。それは河本氏が提唱する「シャレコーベ学」を具現化したミュージアムでもあるのだ。

河本氏によるとシャレコーベ学は、氏の本業である医学をはじめとする〈科学〉だけでなく、〈文化〉をも射程に入れており、シャレコーベ・ミュージアムは「スカルについての解剖学的、人類考古学的意味をもっている〝サイエンス・ミュージアム〟でもあり、また世界の文化を理解するための〝カルチャー・ミュージアム〟」なのである（同館ホームページより引用）。

なるほど、確かに展示を見ていると、医学、考古学、文化人類学、民俗学、宗教からポピュラー文化にいたるまで、頭蓋骨を通して様々なテーマを見いだせることに気づく。それらは貴重な人骨標本であったり、権力の象徴であったり、オブジェやTシャツのデザインであったりするのだが、いずれも何らかの意味を持っており、そこからは様々な地域や時代の人々の生活ぶりや価値観、生死観がうかがえる。

また、同館の独特の展示法にも注目したい。改めて館内を簡単に紹介すると、一階にはライターやグラス、指輪やTシャツなどの雑貨や日用品が所狭しと並べられており、二階・三階に上がるにつれて、クリスタル製の髑髏などの一点物の工芸品や美術品などが加わり、その中に紛れ込むように本物の頭蓋骨が展示されている。決して広くはない館内に、一見すると雑然と並べられている展示品は生活展、文化展、人類考古学展、解剖・病理学展、美術展といった分類で展示されており、それらが日常的なものから非日常的なへと順序よく配置されることで（河本氏の表現によると「目を慣らす」）、妙に身構えることなく頭蓋骨標本を見ることができる。無数の骸骨達がどことなくユーモラスに思えてくるから不思議だ。

収集・保存・展示をすべて個人が手がけているという点では、他の立派なミュージアムには見劣りするかもしれないし、開館から間もないこともあって現段階（取材時二〇一二年三月）では未完成な感も否めない。しかし、コンセプトや展示品、展示法には目を見張るものがあり、こじんまりとしながらも体系立ったミュージアムだといえるだろう。今後は髑髏Tシャツコンテストや学生等を対象とした団体客の受け入れもしているという。

はたして頭蓋骨という万人受けするとは言い難い対象を扱うプライベート・ミュージアムが、今後新たな価値や文脈を創造することができるのかは、興味深いところであり、これからの展開を見守っていきたい。

（永井純一）

ガイコツをかたどった本館

日用品から標本までが並ぶ館内

コラム27　海洋堂フィギュアミュージアム黒壁　龍遊館——記憶の二重の再構成

当館は、海洋堂の「フィギュア」をテーマにしたミュージアムである。英語の"figure"は「形」や「人の姿」「肖像」などを意味する単語だが、現代日本のポピュラー文化における「フィギュア」は主に「様々なキャラクターを立体化したモノ」である。

一九九〇年代後半に「食玩」と呼ばれる玩具菓子の付録として手のひらサイズのフィギュアが話題になってからは、フィギュアは一部のマニアだけのものではなく、多くの人々にとって身近なものになっている。例えば、コンビニに行けばコレクション・フィギュアが付いた玩具菓子が、量販店に行けばもう少し大型のアクション・フィギュアが数多く売られているのを目にするだろう。

このようなフィギュアの普及において牽引役となったのが、製作するフィギュアのクオリティに定評のある海洋堂である。この海洋堂が製作したフィギュアを数多く展示しているのが当館の特徴だ。

ところで、フィギュアにおいて人々は何を消費しているのだろうか。ひとつの見方として、フィギュアを「ポピュラー文化の記憶を想起させるモノ」と捉えてみよう。社会学者のM・アルヴァックスによれば、過去の記憶は、物的環境のなかで保存されているという。フィギュアはアニメ・マンガ・ゲームなどにおけるキャラクターを物体化したものだから、過去に体験したポピュラー文化コンテンツの記憶を物的環境として保存したものと考えることができよう。

しかしその際、二次元から三次元への組み換えに伴う「解釈」が必然的に入るため、原作とは異なったものとして再構成される。実際、「原形師」と呼ばれる製作者による大胆なアレンジが加えられ、それが人気の源泉となっているフィギュアもある。すなわち、フィギュアはかつて体験したポピュラー文化の記憶を立体化という形で再構成したものなのだ。

しかし、ここで「ミュージアム」という存在の意味を考え合わせると、さらなる論点が浮かび上がってくる。当館のようなフィギュアのミュージアムは、フィギュアを収集・展示することによって、配列しなおす場所である。ここから考えると、フィギュアミュージアムの場合、実は「記憶の二重の再構成」が行われていることになる。というのも、原作であるポピュラー文化の記憶をフィギュアとして物体化したのが一段階目の再構成であり、そのフィギュアをミュージアムのなかでさらに展示・配列し直したのが二段階目の再構成であるからだ。

このような「フィギュアのミュージアム」は、世界でも非常に珍しい存在であり、当館は「日本で最初、

海洋堂フィギュアミュージアム黒壁 龍遊館
（筆者撮影）

世界で初めてと自負している」（公式webページに掲載の、館長・宮脇修氏のコメント）という。

当館における楽しみ方については、筆者が観察した際には、来館者が「懐かしい」と語り合いつつフィギュアを見ている様子が伺えた。フィギュアの題材（原作としてのポピュラー文化の記憶）を「懐かしい」というだけでなく、「昔、これ買ってたねぇ」などフィギュア自体（再構成されたポピュラー文化の記憶）を懐かしむ感想もあった。これは、フィギュアというモノ自体が人々に共有化された文化体験として、新たな「記憶の地層」となっていることを意味するだろう。

また、当館のマネージャー・岡本宏一郎氏へのインタビューによると、当館はフィギュアをもとのシリーズ別にそのまま並べた展示に加えて、ミュージアムのオリジナル企画として新たに配列しなおしたジオラマの展示を積極的に行っているという。これはフィギュアを再配列することで、そこに込められた記憶を再構成して提示していることを意味するだろう。

以上の観点から、海洋堂フィギュアミュージアムの実践を、記憶の再構成としてのフィギュアをさらに再構成してミュージアムの展示とする「記憶の二重の再構成」として捉えることができる。そして、このような試みは当館を越えて広がっている。二〇一〇年には京都国際マンガミュージアムと兵庫県立歴史博物館において「フィギュアの系譜――土偶から海洋堂まで」展が当館の協力のもと開催された。また、二〇一一年には高知県四万十町に「海洋堂ホビー館四万十」が新たにオープンした。

当館とこれらの企画や施設の人気は、記憶の二重の再構成としてのフィギュアとミュージアムの魅力を示しているだろう。

（松井広志）

コラム28　バンダイミュージアムとガンダムフロント東京――「ガンダム」をめぐる記憶とモノ

「機動戦士ガンダム」は、一九七九年に放映されたアニメーション作品である。その後の再放送と映画化で人気が沸騰、その物語やキャラクター、メカニックをはじめとするリアル志向が後年のアニメに多大な影響を与えることとなった。現在まで、テレビ・映画・OVAなどのアニメだけでなく、マンガ、小説、ゲームといった様々な媒体において、世界観を共有した「ガンダムシリーズ」と総称される作品が数多くつくられている。これらのガンダムシリーズは、日本はもちろん海外の多くの地域でも高い人気を得ている。

このような人気を背景として、「ガンダム」をめぐる記憶を収集・保存した施設は多く見られる。まず、栃木県に「おもちゃのまちバンダイミュージアム」がある。当館が現在の場所での運営を始めたのは二〇〇七年からだが、おもちゃや科学をめぐる多様な展示を行っている。江戸期から近年流行したものまで日本の玩具を展示する「ジャパントイミュージアム」、ロンドンおもちゃ博物館より受け継いだヨーロッパを中心としたおもちゃを公開する「ワールドトイミュージアム」、T・エジソンの人生とともに彼の発明品を保存・公開している「エジソンミュージアム」、バンダイによる「ガンダム」関連のコレクションを収めた「ホビーミュージアム」などがその構成である。このうち、ホビーミュージアムには、ガンダムシリーズに登場するモビルスーツ（人型の機動兵器）のプラモデル、通称「ガンプラ」が多数展示されている。それに加えて、ガンダムの富野由悠季監督による立体作品である「ZAKUの夢」や、ファーストガンダムの主役機「RX-78-2 ガンダム」を設定サイズ通りに立体化した「原寸大ガンダム胸像」も公開されている。このように、当館において「ガンダム」関連の展示は重要な位置を占めている。

また、ガンダム関連の展示施設としては他に「実物大ガンダム立像」の三度にわたる展示がある。これは、ガンダム三十周年記念であった二〇〇九年にお台場、次いで二〇一〇年静岡に公開され、両方とも多くの来場者を得た。さらに、二〇一二年お台場にオープンした複合商業施設・ダイバーシティ東京には、三度目の実物大ガンダム立像をその一環とする総合エンターテイメント施設「ガンダムフロント東京」がつくられた。当施設は、制度的にはミュージアムではないが、新作のCG映像を映すドームや、ガンプラをはじめとする多くのガンダム関連のグッズの展示があり、「ガンダム」をテーマとするミュージアム的機能をもった施設として捉えることができる。

しかし本稿では、これらのいわばミュージアム的施

おもちゃのまちバンダイミュージアム
（筆者撮影）

設だけが、ガンダムの記憶の唯一のあり方ではないことにも同時に注目したい。社会学者のM・アルヴァックスによれば、記憶は集合的な営みであるが、そのような「集合的記憶」は、過去の出来事がそのまま保存されたものではなく、現在の視点から再構成されるものであるという。集合的記憶論の枠組みから考えると、記憶にまつわる場所は狭義のミュージアムに限定されない。現在という時点からガンダムの記憶を再構成した「モノ」自体もまた、記憶が保存される物的環境として捉えることができる。モノを通して、多くの人々が「ガンダム」をめぐる集合的記憶を想起しているのである。

その典型的なあり方は、先述した「ガンプラ」の受容のされ方に見られる。ガンプラは、アニメ放映の翌一九八〇年に発売が開始されたが、アニメ本体の人気と連動しつつ、「ガンプラブーム」を巻き起こし、現在でもそれ自体が独立したメディアとしての存在感を有している。模型店や家電量販店に行くと、プラモデル売場にガンプラの完成品がショーケースのなかに展示されている光景にしばしば出会う。面白いのは、これらの完成品に一つとして同じものはないことだ。同一のモビルスーツであっても、模型の制作者によって様々に異なるアレンジがなされ、それぞれが微妙に違う完成品に仕上がっている。つまり、原作としてのアニメ（など）に登場するガンダムを見たときの個人的な「記憶」が人によって異なり、それを再現したものがガンプラなのだ。

この事情は大量生産された模型製品という水準においても同様である。同じモビルスーツでも、様々なスケール（一／一四四、一／一〇〇など）や模型独自のシリーズ（HGUC、MGなど）のガンプラが発売されている。これらは、発売時にトレンドとなっていた解釈の基準やシリーズごとのコンセプトによって、設定上は同一の機体であっても、その造形はかなり異なる場合がある。しかし、製作者の解釈が加わるからといって、原作とは似ても似つかない形態とはならない。

ガンダムのファンに共有された一定のアレンジの幅のようなものは確実に存在している。ここから、ある人の「ガンダム」についての個人的記憶は、「ガンダム」という作品世界をめぐる多くの人々の集合的記憶と切り離せないものとなっていることがわかる。

そのような事情であるから、ガンダムの一／一スケールの「実物」を公式に建造するとなると、これまで発売されてきたガンプラ以上にファンに共有された最大公約数的なガンダムの集合的記憶にある程度合致するものでなくてはならない。そのため、バンダイミュージアムの「原寸大ガンダム」の胸像、またお台場と静岡、さらにガンダムフロント東京の「実物大ガンダム立像」は非常に野心的な試みであったといえる。そして、筆者がこれらの展示に訪れるファンを観察し、インタビューを行った際に得られた知見から考える限り、これらのモノや施設は多くの人々に好意的に受け入れられているように思われる。

静岡での「実物大ガンダム立像」
（筆者撮影）

以上のように、実物大ガンダムや次々と生み出される多くのガンプラは、数え切れないファンに受容され、集合的な、あるいは個人的な記憶とともに消費されている。しかも、その範囲はメディア・コンテンツのグローバル化のもと、日本以外の東アジアやヨーロッパ、アメリカを中心として海外にも広がっている。このことは、国家という単位を超えて、非常に多くの人々が「ガンダム」の記憶を収集・共有・消費していることを意味するだろう。

（松井広志）

コラム29　神戸ドールミュージアム――二つの近代性

当館は、ビスクドールとオートマタを中心とした、「ドール（人形）」を収集・展示するミュージアムである。

「ビスクドール」とは、一九世紀後半から二〇世紀初頭にかけて流行した陶器製の、いわゆるアンティークドールである。フランス語で「二度焼き」を意味する"biscuit"を語源としている。「オートマタ」は、一八世紀から一九世紀にかけて時計技師たちによって生み出された、機械仕掛けの人形である。

両者のほとんどが製作されてから一世紀以上経過しているという状況で、保存状態のよいこれらのドールを数多く所蔵するのが、本館の最大の特色だ。

しかしそもそも、われわれの社会において「ドール（人形）」とはどういう存在なのか。ここでは、時間軸に基準をおいて考えてみたい。過去、伝統社会における人形は物神崇拝の精神文化のなかで機能しており、「人間より大きなもの」の象徴であったという。これが近代になると、人形は「人間より小さなもの」、つまり愛玩物として感情移入される対象になったと言われている。

当館に収められているビスクドールの多くは「黄金時代」と呼ばれる一九世紀後半のフランスで製作されたものであり、フランス革命と産業革命を経た近代の円熟期に当たる。その意味で、これらのドールは近代における人形の典型であって、まさに愛玩の対象として製作され、受容されたものだといえる。

ここで、「ミュージアム」という場所自体もまた近代になって成立したことを考え合わせてみなくてはならない。ミュージアムは、単純な消費の対象とはならない知識や財を保存・収集する近代の精神を背景に成立した場所である。そうだとすれば、人形をコレクションすること自体が、すでにミュージアム的行為だということになる。

以上の内容は、当館の館長へのインタビューからも確認することができる。神戸ドールミュージアムでは、所蔵品である「人形自体のかわいさ」を最大限に生かすことを心がけている。そのため、展示上の工夫として他のミュージアムのように凝った方法は取っておらず、人形自体を素朴に並べているという。このようなミュージアム展示における実践は、ドールを収集・保存したものを公開することが、ある意味でそのまま「ミュージアム」となることを示している。

一方で「かわいい」という感情を投入する対象としての人形を収集する行為があり、他方で事物を収集・保存したうえでそれを展示するミュージアムがあるが、どちらも通底した性質をもっていることが分かる。そのどちらの背景にも「近代」という時代における文化のあり方が大きく関わっているのだ。したがって、ドールを収集し、それらを展示している「ドールミュージアム」たる当館は、「ドール」と「ミュージアム」という二つの近代性を背負った空間だと捉えることができる。

最後に、現代社会における「ポピュラー文化」という観点からドールという存在を考えてみよう。そうした場合、近年グローバルな規模で関心を集めている「フィギュア」との関わりから「ドール」という存在を考えてみると面白い。

当館所蔵のビスクドール

そのためには、両者の形態的な違いだけでなく、文化的背景も合わせて読み解くことが必要である。ドールとフィギュアは、近代とポストモダン、ハイカルチャーとサブカルチャー、芸術作品と商業製品といった概念で分節化されることが多く、両者が置かれた社会的文脈は大きく異なっているといわれる。

しかし、これらの固定的な二項対立を超えたところから、フィギュアと何が同じで何が違うのかということをさらに考察していくと、ドールという文化の新たな側面が見えてくる。

例えば、先の「収集と保存」という枠組みを援用すると、極めて近代的な存在であるドールと、ポストモダンの産物と思われるフィギュアが、実は同じ近代のフェティシズム的欲望の地続きのうえに成り立っている文化であることがわかる。このようなドールとフィギュアの文化的意味の異質性と同質性は、ドールという文化をミュージアム化した本館の社会的意味を考える際にも、重要な観点となるだろう。　（松井広志）

第10章　エスニック関連ミュージアム
——ブリコラージュとしてのアート——

多文化主義

1　ポピュラー文化としてのエスニックなるもの

エスニック音楽、エスニック雑貨、エスニック料理、街角にはエスニックなるものが満ちている。一九七二年の「エスニック・ルック」が初めて『現代用語の基礎知識』に載録されて以降、エスニック・グループ（一九八〇年）、エスニック料理（一九八七年）、エスニシティ（一九九〇年）が加わる（宮原、一九九四：三七二）。二〇一〇年版では、エスニック・クレンジング、エスニック・メディアなど九項目が索引に挙げられ、エスニックは日常語としての地位を獲得したといえる。(1)宮原は、エスニックという言葉における日常的な意味と社会学的な意味の差異を、アメリカ合衆国におけるエスニック（ethnic）の語用法を参照しつつ考察している。以下、簡単に紹介しよう。

日常語としてエスニックは、地域のイメージと結び付いたある種の気分や身体感覚を漠然と意味するもの、非日常的なもの、混沌としたもの、珍しいもの、辛いもの、土臭いもの、珍しいもの、魅惑するもの、猥雑なものを表す言葉であり、そこには辺境としてのアジア・アフリカ・中南米の人々の生活や文化や表情が含まれる。そして「エスニックという語はこうした気分や身体感覚を意味する記号として、とくに八〇年代以降の消費社会のもとで大量に消費されてもきた」（宮原、一九九四：三七二）。一方、社会学の領域でエスニックは、エスニシティ研究が対象とするエスニック集団という言葉として表れる。エスニック集団は「客観的に言語、宗教、歴史経験等を共有し、主観的にわれわれ意識を共有するような集団」であり、元来そこには中心から見た辺境、周縁性、従属性との論理的な連関はない[2]。またエスニックは「人種（race）」と対置される言葉でもある。二〇世紀後半の人種理論との訣別の過程において、エスニシティ・エスニックという語の使用は、「人種がもっていた人の属性の垂直的な序列に対してその水平的な『多様性』を、一元的序列に対して『多元的平等』を対置している」（宮原、一九九四：三七七）。つまり、エスニックは多文化主義の共示であり、その使用には、エスニックな属性が人種的な属性とは根本的に異なるという主張が内包される。

他者の表象

本章が対象とするのは、ポピュラー文化として経験され日常生活のなかで消費されるエスニックなるものである[3]。私たちが触れて見て楽しむことのできる「異文化」「他者の表象」であり、周縁性・辺境性とは切り離すことができない。かつて西洋が「野蛮」「現地」「東洋」といった用語に内在させた距離感は、現在の私たちにも無縁ではない。しかし国民国家の境界を越えるグローバルな流れのなかで、異文化から抜粋されたイメージ、モノ、記号の流入速度は増すばかりである。私たちは「異文化」や「他者」の片鱗を同時代のものとして浴びている。身体の五感を通してエスニックを経験することで、他者の生活世界の一端に参与し、境界を越境する可能性を開くとは考えられないだろうか。その時、エスニックなるものの消費は多文化主義へと導かれ、他者は、私たちの日常生活を問う者として現前化する。

微細な細工を施されたにもかかわらず驚くほど安価な雑貨、巨大な木彫り人形、奇抜な原色の組み合わせ、目眩《めまい》を誘うような音色・音階・リズムそして踊り、甘み／酸味／辛味の入り交じる料理。他者のイメージの複数性は、類型化を拒み、私たちの習慣化された営みに回収されることはない。それらの他者は、私たちの自明の世界への疑問を否応なく提示する。私たちに対して、理解のためのコードを模索させること、柔軟に切り替えさせること、そして既存の枠組みを開放することを要求する他者である。

そしてまた、エスニックなるものは消費されることを通して、断片化される。エスニック料理を楽しみ、エスニック・ファッション（最近はフォークロアと呼ばれる）に身をつつみ、テレビで異国の風景を楽しみ、動物園で「野生」動物を眺め、ミュージアムで異国のモノに触れる。私たちの日常生活には断片化された記号とイメージ――エスニックなるものがまばらに配置されている。その配置は文化媒介者である様々なメディアにより決定される。例えば、テレビ番組や映画、街のショップ、博物館や美術館、動物園、テーマパークやサファリランドなどである。文化媒介者は、単に消費と生産をつなぐだけの存在ではない。消費を生産の単なる反映ではなく、社会的再生産の中心を担うものへと媒介し、そして再び私たちの消費の方法を決定づけるものである。これらのメディアを介して私たちは異文化を楽しむことができる。次節では、異文化を楽しむという今日の消費行為の起源を辿ってみよう。

2　展示される異文化

万国博覧会

万国博覧会は、その時代の最先端科学を駆使したアトラクションとスペクタクルの祝祭である。産業振興のために、すべてのモノと人を一同に集め、回を重ねるごとに規模を拡大しながら開催されてきた。万国博覧会の原型はパリの第一回内国博覧会（一七九八年）にある（鹿島、二〇〇〇）。それは、国家的プロジェクト、商品のスペクタクル、回遊性の会場、広告としての博覧会という現在に至る万国博覧会の特徴をすべて備えていた。当時の思想家サン＝シモンの夢「人間による人間の搾取から機械による自然の活用へ」に影響を受けたミシェル・シュヴァリエは、ナポレオン三世の下で経済政策を推し進める。そして第一回ロンドン万国博覧会（一八五一年）に触発され、一八五五年パリで万国博覧会を開催する。一八六七年のパリ万国博覧会では、初めて五大陸すべてから展示物が出品された。観客動員の中心となったのは、異国情緒あふれるパヴィリオンであった。とりわけ非ヨーロッパの国々は、外貨を獲得するために、自国の品物を魅力ある輸出品に仕立てる必要があった。それらの国々は集客の手段として、エキゾチズムに訴え、会場は人種博覧会の様相を呈したという。エジプト館ではラクダに乗った人が、日本のパヴィリオン「水茶屋」では江戸、柳橋の芸者三人が友禅縮緬の振り袖に桃割れを結い、煙草を吸ったり味醂《みりん》酒のお酌をしたり、茶をもてなしていた（鹿島、二〇〇〇：三五四～三七三）。

一九〇〇年の第五回パリ万国博覧会には、大型映像装置が設置された。機械館では、表裏どちらからも鑑賞可能な二一メートル×一六メートルという巨大なスクリーンを中央部に配置し、一度に二万五〇〇〇人の観客が巨大映像を楽しんだという。ロシアは、モスクワから北京への旅のシミュレーション「シベリア横断鉄道」を出展した。「客車という設定で作られたシアターに座ると、窓の向こうの景色が変わって行き、モスクワから北京への景色を眺めながら旅をしている気分になれる、という優れもので、スラブ料理を食べながら窓の景色を楽しむことができた」（久島、二〇〇四：一四二）。その他、気球に乗ってヴェルヌの『八〇日間世界一周』の気分を味わえる企画、「宇宙の旅」というアトラクション、海の旅を仮想体験できる「マレオラマ」と呼ばれる仮想船旅など、世界の旅をテーマにしたものがディオラマによる方法で展示された（久島、二〇〇四：一三九〜一四三）。

旅と映像は博覧会に欠かせないものとなる。その背景には、一九世紀後半のヨーロッパで活発になった鉄道の敷設がある。アーリによれば、鉄道旅行は近代的な移動性の構造化にとくに重要な役割を果たしてきた。旅客は小包のように空間を運ばれ、時間は時刻表に表れるグリニッジ標準時へ合わされ、個別の場所は経由地となる。田園は車窓の風景として平板化され、乗客は「パノラマ的知覚」を会得する（アーリ、二〇〇〇＝二〇〇六：九九〜一〇二）。

鉄道の技術革新を社会の革新へと転化させたのは「観光の帝王」トマス・クックであった。禁酒運動家でもあったトマス・クックは、一八四〇年代より民衆に酒場やアルコールに代わる「健全な」娯楽を提供するために、安い切符による団体旅行の組織化に乗り出した（吉見、一九九六：二八〜二九）。一八五一年のロンドン万博に多数の観光客を送り込むことで、事業を一気に拡大し、積立金制度による労働者の博覧会見学を奨励した。また一九世紀末に登場したアメリカン・エクスプレス社は一八九一年にトラベラーズ・チェックを商品化し、一八九五年にヨーロッパ支店を開いた。こうして一九世紀半ばから世紀末にかけて旅行は、個人的営みから巨大産業が提供する商品へと変貌した。

博覧会で展示された異文化の産物の多くが、博覧会終了後に博物館に収納され、展示された。一八七八年のパリ万博はトロカデロ博物館、一八九三年のシカゴ万博はフィールド自然史博物館、一九三七年のパリ万博は人類博物館を発想させた（クリフォード、一九八八＝二〇〇三：一七八～一八〇）。大英博物館の民族誌コレクションの充実にも、博覧会は大きく関わっている（吉田、一九九九：四二～四三）。

日本では、国立民族学博物館が一九七〇年の大阪万国博覧会のために収集した民族資料を引き継ぐ形で一九七七年に開館した（創設は一九七四年）。初代館長梅棹忠夫は、植民地支配下にあった地域の博物館のみが母国語以外の表記を行うという認識の下、展示物の説明を日本語のみとし、展示案内に西洋の言葉を使用しなかった。こうした試みに対しては、「日本が『西洋』＝『植民地宗主国』と対等・同等であろうと欲することの裏返し」（福間、二〇〇四：一〇二）とする批判もある。つまり、そこには『文明の生態史観』に描かれた西ヨーロッパと日本を表す「第一地域」とユーラシア大陸の他の国々を表す「第二地域」の固定的で変容不可能な位階構造が意図されているのだという。さらに福間は、日本における「異民族」の展示は、オリエンタリズムと重なり合う部分が大きいと指摘する。なぜなら、それらのモノは、従来の文脈から切り取られ、本来の意図とは関わりなく博物館・博覧会で再構成され、展示されるからである。「『異文化』は『展示』する側によって一方的に創り上げられるものであり、語られる『異文化』の側には、実は発言権は想定されていない」（福間、二〇〇四：一〇五）。

たしかに異文化の展示は、現地のモノを略奪し、ミュージアムに展示してきた事実を想起させる。一九九〇年代以降、かつて植民地支配された地域で文化遺産の売買禁止と文化遺産奪還の動きが活発になってきた。異文化の展示、エスニックなるものの消費について考えることは、権力の通時的・共時的布置を知ることでもある。

異文化展示における「芸術／文化」論争

一六世紀の西洋では、異文化で生み出されたものは「珍品」[4]とされ展示されていた。一八世紀に博物学が成立して後、あるものは器物（artifact）＝民族誌的資料として博物館へ、あるものはアート（art）＝美術的価値のあるものとして美術館へと納められる。[5]博物館には、「エキゾティック」、「文字文明以前」、「プリミティブ」、「単純」、「野生」、「消え行く種族」、それらに属していると信じられているモノが配置された（Lidchi, 1998: 161）。一九世紀末から二〇世紀初頭にかけて、民族誌的資料の収集は急速に進められる。そしてこれらの豊富な資料を基盤にして、人間についての新たな学問・人類学が成立する。これはまた西洋の植民地支配の形態が完成した時期であった。

クリフォードは、異文化のモノがその展示の文脈において、「芸術」と「文化」とに分類される歴史の起源を一九二〇〜三〇年代におけるアヴァンギャルドなパリに跡づける（クリフォード、一九八八＝二〇〇三）。一九〇八年頃ピカソが黒人芸術を研究し始めたトロカデロ博物館は、エキゾチックなものが無秩序に展示されていた。そこは、第一次世界大戦後、一時的に「芸術」の博物館になった。一方、一九三八年に一般公開された人類博物館は「文化」のそれとなった。「フランスの民族誌的科学の成長のために、自由で生産的な環境を提供した。その指針となったのは、コスモポリタン的、進歩的、そして民主的価値であった。…人類学博物館におけるアフリカ彫刻は、関連する品々とともに地域ごとに展示され、それらの重要性は機能的な面から判断された。数本の街路を隔てた。数本の街路を隔てた近代美術館に収められているピカソの作品の隣に、これらのものが居場所を見出すことはなかった（クリフォード、一九八八＝二〇〇三：一七九）。こうして芸術と文化の分岐は、文化媒介者たるミュージアムによって進められていく。

一九三五年、ニューヨークの近代美術館（ＭＯＭＡ）では、「アフリカ・ニグロ美術展」が開催される（吉田、一九九九：六二〜六三）。これは「近代美術館」における「ニグロ美術」の初めての展覧会であり、今日、アフリカ美術の傑作とされる作品が展示された。「それらの作品は、むしろこの展覧会に出品されたことで『アフリカ美術の傑作』となり、その後の『アフリカ美術』のコレクションのモデルとなったのである」（吉田、一九九九：六二）。出品作品の九割以上が仮面や彫像、木器などの木製品で占められていた。この頃から、アフリカ美術が彫刻に代表され、立体的な造形を特徴とするという一般的イメージが定着していく。

ＭＯＭＡの展示方法は世界中で繰り返される。仮面や彫像は作品と呼ばれ、一点ごとに展示され、スポットライトを当てられる。仮面は、衣装や飾りから切り離し木製の顔の部分だけが壁にかけられる。彫像は、祖先の祭壇から切り離され、「祖先像」と呼ばれる。民族名は記載されるが、その作り手用途については記載されない。以降、コンテクストを剝ぎとることによって美術品として展示する手法は、至るところで繰り返される（吉田、一九九九：

六七）。

そして再び一九八四年、ニューヨークの近代美術館（ＭＯＭＡ）において、「二〇世紀美術におけるプリミティヴィズム――『部族的』なるものと『モダン』なるものとの親縁性」展が開催される（開催期間は一九八四年九月二七日～一九八五年一月一五日）。この展覧会のコンセプトをめぐって激しい議論がまきおこり、ミュージアムにおける他者表象のありかたが再検討される（吉田、一九九九：一二二）[6]。

クリフォードは、この美術展には、西アフリカのイフェやベニンの自然主義的な彫像が展示される一方、ハイブリッドな造形は「不純な作品」として排除され、一九八〇年代に創作された優れた部族芸術「第三世界のモダニズム」は捨象されていることを指摘し、タイトルに冠された「親縁性」は虚構であり、意図的に構成されたものだと批判する。

ＭＯＭＡでは、部族的なモノを芸術として扱うということが、その本来の文化的コンテクストを排除することを意味している。…文化的コンテクストについての無知が、審美的鑑賞のためのほとんど前提条件となっているかのようにみえる。このモノ・システムのなかでは、部族的なモノは、あるひとつの環境、すなわち芸術の、美術館の、市場の、目利きの世界で自由に流通するために、別の環境から分離されているのである。

（クリフォード、一九八八＝二〇〇三：二五七）

部族的なモノは、あいまいな過去（一九～二〇世紀）と純粋に観念的な空間のなかに浮遊することで芸術品へと処せられる。こうした芸術／文化、美学／人類学という近代的制度が再生産されるなかで、器物／アート（芸術品）が分類されていく。

このような非西洋起源のモノの分類される場をクリフォードは、「真正性を製造する機械としての『芸術＝文化システム』」と称する（クリフォード、一九八八＝二〇〇三：二八三）。縦軸に真正性と非真正性、横軸に芸術と文化と

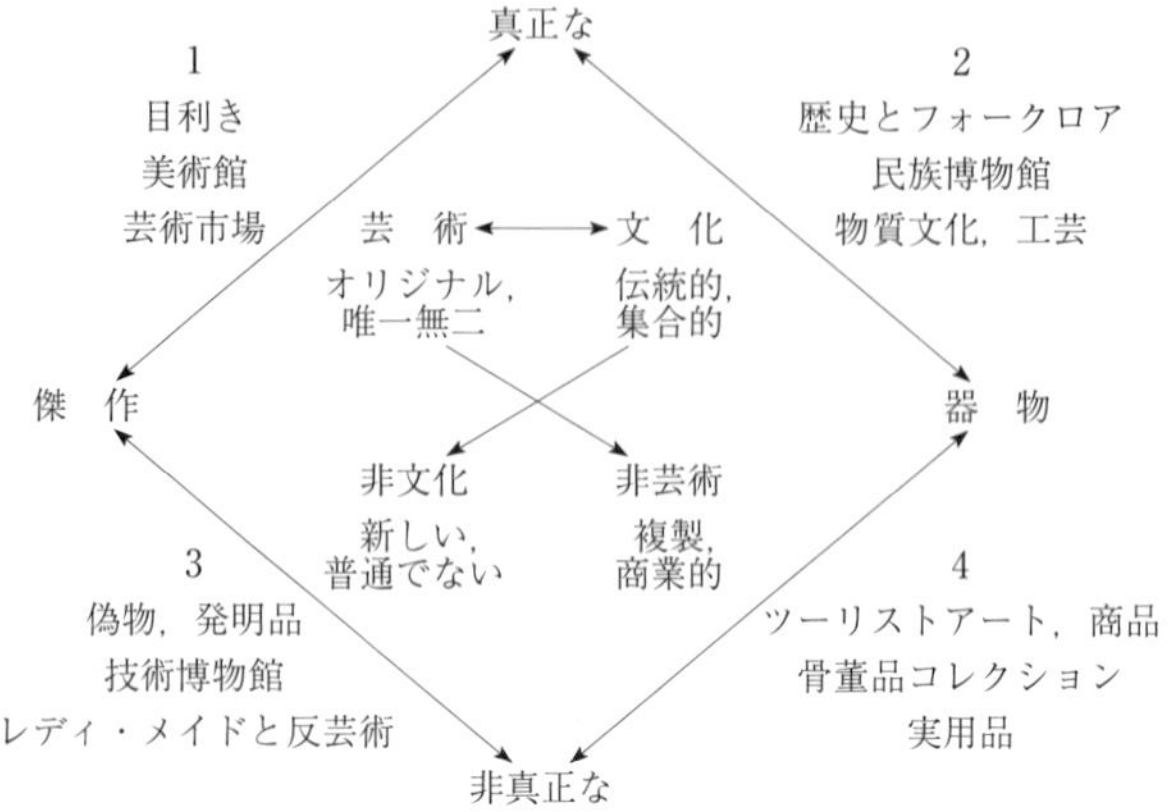

図10-1　真正性を製造する機械としての「芸術＝文化システム」

いう対立の軸を設定することから四つの意味の区域が得られる（図10-1）。(1)真正の傑作の区域、(2)真正の器物の区域、(3)非真正の傑作の区域、(4)非真正の器物の区域である。クリフォードは、このシステムが前提とする芸術、文化、科学技術、商品という範疇そのものが世俗的であることを断りつつも、ほとんどのモノは、これらの区域のどこかに、また二つの区域で移行中のものとして位置づけられるとする。「このシステムはモノを分類し、それぞれに価値の多寡を割り振る。それによって、モノが帰属し流通する『コンテクスト』が設定されることになる」（クリフォード、一九八八＝二〇〇三：二八三）。第一区域の美しい「芸術」と第二区域の民族誌的「文化」の間の移動は頻繁であり、工芸品や骨董品が格上げされて芸術品となることもあれば（2→1）、傑作が時代様式の見本となることもある（1→2）。商品であった器物が、特別な発明創造品と見なされたり（4→3）、芸術品が贋作であることが判明したりする（1→3）。それらは常に変容する文化的カテゴリーの一つであり、恣意的なものである。

　アフリカで創られたモノは、一九六一年から七二年にアフリカ諸国を回って調査したマウント（Mount）によれば、「伝統的なスタイル」「キリスト教の触発を受けたもの」「お土産アート」「ニューアート」の四つのカテゴリーに分けられる（Mount, 1973）。伝統的なスタイルとは、伝統的な方法で作られたもの、例えばガーナのアシャンティ地域で作られた金を計るための真鍮性分銅、アクワバ人形などが挙げられる。キリスト教の触発を受けたものは、一五〜一六世紀のヨーロッパとの接触後、コンゴ川河口で作られ始める。キリスト教伝道団の人々の導きにより、聖書の物語をモチーフにして作られた絵画や木製彫刻などである。お土産アートは今日最もよく知られているもので、二〇世紀以降に制作された。例えばポルトガル領アフリカの駐在員たちの本国への土産用に作られた象牙細工のように、「本来の」アフリカの断片を熱望するヨーロッパ人たちのために作られた土産品であり、ヨーロッパ人の好みに合わせて作られた。ニューアートは、アフリカの伝統と近代西洋の新しい素材と技術を組み合わせて作り上げるという特徴がある。(7)

これらのアフリカのモノに、クリフォードの「芸術＝文化システム」を適用してみよう。「お土産アート」「キリスト教の触発を受けたもの」は、かつては外来の影響を受けたものであり第三・第四区域「非真正のもの」に属したが、時が流れ「歴史」により真正性が付与されて現在は第一・第二区域「真正のもの」に属するようになる。「伝統的なスタイル」のなかには、第二区域「真性の器物の区域」から、審美的文脈の推移のなかで第一区域「真性の傑作の区域」へと移行するものもある。

アフリカのニューアートは、こうした分類が恣意性に基づくものであること、その区域間の移動は頻繁であることを明らかにする好例である。マウント（Mount）は、ニューアートを美学的な見地から最も重要かつ興味深いアートと位置づけ、さらなる発展を望んでいる。マウントは、ニューアートこそがアフリカの「真正の傑作」だと考える。しかし実際にはそれらは美術館で展示されたり、博物館で展示されたり、お土産品、ツーリストアートとして扱われたりする。例えばアフリカの現代美術を代表する彫刻家エル・アナツイの作品は、第一区域の美術館にも所蔵され、二〇一〇年には第二区域の国立民族学博物館で特別展示された。民族学博物館での展示にあたり、アナツイは、自分の作品が博物館に展示されることに違和感があると関係者にもらしたという。次節では、対アフリカとの関係では植民地化の歴史をもたない日本独自のミュージアム状況を紹介しよう。現代の日本社会において、アフリカのモノはどのように配置され、消費されているのだろうか。

3　エスニックなるものとしての「アフリカ」

二〇一〇年は日本の人々が、かつてなくアフリカを意識した年であった[8]。南アフリカ共和国で開催されたサッカーのワールドカップは、アフリカ大陸で初めての出来事であり、日本からもテレビクルーが派遣され、連日、試合と南アフリカの街の状況を報道した。東京・京橋の東京国立近代美術館フィルムセンターでは、アフリカの映画三五本を上映する「CINEMA AFRICA 2010」が開催された[9]。

藤田みどりはその著『アフリカ「発見」』で日本におけるアフリカ像の変遷を描いている（藤田、二〇〇五）。以下、簡単に紹介しよう。日本に「アフリカ人」が最初に渡来したのは、一五四六年のことである。ポルトガル船で働くアフリカ人を一目見ようとして、一〇〇キロも離れたところから人々は歩いてきたという。江戸時代には「アフリカ人」が下級船員、オランダ人の奴隷、密貿易の仲介者などとして渡来したことが記録に残り、絵画や歌舞伎や川柳にも「黒坊」として描かれていた。

一九世紀末には、藤田軌達訳『蘇丹令《すたんれい》』（一八九〇年）、矢部新作訳『闇黒阿弗利加《あんこくあふりか》』（一八九三年）、矢部新作訳『スタンレー探検実記』（一八九六年）などの本によって、アフリカ大陸の冒険家スタンリーが紹介された。そこには自然の猛威、疫病、飢餓、盗賊団との戦いなど、野蛮で未開なアフリカとの対比でスタンリーの業績の偉大さが強調されていた。また有島武郎・森本暑吉著『リビングストン伝』（一九〇一年）では、リビングストンの信仰と活動が、アフリカ人と自然の脅威との対比で描かれていた。一方、宮沢賢治は「スタンレー探検記に対する二人のコンゴー土人の演説」という詩のなかで、探検隊の一刻も早い退散を願うアフリカ人の気持ちをうたっている（藤田、二〇〇五：二二二～二二四）。

「アフリカ」イメージ

一九〇〇年、大阪の井筒席で上映されたボーア戦争の実写フィルム「英社米西大戦争」が、日本最初のアフリカの映像であった。その後、一九一九年に冒険活劇「ターザン」、一九三〇年頃にマーティン・ジョンソン夫妻のアフリカの記録映画、一九四〇年には「暗黒アフリカ」、「忘却の砂漠へ」、日本で制作された初のアフリカ記録映画「南の太陽」が上映される。また、『少年倶楽部』では猛獣狩りをテーマとした「猛獣征服吠える密林」(一九三二年)、一九四一年から山川惣治の「少年ケニヤ」が『産業経済新聞』に連載された。こうしたなかでアフリカは魔境の世界として描かれてきた(藤田、二〇〇五:二八六~二九四)。

野蛮な人々、飢餓と貧困、野生動物という言葉に表わされるステレオタイプ化されたイメージが長く定着していたものの、近年アフリカを描いた映像が一般公開され始めた。例えばドキュメンタリー映画では、ビクトリア湖に放流されたナイルパーチが地域社会を変容させた状況を描いた「ダーウィンの悪夢」(二〇〇四年、オーストリア＝ベルギー＝フランス)、ウガンダ北部の内戦から避難するため難民キャンプで暮らすアチョリ民族の子供たちがカンパラの「全国音楽祭」の伝統舞踊部門で優勝するまでの軌跡を追った「ウォーダンス」(二〇〇七年、アメリカ合衆国)などがある。(10)アフリカの描かれ方をめぐって議論が行われるなど、かつてのアフリカイメージが揺らぎ、同時代を生きる人たちという認識が醸成されつつあるだろう。

「アフリカ」の消費

「アフリカ」はどのように配置されているのか。まず、「野生動物の楽園」サバンナの旅をモチーフとした施設がある。イメージは根強い。例えば東京都内の豊島園(一九二六年開園)にはアトラクションの一つとしてアフリカ館(一九六九年完成~一九九八年解体)があった。サバンナをジープで駈けることをイメージしたライド形式の施設で、動物の模型、音声、骨、踊る人形などが展示されていた。(11)アフリカ旅行の気分の消費である。

アフリカ＝サバンナというイメージは現在、サファリワールドやサファリランドと呼ばれるテーマパークや動物園で展開されている。サファリとは、東アフリカの公用語スワヒリ語で「旅」を意味する。例えば白浜アドベンチャーワールドでは、サファリゾーンとよばれる野生動物を放牧している領域を、ケニア号と名づけられた乗り物で回る。そこではアフリカ大陸のみならず、ユーラシア大陸、南米大陸原産の様々な野生動物を展望することができる。(12)天王寺動物園の「アフリカサバンナ」エリアでは、檻の中ではなくサバンナ的環境に生息する、キリン、ゾウ、

表10-1　「アフリカ」が作られる場所と方法

方　法	施　　　　設
展　示	映画館，ミュージアム，動物園，水族館
体　験	サファリパーク，太鼓館，楽器博物館，飲食店
購　入	ミュージアムショップ，エスニックショップ，ギャラリー，インターネット

シマウマなどを見ることができる(13)。

アフリカ的生活を経験することもできる。アフリカ料理の素材、パームオイル、プランテーンバナナ、乾燥ナマズ、コーヒー、紅茶などは簡単に購入できる。アフリカ料理を提供するレストランでは、モロッコ・チュニジアなど北アフリカ料理が主だが、サハラ砂漠以南のアフリカ料理もある(14)。またアフリカの太鼓ジェンベの演奏会もあれば、布やサイザル麻のバッグを販売する店もある。コンピュータ端末に現れるバーチャルなアフリカを楽しみ、通販によって、手にすることも可能である。よりリアルにアフリカを経験したい人には、アフリカ旅行専門店、道祖神がある。道祖神は、アフリカの魅力を伝えるためにアフリカ講座を開催し、月刊誌『Dodo World』を発行し、アフリカを旅する人びとをサポートしている。

二〇一〇年一一月には大阪市内に「ティンガティンガアート(15)」専門のギャラリーが開店した。ギャラリーはアフリカ製品の輸入を推進している株式会社バラカによって設けられた。バラカは、「アフリカ経済発展の一翼を担おう」という理念の下、一九九五年より、タンザニアのコーヒーをはじめとして、ザンジバル在住の日本人が仕入れたものを販売している。

以上のように、私たちの日常生活における「アフリカ」の経験は、表10-1にまとめたような方法と施設によって形づくられている。映画館、ミュージアム、動物園、水族館などで、「アフリカ」を見聞し、サファリパーク、太鼓館、楽器博物館、飲食店などで「アフリカ」を体感し、ミュージアムショップ、エスニックショップ、ギャラリー、インターネットなどでアフリカ的生活の断片を購入する。

「アフリカ」の展示

「アフリカ」に関連するミュージアムは多くはない。前節で紹介した国立民族学博物館には、アフリカ展示のコーナーが設けられている。アフリカ展示のリーフレットには次のように記されている。

人類誕生の地とされるアフリカは、常に外の世界と結びつきながら変化を重ねてきました。わたしたちが、現在目にするアフリカ大陸の中の、文化や言語の多様性は、そうした変化の結果にほかなりません。この展示では、人びとの「歴史を掘り起こす」営みに目を向けるとともに、現在のアフリカに生きる人びとの生活のありさまを、「働く」「憩う」「装う」「祈る」という四つの側面に分けて紹介しています。この展示が、わたしたちと同時代に生きるアフリカの人びとへの共感をはぐくむものであることを願っています。

世界から孤立した体系としてのアフリカは存在しないことを喚起したうえで、異文化展示、他者表象にはらまれる問題を同時代性と共感によって克服する旨が宣言されている。「歴史を掘り起こす」コーナーには西アフリカの王宮発掘の再現、「憩う」コーナーにはカフェテリア、「働く」コーナーにはクワや親指ピアノ、「装う」コーナーには布、「祈る」コーナーには仮面などが展示され、館内のレストランでは、アフリカ関連の企画展に合わせてアフリカ風の食事も用意される。民族学博物館は研究機関に併設されたものであり、先述のミュージアムをめぐる植民地支配の歴史を背景とした論争に基づいて新たな展示に取り組んでいることが伝わる。しかし、一般社会において「アフリカ」はどのように表象されているのだろうか。アフリカ美術に焦点を当てた現在開館中のミュージアムとして、アフリカンアートミュージアムとマコンデ美術館がある。この二つの施設を紹介しよう。

アフリカンアート ミュージアム

二〇一〇年四月に山梨県北杜市に開設した伊藤満館長の私設ミュージアムである（図10-2）。開館式典ではアフリカ六カ国の大使や参事官、北杜市長らがスピーチをした。総床面積は三八〇平方メートル、展示室面積は二四〇平方メートルである。エントランスホールには、コートジボワールのセヌフォ民族が彫刻した三メートルほどの高さの鳥が置かれ、建物の背景にある林と調和している。

館内は、吹き抜けの二階建てで、自然の光を取り入れた空間に、淡い間接照明とスポット照明を使って、収蔵品を立体的に配置している。[16]壁面、フロア、ガラスケースなどに、マスク、祖先像、椅子、金の分銅などが展示され、階段横の白い壁には、その勾配に合わせてガラスをはめ込んだ小さなスペースが設けられている。二階の全面ガラ

図10-2　アフリカンアートミュージアム

ス張りのスペースではアフリカの木製長椅子に座って、八ヶ岳の山々を眺めることができる。エントランス内部にはアフリカの民芸品、収蔵品のポストカードなどを販売するコーナーが設けられている。

収蔵品は、アフリカのマスク、立像、楽器、アクセサリー、テキスタイル、道具、武具など一八〇〇点に加えて、アジア、オセアニア、インドネシア、フィリピン、台湾、ヒマラヤなどの工芸品七〇〇点にのぼり、企画により展示内容が変わる。設立の趣旨を、図録の巻頭文より抜粋して紹介しよう。

> アフリカの造形、美術は、フォルム、表現力、質感など、理屈ではなく観る者の心に直接、訴えかけてくる力があり、たちまち虜になってしまう魅力がある。それは数百年の間に淘汰された、民族の根源的な形、表現であり、何よりも生きるための願いがこもった魂の造形だからである。これは、精神的な創作の原点であり、二〇世紀の芸術家たちだけではなく、現代の私たちが観ても、きっと心うたれるのではないかと思われる。（伊藤、二〇〇九）

館長の伊藤氏は、少年期より骨董が趣味で、とりわけ刀の「鐔」を専門に蒐集してきたという。その縁で知り合ったドイツの画家で大学教授のエッカールト・クレーマス氏を一九九三年に訪問し、彼の居間にあるブルキナファソのボボの牛のマスクに衝撃を受けるほど感動し、蒐集を始めた。「実際の生活のなかで使われていたものが重要だと思っている」と語り、とりわけ「第二次大戦前のものの蒐集」を心掛けているという。退職後、アフリカの美術を広く紹介したいと考え、二〇〇一年頃から準備を始めて、ミュージアムの設立に至った。

ここの展示の特徴は、一つひとつの展示物に柔らかな光が当てられ、最も美しく見えるような空間が演出されていることだ。それは来館者に深い感動を与え、アフリカの芸術への興味を促す。

マコンデ美術館

一九九一年に開設された館長水野恒男氏の私設美術館である。伊勢志摩リゾートゾーンの一角、二見町にある。鳥羽駅から海沿いの道を北西へ数キロのところに「アフリカ美術」という大きな看板が現れ、その奥にマコンデ美術館がある（図10-3）。美術館は二階建て、総面積は一二〇〇平方、展示室面積は八〇〇平方メートル、エントランスホールにはマコンデの彫刻が置かれている。一階に展示室、売店、二階に展示室、企画室、休憩コーナー、民俗資料展示室があり、館内にはタンザニアのアコースティック音楽が流れている。[17]
マコンデ彫刻が日本に初めて紹介されたのは一九六八年であり、一九七〇年の大阪万国博覧会のタンザニア館で展示され、多くの人々の目に触れることとなった。同年、タンザニアではマコンデ彫刻を国有化する試みがあり、ナショナル・アーツ・オブ・タンザニアが設立された（マコンデ美術館、二〇〇三：五）。マコンデ美術館設立の主旨を図録より紹介しよう。

東アフリカのタンザニアとモザンビークの国境にまたがるマコンデ高原一帯に住むマコンデ族は、最初の父が黒檀の木を彫って最初の母を創ったと言う「伝説」とともに、古くからすばらしい彫刻芸術の花を咲かせました。現代では、木の幹の曲がりや枝の自然な形から、想像力を刺激して、豊かな独自の彫刻を作り上げています。

これらの作品は、私たちが日頃眼にする彫刻と違い、しっかりと大地と自然、過去と先祖と精霊たちと結びつき、生の悦びを謳歌しています。強烈で素朴でまた前衛的ですらある作品は、流派を超えて、私たちが過去に忘れ去ってしまったロマンの香り高いリアリズムといえましょう。近年、世界の美術界で注目されはじめていますが、現代のアフリカ美術にとどまるだけでなく、「美」の本質が何たるかを静かに、深く訴えかけるに違いありません。

（マコンデ美術館、二〇〇三：四）

図10-3　マコンデ美術館

筆者が訪問時の展示は、水野館長によって「ドボン」と名づけられたジョン・フンディの彫刻から始まった。彫刻の足下には二枚の札が置かれている。一枚はジョン・フンディの顔写真入りで、「ジョン・フンディ（John Fundi）おおらかなエロスを感じさせる。マコンデ彫刻を代表する傑作を多く制作している。一九九一年二月九日この写真を撮り、その二週間後急死」と記されている。もう一枚には、「ドボン　ジョン・フンディ作　ドボンとは作品の第一印象『ドボン』とした感じから命名した。大きな顔と男性シンボル、片手、片足で創造されている」とあり、作品の特徴と水野館長の命名の動機が来館者に告げられる。

次に、現代のマコンデ彫刻の背景とされる「マピコ（仮面）と神像」が大きなガラス張りのショーケースのなかに一〇〇ほど展示される。そこには、実際にマピコをかぶって踊る男の写真と説明のパネルも置かれている。その続きに、彫刻家たちの制作風景の写真パネル、創成期（一九六〇〜七〇年頃）のマコンデ彫刻が展示される。マコンデ彫刻には数百年の歴史があるが、現在の黒檀の独特の様式を確立したのは一九五〇年代だという。彫刻家たちの制作風景の写真パネル、彫刻道具と黒檀の原木も展示される。

一階には、シェタニ（語源はサタンで、大きな耳、大きな口にむき出しの歯をもつ）をモチーフにしたもの、ウジャマ彫刻（人間を多数、柱のように彫り込んだもの）、生活の場面描いた「トーマス・ヴァレンチノ作／家出する妻をとどめようとする男」「トーマス・ムトゥンド作／水瓶を持ち子どもを連れた女」など、また抽象作品「クレメンティ・マティ作／涙」などが展示されている。

二階には、飢餓と病気、人間の性と快楽をモチーフにしたマコンデ彫刻の他に、黒檀以外の木で彫り彩色を施したニューアートのマコンデ彫刻、タンザニアの平面美術としてバナナ繊維画、ろうけつ染め、ティンガティンガなどが、また企画室では筆者の来館時にはリランガの絵画が展示されていた。海を眺める一角は休憩コーナーで、その横には目の不自由な人のための展示スペースがあり、親指ピアノ、太鼓、カリンバなどアフリカの楽器の音を楽しむことができる。

水野氏は、仕事以外の余力はすべてマコンデに注ぎ込み、収集したものを鉄工所の二階に飾っていたという。そして、五〇歳を機に「マコンデと自由に生活していこう」と考えて鉄工所を引退し、家族の住む名古屋から近く、観光地でもあるここに美術館を開設した。常設展示の入れ替え、照明の当て方、企画展など、水野氏がすべてを行う。

名古屋で鉄工所を経営していた水野氏とマコンデとの出会いは、一九七二年に名古屋の民芸品店でマコンデ彫刻を趣味の写真の被写体として購入したことであった。その後、水野氏はその彫刻を「チョースケ」と名づけ、一九七七年頃からタンザニアに自分で赴き、収集を続ける。マコンデ高原にも行ったが、ほとんどのものはダルエスサラームの街の工房などで、自分の受ける第一印象を大切にして、気に入ったものを購入してきた。

ここの展示の特徴は、展示品の多くは見るだけでなく手を触れて楽しむことができること、作品ごとに作家名と作家の来歴が記されていること、彫刻道具や彫刻風景を展示することを通して、マコンデ彫刻の歴史、彫刻家たちの人柄や製作環境などを明らかにする工夫がこらされていることである。図録もまた作家ごとに編集され、マコンデ彫刻はマコンデ人の芸術作品であることが表される。

「アフリカ」のデコーディング

クリフォードのダイアグラム（図10-1）に、これらのミュージアムを位置づけてみよう。まず、比較参照点として国立民族学博物館のアフリカ展示を振り返ろう。民族学博物館では「働く」「憩う」「装う」「祈る」という人々の生活を展示することを通して現代のアフリカの姿を表した。来館者は同時代に生きるアフリカの人たちへの共感を期待された。ここでは異文化のモノは元の環境と文脈を明らかにすることによって正しく理解できる、という民族誌的文脈化が採用されていた。つまり民族学博物館に収められたものは、たとえ伝統的なマスクであれ、エル・アナツイの芸術的な傑作であれ、お土産品であれ、日常の消耗品であれ、区別なく、すべては第二区域の民族誌的「文化」となる。

アフリカンアートミュージアムでは、蒐集の動機は「第二次世界大戦前に日常生活で使われていたもの」にあり、蒐集品の多くは時間性と文化的記憶を兼ね備えたものである。それらはたとえ第二区域「真正の器物」であれ、第四区域「非真正の器物」であれ、館長の審美眼により選ばれこのミュージアムに展示されることを通して、第一区域「真正な傑作」の領域に配置される。民族学博物館が採用した民族誌的文脈に対して、アフリカンアートミュージアムは審美的文脈化によってアフリカンアートを真正な芸術として展示したのである。

マコンデ美術館の収集品は一九五〇年代以降の現代芸術が主であり、マウント（Mount）の分類によればニューアートに当たる。マコンデ美術館では、彫刻の作り手を作家と捉え、展示されているモノを作品として、第一区域の「真正な傑作」として位置づける。同時に、それらの作品は、タンザニアの彫刻界という芸術市場に参入するものであることが、マコンデの民俗資料の展示を通して明らかにされる。芸術、文化、ニューアートという枠組みに囚われずに多様なモノを収集し展示するマコンデ美術館をクリフォードのダイアグラム上の区域に位置づけるのは、困難である。審美的文脈と民族誌的文脈を超越し、マコンデの「未来になりつつある現在」（クリフォード、一九八八＝二〇〇三：三一二）の生成を企画する場として位置づけられよう。

二つのミュージアム体験は異なるが、来館者はそこに共通するあるモノを発見するだろう。それは、場所と時間を超える脱出口であり、そこをすり抜ける時に感じる眩暈《めまい》である。両ミュージアムに共通して置かれている「エントランスホールの彫刻」、それに不思議な力を感じ、そのまま展示室へと誘われ、夢中で展示物を眺め、退去して自然光の下で日常に戻る。おそらく一九世紀の万国博覧会を訪れた人々もまた、例えば一九〇〇年のパリ万博のシベリア鉄道旅行のシミュレーションのように、自らの日常生活から隔絶された非日常的空間に身を浸し、このような眩暈を経験したことであろう。こうした経験は、すでに一九世紀の近代都市の描写に見出されるポストモダンの経験でもあった（フェザーストーン、一九九五＝二〇〇九：一三一～一三五）。アフリカのものが収集され、ミュージアムという空間に収められる。その時間と空間の圧縮は私たちの前にアフリカにつながる開口部を生じさせる。それぞれの館長独自の方針によって配列されたものを通して、来館者もまたそれぞれの「アフリカ」を読み解く。マスクから儀礼と踊りを、具象彫刻から日常風景を、分銅からアフリカの地下資源を、シェタニから異世界へと思いを馳せることもできるであろう。

4　創造されるエスニックなるもの

異文化を楽しむこと、それは一九世紀以降、形作られてきた消費行為の一つであり、非西洋のものの略奪を歴史的背景とする政治的な営みの一つでもあった。断片化され、現前化する他者との対話はいかに可能か。エスニック関連のミュージアム経験を三つの文脈に沿ってまとめながら、その可能性を開く問いを示そう。

一つ目は、ミュージアムを、異文化をめぐる論争を醸成する歴史的背景のなかに位置づけ、「展示する側／展示される側」の関係性から読み解くことである。一九八〇年代の人類学の危機、そして国連によって一九九三年に宣言され、一九九五年に始まった「世界先住民の国際一〇年」は、文化遺産の売買の禁止、持ち去られた文化財奪還の動きを促進し、展示される側（非西洋）と展示する側（ミュージアム）の関係に変化を生じさせている。

例えばオーストラリアでは、アボリジニの展示において、アボリジニの顧問グループを組織し展示の企画を行うミュージアムが現れた（Kubota, 2007）。さらに南オーストラリアミュージアム（South Autralia Museum）は、アボリジニと相談を重ねたうえで、収集品であるアボリジニの儀礼の品々を返還するのではなく特別な収集庫に収め、持ち主が必要に応じて使用し、儀礼を行える場所となった。つまりミュージアムがアボリジニの信仰体系の維持を可能とする機能を担うことになった[18]。リディチ（Lidchi）は、ミュージアムの収集と展示の実践をモノに対して多数の人々が意味を織り上げていく詩学として、また言説の分節化を通して知識と権力の生産に関わる制度的な場として、つまり政治学として見ることができるとする（Lidchi, 1997）。さらに「展示する側／展示される側」が成立する場を解読する視点も有効だ。ここにあるのは、ミュージアムとは誰のものなのかという根源的な問いかけである。

二つ目は日本の地域社会の文脈からミュージアムを捉えることである。アフリカンアートミュージアムは北杜市長坂町にある。養蚕の町であった長坂町に中央線長坂駅ができたのは一九一八年、その後一九二五年に来日したポール・ラッシュ博士（一九七九年没）は布教活動をしながら清里高原（北杜市）で開拓支援を行い、後に清里の父と称されるようになった。現在、八ヶ岳高原に点在するミュージアムは三二にのぼり、八ヶ岳ミュージアム協議会によって緩やかに繋がっている。またマコンデ美術館のある伊勢市では、観光地の魅力演出のため無電柱化の推進を行ってきた（国土交通省、二〇〇八：一七五）。

日本の地方ミュージアム設立の背景には、一九八七年の総合保養地域整備法（リゾート法）の実施がある。一九九〇年代前半のバブル経済の崩壊で大規模リゾート計画は頓挫したが、文化政策の一環として観光資源による地方の活性化が実施され、ミュージアムは観光資源の一つとして捉えられた。こうした政策に先んじて、地場産業が衰退するなか、観光で生き延びるためにミュージアムを作り出した先駆的な町があった。その一つがコラムで紹介する太地町立くじらの博物館である。しかし一方、エスニック関連のミュージアムは数少ない。グローバル化する市場経済のなかで、どのようなエスニックなるものが流通し、そこにはどのような歴史的背景があるのだろう。この問いは日本社会における異文化を再考することにつながるだろう。

三つ目は、エスニックなるものが生産される現場にアプローチすることである。エスニックなるものの生産は、現在のアフリカンアートがかつて宗主国への「土産物アート」であったように、もっぱら消費の視点からなされてきた。タンザニアのティンガティンガ、ナイフ・ペインティングの絵画「キス・マサイ」なども消費者としての観光客を想定することで制作されている（井上、二〇一〇）。またイヌイットの滑石彫刻と版画は、一九五〇年代に入ってから、現金収入を目的として制作が始まった（岸上、二〇〇一）。マリ共和国のアーティスト集団カソバネはボゴランと呼ばれる伝統的染色技法を用いて、独立後の国家建設におけるアーティストとしての社会的役割をもアートに取り込み、自分たちを取り巻まく社会と呼応するなかで独自の「ボゴラン・アート」を構築している（伊藤、二〇〇九）。カソバネの実践から、伝統とは古いモノではなく、現在の営みのなかに見出されることがわかる。ここに、芸術や文化という真正性に関わる認識そのものへの問いが生じる。

エスニックなるもの、それは市場や国家の要求のなかで、伝統的な技法、近代的な技法、他の物質文化の借用を通して創造され続けている。外的世界の審美的文脈に秤量されることを甘んじて受け入れながらも、そこに独自の感性を滑り込ませ非伝統的とされる芸術活動によって創造されるブリコラージュとしてのアートである。ミュージアムに展示されたエスニックなるものに向き合ってみよう。それらは器物でもなければ、傑作でもない。そこは歴史的・審美的・商業的・政治的な諸力が共存する場である。耳をすませてみよう。それらは私たちに異なる世界、異なる歴史、異なる未来を語り始めるだろう。

注

（1）エスニック・クラブ、エスニック・グループ、エスニック・クレンジング、エスニック・メディア、エスニック・ルック、エスニシティ、エスノ・サイエンス、エスノ・ポップ、エスノセントリズムが掲載されている。

（2）宮原は、エスニック集団の定義「客観的に言語、宗教、歴史経験等を共有し、主観的にわれわれ意識を共有するような集団」をもとに、そこに中心から見た辺境、周縁性、従属性との論理的な連関はないとする。しかしエスニック集団には、「従属」や「歴史的経験」と連関があることも認める。「国民国家の枠組のなかで、他の同種の集団との相互行為的状況下にありながら、なお、固有の伝統文化と我々意識を共有している人びとによる集団」というエスニック集団の定義を引きつつ、集団との相互行為状況を成立させる場に、辺境性、従属性、否定的経験の歴史が織り込まれるとする。ある集団がエスニック集団を形成するには歴史的社会的経緯の共有が必然となる。

（3）本章では文化を、ある社会やグループにおける「意味の共有」であり、地域的歴史的に構成され、また再編成されるものとして捉えている。それは、古典的な文化に対置される大衆文化ではなく、現代の消費社会における人々の「生の方法」としての文化である（Stuart Hall, 1997）（フェザーストーン、一九九五＝二〇〇九）。

（4）民族学博物館研究員の吉田は、異文化のミュージアム的な展示の起源を、一五世紀初頭のフランスの国王シャルル五世の弟ベリー公ジャンのコレクションに求める。それらは人工物と自然物に区分された上で、用途と素材に応じて分類されていた。水晶や金銀細工などの宝飾品、螺旋盤などの機械類、絵画工芸品などの人工物、蛇の皮・ダチョウの卵などの自然物が含まれていた。一六～一七世紀になるとヨーロッパの王侯貴族たちが邸内に「珍品陳列室」を競い合うように設ける。そこには、大航海時代に非ヨーロッパ世界から収集された器物があった（吉田、一九九九：一二～一三）。

（5）一八世紀にリンネやビュフォンにより博物学が成立する。「ものを本来の意味から切り離し、目に見える特徴だけを基準にして分類し、並べ、整理するというもの」という新たな世界認識の方法によって、多種多様な事物は分類され展示される（吉田、一九九九：二〇）。

（6）このような一九八〇年代の博物館や美術館の展示を批判的に検証する動向は、民族資料の収集に貢献した人類学そのものの危機いわゆる「ライティング・カルチャー・ショック」を背景としていた。

（7）ニューアートは、一九二〇年代に萌芽し、一九三〇年代にセコト（Sekoto）、エンウォンウ・アンポフォ（Enwonwu Ampofo）らの自立的なアーティストがトロウェル（Trowell）ワークショップを開催し作品を展示したことに始まる。また同時期に、ウガンダのマケレレ大学カレッジとガーナのアチモタカレッジに最初の芸術学校が開かれた（Mount, 1973: 186）。

（8）本章では、サハラ砂漠以南のアフリカを対象にして記述する。

（9）「アフリカ」の映像は、二〇世紀前半はフランス人の民族学者マルセル・グリオール、一九五〇年代後半より映画監督で人類学者のジャン・ルーシュ、一九六〇年代からは「アフリカ」人自身により撮られてきた。例えばセネガル人のウスマン・センベーヌ監督はウォロフ語の映画を撮っている。

（10）「ダーウィンの悪夢」は二〇〇五年に山形国際ドキュメンタリー映像祭で審査員特別賞を受賞している。また、史実を基にしたフィクションも少なくない、「ホテル＝ルワンダ」（二〇〇四年イギリス＝イタリア＝南アフリカ共和国）、「ルワンダの涙」（二〇〇六年イギリス＝ドイツ）では、ルワンダの一九九〇～九四年の内戦が、「ブラッド・ダイヤモンド」（二〇〇六年アメリカ合衆国）では一九九九～二〇〇一年のシエラ・レオネ共和国で武器資金源のために不法採掘・取引される現場が、「ナイロビの蜂」（二〇〇五年イギリス）ではアフリカに基盤をおく製薬会社の不正が、「ラスト・キング・オブ・スコットランド」（二〇〇六年イギリス）ではウガンダのアミン大統領が独裁者になるまでの軌跡が、描かれている。

(11)　来館経験者たちへの聞き取り調査による。

(12)　二〇一〇年四月二五日に訪問した時の記録による。

(13)　ゾウやライオンなどの野生動物を、至近距離でしかも短時間に多数見ることができるのは驚異ともいえる。サバンナに恵まれたウガンダにも動物園があり、これらの動物が展示されている。

(14)　西アフリカの料理は、京都のガーナレストラン「アシャンティ」が二〇〇七年に閉店したのち、現在は東京の「カラバッシュ」で味わうことができる。

(15)　一九六〇年代末にタンザニアのダルエスサラーム郊外で誕生した絵画である。ティンガティンガという名称は、創始者エドワード・サイディ・ティンガティンガ（一九三七〜七二）に由来する。六〇センチ四方の建築用合板にエナメルペンキで描いたのが始まりである。現在は彼の後継者たちに受け継がれている。デフォルメされた極彩色の動物や鳥たち、呪術師、過去や現在の村の暮らしなどが描かれている。現在は、キャンパスにアクリルペイントで描かれた絵が多い（マコンデ美術館、二〇〇三：九五）。

(16)　二〇一〇年四月一一日、二〇一〇年一一月二九日に訪問した時の記録による。

(17)　二〇一一年一月四日に訪問した時の記録による。

(18)　アボリジニの自律を促すための、自文化展示としてのローカルミュージアム設立の試みは、暗礁に乗りあげた。その理由としてクボタ（Kubota）は、ローカルミュージアムの設立はアボリジニ自身の主導によるものではないこと、芸術としての判断基準が外部（西洋）によりもたらされること、また芸術として評定することの必要性が共有されないこと、そして収入を得ることを別にすれば自身の物質文化の一局面を展示するためのリアルな理由がないことを挙げる（Kubota, 2007）。ここで再び私たちはエスニックミュージアムとは何か、芸術品／土産物の恣意的区分はいかに現れるのか、という根源的な問いに舞い戻ることになる。

参考文献

秋津元輝・中田秀樹「開発の功罪――発展と保全の相克」古川彰・松田素二編『観光と環境の社会学』新曜社、二〇〇三年。

伊藤満『Arts and Expression of Africa』アフリカンアート・ミュージアム、二〇〇九年。

伊藤未来「社会に呼応する同時代のアフリカン・アート――マリ共和国のアーティスト集団カソバネの実践を事例に」『アフリカ研究』第七五号、二〇〇九年。

井上真悠子「東アフリカ観光地における『みやげ物絵画』の創出と展開――タンザニア・ザンジバルの『真っ赤なキス・マサイ』を事例に」『アフリカ研究』第七六号、二〇一〇年。

荻野昌弘「民族の展示――植民地主義と博物館」山路勝彦・田中雅一編『植民地主義と人類学』関西学院大学出版会、二〇〇五年。

鹿島茂『「サンシモン鉄の夢」絶景、パリ万国博覧会』小学館、二〇〇〇年。

岸上伸啓「エスニック・アートとイヌイット文化の表象――一九九九年度民博展示との関連で」『国立民族学博物館研究報告別冊』二二号、二〇〇一年。

久島伸昭『「万博」発明発見五〇の物語』講談社、二〇〇四年。

国土交通省『平成一八年版観光白書』独立行政法人国立印刷所、二〇〇八年。

福間良明「『異民族』の〈博覧〉――博覧会／博物館と『異文化理解』のポリティクス」阿部潔・難波功士編『メディア文化を読み解く技法――カルチュラル・スタディーズ・ジャパン』世界思想社、二〇〇四年。

藤田みどり『アフリカ「発見」――日本におけるアフリカ像の変遷』岩波書店、二〇〇五年。

古川彰・松田素二「観光という選択――観光・環境・地域おこし」古川彰・松田素二編『観光と環境の社会学』新曜社、二〇〇三年。

マコンデ美術館『マコンデ美術彫刻』二〇〇三年。

宮原浩二郎「エスニックの意味と社会学の言葉」『社会学評論』一七六号、一九九四年。

吉田憲司『文化の「発見」』岩波書店、一九九九年。

吉見俊哉「観光の誕生――疑似イベント論を越えて」山下晋司編『観光人類学』新曜社、一九九六年。

吉見俊哉『万博幻想——戦後政治の呪縛』ちくま新書、二〇〇五年。

吉田光邦編『万国博覧会の研究』思文閣出版、一九八六年。

若園雄志郎「観光が地域に与える影響と博物館の役割——アイヌ文化に関わる事例を中心として」『早稲田大学大学院教育学研究科紀要』別冊一二号、二〇〇四年。

Clifford, James, 1988, *The Predicament of Culture: Twentieth-Century Ethnography, Literature, and Art*, Harvard University Press.（太田好信他訳『文化の窮状——二一世紀の民族誌、文学、芸術』人文書院、二〇〇三年）

Featherstone, Mike, 1995, *Undoing Culture: Globalization, Post modernism and Identity*, Sage Publications.（西山哲郎・時安邦司訳『ほつれゆく文化』法政大学出版局、二〇〇九年）

Hendry, Joy, 2005, *Reclaiming Culture: Indigenous People and Self-Respresentation*, Palgrave Macmillan.

Hall, Stuart, 1997, "The Work of Representation," ed., Hall, Stuart, *Representation: Cultural Representations and Signifying Practices*, Sage Publisheres Ltd. pp. 13-74.

Lidchi, Henrietta, 1997, "The Poetics and the Politics of Exhibiting Other Cultures," ed., Hall, Stuart, *Representation: Cultural Representations and Signifying Practices*, Sage Publisheres Ltd. pp. 151-222.

Mount, Marshall W., 1973→1989, *African Art: The Years since 1920*, Da Capo Press.

Moore, Kevin, 1997, *Museums and Popular Culture*, Leicesier University.

Kishigami, Nobuhiro, Trends in Japanese Cultural Anthropological Research on Whaling Cultures, *Japanese Review of Cultural Anthropology*, vol. 9, 2008, pp. 71-99.

Kubota, Sachiko, 2007, "Planning the Local Museum: Anthropology and Art in the Post-modern Era," *People and Culture in Oceania*, 23: pp. 53-72.

Urry, John, *Sociology beyond Societies: Mobilities for the twenty-first Century*, Routledge, 2000.（吉原直樹監訳『社会を越える社会学——移動・環境・シチズンシップ』法政大学出版局、二〇〇六年）

（田原範子）

コラム30　灘五郷の酒造ミュージアム群——差異化された空間の創出

兵庫県の神戸市東部から西宮市にかけての大阪湾沿岸地域は、「灘《なだ》」と呼ばれる。また、今津郷（西宮市）、西宮郷（西宮市）、魚崎郷（神戸市東灘区）、御影郷（同市同区）、西郷（同市灘区）といった、かつての五つの区域を総称して「灘五郷」とも呼ばれる。この地域は、一八世紀初め頃から酒造業が盛んになり、現在、国内有数の日本酒生産地となっている。環境省によって二〇〇一年に「かおり風景百景」の一つに選ばれた。「灘」の大部分は神戸市域に属するものの、「神戸」とは、別のものに属するという印象がある。おそらく多くの人たちは、「神戸」を「酒造」と結び付けては考えないだろう。多くの場合、「灘」は、酒造の文脈で語られる場所なのである。

しかし、筆者の酒造に対する先入観が街をそう見させてしまうのか、この地に立ったとき、どこに酒造に関連する物があるのかはっきりと認識することはできない。高速道路が走り、一般道路にはトラックが行き交う。近代的な工場や会社倉庫などで満たされている。

街中を歩いていると、酒造会社の看板がいくつか見え、ようやくここが酒造地帯であることが確認できる。金属製タンクや鉄筋コンクリートの建物がいくつも立ち並び、建物間はパイプで繋がれ、「食品工業」という言葉を当てた方が適切である。それらのなかで外観が異質な建物が混ざっている。いわゆる「伝統的な」と表現したくなる酒蔵の建物である。

この地域は、阪神・淡路大震災の際、被害を受けた。それら「伝統的な」酒蔵の建物の中には、倒壊を免れたもの、再建されたもの、新たに立てられたものなど様々である。それらを資料館、美術館、展示ギャラリー、レストランに活用している酒造会社が多数ある。例えば、住吉郷にある白鶴酒造は、会社敷地内に古い酒蔵をもっており、それを白鶴酒造資料館として活用している。

この建物は、大正初期に建造され、一九六九年まで本店一号蔵として実際に酒造に利用されていた。資料館は、一九八二年に開館したが、阪神・淡路大震災で被害を受け、一九九七年に修復、および再築を行った。資料館の建物は、二つの蔵が並行して立つ「重ね蔵」であり（北側を「大蔵」、南側を「前蔵」と呼ぶ）、非常に趣がある。館内には、かつて利用されていた酒造用具の数々が展示されている。展示方法は、単純に道具の陳列ではなく、酒造工程に応じて、蔵人（酒造りに携わる人たち）が作業する様子を人形で再現し、各々の工程に応じて道具が配置されている。道具は、木材、綿などほとんどが植物系の素材で作られたものであり、機械、プラスチックなどの合成樹脂、アルミや鉄の金属製品などが発達していなかった時代の酒造方法がわかるようになっている。資料館は、過去の歴史の中のある期間の断片を再構成したものであるといえる。

資料館の横には、現在、酒造を行っている工場が隣接するが、それらの建物と資料館の建物は、そこに訪れた者に自然と比較をうながす。両者には「伝統」と「近代」、あるいは、「自然」と「人工物」といった際立った差異が見られる。現在の日本酒製造方法は、大まかな点で江戸時代のものと変わらず、そういう意味で酒造は古くから続く「伝統的な」産業であるが、この差異化の作用は、酒造が「伝統」を包摂し、伝承する形で発展してきた印象をより強調させる。

酒造業は、一九世紀後半から近代化が進み、大量生産する時代に突入する。資料館の建物そのものは、まさに過渡期の近代における産業の一つである酒造業の形跡であるといえる。それゆえにもしかすると、「近代」と呼ばれている範疇に入るものなのかもしれない。しかしながら、来訪者には、そのようには見させず、逆に、ただ時間性を無に帰するような「伝統」と見させてしまう。まさにそうして見させてしまうことに資料館は資料館としての価値を放つのであり、「灘」の名所となるのであった。

（岩谷洋史）

白鶴酒造資料館

菊正宗酒造記念館

コラム31　天王寺動物園――魅惑の疑似体験ができる空間

動物園は、生きた動物が収集され、展示されている博物館である。動物園と聞くと、柵で囲まれた狭い動物舎の中に動物が飼育され、展示されている光景を思い浮かべてしまう。しかし、近年、その展示方法に変化が見られる。

天王寺動物園（大阪市天王寺区）は、大阪市立の動物園である。この動物園は日本で三番目の動物園（上野動物園（一八八二年開園）、京都市動物園（一九〇三年開園）として一九一五年に開園した。日本では古い、この動物園は、「Zoo21」と呼ばれる計画が一九九一年に策定され、近年、園内の再整備、改築計画が進められてきた。それは生態展示の手法に依拠するものである。

生態展示とは、ランドスケープ・イマージョン（landscape immersion）と呼ばれる、生息地の環境を視覚的に擬似した展示の中に、動物を配置していくという発想に基づく展示法である。生態展示では、その動物の生息地の環境ができるだけ再現され、来園者にあたかも現地でその動物を見ているような雰囲気にひたることができるような仕組みが提供される。これは来館者に動物への理解をさらに一層深めてもらうことを第一の目的としている。

これまで、天王寺動物園では、爬虫類の生態が理解できるように展示した施設や、東アフリカにある国立公園の野生動物保護区をモデルに動物が実際に生活している環境が再現されている「アフリカサバンナゾーン」、タイの国立公園を再現した環境でアジアゾウを飼育している「熱帯雨林ゾーン」などが開設されている。動物が暮らす植生や地形などが巧みに再現されており、その再現された環境の中に動物が飼育されている。否、暮らしているといった言葉を使うほうが適切だろう。

例えば「アフリカサバンナゾーン」は、「NZABI National PARK」と記されたゲートをくぐれば始まるが、背の高い草木が脇に生えている曲がりくねった道を上がったり、下ったりするたびに、様々な動物が次から次へと視界に入ってくる。水場には、大きなカバやサイがいる。草原のようなところには、青空のもとで遠方にシマウマがのんびりと歩く。木々の間からキリンが顔をのぞかせながら、悠々と歩いている。アロエなどの多肉植物の植え込みがあるごつごつした岩場には、ライオンがゆったりと寝そべっている。まさにここはサバンナである。

そして、動物がいるだけではない。その環境の中で人間が動物とどのような関わりを持ち、暮らしているのかということも理解できるようになっている。岩山には、狩猟をする人間の岩絵が描かれている。乾燥地では水を人間がどのように利用するのかということを、実際に利用されていると思われるモノ（ドラム缶、ひょうたんなど）とともに、一緒に展示されている。またサバンナの動物たちは現在、密猟などにより危機に瀕していることが、動物の骨の標本とともに示される。

　来園者は同時代の東アフリカのサバンナをサファリするかのように、野生動物を探し求める旅を体験するだろう。また、来園者は、動物、人間、そして、それらをとりまく環境が、どのように現代において関係しているのかも学習するのである。

アフリカサバンナゾーン入口

アフリカサバンナゾーンの動物たち

　天王寺動物園はビルが立ち並ぶ大阪の都心の中の緑の空間である天王寺公園内にある。周囲は、高架になった高速道路がはしり、自動車が行き交う。動物園は、周囲の光景を隠しつつ、異質な空間をなしている。この異質な空間において実際の動物たちの生息地と連続させるという大きな試みがなされているのである。来館者は、その中で、錯覚を起こすかもしれない。展示されるモノが生物だろうが、物質的なものだろうが、モノは各々置かれるべき適切なコンテキストがあるとされる。そのコンテキストを含めて再現するということは、よりホンモノらしさを志向する現代社会の特質であろう。そのことが動物園への集客力を推し進め、観光へとつながっていくのである。

（岩谷洋史）

コラム32　リアス・アーク美術館——災害時におけるミュージアム

遠洋漁業の基地、気仙沼港のある気仙沼市中心部から南西へ二・五キロ、三陸リアス式海岸を臨む丘陵地帯の一角に位置する。宮城県が実施した地域活性化対策事業「広域圏活性化プロジェクト事業」の一環として、気仙沼本吉広域圏の要望により創設された。開館は一九九四年一〇月、現在は気仙沼市・南三陸町の一市一町により運営される文化創造活動の拠点施設である。

二〇一一年三月一一日の東日本大震災時、リアス・アーク美術館は大きく揺れ続けたという。丘陵を生かした建物は、上部一フロア・内部三フロア、内壁にはコンクリートや日本伝統技術の漆喰壁、外壁にはアルミ合金パネルが使用され、一九九五年に日本建築学会賞を受賞している。

屋上から、土煙が何本も上がる気仙沼市街を見た川島秀一副館長（当時）は、「町はもう駄目だ」と思ったという。美術館は津波の被害は免れたものの、建物の床や壁にひび割れが入り、ガラスの一部が割れ、展示品や資料の数点は転倒し破損した。二〇一一年度の事業は中止、現在は休館中で、展示物は収蔵庫や一階展示室で保管されている。職員は全員無事であったが、一部の職員は、家族が行方不明、家屋が津波により流出するなどの被害を受けた。

震災以降、被災した文化財の捜索・保存活動が、国／県／大学によって実施されるなかで、リアス・アーク美術館に求められたのは、地域に根ざした知と関係を生かして、そうした活動の調整窓口となることであった。

五月から国立歴史民俗博物館と共同で気仙沼市小々汐地区の尾形家の被災文化財救出活動が始められた。尾形家は、築二〇〇年の茅葺き住宅で、津波で一〇〇メートル以上流された。二〇〇九年に葺き替えたばかりの屋根も流されたが、その屋根に守られるように重要な文化財でもある数々の生活用具が残された。しかし、瓦礫の中から文化財を判別することは困難を究めたという。例えば尾形家に江戸時代より代々伝わる「オシラサマ」も、部外者には瓦礫の一部にしか見えず、地域の人々によって「オシラサマ」だと判別された。

被災文化財はリアス・アーク美術館の外倉庫、トラックヤードなどに保管され、気仙沼市教育委員会と大学生ボランティアが中心となって付着したヘドロのクリーニングを進めた。こうした被災文化財や被災資料を収集する作業と同時並行的に、震災・津波の被害を表す資料を収集し、災害発生後の暮らしの変化を記録し、そうした資料を展示する方法の検討も始められている。

館内には、常設展示室アークギャラリー、企画展示室、住民の創作発表の場である圏域ギャラリー、芸術作品や民俗資料などの視聴覚映像作品を上映するハイビジョンギャラリー、小規模な個展を行うコモンホール、展覧会図録などを販売するアークショップ、気仙沼湾を臨むレストランなどが完備している。アークギャラリーは、圏内の文化資源を公開する民俗展示室と美術展示室に分かれている。海と山の恵みを受ける気候風土のなかで育まれた地域社会の資料が、手描きのイラストを添えて展示され、漁業国日本の文化と歴史に触れることができる。

震災後、早期の開館を目指して、建物の補修が始まり、展示内容を一新して二〇一二年九月に再開を果たした。「三陸リアス式海岸を望む丘陵地に降り立った美術の方舟は、今日も次世代に伝えるべき夢を乗せ、邁進し続ける」（リアス・アーク美術館ホームページより）。

（田原範子）

気仙沼市内より発掘された被災文化財が並べられたアークギャラリー

被災文化財を点検するスタッフとボランティア

コラム33　太地町立くじらの博物館――ローカル文化を世界に発信する町

太地町を訪れる人は、町そのものを人と鯨の関係を展示した博物館として体験するだろう。人口四〇〇〇人弱、面積五・九六平方キロという小さな町は、反捕鯨というグローバルな激流のなかに否応なく投げ込まれ、「鯨捕り」というローカル文化の発信を試みている。今や「捕鯨」は、マスメディア的構図では「反・反捕鯨」と同一視されることも多い。しかし、太地町の人々の営みを観察し、人々の声を聞くことを通して、捕鯨対反捕鯨という構図からは見えてこない世界の複数性を発見しよう。

国道四二号線を南下すると、実物大のザトウクジラの親子「くじらのアーチ」が来訪者を出迎える。町内には鯨料理を提供するレストランがあり、リアス式海岸を臨む国民宿舎は「白鯨」と名づけられ、土産物屋ではシロナガスクジラのヒゲが売られる。町内循環バスの時刻表にも歩道のタイルにも、鯨のイラストが描かれている。町のスーパーの生鮮食料品売り場には、新鮮な魚介類とともに、沿岸小型捕鯨と調査捕鯨で得られた多種多様な鯨肉が並ぶ。

太地町は、古式捕鯨発祥の地である。太地町沖は鯨の南下と北上の通路にあたり、一六〇六（慶長一一）年太地の郷士和田忠兵衛頼元が、この町の産業活動として捕鯨を組織したとされる。古式捕鯨は広い洋上を見渡す山見台から漁船団を総括・指揮することで行われた。古式捕鯨の終わる一九〇五（明治三八）年まで、太平洋を一望する灯明崎と梶取崎には山見台、山見台相互の連絡をする高塚連絡所、狼煙場、古式捕鯨支度部屋が設けられていた。狼煙・布旗・むしろ旗で伝達される情報は、同時に地下（ジゲ）で次の準備を待ち受ける人たちへの指令でもあった。現在、施設の一部が復元され、陸と海の双方向から捕鯨を行ったかつての人々の英知を体感することができる。

くじらの博物館は、一九六四（昭和四四）年四月二日に開館した。当時、太地町では約三〇〇人が南氷洋で鯨漁に従事していた。庄司五郎町長（当時）は、鯨漁が下火となるなか「鯨捕り」を町の文化遺産として捉え、その実態と歴史を後世に伝えるために博物館の設立を企画した。そして、江ノ島マリンランドを建設した西脇昌治博士を招聘し、一九六五年に近くの島を隔てる海を埋め立て陸続きにして、海を楽しむ遊興施設を建設した。

太地町歴史資料室学芸員の櫻井敬人氏によれば、鯨漁衰退のなか捕鯨の歴史と文化を新しい町づくりに生かすため捕鯨博物館を設立する、という経緯は他国の捕鯨博物館設立状況とも共通している。アメリカ合衆国のニューベッドフォード捕鯨博物館、ノルウェーのサンデフィヨルド捕鯨博物館もまた同様の経緯で設立された。また、太地町には第二次世界大戦以前より移民として海外に居を構えた人も多く、国内外の交流の中で新しい漁業や産業を進取する人々が生み出されてきた背景もあるという。

くじらの博物館の一階には鯨類の骨格標本が並ぶ。二階は生物学的にみた鯨類をテーマとし、鯨の耳垢、ヒゲ板など珍しい生態資料が並べられる。三階のテーマは人と鯨の関わりで、鯨漁の道具や絵巻などの捕鯨資料が展示されている。筆者の来館時には、特別展示「最後の刃刺――古式捕鯨の終焉とアメリカ式捕鯨そしてノルウェー式捕鯨の導入」が開催されていた（開催期間：二〇一〇年二月一五日～三月一五日）。一八七八年（明治一一）末、太地町の一〇〇人以上の漁師が遭難する「背美流れ」という未曾有の惨事が起きた。その事故で伊豆神津島に流れ着いた刃刺（銛打ち）舂古君大夫が経験する捕鯨漁の変遷を、国外から取り寄せた豊富な資料により紐解くものであった。これらの資料は、太地町立くじらの博物館『最後の刃刺――古式捕鯨の終焉とアメリカ式捕鯨そしてノルウェー式捕鯨の導入』（日本財団助成事業、二〇一〇年）に著されている。

くじらの博物館の周辺には、鯨類の生態を観察できる自然プール、イルカショープール、トンネル水槽からイルカを観察できる海洋水族館（マリナリュウム）、古式捕鯨の勢子舟展示場などがあり、来館者は楽しみながら太地町の海を体験することができる。博物館の西側くじら浜には、捕鯨砲を装着した巨大な捕鯨船が展示されている。一九五六年から七七年にかけて南氷洋捕鯨、北洋捕鯨で創業していた「第一一京丸」を陸揚げし、内部に資料を展示した「捕鯨船資料館」があり、来館者は、デッキへの階段を上り、その大きさを身体で感じながら、近代捕鯨船の構造、鯨漁について学ぶことができた。老朽化のため二〇一一年に撤去されたが、南氷洋の捕鯨船「第一京丸」を新たに展示するために現在（二〇一一年五月）、工事中である。

この町の捕鯨の歴史を物語る催しは毎年行われる。四月二九日には、熊野灘を一望する舵取崎の一角にあるくじらの供養碑の前で、「くじら供養祭」が、行われる。二〇一一年の「くじら供養祭」は太地町漁業協同組合の主催で行われ、町長はじめ太地捕鯨ＯＢ会の人びとなど総勢一〇〇余人が参加し、捕獲された鯨類に対して感謝の意を表し、冥福を祈った。八月一四日には「太地浦勇魚祭」「盆供養花火大会」、一一月第一日曜日には「太地浦くじら祭」があり、鯨模型と勢子舟による「網掛け突き捕り捕鯨法」や「洋上くじら踊り」などが再現され、巨鯨と勢子舟の死闘を表現した「鯨太鼓」が披露される。こうした催しは、漁師の老齢化や捕鯨をめぐる状況に応じて柔軟に実施されている。

ローカル文化としての「鯨捕り」をより深く知りたい人は、こうした催しに参加し、捕鯨に携わる人々から話を聞いてみよう。筆者は、漁師さんたちから、南氷洋で起きる様々な出来事、ゴンドウ鯨には根付けのものと海遊するものがいて性格も味も異なるということ、捕鯨船の整備や砲手という仕事の特徴、寄港地での娯楽など、いろいろな話を聞いた。「捕鯨」という言葉には、鯨類の生と死に携わる一人ひとりの営みが込められている。

二〇一〇年に日本で公開されたドキュメンタリー映画「ザ・コーヴ」は、太地町の島尻湾で九月に行われるイルカ漁を描いたものである。映画の情報が公開された後、太地町に抗議や取材の申し込みが殺到したという。太地町を舞台に捕鯨論争が過熱する構図が作られている。太地町に住む人たちの声は、その構図の中でしか伝えられない。しかし、私たちはそのメディア的言説からいったん、身を引き剥がしてみよう。太地町を育んだ海と山に身を浸してみること、太地町の人たちの声を聞いてみること、そして人びとの営みを自らの感覚を通して知ること、こうしたフィールドワークを通して私たちは世界に対する新たな感受性を獲得することができる。

（田原範子）

太地町立くじらの博物館

くじら供養祭

第11章　越境するポピュラー文化ミュージアム
――グローバル化／デジタル化時代の展望――

本書の最終章であるこの章では、主題である「ポピュラー文化ミュージアムとは何か」という問いに対して、「越境する」という観点から総合的に考えを進めていくことにしよう。ミュージアムにおけるポピュラー文化コンテンツの拡大と、ポピュラー文化の収集＝ミュージアム化について、第1章および第2章の両方の枠組みを使って考えていきたい。具体的な事例として各章・コラムの事例も参照しつつ、近年のポピュラー文化ミュージアムを考えるための重要なキーワードとして、グローバル化とデジタル化を取り上げ、それぞれ詳述することにしたい。

1　二つの事例から考える

ピカチュウ・イン・ア・ミュージアム

例えば、あなたがイギリスの地方都市に観光に訪れ、街の中心にあるミュージアムに立ち寄ったとしよう。歴史も由緒もありそうな堅牢な石の建築物のなかに、世界中から集められた様々な展示物が置かれている。「地球上の生命」や、「古代の地殻変動・環境」といったテーマごとに展示室が分かれており、順路に沿って進むうちに「世界の文化」コーナーに足を運ぶ。そして、龍の付いた青銅製の花瓶や純金製の寺院のミニチュアなどに並んで、「ピカチュウ」のぬいぐるみが展示されているのを見つける（図11-1）。しかもそこには「China, 2001」と表記されている……。

そのとき、あなたはどんなことを考えるだろうか。

図11-1　ガラスケースに展示されるピカチュウ（リーズ市立博物館）

これは、中国と日本とを間違えているのか。それとも、ぬいぐるみが「made in China」だから「中国」の文化なのか。もし「日本」の間違いだとしても、はたしてピカチュウは日本を代表する「文化」と言えるのか。それにしても、せめて中国製じゃなくて、日本製のぬいぐるみにして欲しかった……、などなど。

このような事例は、ミュージアムの展示物に〈ポピュラー文化〉が登場する典型的なものである。また、「何が展示され保管されるべきなのか」という展示物の「真正性」についての問い（第1章や第10章を参照）に関連して、「まがいもの」と論議を呼びそうな事例である。

周知の通り、任天堂からゲームボーイ用ソフト「ポケットモンスター（通称：ポケモン）」が最初に発売されたのは、一九九六年のことである。「ポケモン」は、ＲＰＧゲームとしては世界最大の販売数を誇り、ゲームのみならず、アニメーション、漫画、カードゲームなどのメディアミックス展開を伴った商品となっている。ピカチュウは、初期の赤・緑シリーズから登場する代表的人気キャラクターであるから、少なくとも展示には「Japan, 1996」と表記されるべきではないか、という疑問を誰もが抱くことだろう。

だが、この展示を計画したラヴレイス（Lovelace）によると、ピカチュウは既に「社会史」の一部であり、人々の日常に供する「民族誌資料」として選ばれたものだという（Lovelace, 2002）。このぬいぐるみはまた、「日本文化特別展」の展示物でもあったという。したがって、「China, 2001」という表示は、単純な間違いとも言い切れない。モノとしてのぬいぐるみは、確かに二〇〇一年中国製なのだから、ミュージアム的な展示の原則からすれば、それが「正しい」表記ということになる。そして、ゲームソフト「Pokémon」がアメリカをはじめ諸外国で発売され大人気となり、アニメーション「Pokémon The First Movie（ミュウツーの逆襲）」が世界的大ヒットを記録するのも、二〇〇〇年前後のことである。その意味で、このガラスケースの中の「ピカチュウのぬいぐるみ」は、国境を越えて世界に広がるポピュラー文化商品としての資料であり、大きさもデザインも様々にヴァリエーションを持つ無数のぬいぐるみ商品の中から、「たまたま展示物として選ばれた」一匹なのである。

さらに、他にも無数の選択肢があるなかで、この一匹のピカチュウが選ばれたことに異議を唱えたい向きもあるだろう。たとえば、「ポケモンセンター」[1]は、オフィシャルグッズの専門店として国内七カ所、海外一カ所（ニューヨーク）に展開し、ぬいぐるみをはじめとする「正規商品」を販売している。そのため、ポケモンセンター製のオフィシャルグッズこそ「ホンモノ」であり、展示の価値がある、という主張もあるかもしれない。オフィシャルグッズとは、商標登録やデザイン認可の保証がある、という意味であり、一般的に非正規品よりも販売価格が高く、「ポケセン限定」といったプレミア的価値付与も行っている。

しかし、世界のどこかで製造された「非正規品のピカチュウ」もまた、それをプレゼントとして受け取る子どもたちにとっては、かけがえのない友達であり、民族誌資料としては「ホンモノ」であるとも言える……。

このように、ミュージアムに展示された一つのぬいぐるみから、様々な問いを発展させていくことが可能だ。大量に生産され、多くのヴァリエーションがあるピカチュウのぬいぐるみを集めて専門的に展示するミュージアムは（まだ）存在しない。おそらく、さらに長い期間にわたって人気が継続し、いくつかの条件が整えば、専門ミュージアムが作られることも充分考えられることではあるが。少し時代を遡ると、例えばテディベア・ミュージアムが、百年隔てた類似例として思い当たる。

テディベア・ミュージアム

「テディベア」とは「クマのぬいぐるみの総称」であり、私たちの誰もが多かれ少なかれ接した記憶があるだろう。だが、テディベアそのものを知っていても、その「お話」となると曖昧である。改めてその由来や国籍を尋ねられても分からないかもしれない。参考図書によると、「テディベア」という名称は、アメリカ合衆国大統領セオドア・ルーズベルトの愛称「テディ」に由来するという（若月・佐藤、一九九八／渡邊、二〇〇二）。すなわち、一九〇二年に、趣味の熊狩りに出かけたルーズベルトが「傷を負った熊は撃たない」と発言したというエピソードが、ある種の〝美談〟として挿絵付きのワシントンポストの記事になり有名になった。同じ頃、ドイツのマルガレーテ・シュタイフ社製の「くまのぬいぐるみ」が、アメリカのバイヤーによって三〇〇〇体発注されブームとなった。これが、「テディベア」と名付けられたぬいぐるみの始まり、とされている。テディベアはアメリカやイギリス、他のヨーロッパでも作られるようになり、模倣品の氾濫から差異化を図るために、シュタイフ社は耳にブランドボタンを付けるという工夫をほどこした。この工夫が、アンティーク・テディベアとして最も重要とされる「真正性」となった。同社は現在でもテディベア・メーカーとして知られるが、そのブランド力は衰えることなく続いている。

　テディベアは、ピカチュウと同じように子どもの愛玩物であり、世界中で数多く販売されている人気商品である。その意味で、どちらも〈ポピュラー文化〉であると言える。だが、ミュージアム化（収集と保存、展示）の段階において両者は大きく異なっている。

　世界で初めて「テディベア・ミュージアム」が建設されたのは、一九八四年、イギリス、ハンプシャー州であった。設立者は、教師でもあり、テディベア・コレクターでもあったジュディ・スパロウで、彼女の個人コレクションをミュージアム化したものである（Sparrow, 1995）。多くのコレクターと同じように、彼女自身も「手作り」でベアを作る「作家」でもあった。その後、イギリス各地、シュタイフ社ゆかりで〝本場〟とされるドイツ、スイス、ベルギーなど、ヨーロッパはもちろん、アメリカ各地、オーストラリア、アジア（香港・韓国・日本）に続々と「テディベア・ミュージアム」が作られた。一九九〇年代に建設ラッシュとなったのは、最初期からのコレクターたちが高齢となり、その死後、貴重なコレクションが世に出るようになった時期と重なっている。現在では、全世界でおよそ五〇館にも及ぶという（Huggable Teddy Bear, 2011）。伊豆や蓼科など、日本国内にも七館もの「テディベア」の名を冠したミュージアムが存在し、関連ミュージアムを含めると一〇館を数える（日本テディベア協会[2]、二〇一一／関口、二〇一〇）。

　これらのミュージアムに展示されているテディベアは、「子供向け玩具」ではあるがそれ以上の価値付与がなされている。日本国内のテディベア・ミュージアムでは、高級輸入品としての「海外の」テディベアや、「有名アーティスト」の作品が展示され集客の目玉となっている。もちろん、おみやげやプレゼントとして関連グッズも手頃な価格で購入できる。高価なアンティーク・コレクションを恭しく展示するだけではなく、子供連れの来客のニーズに合わせて、娯楽施設として成立しているところに特徴がある。

このように考えると、テディベアとピカチュウは、子供向けのぬいぐるみであるところは共通しているが、文脈による価値付与という意味では大きく異なっている。世界各地に展開するテディベア・ミュージアムは、美術史専門家が関心を向け、協会や学会といった学術文化団体の設立、世界各地で開催される作品コンベンションによる作家の芸術性の保証、定評あるオークションでの高額売買による価値付与が際立っており、何よりも資本力のある熱心なコレクターの存在が大きな役割を果たしている。

ポピュラー文化ミュージアムの三つの越境性

先に述べたピカチュウの展示が、ミュージアムの展示物の一部が〈ポピュラー文化〉化していく事例だとすると、テディベア・ミュージアムの場合は、そもそも〈ポピュラー文化〉（中産階級における子ども文化）だったものが、特化してミュージアム化していった事例だろう。これらの事例からは、ポピュラー文化ミュージアムの形成やその越境的性質について考えるための興味深い論点を引き出すことができる。

ポピュラー文化ミュージアムの「越境性」には次の三つの含意がある。

(1)トランス・メディア。すなわち、新聞記事からぬいぐるみへ、ゲームソフトからテレビ・アニメーションや映画製作へ、テレビ番組からミュージアムへ、というように、メディア形態を越えて拡大していく、という越境性。

(2)トランス・カルチュラル。子供向け文化や日常文化から、美術・芸術、コレクター文化へ、世代を超えた支持による文化受容者の拡大へ、また、範囲が限られ規模の小さい文化領域から巨大な利益を生む商品文化への参入など、文化カテゴリーを越えていく、という越境性。
(3)トランス・ナショナル。一つの国内市場に留まらず、国境を越えて人気を博し、リージョナル市場、さらにグローバル市場へと展開し、ある種のグローバル文化として拡大していく、という越境性。

以下の節では、この三つの越境性に留意しながら、ポピュラー文化ミュージアムの越境する性質について、さらに議論を進めていこう。その越境性は、「ミュージアム」というあり方そのものに由来するものなのだろうか。それとも、「ポピュラー文化」そのものの性質に由来するのだろうか。あるいは、その両面があり、それぞれ異なる越境性があるのだろうか。両面があるのだとすると、ポピュラー文化ミュージアムの越境性において、複雑な越境性が交差し、せめぎ合い、社会の中でいかなる権力作用を繰り広げているのか、といった問いが次に浮かび上がる。

2　ポピュラー文化ミュージアムに作用する二つのベクトル

二つのベクトル

本書の各章・コラムで様々な事例から述べられているように、一九九〇年代から現在まで、「ポピュラー文化ミュージアム」と見なしうる施設の数は増え続け、各地で観光誘致やまちおこしの諸活動と融合しながら顕著なムーブメントをつくりあげてきた。第Ⅰ部で示したように、その変容には二つのベクトルがある。ひとつは、従来は高級芸術や文化遺産を展示してきたミュージアムが、その展示内容に〈ポピュラー文化〉を加えるようになり、来館者の体験もまた〈ポピュラー文化〉化していく、という変容（第1章）。他方は、〈ポピュラー文化〉を収集の対象と見なしミュージアム化していくことによって、これまでにはない諸施設・場所が作られていく、という変容（第2章）である。

図11-2は、ミュージアムの〈ポピュラー文化〉化と、ポピュラー文化の〈ミュージアム〉化、二方向からの作用を表現したものだ。

通常、典型的なミュージアムは、芸術・文化遺産などを収集・分類・展示する「施設」としてイメージされる。図中でも「ミュージアム」のイメージとして、ひとつの「建築物」を置いている。

右側には「ポピュラー文化」の領域を置いた。ポピュラー文化のイメージはミュージアムのそれと比べると形が定まってはいない。popularという言葉は、元来、「人気のある」「一般的な」「人々の」「普及している」といった多義性を持つが、「ポピュラー文化」や「ポピュラー音楽[3]」のようにカタカナ語として日本語の中に定着している用法では、その定義をめぐって様々な議論がある。ポピュラー文化は、マンガ・ゲーム・アニメ・映画・テレビ・音楽・スポーツといったジャンルに分けられることが多いが、ここでは、私たちの社会のなかで一般化し、人々によって「生きられている文化」「日常文化」に近いニュアンスで使用している。いずれにしても、それらの大半は二〇世紀に起源を持ち、メディアを介してやりとりされ、たいてい商品化されている。したがって、「ポピュラー文化」の領域には、「人々のネットワーク」や「意味のやりとり」のイメージを置いた。

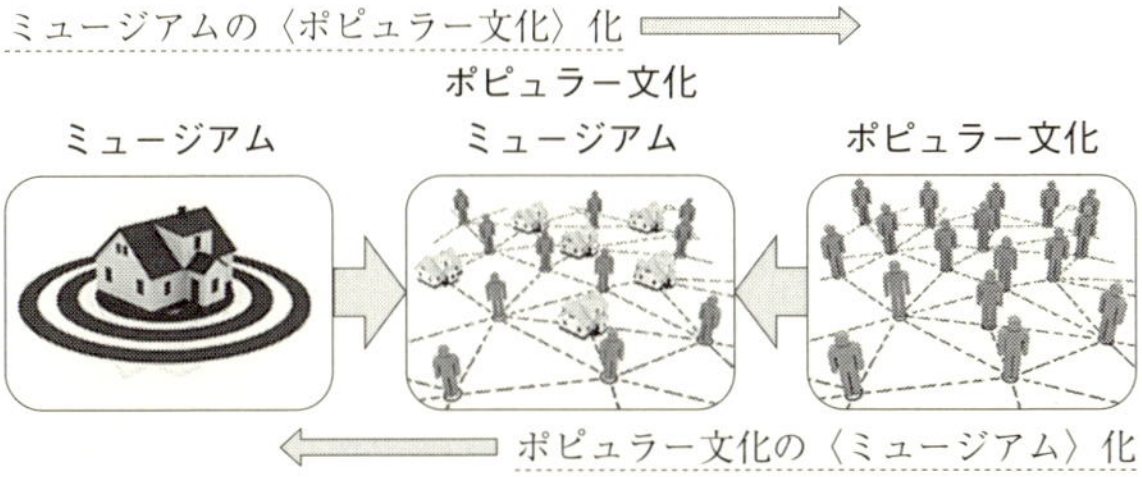

図11-2　ポピュラー文化ミュージアムに作用する２つのベクトル

図の中央には、「ポピュラー文化ミュージアム」のイメージを置いた。それはミュージアムとポピュラー文化が出会う場所であるから、「多くの人々の間にある・複数の・施設／建築物／場所」のイメージを採用した。図中にあるように、ここには二方向からの作用が働いている。そして、それぞれの方向から作用する越境性とはいかなるものなのか。

ミュージアム、再文脈化の権力

ミュージアムは、古代からの遺物を展示していることが多いために、はるか以前から社会の中に存在していたかのように思われがちであるが、その歴史は、私たちがイメージするよりも短く、一九世紀以降の二百年間に過ぎない。ミュージアムには、様々な「外部」から展示物が持ち込まれ、集められ、分類される。その場所は、展示物を集めることによって、ミュージアム自身を中心化する。そして、同時にそれは、分類・配置を通して展示物の文脈を変え、再文脈化する作用を持っている。

ジェイムス・クリフォードは、「芸術＝文化システム」として文化カテゴリーを四つに区分した（クリフォード、二〇〇三）。すなわち、第一区域の「芸術」、第二区域の民族誌的「文化」、第三区域の「偽物（人工物）」、第四区域の「商品」、という四つの文化カテゴリーである（第10章、図10‐1を参照）。本書第10章では、〈アフリカのもの〉を事例にしながら、ミュージアムがその展示物の文脈を変えることによって、同じモノの意味を「おみやげ」にも「芸術品」にも再配置するという作用を持つことが指摘された。あるモノがこの四つのカテゴリーのうちどこに配置されるかは、実は恣意的なものであり、しばしば同じモノがこれらの象限を行き来する。ミュージアムは、その展示の区分を自然化することで恣意性を見えなくさせ、文脈化によってモノの意味を決定する権力を持つ。

ピカチュウのぬいぐるみは、おもちゃ屋の店頭に飾られているときには「商品」または「人工物」に過ぎないが、ミュージアムに展示されることで民族誌的「文化」として文脈化される。またテディベアは、当初は「商品」であったものが、子供の愛玩物として大切にされ、コレクター文化を育み、新しい世代のアーティストが生まれ、ミュージアム化の進展とともに「芸術」の領域に近づくよう再文脈化されていく。

このように、ミュージアムに由来する越境性は、特に、文化カテゴリーの移動、(2)トランス・カルチュラルという側面が強調されて論じられてきた。また、ミュージアムとは、そもそもコミュニケーションの「メディア」でもあるから、そこに別な形態のメディア・コンテンツが収集され、元々の文脈を離れて展示されることは、必然的に(1)トランス・メディアという越境性も含んでいる。さらに、文化カテゴリーの再文脈化は、しばしば国境を越えることと併行してなされる(3)トランス・ナショナル）。〈アフリカのもの〉や〈アジアのもの〉がヨーロッパへと運ばれる場合（例えば、ピカチュウ）と、〈ヨーロッパのもの〉がアジアへ運ばれてミュージアム化されるありよう（例えば、テディベア）とは、同じようにトランス・ナショナルな越境性だが、別の意味づけを含んでいないだろうか。それ自体、興味深いポピュラー文化ミュージアムについての考察の論点となりうるだろう。

ポピュラー文化、ハイブリッド化と文化商品の越境

ポピュラー文化の越境する性質は、特に、(1)トランス・メディア、すなわち、メディア形態をやすやすと越えていく拡大性において顕著である。今日のメディア・コンテンツの大半は、単一のメディア形態には留まらない。マンガ原作のテレビドラマ、映画化、CMソングと様々な楽曲のタイアップ、ゲーム由来のヒットミュージック、ゲームからのアニメーション製作、アニメーションからグッズ・イベント展開、スポーツ体験のドラマ化、ゲーム化など、トランス・メディアではない事例を見つける方が困難なほどである。

(3)トランス・ナショナルという側面では、一九八〇年代後半以降、日本経済がアジア各国に進出していくことに伴い、マンガ、アニメーション、ゲームなどの文化商品、SUSHIやテリヤキなどの食文化がアジアやヨーロッパに国境を越えて流通するようになり、〈日本〉のポピュラー文化が国境を越えて影響を及ぼしている、という議論が盛んになされるようになった。一九九〇年代には、マンガ・ゲーム・ウォークマンの三つの分野で顕著な〈日本〉文化のグローバル化が語られた（五十嵐、一九九八）が、二〇〇〇年代になると、アジア市場圏における日本・韓国・中国・インドなどの各国製のポピュラー文化商品の覇権争いに展開し、ソフト・パワー戦略に結び付いて盛んに議論されている（岩渕、二〇〇七など）。ある文化圏に別な文化圏から新たに流入した要素は、オリジナルの文脈を離れて、普及先の文化圏のなかに溶け込んでいく。このような事例は多数あるが、世界中で売られ食卓に供されているSUSHI（≠寿司）が典型的であろう（呉・合田、二〇〇一）。こうした文脈からの切り離しは、ハイブリッド（混淆）化やクレオール（希薄）化として語られる（松居、二〇〇九）。

このように、ポピュラー文化に由来する越境性は、(1)トランス・メディアという越境性、および、(3)トランス・ナショナルな越境性がとりわけ強調されてきた。その一方、ミュージアム研究において強調されてきた、文化カテゴリーの移動、(2)トランス・カルチュラルという側面はあまり論じられることがない。ポピュラー文化は、日常に広く「普及している」ものであるから、サブカルチャーがメインカルチャーになる、ジェンダー隔離文化がジェンダーの垣根を越えて一般的なものになる、といった変化は、流行現象やブームとして語られる傾向が強い。そこに

表11-1　ポピュラー文化ミュージアムの越境性

越　境　性	ミュージアム由来	〈ポピュラー文化〉由来
(1)メディアを越える	△自然化されている	◎強く作用する
(2)文化カテゴリーを越える	◎越境するが，境界は維持される	▲越境しにくいが，境界を溶解する
(3)国境を越える	△自然化されている	○市場原理と強く結びついており，意図的に企画される

強く働いているのは、商品としてヒットしたか否か、という市場原理を基準とする判断である。

　ミュージアムが展示物を集めることによってミュージアム自身を中心化するのに対して、ポピュラー文化は境界を越えてとめどなく拡散する。その一方、ポピュラー文化はファン文化を育み、それぞれのアイデンティティ形成に深く関わるために、際限なくジャンルが分かれ、サブカテゴリーに細分化する。当事者によってミュージアム化が促される場合には、ファン文化の殿堂として機能することもあるが、誰がその文化の主たる担い手なのかをめぐっては常に闘いがある。展示される文化の担い手たちとその設立主体に乖離がある場合には、ポピュラー文化ミュージアムは時として強い批判にさらされることになる（第2章を参照）。

　個別のベクトルの動因については、次節で詳述するとして、ここでは、ポピュラー文化ミュージアムの三つの越境性をまとめよう。

　表11-1に示したように、ミュージアムに由来する越境性は、(2)トランス・カルチュラルという側面が特に論じられてきた。また、(1)トランス・メディアや、(3)トランス・ナショナルという越境性も含んでいるが、自然化されており論議されることは少ない。他方、ポピュラー文化に由来する越境性は、(1)トランス・メディアという越境性、および、(3)トランス・ナショナルな越境性がとりわけ強調されてきた。一方、文化カテゴリーの移動、(2)トランス・カルチュラルという側面はあまり強調されることがなく、むしろサブジャンルに細分化する傾向が強い。

　第1節の最後で述べた問いに対しては、ポピュラー文化ミュージアムの越境性には両面があり、それぞれ異なる越境性がある、と答えることができる。そして、ポピュラー文化ミュージアムにおいて、その複雑な越境性が交差し、せめぎ合い、個別のミュージアムや場所を変容させ続けているのである。

3　グローバル化／デジタル化時代のポピュラー文化ミュージアム

これまでの議論において、ポピュラー文化ミュージアムに作用する二つのベクトルがどのようなものであるか整理してきた。第3節では、その背景にある原理や動因についてさらに考えを進めていこう。

二つのベクトルの動因

本書では、ポピュラー文化ミュージアムの事例として、第4章～第10章において次のような場所や施設が分析された。「水木しげるロード」「化粧品のミュージアム」「レ・コード館」「大和ミュージアム」「マンガ関連ミュージアム」「鉄道関連ミュージアム」「エスニック関連ミュージアム」。それらの事例には、左向きベクトル（＝ポピュラー文化の〈ミュージアム〉化）が強く働いているものと、右向きベクトル（＝ミュージアムの〈ポピュラー文化〉化）が強く働いているものがある。また、本書コラムの様々な事例についても同じように右向き／左向きベクトルを分類することが可能だろう。ただし、それらは複合的な作用であるから、どちらか一方だけのベクトルで成立しているわけではない。

第2章で指摘されたように、ポピュラー文化実践の中にある〈ミュージアム〉的な楽しみは、必ずしも地域振興の論理や市場原理で作り上げられる施設とは合致しないこともある。各章・各コラムでそれぞれ興味深い指摘がなされているが、ポピュラー文化ミュージアムが、展示物の充実や建築物の面白さ、収益や集客といった経済面、文化の担い手との関係性で高い評価を受ける事例もあれば、そうではない事例もある。

表11-2では、ポピュラー文化ミュージアムに作用する二つのベクトルについて、それぞれどのような位相の動因があるか、まとめてみた。

表11-2　ポピュラー文化ミュージアムに作用するベクトルの位相

ミュージアムからのベクトル⇨	ポピュラー文化ミュージアム	⇦ポピュラー文化からのベクトル
文化の価値付与 科学化・芸術化 歴史化・文化遺産化	→①コンテンツの越境 ←❶観光誘致	民俗文化・伝統文化との接続 地域・ナショナリズムの論理 観光のまなざし
近代のプロジェクト 普及・啓蒙 民主化？	→②体験の拡張 ←❷コレクションの保管 ←❸ファン文化の殿堂	市場の論理 文化単位による抵抗 ファン文化 アイデンティティの構築

ミュージアムからのベクトル（右向き）は、①コンテンツの越境、②体験の拡張、の二つが考えられる。ポピュラー文化からのベクトル（左向き）は、❶観光誘致、❷コレクションの保存、❸ファン文化の殿堂、の三つが考えられる。それぞれの動因となっているのは、ミュージアムの原理、およびポピュラー文化の成立基盤である。

しばしば、ミュージアムとは「近代そのもの」の原理と共通であることが指摘されてきた。その原理とは、人間とその環境に関する物質資料を「取得、保存、研究、伝達、展示する」ということである（ICOM, 1989）。つまり、「ミュージアム的世界」とは、展示物を「収集」「保存」「研究」の対象物と捉える。その視線は、対象物を科学的に捉え、芸術的に価値あるものと考える（科学化・芸術化）。そして、研究展示によって、そのモノに永続性を与え、維持していく（歴史化・文化遺産化）。そのようなミュージアムの営みは、まさしく「近代のプロジェクト」そのものと言えるだろう。

その一方、ポピュラー文化は、グローバル化が進行する二〇世紀の資本主義経済システムに育まれてきたものであるから、必然的に、その成立基盤の多くの部分を市場の論理が決定している。良い文化・悪い文化といった評価軸による序列は意味をなさない。売れるモノこそ良い商品であり、〈高級芸術〉や〈高級文化〉とされてきたモノもまた、裕福な顧客や世界中のミュージアムが媒介となって高額でやりとりされる商品としての価値を持つ。ポピュラー文化においても、充分に発達した専門家集団が存在し、ジャンルによって発達の度合いは異なるが、批評の手段も発達し、それぞれ異なる熱烈なファン文化によって支えられている。このように、ポピュラー文化商品を集めたり展示したりする基本的な動因は、グローバル化に対抗する地域社会の独自性への要望（＝観光誘致）に結び付いていたり、市場価値の保存や個人コレクションへの愛着であったりする。

このような二つの方向からの動因についてさらに考えを進めていくには、ミュージアム研究の理論が参考となるだろう。例えば、一九八〇年代以降の「新しい」ミュージアムの出現と増加について、ジャネット・マースティンは、四つのメタファーを用いて整理している（Marstine, 2006）。すなわち、(1)聖堂としてのミュージアム、(2)市場原理の産業、(3)植民地化する空間、(4)ポスト・ミュージアム（ミュージアムを超えたミュージアム）、の四つである。

(1)「聖堂」は、古典的なミュージアムのイメージである。〝至宝〟を修復・保管・保存することがその目的であり、公開は〝大衆〟への啓蒙や教育としてなされる。このようなミュージアムの古典的なイメージは、そのエリート主義がするどく批判の対象となり、モデル変更を迫られてきた。

(2)「市場原理の産業」というメタファーは、特定の商業主義的ミュージアムを指すのではなく、今日のすべてのミュージアムが直面している問題である。アート・ギャラリーとは違い、ミュージアムの展示物には値札が付いていないが、もちろんそれらは市場価値を持つ商品でもある。一九九〇年代以降の緊縮財政政策によって、ミュージアムの展示物がどのような〝至宝〟であろうと、公的負担の正当性が疑われるようになり、経済的に自立した運営を求められてきた。市場原理は観光産業との提携によっていっそう強く影響するようになり、展示企画も「スペクタル化」（ドゥボール、一九九三）の一途を辿った。

(3)「植民地化する空間」というメタファーは、既に本書の多くの箇所で述べられているように、ミュージアムの変容に大きく影響を及ぼしてきた。ミュージアムの展示物やそのありように対し、〝西洋中心主義〟〝植民地主義〟〝男性／異性愛中心主義〟などの批判が投げかけられ、〝先住民〟や〝移民〟〝女性〟〝性的マイノリティ〟の文化を展示する民族誌的資料の増加や、それらの専門ミュージアムが多数建築されることにつながっていった。

(1)〜(3)が、旧来のミュージアムがそのままの姿では存続し得ない可能性を告げるものであるのに対して、四つ目のメタファーは別の可能性を示すものであり、その意味で、「ポスト・ミュージアム」と名付けられている。それは「もはやミュージアムとは言えないが、何がしか関係するもの」である。また、ポスト・ミュージアムは人々を“啓蒙”するのではなく、多様な人々の集まり、地域社会とつながることによって、その要望に応え、問題提起し、活力を共有するような〈場《サイト》〉である。(4)

本書が対象としている「ポピュラー文化ミュージアム」は、マースティンの四つのメタファーから考えると、どのようになるだろうか。コンテンツ・体験の〈ポピュラー文化〉化というミュージアムからのベクトル（右向き）は、世界的なミュージアム変容の流れと共通する。それに対して、ポピュラー文化からのベクトル（左向き）は、「市場原理の産業」というメタファーでのみ理解されがちであるが、それだけではない。第2章、および「化粧品のミュージアム」「レ・コード館」の事例において指摘されたように、ポピュラー文化ミュージアムは、市場原理のみで決定されるわけではないし、多くの場合、ファン文化の「聖堂」のメタファーで経験される傾向がある。また、ファン文化とミュージアム運営者の資本・理念・フォーマットがかみ合わないとき、表象=代表性が問題となるような空間（「植民地化する空間」）と批判されることもある。重要なことは、様々なポピュラー文化ミュージアムの多様性を、こうした理念型に照らしつつより詳細に理解していくことである。

ポピュラー文化ミュージアムは、マースティンの四つのメタファーのいずれにも当てはまる側面を持つ。ポピュラー文化ミュージアムは、ミュージアムの「新しい」形態ではないし、変形種の一つでもない。多くの可能性を秘めているにせよ、ポピュラー文化ミュージアムがすなわち「ポスト・ミュージアム」である、と短絡的に考えることは出来ないであろう。ミュージアムに対して論じられる論点の大半はポピュラー文化ミュージアムにも当てはまる。しかし、ポピュラー文化ミュージアムに左向きベクトルが強く作用する場合には、もっぱら(2)「市場原理の産業」、または(1)ファン文化の「聖堂」としてのみ理解されがちである。その理解には、グローバル市場経済におけるポピュラー文化の商品価値が関係している。

グローバル化時代のポピュラー文化の拡散

様々な先行研究が示すように、ポピュラー文化のグローバルな拡大と拡散は、今日の私たちの暮らしの隅々に浸透している。欧米からの輸入文化や若者文化に限らず、アジア・アフリカ・南米との間の輸出入が拡大し、テレビドラマからキャラクターグッズまで、様々なポピュラー文化商品がグローバルな広がりを持って、ある種の共有文化を形成しつつある。スターバックスやアップルストア、無印良品やユニクロなど、世界のどのような都市にでも共通の商品を置く企業がいくつもある。

　そのようなグローバル・ポピュラー文化商品は、それぞれの地域によって勢力範囲が異なり、特定のジャンルが強い市場とその原産国との関係が複雑に入り組んでいる。例えば、博報堂のグローバル市場調査によると、ポピュラー文化商品の愛好傾向には、各国間で興味深い相違が見られる（図11－3）。この調査は、二〇一〇年に、台北・香港・マニラ・バンコク・上海・ジャカルタ・シンガポール・ホーチミンシティ・クアランプール・ムンバイの、アジア一〇都市で実施されたものである。ポピュラー文化商品の原産国として、日本・韓国・欧米の三拠点を取り上げ、(1)マンガ・アニメ、(2)テレビドラマ、(3)映画、(4)音楽、(5)メイク・ファッションの五つのジャンルについて、それぞれ使用頻度や愛好を尋ねている。それによると、(1)マンガ・アニメという分野では「日本製」がアジア全体で特に好かれている。また、台北と香港では、マンガ・アニメだけなく、テレビドラマ、ファッションなどでも「日本製」が好まれている。(2)テレビドラマについては、韓国と欧米コンテンツが強く、(3)映画や(4)音楽は圧倒的に欧米コンテンツが強い、という結果であった（博報堂、二〇一一）。

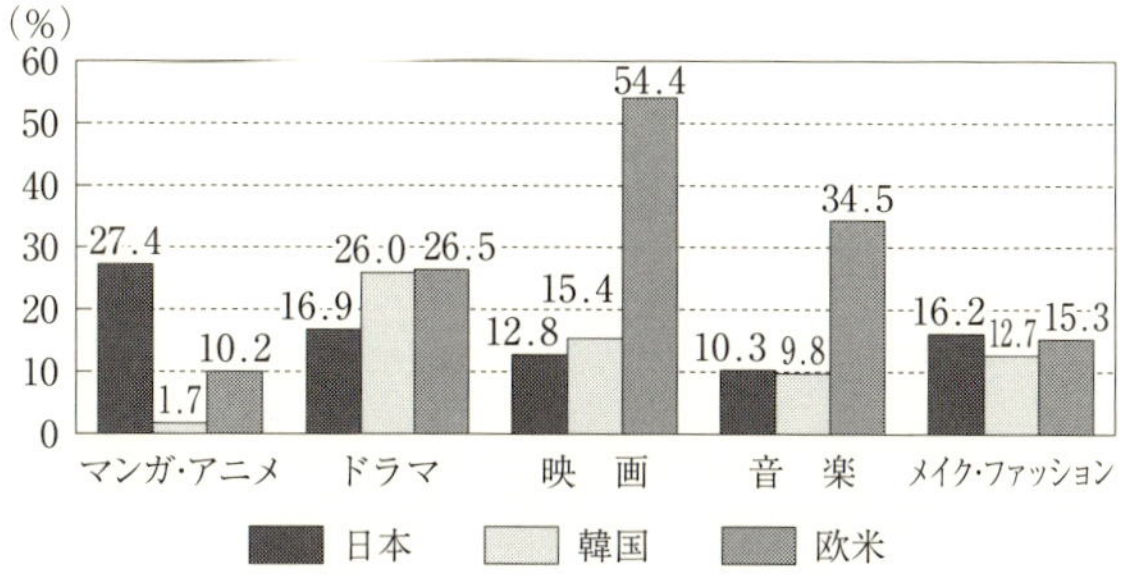

図11－3　アジア市場におけるポピュラー文化商品の愛好傾向（３拠点比較）

（出所）　博報堂，2011　10ヵ国平均データから筆者再構成。

　この調査から分かることは、グローバル市場におけるポピュラー文化の影響力の拡散は、マンガ・ドラマ・映画・音楽・メイクの五ジャンル間では大きな差があるということである。この五つのジャンルは、本書でも主要なポピュラー文化のジャンルとして取り上げているものだが、各章において、ポピュラー文化ミュージアムに関する論点は異なっている。例えば第8章においては、特にマンガ関連ミュージアムの成り立ちに関して、突出したアーカイブ化・ミュージアム化の動きがあることが議論されている。マンガやアニメというジャンルが、他のジャンル——例えば、音楽や映画——に比べ、相対的に公的ミュージアム化の動きが活発であるのは、グローバル市場における存在感の強さゆえであろう。また、これに比較して、ユニバーサル・スタジオ・ジャパンなどアメリカ製の映画関連テーマパークが各地に展開しているのは、グローバル市場におけるハリウッド映画の絶対的な優位性ともちろん関わりがあるだろう。

本書は、調査実践のアクセス可能性を考え、日本国内にあるポピュラー文化ミュージアムを主たる対象としているが、一部、韓国やその他の地域も含んでいる。グローバル市場における各ジャンルの競争力によって、日本向けインバウンド観光誘致との結合関係が異なることは、調査実践において留意しておきたい論点となるだろう。

関連して、本書では三つのコラムでスポーツ関連のミュージアムを取り上げているが、グローバル市場への展開という意味で、オリンピック選手や大リーガー、ＦＩＦＡワールドカップ、空手（コラム36）や柔道といったナショナルな言説に関連したスポーツのミュージアム化が目立つことも、発展研究へとつながる視点を提供してくれるだろう。

デジタル化時代のミュージアムの変容

ポピュラー文化ミュージアムに作用する動因には、グローバル化に加えてデジタル化という要素が考えられる。グローバル化とデジタル化は、近年のポピュラー文化ミュージアムを考えるために欠かすことの出来ない重要なキーワードである。

デジタル化とは、それ以前にアナログデータとして扱われていたものを、コンピュータで扱えるように量子化することであり、地上波デジタル放送やデジタルカメラの普及などで、きわめて身近な言葉となっている。単にコンピュータを使用するか否かによって、デジタル／アナログを対比的に使う「誤用」が日常的に用いられているが、ここでは、デジタル化を「二〇世紀後半のデジタル式コンピュータ技術の進展と共に進行した社会変容」と捉える。

また、デジタル化時代とは、「デジタル方式のメディアがそれ以前のメディアにとって替わり支配的モードとして普及していく時代」を意味する。具体的には、二〇〇〇年代以降、アナログ・テレビ放送からデジタル・テレビ放送へ、VHSテープからDVD、そして映像配信へ、CDから携帯音楽プレーヤー、さらに音楽配信へ、雑誌や単行本が電子書籍へ、というように、多くのポピュラー文化領域がデジタル化時代を迎えている。デジタル化がもたらす変化が社会の隅々にまで浸透するにはもう少し時間がかかるであろうが、現在の私たちは、デジタル化が急速に進行する只中に生きていると言える。

デジタル化がミュージアムにもたらした作用は、館内に多数のタッチパネルが設けられ、デジタル展示物が多く配置され、説明が映像化する、といった側面にももちろん現れているが、その最も大きな作用は、展示物や建築物をすべてデジタル化し、現物や建物を必要としない〈場所《サイト》〉へと変えるものであろう。

そのような流れは世界的に進行しているが、日本でも熱心に推進されており、例えば、二〇〇六年、文部科学省がデジタルミュージアム構想の検討のために「デジタルミュージアムに関する研究会」を発足させている。「デジタルミュージアム」とは「デジタル技術を活用した博物館・美術館等」であり、そこは「様々な時代や社会、環境等の情報が同時に存在」し、「それらを組み合わせた新たな『コンテンツ』の提供が可能」で、「知の融合による新たな文化の創造に最適な場」とされている（文部科学省、二〇〇七）。それを受けて、日本各地に（正確には、各地の名前を冠したウェブサイト上に）多くのデジタルミュージアムが作られている。本書は、現地に出かける実習調査を意識して書かれているが、もちろん、こうしたウェブ上のミュージアムを〈体験〉し、分析対象とすることも可能である。

また二〇一一年には、グーグル・アート・プロジェクト（Google Art Project http://www.googleartproject.com/）が始まった。これは、バーチャル美術館とも称されるが、世界四〇カ国、一五一の「実在する」ミュージアムの展示物をデジタル化し、ウェブ上で閲覧できるようにしたものだ。[5] 日本のミュージアムは、国立西洋美術館、東京国立博物館、サントリー美術館、ブリヂストン美術館、大原美術館、足立美術館の六つが参加し、閲覧可能となっている。試みに、本書コラム2で取り上げられている「足立美術館」のコレクションを閲覧してみてほしい。Google

Earthでおなじみの「ストリートビュー」と同じ動線で館内を移動でき、「庭」を眺める場所に立つことができる。

現地に足を運ばないまでも、ミュージアム〈体験〉が出来ることは、見る側、使う側にとって、どのような変容をもたらすだろうか。「ストリートビュー」では、自分から積極的に移動していかないと何も起こらないが、「スライドショーで見る」を選択すれば、一五〇作品が一定のペースで順次流れていく。それはあたかも、テレビ番組や動画サイトを見るのに似ている。自分の部屋でiPadを片手に寝転がり、おやつを食べながら絵画鑑賞することだって可能である。それはまた、ミュージアムという施設では、どのような態度が要請され、どのような行為は可能ではなかったのか、改めて気づくきっかけにもなるだろう。

本書第7章では、テレビ番組ライブラリーやフィルム・アーカイブも、ポピュラー文化ミュージアムと捉えられることが論じられた。また、第8章や第9章で取り上げられた、マンガ関連ミュージアムやマニア関連ミュージアムに保管・展示されているモノは、その大半が出版物や原画、模型や道具類、グッズといった実体を持っている。こうしたポピュラー文化ミュージアムもまた、デジタル化による大きな変容の時代を迎えている。

誰もが思いつくのが、ウェブ上にある動画・映像共有サイトの急激な普及による影響であろう。You Tubeや iTunes、ニコニコ動画などが社会に登場し普及し始めたのは、二〇〇〇年代後半のことである。それらは、急速に普及しただけではなく、ありとあらゆる境界を越境し、あらゆるデータが並列する、ある種の「魔窟」のような状態となっている。それは、著作権という強固な制度に抗いながら成長を続ける巨大なデジタルアーカイブであり、強力に私たちの暮らしや社会に影響を及ぼすようになっている。

デジタル化という動因によって、ミュージアムは、かつてのような特権的な文化配付組織ではありえなくなった。かつて、ミュージアムに保管・収蔵・公開・展示されてきた様々な文化財は、一方向的に〝オーディエンス〟に届けられ、来場者がそれを消費するという〝商品〟であった。しかし、デジタル化がもたらした変容は、そのような文化組織を創造的経済システムの「単なる一部分」に変えたのである。ミュージアムだけではなく、テレビ局や新聞社、雑誌社といった旧来型のマスメディアの大半が、そうした変容にさらされている。〝オーディエンス〟ではなく〝ユーザー〟となった熱心なアマチュア創造者によって、典型的には、動画投稿サイトや個人のブログなど、様々な文化的創造物が作られ、国境を越えたコミュニケーション・ネットワーク上に流通している。それらは、資本主義市場経済のシステムを利用してはいるが、直接的な文化商品として販売されているわけではない。

ポピュラー文化ミュージアムは、グローバル化／デジタル化時代の様々な動因によって今後どのような形で展開していくのか、「ミュージアム」という形態そのものもまた根本的に問い返されてゆくことになるだろう。

4　ポピュラー文化ミュージアム研究の可能性

未来のミュージアム？

ここまでの議論をまとめておこう。まず、ピカチュウとテディベアを題材にして、ポピュラー文化ミュージアムの三つのレベルの越境性について考えてきた。ポピュラー文化ミュージアムとは、ミュージアムとポピュラー文化とが出会う場所であり、両方からのベクトルを受けて形成され、変容を続けるものである。そこに働く作用は、文化の境界づけを強化し序列づけるものもあれば、それを越境し平準化するものもあり、市場原理やファン文化からの圧力が複雑に交差しせめぎ合って、個々のポピュラー文化ミュージアムの企画設立や存続の議論に働きかけている。ポピュラー文化ミュージアムに作用する二つのベクトルを推し進める動因としては、文化のグローバル化とコミュニケーション・システムのデジタル化とが重要なキーワードとして議論された。

「まえがき」で述べたように、本書は二〇〇〇年代以降の「新しい」ミュージアムの増加現象を念頭に置いて、ポピュラー文化ミュージアムについて考えようとするものである。未来のミュージアム像を構想することは、必ずしも本書の守備範囲ではないが、例えば第9章では、マニア関連ミュージアムを題材に、展示物の「徹底的な日常化」と「アーカイブ化」という二つの方向性が論じられている。また、「アーカイブ化」には、実在する「モノ」と虚構の「非モノ」とがあり、後者がより支配的になっていくのではないか、という見通しも添えられている。

第3節でも述べたことであるが、ポピュラー文化ミュージアムは、それ自体がミュージアムの新しい形態というわけではないし、未来のミュージアム構想に直結するわけではない。未来のミュージアムについては、様々な模索が併行して進行中といったところだが、「公開・共有・個人化・越境性」という理念は共通しており、グーグル・アート・プロジェクトなどがその典型として論じられることもある（山本、二〇一一）。

だが、グーグル・アート・プロジェクトは、現存するミュージアムの収蔵品をデジタル化したものであり、そのコンテンツの選択はむしろオーソドックスで、従来型のミュージアムを超えるものではない。それらは、ミュージアムによって既に文脈づけられた「文化財」「芸術品」であり、グーグル・アート・プロジェクトによってその〈真正性〉が強化されることはあっても、逆の越境性には乏しい。同プロジェクトでは、それぞれのユーザが自分好みのコレクションを作成し、保存したり公開したりできるが、それも、プロジェクト内に予め含まれている範囲内での〈個人化〉に過ぎない。自らが撮影した「謎のパラダイス」（コラム4参照）の写真をこのコレクションに新規に加えることはできない。そこには、たとえデジタル化されていようと、旧来のミュージアムが持っていた文脈化の権力を感じないわけにはいかないのである。

しかしながら、そのコレクションをどのように〈体験〉するかは、ユーザ側に委ねられている。そのコンテンツは〈ポピュラー文化〉とは言えないかもしれないが、その〈体験〉様式においては、グーグル・アート・プロジェクトはまさしくポピュラー文化ミュージアムと言えるのである。また、世界の多くのコレクションを同じ様式において一望に眺める〈場《サイト》〉の実現は、本来ミュージアムが持っていた自身を中心化する、という作用を一段階高いレベルから実現するもの、いわば、メタ・ミュージアムとしても解釈可能だ。これは一例に過ぎないが、このようなポピュラー文化ミュージアムという〈場《サイト》〉について考えをめぐらすことは、「文化とは何か」「〈ポピュラー〉とは何か」「収集・共有・消費のモード」をめぐって、これまで以上に複合的な問いに私たちを誘なうだろう。

ポピュラー文化ミュージアムを研究する、ということ

ポピュラー文化ミュージアムを研究するということは、ミュージアム研究の発展と、ポピュラー文化研究の展開とが合流する地点に出現した「新しい問い」であ

る。その調査地は、国内外、現地を持つもの、持たないもの（バーチャルなもの）を含め、各地に多数ある。これまで単純に「少し風変わりなミュージアム」として常識的に捉えられてきた対象地は、ポピュラー文化ミュージアムとして研究する、という補助線を導入することで、思いもよらなかった側面が見えては来ないだろうか。

調査地においては、展示物がどのように選ばれ、どのような順で配置されているか、ミュージアムの設置主体・資本、設置された時代とその背景、建築物の様式など、様々な要素を観察し、調査し、探求してみたい。それ以上に重要なのは、デジタルミュージアムを含めて、ポピュラー文化ミュージアムの〈場《サイト》〉において、人々がどのように展示物や対象と関係性を作り上げているのか、という観点である。

私たちにとって、ミュージアムを訪れるという経験は、個人的な記憶の中に織り込まれていく日常経験の一部である。私たちは、しばしば観光地でビデオを撮ったり、記念写真を撮影したりする。今日のミュージアム体験は、観光という営みに深く結び付いているから、ミュージアム施設の中でも私たちは写真を撮ろうと試みる。タマラ・ハムリッシュによれば、そのような個人的経験は、写真やビデオを撮ることや、ミュージアム・ショップでの「思い出の品」を購入することによって、より力強い記憶として刻まれるのだという（ハムリッシュ、二〇〇九）。しかし、多くの施設では、館内の写真撮影は禁止されている。撮影禁止、それは誰によって何のために禁止されているのか。そこには、文化財の希少性の管理や、所有権、著作権などが絡み合い、個人的経験を個人が吟味することと、文化的創造物をウェブや他の媒体において公開・共有する権利の独占との葛藤が見えてくる。

「まえがき」で述べたように、二〇〇〇年代以降の「増えすぎた」ミュージアムが選択・淘汰され、「ハイ・アートのための美術館」や「文化遺産として認定」されることがその選択の要件となるとき、ポピュラー文化ミュージアムはまさしく文化の収集・共有・消費をめぐる〈闘争の現場〉として立ち現れてくる。本書のねらいは、そのような〈闘争の現場〉として、「ミュージアムのようなもの」を研究することの意義を示すことであり、そこでは、「ポピュラー文化」をめぐる研究の枠組みもまた、問い返されているのである。

トムリンソンやガルシア・カンクリーニは、グローバル化によってもたらされた私たちの日常経験の変容を、

《非―場所の経験》、あるいは《脱―領土化の経験》と呼んだ（Garcia Canclini, 1995／トムリンソン、二〇〇〇）。ここで私たちが考えようとしている日常経験は、グローバル化とデジタル化が複雑に交差する地点で起こっていることがらである。グローバル化は、単純な世界の均質化ではなく、むしろ地域に《非―場所の経験》をもたらす。それは、諸個人のアイデンティティ、人間関係、風土・風景、過去の記憶と結び付いた特定の地域の固有の場所を、より広いコンテクストにおいて内省することを促すような経験だという。

ある特定の地域において、〈私たちの文化〉としてポピュラー文化ミュージアムの建設が選ばれるならば、それは、その地域がそこから遠く離れた人々の生活と密接に関連していることを自覚し、相互の関連を明らかにしようとする営みでなければならない。もし、そうした営みが生み出されてくるのであれば、ポピュラー文化ミュージアムは、ポスト・ミュージアムとして、地域社会とつながり、その要望に応え、問題提起し、活力を共有するような〈場《サイト》〉となりうるであろう。

本書はまた、ポピュラー文化ミュージアムをフィールドワークすることを主要な方法として紹介してきた。フィールドワークという方法によって、人々がどのように展示物や対象と関係性を作り上げているのかを探求することが可能となる。ポピュラー文化ミュージアムを研究することには、グローバル化とデジタル化の荒波にさらされた地域社会において「〈私たちの文化〉とは何か」、私たちの時代に共有された文化、すなわち「ポピュラー文化とは何か」「そこに含まれる〈私たち〉とは誰か」といった問いが含まれている。そのことを通して、変容しつつあるミュージアムと、その支え手であるコミュニティとの関係を、文化創造という側面から探求することが可能となるだろう。

本書には、二〇一一年三月一一日の東日本大震災によって被災したミュージアムについて述べたいくつかのコラムが含まれている。それらのミュージアムは、被災・再建・再創造といったプロセスを通して、ミュージアムとコミュニティとの関係性に関わる問いに直面しつつ、そこから生まれる新しい可能性を私たちに伝えてくれているのではないだろうか。

注

（1）『ポケットモンスター』シリーズのグッズを販売する専門店であり、株式会社ポケモンが経営する唯一の直売店。第一号店「ポケモンセンタートウキョー」は、一九九八年に開店、その後全国へ展開した。
（2）日本テディベア協会は、一九九三年に設立された団体で、一九九九年にはＮＰＯ法人として認可されている。その活動目的は、「日本国内に広くテディベアを普及させ、テディベア作家、収集家、愛好者を育成することにより、情操教育、文化芸術振興を目指すと共に、テディベアの寄付、チャリティーなど、ボランティア活動を行う」ことだという（同会ＨＰによる）。
（3）「ポピュラー音楽」の定義をめぐっては、既に多くの議論がなされてきている。詳しくは、本書第6章、カトラー（一九九六）などを参照。
（4）ポスト・ミュージアムの概念については、マースティンやＳ・クラインらの議論では、アメリカ大陸の先住民族文化の展示と、コミュニティに根ざしたミュージアム建設と運営により深く結びついている。詳しくは、クライン（二〇〇九）などを参照。
（5）開始当初は、世界九カ国、一七美術館で、西洋美術中心であったが、二〇一二年四月にネットワークが大幅に拡大され、収蔵点数は三万点を超えている。

参考文献

五十嵐暁郎編『変容するアジアと日本——アジア社会に浸透する日本のポピュラーカルチャー』世織書房、一九九八年。

石田佐恵子編『記憶の社会学とミュージアム（社会学実習報告書）』大阪市立大学社会学教室、二〇〇九年。

岩渕功一編『越える文化、交錯する境界』山川出版社、二〇〇四年。

岩渕功一『文化の対話力——ソフト・パワーとブランド・ナショナリズムを越えて』日本経済新聞社、二〇〇七年。

大城房美・一木順・本浜秀彦編『マンガは越境する！』世界思想社、二〇一〇年。

スーザン・クライン編、伊藤博明監訳『ミュージアムと記憶』ありな書房、二〇〇九年。

ジェイムス・クリフォード著、太田好信他訳『文化の窮状――二十世紀の民族誌、文学、芸術』人文書院、二〇〇三年。

クリス・カトラー著、小林善美訳『ファイル・アンダー・ポピュラー』水声社、一九九六年。

ギィ・ドゥボール著、木下誠訳『スペクタクルの社会』平凡社、一九九三年。

呉偉明・合田美穂「シンガポールにおける寿司の受容――寿司のグローバライゼーションとローカライゼーションをめぐって」『東南アジア研究』一号、二〇〇一年。

関口芳弘『ディアテディ――テディベア・ミュージアムと100のお話』学研教育出版、二〇一〇年。

谷川健司・王向華・呉咏梅編『越境するポピュラーカルチャー』青弓社、二〇〇九年。

ジョン・トムリンソン著、片岡信訳『グローバリゼーション』青土社、二〇〇〇年。

日本テディベア協会ホームページ　http://www.jteddy.net/　二〇一一年。

博報堂「アジア10都市における日・韓・欧米コンテンツ受容性比較」博報堂 Global HABIT 調査、二〇一一年。

タマラ・ハムリッシュ「グローバル・カルチャー、そして近代の文化遺産」スーザン・クライン編、伊藤博明監訳『ミュージアムと記憶』ありな書房、二〇〇九年。

ウルリッヒ・ベック、アンソニー・ギデンズ、スコット・ラッシュ著、松尾精文・小幡正敏・叶堂隆三訳『再帰的近代化――近現代における政治、伝統、美的原理』而立書房、一九九七年。

文部科学省『新しいデジタル文化の創造と発信（デジタルミュージアムに関する研究会報告書）』http://www.mext.go.jp/b_menu/shingi/chousa/sonota/002/toushin/07062707.htm　二〇〇七年。

松居竜五「クレオール化する日本イメージ：アメリカ製コミックにおける『ニンジャ』『サムライ』像をめぐって」『龍谷大学国際社会文化研究所紀要』九号、二〇〇九年。

山本純子「Google Art Project に人々はどう反応したか」『art marketing（株）アーツ・マーケティング公式サイト）』（http://artsmarketing.jp/archives/1594）二〇一一年。

若月伸一・佐藤豊彦『テディベアのすべてが知りたい』講談社、一九九八年。

渡邊真弓『テディベアは永遠の友達——心をつないで１００年』日本放送出版協会、二〇〇二年。
Garcia Canclini, Nestor 1995 *Hybrid cultures: strategies for entering and leaving modernity*, =1989 translated by Christopher L. Chiappari and Silvia L. Lopez; foreword by Renato Rosaldo, Minneapolis, MN, University of Minnesota Press.
Huggable Teddy Bear, 2011, *Teddy Bear Museums*,（http://www.huggableteddybears.com/teddy-bear-museums.html）
ICOM, 1989, *ICOM Definition of a Museum*, The International Council of Museums Site（http://www.museum.or.jp/icom-J/definition.html）.
Lovelace, Antonia, 2002, 'Linking World Cultures and Local Communities: Projects with Ethnographic Collections in Leeds', in Rebecca Fardell ed. *Social History in Museums*, Journal of the Social History Curators Group.
Marstine, Janet, ed., 2006, *New Museum Theory and practice: An Introduction*, Blackwell.
Sparrow, Judy, 1995, *Teddy Bears*, Smithmark Publisher.

（石田佐恵子）

コラム34　野球体育博物館――スタジアムとの一体化

野球体育博物館が開館したのは、一九五九年六月である。プロ野球公式戦開始二〇周年（一九五六年）を祝す記念事業、および一九五七年に永眠した田辺宗英氏（後楽園スタヂアム第四代社長）の功績をたたえる追善事業の計画（事業委員長は正力松太郎）が融合する形で、後楽園球場敷地内に設置されることとなった。

もちろん、野球がいくら人気スポーツとはいえ、野球体育博物館が財団法人化し（一九五八年一一月）、登録博物館として認可される（一九五九年一〇月）には、いくつかのハードルがあった。例えば、『財団法人野球体育博物館 News Letter』（一九九九年九月二五日）によると財団法人化をめぐって文部省・大蔵省との交渉を重ねた奥村文明氏（元後楽園球場支配人）は一九五〇年代後半を回想し、「当時の役人のプロ野球に対する評価は驚くほど低かったね。プロ野球の選手などはまともな職業とは考えていなかったからね」と語っている。すなわち、一部の役人の意識は大衆から乖離し、野球に対してある種の偏見をもっていたのである。だが周知のように、野球というスポーツは日本の近代化とともに発展し、国民的スポーツとして日本文化に深く浸透し、国民からの強い支持を得ていた。さらに、野球界も、天野貞祐（日本学生野球協会会長）や宮原清（日本社会人野球協会会長）らがプロ野球に協力し、プロ・アマ一体となって博物館の設立に尽力した。そのような経緯を経て、一九五九年に開館が実現したのである。秩父宮記念スポーツ博物館が同年の開館であること、それに対して野球体育博物館は単独スポーツ競技の博物館であることを考慮に入れれば、その誕生はきわめて早い時期だったと言える。その後、プロ野球選手は「まともな職業と考えられていない」どころか、「文化功労者」に選出される、あるいは「国民栄誉賞」を受賞する（「国民栄誉賞」は一九七七年に創設）など、国民的ヒーローになっていった。彼らはスポーツ界の偉人として、館内に設置されている「野球殿堂」の中で讃えられている。

では、野球体育博物館はどのような理由で人々から受け入れられたのだろうか。その「設立趣意書」によると、設立の目的は日本における学校体育や社会体育の重要性を強調するものとなっている。だが、実際にその博物館が大衆に受け入れられた理由は、「教育」や「体育」に関係していたのだろうか。まずは、その展示物に注目してみよう。野球体育博物館には、野球用具やユニフォームなど、希少性や歴史性のある「モノ」が展示されている。いわゆる名選手たちが使用していたものや、明治期のバット、グローブなどである。さらに有名メーカーの野球用具なども含まれている。

それらの展示物には、「知的」「高級」といった特徴があるわけではない。むしろ、野球という大衆文化の身近さ、いわば「生きられた文化」と関係しており、「モノ」への興味・関心はそこから生じているのである（「ミュージアムの〈ポピュラー文化〉化」）。さらに、この博物館が後楽園球場に隣接して設置されていた（一九八八年以降は東京ドーム内）という場所性も忘れてはならない。すなわち、博物館を訪れることは、必然的に野球観戦に出かけることとリンクする可能性が高くなる。この場合、その二つの体験を完全に切り離すことは容易でない。なぜならば、野球観戦のような娯楽に出かけることが、ミュージアムを訪れるという行為、あるいはそこでの体験と重なる部分が出てくるからである。すなわち、ここには「ミュージアム体験の〈ポピュラー文化〉化」、あるいはその萌芽がすでに生じていたのだ。

野球体育博物館

野球体育博物館が開館した一九五九年六月、後楽園球場では、偶然にも長嶋茂雄が天覧試合でサヨナラホームランを放った。長嶋の伝説が生まれた陰で、新たな博物館体験のあり方が産声をあげていたのかもしれない。

（高井昌吏）

コラム35　秩父宮記念スポーツ博物館——「スポーツの正史」

秩父宮記念スポーツ博物館は、スポーツに関する日本で唯一の総合博物館であり、国立競技場に隣接（というよりも、競技場と一体化）している。生前にスポーツをこよなく愛した秩父宮殿下を記念して設立され、「秩父宮記念」という冠をつけて一九五九年一月に開館した。国立競技場の前身は「明治神宮外苑競技場」であり、大正時代（一九二四年一〇月）に建設されている。その後、一九五八年にオリンピック招致の目的で国立競技場が建設され、「第三回アジア競技大会」のメイン会場となった。そして、念願の東京オリンピック開催が決定し、一九六四年、国立競技場は東京オリンピックメイン会場として脚光をあびたのだ。その後も、国際大会あるいは国内大会を問わず、陸上競技や球技など、重要なスポーツイベントが数々開催され続けてきたのである。

スポーツ博物館の展示品は、オリンピックにまつわる「モノ」やスポーツの歴史に関する「モノ」が多い。一九六四年の東京オリンピックに関連する写真やスポーツ用品などは言うまでもなく、戦前に行われた極東大学の使用品なども含まれる。過去の貴重なスポーツ映像なども常に上映されている。さらに、国立競技場でとくに行事などが開催されない日は、入館すれば競技場でのスタンド見学なども可能である。「モノ」だけではなく、スポーツの聖地の雰囲気も味わえるのだ。

では、この博物館は今後どのように変容する可能性を秘めているのだろうか。現在、スポーツ博物館では、大量に抱えている博物館の資料のデータベース化を進めている。今後の注目は、この博物館がポピュラー文化とどのように融合していくかだろう。なぜならば、歴史的にみて、スポーツは決して実際のスポーツ大会（オリンピックや世界選手権など）だけが別個に存在、あるいは発展していたわけではない。そうではなく、映画やラジオ、テレビドラマ、あるいはアニメ・マンガなど、メディアのなかでも生き続け、それによって現実の競技スポーツ・大衆スポーツが活性化してきた。すなわち、メディアに表象されたスポーツと現実に行われたスポーツは相互依存的な関係にあり、ともに発展してきたといっても過言ではないのだ。例えば、アニメドキュメント「ミュンヘンへの道」はミュンヘンオリンピック・男子バレーボール日本代表の挑戦とほぼ同時進行的に放映され、バレーボールの盛り上がりに大きな貢献を果たした。あるいは、マンガ「キャプテン翼」はサッカー人口の増加に拍車をかけ、日本サッカーの黄金世代（一九七九年前後の生まれ）の誕生と切っても切り離せない関係にある。ポピュラー文化におけるスポーツは、オリンピックやサッカーワール

ドカップなど、いわゆる「スポーツの正史」ではない。だが、大衆のなかに深く浸透し、ある世代の集合的記

秩父宮記念スポーツ博物館

憶となり、現実のスポーツを発展させてきた事実は否定できないのである。

もちろん、スポーツ博物館がこの分野にも進出するとなれば、展示品の収集や展示・保存スペースの確保、展示方法の見直しなど、多くの難題が生じるだろう。さらに、スポーツ博物館の持つ理念そのものを考えなおす必要が生じるかもしれない。したがって、今すぐそれに取り組むことは、現実的には難しいと言える。

だが、現在、全国には無数の博物館、あるいは類似のものが乱立している。スポーツ関係のものだけに限っても、特定の競技、選手、オリンピックなどの大会、メーカーなどに特化した形で、かなりの数が存在している。スポーツ博物館が「ミュージアムの〈ポピュラー文化〉化」へ足を踏み込むか否かは、今後の博物館業界全体を考えるうえでも、興味深いポイントと言えるだろう。

（高井昌吏）

コラム36　沖縄とハワイの空手博物館――空手をめぐる二つの「ルーツ」

武道の歴史と文化をミュージアムで学ぶならば、まず手始めに秩父宮記念スポーツ博物館（東京都新宿区。コラム35）に行ってみよう。せっかく東京に出向いたからには、講道館資料館／図書館（東京都文京区）や相撲博物館（東京都墨田区）にも足を延ばしたい。二〇一一年のスポーツ基本法の公布に伴う日本武道館の要望書には、武道博物館創設の構想もあるが、もし実現すればその施設も見学コースに入るだろう。

ただし、地図や情報端末を忘れても、これらの施設が日本の中心に位置することを忘れてはいけない。場所性の忘却は、ときに文化の所在を見失うことに繋がるからだ。換言すれば武道には、ナショナリティを前提とする「武道＝日本固有の伝統文化」という言説には必ずしも回収し切れない文化的豊潤さがある。柔道、剣道、弓道、柔道、…そして空手も。ここはひとつ、文化人類学者のジェイムズ・クリフォードの論を遠景にみながら、空手をめぐる二つの「ルーツ（roots/routes）」について、ミュージアムを手掛かりに探ってみよう。

古くは「空手バカ一代」（『週刊少年マガジン』）にはじまるマンガ文化や、一世を風靡したメディア・イベント〝K-1〟などと結合して発展したカラテ。修養主義精神や武士道理念などが付与されつつ、競技スポーツ的色彩も濃い空手道。世界選手権からハリウッド映画にまで跨るグローバル文化としてのＫＡＲＡＴＥ。それら空手の「源流」（roots）は沖縄にある。琉球王国期における土着の身体技法と、本土の武術やアジアの格闘技との混交によって生まれた「手《ティー》」「唐手《トゥーディー》」は、沖縄の本土編入の過程で「唐手《からて》」、そして「空手」と変容しながら人口に膾炙した。以来、戦後ある意味で国民的なポピュラリティを獲得した空手と、琉球／沖縄という地政学的個性が育んだ空手（沖縄空手）とは、複雑な相互作用を経ながら、現在に至るまで多様な変種を生み出してきた。

沖縄県空手博物館（沖縄県西原町）には、空手を育んだ沖縄という場所の記憶が宿っている。まずは展示品をみてみよう。例えば大きな素焼きの甕《かめ》。練習時における水分補給用の水溜めではない。これは三戦甕《サンチンガーミ》といって握力や腕力、バランスなどを鍛える鍛錬器具だ。同様の器具としては、ダンベルに似た用途を持つ鎚石《チーシー》や錠石《サーシー》があり、ともにとてつもなく重い。他にも「ト」型をした棍棒である旋棍《トンファー》や、かんざしを意味する釵《サイ》という十手状の武器、あるいは貴重な史伝書や写真の類まで、普段私たちが耳目に触れる空手とは一風異なる沖縄空手の姿を眼にすることができる。

また同館が、沖縄空手道剛柔流範士九段の外間哲弘氏によって一九八七年に開設された、私設のミュージアムである点もひとつの魅力だろう。見学の際には、館長自らの案内を得る機会にも恵まれるだろうし、本格的に沖縄空手を習うならば、道場や研修用の宿泊施設も併設されている。モノに触れ、コトバを交わし、カラダを通じて沖縄空手という文化にまるごと浸る、そんな体験すら可能だろう。なお、同館の紹介HPも開設されているから、事前に館内の雰囲気を窺うこともできる。

こうして沖縄空手の独自性を知れば、ナショナリティを媒介に形成されたスポーツや武道の通念を再検討する契機ともなろう。ただし、その独自性をあまりに特権視しては、本土や周辺アジア諸国との文化的な関連が断ち切られたり、あるいは文化変容のダイナミズムが見失われてしまう。そこには文化本質主義の陥穽が待ち受けているかもしれない。

とはいえ心配は無用だろう。同館の展示における魅力的な雑然さ自体が、一義的に理解できない文化の混交を示すからだ。様々な出自の展示品は、互いに反響し共鳴することで、空手の「源流」をさらに遡行できる可能性を示す。例えば先述した鍛錬器具の名称や形状からは、中国との文化交流の痕跡が見出せよう。あるいは逆に、「源流」から無数に分岐する伝播回路（routes）も見えてくる。そして、ときにその一端は遥か数千キロの海の彼方にまで届く。

ハワイ空手博物館（Hawaii Karate Museum）には、そんな空手の旅の記憶が眠っている。それはまた、移民を通じて沖縄とハワイを結ぶ一〇〇年以上の歴史ともリンクする。同館によれば、ハワイへの空手の伝播は、沖縄からの第一回集団移住があった一九〇〇年に遡るという。一九三三年には、現地の沖縄コミュニティの支援をもとに、ハワイ空手青年会が設立された。なお現在同館は、青年会や付設道場を含めて、ハワイにおける空手の歴史継承と維持に努めるＮＰＯ（Hikari-Institute）によって運営されている。ここはパスポートを手に取る前に、とりあえず同館の公式ＨＰの充実したコンテンツを覗いてみよう。

最初に眼に留まるのは、一九二〇年代から現在に至る所蔵資料の豊富さだ。なかには日本国内ではほとんど入手できない貴重な資料もある。現地の雑誌に臨めば、空手家がその表紙を飾っていることに驚かされ、邦字と英字を交えた新聞アーカイブの記事を通じては、時代の空気が感じ取れる。中国やフィリピンの武術の紹介項目では、前述したアジア文化との関連も見出せよう。埋め込み動画を見れば館内の概要も一目瞭然だ。これだけの情報を得て、いざ実際に来館しようと思えば、特設展や講演の日程も事前にチェックできる。なお同館の資料の一部は、ハワイ大学マノア校ハミルトン図書館沖縄コレクションに寄贈されているが、その一覧は沖縄地域学リポジトリで確認したい。

ところで、なぜそもそもハワイに空手のミュージアムがあるのか、という問いの回答を得るのは案外難しい。アメリカ／日本、日系／沖縄といった単純な二元論的アイデンティティの理解では、網目が粗くて答えがすり抜けそうだ。おそらくハワイの空手は、その歴史地理を踏まえたうえで、オキナワン、ハワイアン、アメリカン、日系という複数の主体が織り成す重層的な関係性のもとで読み解く必要がある。加えて、戦後アメリカ本土で変容した空手や、空手と深い歴史的関係を持つ韓国の跆拳道《テコンドー》といった、同館が収容する空手とはまた異なる文脈で現地に根付いた様々な格闘技までを視野に収めることで、ハワイと空手を結ぶモニュメント＝ミュージアムの意味も徐々に明らかにできるだろう。

空手の「ルーツ」をめぐる旅において、沖縄とハワイのミュージアムはその出発点や終着点にではなく、文化の伝播が織り成す複雑に入り組んだ道の交差点に建つ。ミュージアムへと続く道、ミュージアムから続く道。それに交差しない道もあれば、途中で廃れた道もある。ミュージアムは、源流と回路を辿るうちに出くわす無数の分岐を示している。その分岐の幾つかは、案外私たちのすぐ脇を通っているのかもしれない。

（藪耕太郎）

沖縄県空手博物館の展示品の一部。様々な用具，器具が所狭しと並んでいる。（紹介 HP より）

沖縄県空手博物館の外観。一階に道場，二階に博物館がある。（紹介 HP より）

あとがき

真新しい川崎市 藤子・F・不二雄ミュージアムが子供や家族連れで賑わう。市の運営する横須賀美術館で、人気ロックバンドの展覧会が開催される。「長谷川等伯展」のような「正統」な美術展が、世界で最多の来場者数を記録するポピュラーなイベントと化す。本書が出版されるまでの間にも、ミュージアム文化とポピュラー文化の接近は、様々な形態を取りながら、加速している。こうしたうねりは、日本の中だけで起こっているわけではない。これから、私たちはますます不思議な場所で「ピカチュウ」を発見するような体験(第11章参照)を積み重ねることになるだろう。高度に情報化し、グローバル化した二一世紀という時代を生きる私たちは、いったいどこで、何を、どのような目的を持って収集・共有・消費していると言えるのか。

本書は、私たちをとりまく「ポピュラー文化ミュージアム」での体験やその背景にあるものを注意深く眺めていくことで、記憶と社会、メディア、そして「重層する越境性」について考えていけるのではないか、というアイデアのもと生まれた。その内容は、二〇〇八～一〇年にかけて、一四回にわたって行われた研究会での発表と議論をベースにしている。それぞれの立場からポピュラー文化ミュージアムを眺めると、浮かび上がってくる論点の多様さに、(研究者本人も含めて)驚かされることもしばしばだった。それは、ミュージアム研究と、ポピュラー文化研究を縫合する、新たなメディア研究の「萌芽」を発見する面白さでもあったと思う。

ポピュラー文化に関する研究においては、メディアを、意味が書き込まれ、読解される場として重要視してきた。あるいは、そうしたメディアを成立させる社会的コミュニケーションの様相に注意を向けてきた。そうであれば、印刷メディアや映像メディアを素材とした研究同様に、ミュージアムをメディアとしてその俎上に載せることもできるはずである。にもかかわらず、ミュージアムというメディアが生み出す、あるいは、ミュージアムというメディアを成り立たせるポピュラー文化実践については、これまであまり考えられてこなかったことに、改めて気づかされた。その意味で、本書はミュージアムというメディア自体のメディア性を問題化しつつ、そこに紡がれたポピュラー文化を扱うというこれまでにない領域の一冊となったのではないだろうか。

同時に、ミュージアムの来館者の受容の仕方の多様性を示すものとして、またその結果、ミュージアム側からの語りにとどまらない、重層的な読みを持つメディアとしてミュージアムを捉え返すものとしても、重要な視点を提供できたのではないかと思う。ミュージアムを、蒐集・保存・展示の場としてではなく、収集・共有・消費の場として捉え直すことを、本書のタイトルは強調している。

本書の元になった研究会は、大阪梅田の大阪市立大学文化交流センター、および心斎橋の関西大学サテライトで、ひと月からふた月に一度のペースで行われた。メンバーは、文化研究からメディア研究、ミュージアム研究、映像人類学までの幅広い専門の研究者が集まっており、このテーマのもつ多層性、領域横断性をそのまま示している。おおむね本書の執筆陣と重なっているが、初期と最終期には、外部から招聘発表者をお呼びして、参考となる報告をしていただいた（詳しくは、『持続可能な文化アーカイブ研究会　活動報告書』大阪市立大学、二〇一一年を参照）。なかでも関西大学の西山哲郎さんには、お忙しいなか巻末のリスト作成まで引き受けていただいた。改めてお礼を申し上げたい。

同時に、取材に応じてくださった多くのミュージアム関係者の方々の協力なしにも、本書は完成しなかったであろう。それぞれの館にお礼を申し上げることが叶わないが、ここで執筆者を代表して感謝の意を表したい。

読者の方々が本書をきっかけとして、ポピュラー文化ミュージアムに足を運び、新たな楽しみや研究の「種」を発見してくだされば、また、ポピュラー文化ミュージアムを知的刺激の媒介としつつ、もっと楽しむために本書を活用してくだされば、著者としてこれ以上の喜びはない。

本書の出版直前に、東北地方太平洋沖地震（三・一一）が発生した。この事態を受けて、執筆者にも様々な影響があり、また、本書に災害をめぐる問題を取り入れるべきかが議論されもしたため、結果的に発行が大幅に遅れることとなってしまった。このように紆余曲折を経た本書を、辛抱強く見守ってくださったミネルヴァ書房編集部の田引勝二さんに感謝の意を記したい。

二〇一三年二月一四日

執筆者を代表して　山中千恵
村田麻里子

《編著者紹介》

石田佐恵子（いしだ・さえこ）

1962年　栃木県生まれ。
1988年　筑波大学大学院博士課程社会科学研究科単位取得後退学。
現　在　大阪市立大学大学院文学研究科教授。博士（社会学）。
著　書　『有名性という文化装置』勁草書房，1998年。
『クイズ文化の社会学』共編著，世界思想社，2003年。
『ポスト韓流のメディア社会学』共編著，ミネルヴァ書房，2007年。

村田麻里子（むらた・まりこ）

1974年　東京都生まれ。
2008年　東京大学大学院学際情報学府所定単位取得後退学。
現　在　関西大学社会学部准教授。博士（学際情報学）。
著　書　『マンガとミュージアムが出会うとき』共編著，臨川書店，2009年。
『メディアリテラシー・ワークショップ――情報社会を学ぶ・遊ぶ・表現する』共著，東京大学出版会，2009年。

山中千恵（やまなか・ちえ）

1972年　兵庫県生まれ。
2004年　大阪大学人間科学研究科博士後期課程修了。
現　在　仁愛大学人間学部准教授。博士（人間科学）。
著　書　『ポスト韓流のメディア社会学』共編著，ミネルヴァ書房，2007年。
『コモンズと文化――文化は誰のものか』共著，東京堂出版，2010年。
『差別と排除のいま――文化・メディアが生み出す排除と解放』共著，明石書店，2011年。

ポピュラー文化ミュージアム
――文化の収集・共有・消費――

2013年3月30日　初版第1刷発行　〈検印省略〉

定価はカバーに
表示しています

編著者　石田佐恵子
　　　　村田麻里子
　　　　山中千恵
発行者　杉田啓三
印刷者　江戸宏介

発行所　株式会社　ミネルヴァ書房
607-8494　京都市山科区日ノ岡堤谷町1
電話代表（075）581-5191
振替口座 01020-0-8076

共同印刷工業・藤沢製本

ISBN978-4-623-06277-5
Printed in Japan

執筆者紹介（執筆順，＊は編者）

＊石田《いした》佐恵子《さえこ》（大阪市立大学大学院文学研究科教授，まえがき，コラム17，コラム18，コラム19，第11章）

＊村田《むらた》麻里子《まりこ》（関西大学社会学部准教授，第１章，コラム２，コラム３，あとがき）

＊山中《やまなか》千恵《ちえ》（仁愛大学人間学部准教授，第２章，コラム21，あとがき）

井上《いのうえ》雅人《まさひと》（武庫川女子大学生活環境学部講師，コラム１，コラム８）

イトウユウ（伊藤遊）（京都国際マンガミュージアム研究員，コラム４，コラム５，コラム22）

岩谷《いわたに》洋史《ひろふみ》（国立民族学博物館機関研究員，第３章，第４章，コラム30，コラム31）

木村《きむら》至聖《しせい》（甲南女子大学人間科学部講師，コラム６）

朴《ぱく》　祥美《さんみ》（東京大学教養学部附属教養教育高度化機構特任准教授，コラム７）

谷本《たにもと》奈穂《なほ》（関西大学総合情報学部教授，第５章）

松田《まつだ》いりあ（大阪市立大学非常勤講師，コラム９）

南田《みなみだ》勝也《かつや》（武蔵大学社会学部教授，第６章）

永井《ながい》純一《じゅんいち》（神戸山手大学現代社会学部講師，コラム10，コラム11，コラム26）

山崎《やまざき》　晶《あきら》（四国学院大学総合教育研究センター准教授，コラム12，コラム13，コラム14）

小川《おがわ》博司《ひろし》（関西大学社会学部教授，コラム15）

佐野《さの》明子《あきこ》（桃山学院大学国際教養学部講師，第７章，コラム16）

梁《やん》　仁寶《いんしる》（岩手大学人文社会学部准教授，コラム20）

増田《ますだ》のぞみ（花園大学文学部専任講師，第８章）

辻《つじ》　　泉《いずみ》（中央大学文学部准教授，第９章）

今井《いまい》隆介《りゅうすけ》（花園大学文学部准教授，コラム23，コラム24，コラム25）

松井《まつい》広志《ひろし》（大阪市立大学大学院文学研究科後期博士課程，コラム27，コラム28，コラム29）

田原《たはら》範子《のりこ》（四天王寺大学人文社会学部教授，第10章，コラム32，コラム33）

高井《たかい》昌吏《まさし》（桃山学院大学社会学部准教授，コラム34，コラム35）

藪《やぶ》耕太郎《こうたろう》（仙台大学体育学部専任講師，コラム36）

人名索引

あ 行

か 行

さ 行

た 行

な 行

は 行

ま　行

や　行

ら・わ行

事項索引

あ 行

か 行

さ 行

た　行

な　行

は　行

ま　行

や　行

ら　行

施設名索引

あ 行

か 行

さ　行

た　行

な　行

は　行

ま　行

や　行

ら　行

わ　行

おすすめの調査地リスト

このリストは，各執筆者が，それぞれのテーマを元に，それぞれの視点から「おすすめ」を選び作成した。必ずしもテーマごとに規模や地域のバランスを取って選出したものではないため，実際に出かけて，執筆陣の趣味や選択に突っ込みを入れながら堪能してほしい。

アート系

ここでは，あえて王道の「美術館（art museum）」を関西圏を意識しながらリストアップした。いくつかのパターンや型を取り上げ，それらがポピュラーな〈体験〉としてのミュージアム受容（第1章・2章を参照）を誘発する様子について考えてみよう。（村田麻里子作成）

	施設名	場　所	概　　要
1	国立新美術館	東京都港区六本木。地下鉄乃木坂駅から直結。	【ゴージャスなのに庶民的⁉】国立にして，コレクションを持たない初めてのミュージアムとして2007年に開館。建築家黒川紀章の遺作でもある。うねるガラス張りの建物はとにかく巨大で国内の美術館最大の床面積を誇る。足を踏み入れると，空中庭園のようなポール・ボキューズのフレンチ・レストランがそびえ立ち，地下のミュージアム・ショップも充実。大入りを狙う有名画家の企画展，設計時から約束されていた美術団体展，市民団体による発表会めいた展覧会と，高級レストランが並んでいる様子は結構シュールだ。この「ごった煮」こそが，日本のポピュラー文化ミュージアムの特徴といえよう。
2	サントリー美術館	東京都港区六本木。地下鉄六本木駅から直結。東京ミッドタウン内にある。	【デパート化するミュージアム】国立新美術館，森美術館とともに3館で「六本木アート・トライアングル」を為す当館は，2007年に開館。巨大なショッピングエリア東京ミッドタウンのなかにあり，周囲の商業施設に溶け込むようにおしゃれな空間となっている。それはかつてのデパートの屋上にあった美術館と決定的に異なる。空間の構成，照明の雰囲気，館内スタッフの振るまいから，まわりの商業施設との境界線は限りなくぼやけてくる。館内でサントリーの蒐集した日本美術の作品に出会うとき，そのディスプレイはむしろ商業施設のそれと差異なくみえてしまう。「ハイカルチャー」をポピュラーに体験する究極の形がここにある。
3	安曇野ちひろ美術館	長野県北安曇郡松川村。JR大糸線信濃松川駅より　タクシー3分・レンタサイクル7分・徒歩30分。	【リゾート型ミュージアムの代表格】日本にはリゾート型のミュージアムが多い。比較的小規模で，避暑地ならではの開放感，ゆるさ，素朴さ，明るさを持つものが多い。信州・安曇野にある，いわさきちひろの美術館は，そうしたリゾート型ミュージアムの諸要素を凝縮させた美術館といえるだろう。ウッディな外観と，1階建てで，外にすぐに出られる開放的なつくり。そして日本人の大好きないわさきちひろの作品群をはじめ，さまざまな絵本作家たちの原画。大人から子供まで親しみやすい展示物は，ミュージアムの敷居の高さを感じさせず，ゆったりとした高原での休日を演出してくれる。ちなみに，東京・石神井にはちひろ美術館・東京があり，安曇野の20年前に開館している。

4	金沢21世紀美術館	金沢市広坂。JR金沢駅からバス。	【大衆的な現代アートの創出】代表的な城下町に建設された当初はさまざまな議論が絶えなかったが，今ではすっかり観光地の顔として定着した感がある。むしろ兼六園やひがし茶屋街などを中心とする渋めの街に，ポップで現代的な雰囲気をもたらすのに貢献したといえよう。この館に特徴的なのは，建築空間に埋め込まれたような常設展示。公園となだらかにつながり，その身体感覚を持ち込める。子供達ははしゃぎ，訪れたバスツアー客が旗を持つ添乗員に引き連れられている館内は，現代アートにありがちな気取った様子はみじんもない。その意味で，上手く現代アートを大衆化することに成功した美術館であろう。
5	MIHO MUSEUM	滋賀県甲賀市信楽。JR石山駅から専用バスで50分。自家用車でいければベスト。	【これぞ桃源郷の世界を体現】宗教法人の設立した有名な美術館はいくつかあるが，中でも有名なのがこれだ。滋賀県の山奥で堂々とした佇まいをみせる建築は，ルーブル美術館のピラミッドも手がけたI. M. ペイの設計。玄関からバスのようなものにのってトンネルを抜けると，そこは桃源郷をイメージした世界が広がる。その豪華さと，別世界へと誘われる〈体験〉ができるのは，宗教法人の建てたミュージアムならでは。そして，ここでオススメなのは，カフェの食事。自然農法を使用した味のある野菜やパンを味わうことも，体験の一部といえよう。
6	佐川美術館	滋賀県守山市。守山駅よりバス。	【宅配便会社のオシャレな企業ミュージアム】我々のよく知る宅配便会社の持つ美術館。観光地らしき気配の全くない琵琶湖のほとりの街にある。外見も，平屋根のきわめて地味な建物だが，中の空間は気持ちよく出来ている。平山郁夫，佐藤忠良，樂吉左衞門を冠した館で構成されており，中でも作家自ら創案したという設計樂吉左衞門館は圧巻だ。ほとんど真っ暗ともいえる地下展示室では，ガラスケースに展示された焼き物が一筋の光を浴びて浮かび上がる。美術館よりも美術館的なるもの（あるいは我々のそうした漠然としたイメージ）を体現できるのは，公立よりも自由がきくからかもしれない。
7	和泉市久保惣記念美術館	大阪府和泉市。泉北高速鉄道和泉中央駅よりバス。	【趣味全開の市立ミュージアム】住宅街をいくつかの建物が縫うように連なる当館は，明治以来綿織物業を営んできた久保惣株式会社が土地・建物・基金・美術品500点を市に寄付して1982年に開館，現在は和泉市が文化振興財団として運営する。館内では造形美という1点において徹底的にこだわった中国の陶磁器や金工品の展示がひときわ目を引く。日本では珍しい個人の趣味全開の蒐集品だ。また，建築物はもちろんのこと，館内で使用する木材，椅子，ドアのノブなど細部にわたってこだわりがみられる。にもかかわらず，豪華なコンサートホールでは市民に人気のワンコインコンサートが開かれ，館内では地元の小学生たちが模写をする。市民ギャラリーもある。全体像とは裏腹に，細部で緩やかに市民に開かれた不思議な空間は，ミュージアムという組織が漠然と想定してきた「市民」や「公共性」の非自明性を思わせる。

8	植田正治写真美術館	鳥取県西伯郡伯耆町。JR岸本駅からタクシーで5分。	→コラム1参照
9	足立美術館	島根県安来市。JR安来駅から無料シャトルバス。	【庭も日本画もコレクション】→コラム2参照
10	ベネッセアートサイト直島	香川県香川郡直島町。高松港または宇野港（岡山県）からフェリー。	【泊まれるミュージアム島】直島がベネッセによって再開発されたのは今では有名な話。ベネッセはさらに豊島や犬島へと手を拡げ，ついに瀬戸内海の島々を舞台に芸術祭を催すまでに拡大している。ここ直島のアートサイトには実際にミュージアムが複数館あるが，それよりも，敷地全体をミュージアムに見立てていることがよくわかる。屋外・屋内を問わず至るところにアートが配置され，アートに囲まれたホテルルームもある。まさにポピュラーな〈体験〉としてのミュージアムが堪能できる空間といえよう。
11	大塚国際美術館	徳島県鳴門市。鳴門北インターから車で3分。JR鳴門駅から鳴門公園行バス。	【「空想美術館」の具現化】→コラム3参照

近代化産業遺産系

近年世界遺産への期待が高まっている「近代化産業遺産」系のミュージアムを挙げる。都市部からではアクセスしにくい場所も多いが，なぜそのような場所にあるのかを含めて，私たちにとって近代産業がどのような意味を持つものなのかを考えてみよう。（木村至聖・田原範子作成）

	施設名	場　所	概　　　要
1	夕張市石炭博物館	北海道夕張市。JR夕張駅から徒歩30分。	夕張炭鉱の跡地を利用して作られた「石炭の歴史村」の中核施設として1980年に開館した博物館。石炭の生成から，炭鉱の技術や労働，生活を実物の資料や模型などを利用して紹介している。さらに実際にヘルメット，キャップランプをつけて史蹟夕張砿の中を歩く「まっくら探検」なども体験できる。夕張市の財政再建問題の影響により2006年10月に一旦閉館し，その後2007年4月からは民間の指定管理者による運営で再開したが，資料の収集・調査・研究などの博物館機能を維持すべく，市民運動も展開されている。
2	さいたま市鉄道博物館	埼玉県さいたま市。JR大宮駅から，ニューシャトル鉄道博物館（大成）駅下車，徒歩1分。	東日本旅客鉄道（JR東日本）が，もともと東京都千代田区にあった交通博物館を，かつて車両解体場があったさいたま市の跡地に移設したもの。2007年10月に開館。鉄道システムの変遷を鉄道車両などの実物展示を中心に時代背景を交えながら紹介している。鉄道の原理・仕組みと最新の鉄道技術，将来の鉄道技術を子供たちに模型やシミュレーション，遊具を使いながら体験的に学習できる。博物館自体が実際の車両工場に隣接しているため，保存車両だけではなく，検査中の現役車両や試運転車両を間近で見学できる。電子マネー対応のSuicaで入館できるのも面白い。

3	史跡佐渡金山	新潟県佐渡市。新潟港からフェリーで両津港へ渡り，そこからバスを本線，七浦海岸線と乗り継ぐ。	佐渡市（佐渡島）は中世から近代にかけて「金山」と「廻船」による社会変化を経験する。佐渡金山は1601（慶長６）年に発見され，江戸時代には徳川幕府直轄の「天領」となり，相川に佐渡金山直営所が設けられた。1896（明治29）年に入札により三菱合資会社の所有となり，1989（平成元）年まで採掘が続けられる。三菱金属工業株式会社（現「三菱マテリアル（株）」）によって観光業が開始されたのは1962（昭和37）年である。総延長400キロに達する坑道を活用し，江戸時代の採掘の様子，明治から昭和の佐渡鉱山，明治時代以降の道坑道や産業遺産を展示する。産業遺産のなかに日本の近代化の歴史が見えてくる。
4	熊野市紀和鉱山資料館	三重県熊野市。JR 熊野駅または新宮駅からバスで板屋下車。	緑深い山に囲まれる紀和町は，奈良時代より銅が採掘され，江戸時代には番所，御役所が設けられた紀州鉱山（銅鉱山）の町である。1934年から1978年に石原産業株式会社により採掘が行われた。当時，町には居酒屋や映画館があり，社交ダンスを楽しむ若者であふれていた。戦時中は軍需産業として重要鉱山に指定された。現在，紀和町の人口1407人（2011年），うち65歳以上が36％を占める静かな町である。西側山肌の選鉱場跡のコンクリートの骨組みが当時を物語る。1995年に４月に開館した鉱山資料館では，鉱山の歴史，蛍石などの鉱石を展示し，採掘の様子，坑道などを再現する。周辺の温泉施設では，採掘現場と選鉱場を結んだ線路を活用して「トロッコ電車」で，観光客を集める。紀和町全体が近代産業の変遷を物語っている。
5	琵琶湖疏水記念館	京都市左京区。京都市営地下鉄蹴上駅から徒歩５分。	琵琶湖の湖水を，京都へひくために作られた水路，琵琶湖疏水の竣工100周年を記念して1989年に開館した記念館。明治時代に完成した疏水の工事記録，インクラインの模型，通水路目論見実測図などの史料が展示されている。疏水は京都に水をもたらしただけでなく，その急流を利用して，日本最初の水力発電所である蹴上発電所がつくられた。さらにこの電力を利用して，市電が走り，街に電灯をともすなど，京都の近代化と疏水は強く結びついていることが展示によって紹介されている。
6	マイントピア別子	愛媛県新居浜市。JR 新居浜駅から，せとうちバスまたは新居浜市運営のコミュニティバスで15分。	別子銅山の施設跡を利用したテーマパーク。最後の採鉱本部が置かれていた端出場ゾーンと，最盛期の拠点であった東平ゾーンがある。メイン施設のある端出場ゾーンには，銅山の様子を再現した観光坑道と，温泉施設や飲食施設などを備えた端出場記念館があり，さらに両者の間を鉱山鉄道が結んでいる。観光坑道は旧火薬庫を利用して作られたもので，江戸時代から近代までの採鉱技術の変化をみることができる。
7	九州鉄道記念館	福岡県北九州市。JR 門司港駅から徒歩５分。	JR 門司港駅のそばにある鉄道関連史料を扱う博物館。2003年開館。土地建物や展示物は JR 九州の所有物だが，管理運営は指定管理者「九州鉄道記念館運営共同企業体」が行っている。本館は九州最初の鉄道会社である九州鉄道本社の赤レンガ造りの社屋（1891年建設）を転用しており，九州鉄道の客車チブ37号をはじめ，鉄道模型やヘッドマークの展示，運転シミュレーターなどがある。屋外には車両展示場もあり，保存された鉄道車両の中に乗り込むこともできる。

8	田川市石炭・歴史博物館	福岡県田川市。JR・平成筑豊鉄道田川伊田駅から徒歩15分。	有名な「炭坑節」発祥の地といわれる，筑豊炭田田川にある石炭産業に関する博物館。展示は3室からなり，第1室では石炭のなりたちや，石炭採掘の方法，炭鉱で働く人々や生活の様子についての展示，第2室では炭鉱での生活を描いた絵画や文学作品などの展示を扱っている。さらに，屋外には炭鉱住宅を再現したものがある。博物館二階から五木寛之の小説『青春の門』で「異様な山」と形容されている香春岳を眺めることができる。2011年に国内で初めて「世界記憶遺産」に登録された，山本作兵衛氏の炭坑記録画は必見。
9	大牟田市石炭産業科学館	福岡県大牟田市。JR・西鉄大牟田駅からタクシーで5分。	かつて三池炭鉱があった福岡県大牟田市にある，石炭産業やエネルギー技術に関する博物館。石炭と石炭関連エネルギーや，地球環境問題に関する書籍や写真，道具，機械などの資料を通して，石炭産業について総合的に学ぶことができる。実物の炭鉱機械で構内の様子を再現したダイナミックトンネルなど体験型の施設も充実している。「こえの博物館」という映像ホールでは，炭鉱労働者の数々の証言が集められた貴重な映像作品を観ることができる。
10	三菱重工業長崎造船所史料館	長崎県長崎市。JR長崎駅からバスで20分，飽の浦公園前下車。	史料館の建物は，1898年に造船所併設の木型場として建設された建物であり，1985年に改装されて史料館として開設された。館内には1857年に長崎造船所前身の長崎溶鉄所建設が着手されたときから現在までの史料が展示されており，戦艦武蔵や客船など10以上のコーナーに分かれている。展示物そのものも貴重なものばかりだが，史料館の建物そのものも歴史を感じさせるものであり，造船所が日本の近代化に果たした役割を物語っている。要予約。
11	軍艦島（端島）	長崎県長崎市。長崎港からやまさ海運，高島海上交通などの上陸ツアーを利用。	→コラム6参照

自然・民俗系

自然とのかかわりのなかで人はどのような暮らしを営んで来たのか。ここで展示されているものが，私たちのポピュラーな〈体験〉としてのミュージアム経験とどのように関係するのかを考えてみよう。それは近代化のなかで変容・回帰する私たちの諸感覚について知ることである。（田原範子・岩谷洋史作成）

	施設名	場　所	概　　要
1	リアス・アーク美術館	宮城県気仙沼市。JR南気仙沼駅からバス。	宮城県が，地域活性化対策事業の一環で地域の文化創造活動の拠点施設として，創設した。開館は1994年10月，気仙沼市・本吉町・南三陸町の一市二町で運営されている。遠洋漁業の基地気仙沼港のある気仙沼市中心部から南西へ2.5キロ，三陸リアス式海岸を臨む丘陵地帯の一角に位置する。海と山の恵みを受ける気候風土のなかで育まれた地域社会を，民俗資料を元に手描きのイラストを交えて展示している。漁業国日本の文化と歴史に触れてみよう。2011年3月11日の震災後，気仙沼市の被害の現状を記録するための資料収集を実施，2012年9月1日展示を一新して再開した。→コラム32参照

2	唐桑半島ビジターセンター＆津波体験館	JR鹿折唐桑駅からバス。	気仙沼市唐桑町は三方を海に臨む半島にあり，リアス式海岸特有の複雑な入り江，豪壮な岸壁，奇怪な岩礁など，素晴らしい景観に恵まれる。「森は海の恋人運動」の発祥地で，牡蠣，ホタテ，ワカメなどの良質な海産物が生産される。ビジターセンターではパネルやVTRによって唐桑の自然と人とのかかわりが紹介され，２万人を超える死者を出した1896（明治29）年の三陸大津波の詳細な資料が展示されている。併設された津波体験館では，映像・音響・震動・風の組み合わせにより，地震と津波の疑似体験ができる。2011年３月11日，再び津波に襲われ，現在は，震災後の写真180枚を展示している。
3	佐渡国小木民俗博物館（千石船「白山丸」展示館）	直江津港からフェリーで小木港へ，または新潟港からフェリーで両津港，もしくは寺泊港から汽船で赤泊港へ渡り，そこからバス。	離島の佐渡市（佐渡島）の最南端の小木半島にある宿根木は，中世の頃より廻船業を営むものが居住し，江戸時代は北前舟の寄港地となった。現在，宿根木は，石置き木羽葺屋根，軒下飾り，船大工や宮大工による民家などを保存・公開する町並保存地区であり，大正九年建築の木造校舎を活用した佐渡市立の同博物館は民俗資料や千石船を展示する。千石船産業の基地として整備され，繁栄し，その後，出稼ぎと農林漁業の町へと変遷した歴史を体感してみよう。
4	北杜市郷土資料館（旧長坂郷土資料館）	山梨県北杜市。JR長坂駅からバス。	八ヶ岳，金峰山，富士山，甲斐駒ヶ岳を臨む清春の丘の上にあり，開館は1995年。常設展示として，北杜市内のJR中央本線日野春駅・小淵沢駅（1904年開業）と長坂駅（1918年開業）の模型による明治・大正・昭和の八ヶ岳南麓の歴史，高度経済成長期以前の農村生活を活写した写真ギャラリー，映像ギャラリー，中で自由にくつろげる部分復元された民家などがある。また，収蔵資料を生かして毎年数回の企画展示を行い，北杜の旧石器時代，戦国時代，近現代，民俗資料を編纂したブックレット等を発行する。「郷土…それは，我ら祖先の奏でる交響楽」の言葉のもと，収蔵資料が生き生きと語りかけてくるミュージアムである。
5	芹沢美術館	静岡県静岡市。JR静岡駅からバス。	染織家・民藝運動家である芹沢圭介（1895～1984）の作品800点と収集品4500点が，郷里静岡市に寄贈されたのを機に，1981年に開館した。柳宗悦に影響を受け，沖縄の紅型と和染に学び明るい色調と明快な文様を特徴とする「型絵染」の技法を生み出し，数多くの作品を残した。独自の美意識により南米，アフリカを含め世界中から収集したものを，芹沢は「もうひとつの創造」と呼んだ。年に三回展示替えが行われ，2009年には「躍動するかたち，アフリカの造形」展が企画され，アフリカの染色，仮面，木工品，陶器，家具など100点が展示された。弥生時代の遺跡が出土した登呂公園の一隅に位置し，建築家白井晟一による石，木，水から成る建物は，復元住居，復元水田，森林跡の雰囲気に融け込み，一見の価値がある。
6	三州足助屋敷	愛知県豊田市旧足助町。名鉄東岡崎から名鉄バス，または名鉄浄水駅から足助バス。	1980年に開館した博物館的な観光施設である。第三セクターの会社である株式会社三洲足助公社が運営。明治期から昭和30年頃までの中山間部の農家の暮らしを再現している。実際に手仕事の実演などがある。伝統的生活技術や年中行事など地域の生活や文化そのものの保存と伝承を通した地域づくりを進める取り組みでもあり，国内のエコミュージアムの具体例としてとりあげられることが多い。

7	海の博物館	三重県鳥羽市。JR・近鉄鳥羽駅からバス37分，タクシー20分。	人と海の関係に焦点を当て，その歴史と現在の姿を描き，未来を展望する博物館である。財団法人東海水産科学協会に運営される。1971年に開館，収蔵資料の一部が重要有形民俗文化財に指定されたことを契機に1992年に現在の場所に移転した。瓦葺き木造の展示棟は船の底部を上に見る造りで，漁労用具，加工販売用具，漁船大工道具，生活・信仰・儀礼にかかわるものなどが展示される。収蔵庫の一つは閲覧可能で，実際に使われていた船と船道具が整然と並ぶ。５万点以上の民俗資料を保有し，４つのテーマ「海に生きる人々」「船」「魚介藻を獲る」「海の環境を守る」が活動の柱になっている。
8	三重県立熊野古道センター	三重県尾鷲市。JR尾鷲駅からバス。	熊野古道の「伊勢路」の世界遺産登録（2004年）を記念して三重県が2007年２月に開館した。古道周辺地域の自然・歴史・文化に関する情報収集，古道を訪れる人と地域の人々との交流を目的にし，「熊野学」の発信を試みる。地場産の尾鷲檜・熊野杉による建物は，日本建築の伝統工法とモダン建築を融合させた美しい空間を演出する。常設展示では人びとが自然とのかかわりの中で育んできた産業の歴史が写真・映像で紹介され，通時的経験としてのポピュラー文化を学ぶことができる。
9	滋賀県立琵琶湖博物館	滋賀県草津市。JR草津駅からバス，または琵琶湖大橋港から汽船。	400万年の歴史をもつ古代湖，琵琶湖は，農耕や漁労を中心に地域独自の文化を築きあげた。1996年10月に開館した琵琶湖博物館は，湖と人間の関係を歴史的，学際的に研究し，「湖と人間」の新しい共存関係の模索を目的とする。研究・調査を基盤とし，常設展示・企画展示に加え，利用者が参加・交流できるプログラムを提供し，「地域だれでも・どこでも博物館」をめざす。博物館周辺の水生植物公園，風力発電機「くさつ夢風車」などを散策することで，博物館体験を日常経験へと連関させることができる。
10	住まいのミュージアム　大阪くらしの今昔館	大阪府大阪市北区。大阪市営地下鉄天神橋筋六丁目駅から徒歩。	2001年に開館した，指定管理者制度に基づき，大阪市住宅供給公社によって管理・運営されている，大阪の都市居住に関する歴史と文化をテーマとする博物館である。この博物館は，館内に，天保期（1830年代）の江戸時代の大阪の町並みが再現されている空間があることである。そこでは，一日の変化も光や音で演出され，また，着物の貸し出しもあり，来館者は，当時の大坂の町中に迷い込んだかのような体験ができるが，それは過去のリアリティの体験というよりは，こうあってほしいというリアリティの体験かもしれない。
11	日本民家集落博物館	大阪府豊中市。北大阪急行電鉄緑地公園駅から徒歩。	1956年に開館した，いわゆる，フィールドミュージアム（野外博物館）。財団法人大阪府文化財センターが所有，管理している。服部緑地内にあるミュージアムであり，17～19世紀に建築された岩手から奄美大島までの民家11棟がある。現地にあった民家を田園風の空間に移設したものであり，まさにホンモノらしい日本国内の各地の民俗的な体験をすることができる空間である。
12	白鶴酒造資料館	神戸市東灘区。阪神住吉駅から徒歩５分，JR住吉駅から徒歩15分。	→コラム30参照

13	菊正宗酒造記念館	神戸市東灘区。JR 住吉駅より六甲ライナーに乗換，南魚崎駅から徒歩２分。または阪神魚崎駅から徒歩10分。	→コラム30参照
14	太地町立くじらの博物館	和歌山県東牟婁郡太地町。JR太地駅からバス。	→コラム33参照

環境系

「環境」に関わるミュージアムをあげる。ホンモノの〈体験〉を味わわせてくれるハイパーリアルなミュージアムの存在について考えてみよう。（岩谷洋史作成）

	施設名	場　所	概　　　要
1	枯木又エコミュージアム	新潟県十日町市。六日町 IC から車。または JR 十日町駅から車。	一定の地域の住民の参加によって，その地域で受け継がれてきた自然，文化，生活様式を持続可能な方法で研究，保存，展示，活用していくという実践であるエコミュージアムの考え方によるものである。枯木又エコミュージアムの会によって1995年に創設された。ハコモノのミュージアムともフィールドミュージアムとも異なり，地域全体をミュージアムと見立てるやり方は，ミュージアム概念の拡大を考えさせられるが，同時に現代社会にあるノスタルジックな「ふるさと」志向の反映とも捉えることもできる。
2	咲くやこの花館	大阪市営地下鉄鶴見緑地駅から徒歩10分。	もともと，1990年に開催された国際花と緑の博覧会の大阪市のパビリオンとして建設された。現在，指定管理者制度に基づき，「大阪市スポーツ・みどり振興協会大阪ガスビジネスクリエイト咲くや共同事業体」によって管理・運営されている屋内植物園である。園内は，熱帯から乾燥地帯，高山，極地圏までの様々な気候帯に生育する植物が栽培され，展示されている。展示は，植物の生息地を再現する生態的な展示方法がとられ，来園者は，擬似的な体験をすることができる。
3	天王寺動物園	大阪府大阪市天王寺区。大阪市営地下動物園前駅，JR 天王寺駅から徒歩。	→コラム31参照
4	兵庫県立人と自然の博物館	兵庫県三田市。神戸電鉄フラワータウン駅から徒歩。	1992年に開館した県立の博物館。丹下健三氏設計のその建物は，ガラス張りの印象的な外観をなしている。三田市の北摂三田ニュータウンの一つであるフラワータウン内にある。この博物館は，「人と自然の共生」をテーマとしているが，このニュータウン内に建設されたのは象徴的である。ニュータウンそのものの建設が，「人と自然の共生」という発想のもとにあったからである。1990年代以降，とくに「共生」という言葉が氾濫してくるが，このさきがけでもある。

5	野島断層保存館	兵庫県淡路市。淡路ICまたは北淡ICから車。岩屋港から淡路交通バスで20分。北淡震災記念公園内。	北淡震災記念公園を構成する一つの施設であり，現在，公園は，指定管理者である株式会社ほくだんによる管理・運営が行われている。阪神淡路大震災後に現れた野島断層（国指定天然記念物）を保存し，展示。館内には，地震直後の街の様子が等身大に見られる展示がある。また，地震直後の家屋が保存されている「メモリアルハウス」や阪神淡路大震災の同規模の地震を体験できたりする施設がある。野島断層は，ある種，地球の活動の遺産とも言えるが，むしろ地震への記憶と防災意識の向上をたかめるために保存されているといえよう。

ファッション系

ファッションや衣服について考えるためのミュージアム。（井上雅人作成）

	施設名	場　所	概　　要
1	国立歴史民俗博物館	千葉県佐倉市。京成佐倉駅・JR佐倉駅からバス。	考古学や民俗学の成果を展示して，日本の歴史や文化を紹介する博物館。生活史に重点をおいているので民具などの資料も多く，美術工芸品として価値の高い歴史服のみならず，日常衣も充実してる。日本の歴史服の収蔵規模は随一と言っていい。また，「くらしの植物苑」を併設しており，衣服の原料となってきた植物を栽培している。ワタのような原料になる植物だけでなく，糸を紡ぐために利用するシナノキやフジ，糸や布を染めるために利用するクチナシ，クワ，ベニバナなども栽培している。
2	遊就館	東京都千代田区九段北。JR市ヶ谷駅または飯田橋駅から徒歩。	靖国神社境内に併設された宝物館なのだが，靖国神社が戦没者を祭神とするため，軍事関係の資料を数多く収蔵，展示している。特に明治以降の日本の軍服のコレクションは，他の施設の追随を許さない。軍服は最も早く洋装化した服のひとつであり，最も早く大量生産化した衣服でもある。戦前には国家の威信をあらわすメディアでもあり，さらには，身体の保護や運動をできるだけ効率化するために国家ぐるみの研究がなされ応用されてきた。政治的な意図とは離れて鑑賞してほしい。
3	杉野学園衣裳博物館	東京都品川区上大崎。JR・東京メトロ・都営地下鉄目黒駅から徒歩。	日本の戦後の洋裁文化を代表する洋裁教育家でデザイナーの杉野芳子によって1957年に設立された衣裳博物館。西洋衣裳が中心を占めるものの，十二単などの日本の伝統衣装，約1400点ものファッション・スタイル画，1950～1970年代の楮製紙製のマネキン30体などユニークな所蔵品もある。ウェブサイトには，所蔵品の紹介やファッション史年表など充実したコンテンツがある。
4	文化学園服飾博物館	東京都渋谷区代々木。JR新宿駅から徒歩。	日本を代表するファッションの教育機関である文化服装学院を運営する文化学園によって設立された衣服の博物館。研究利用のみならず，実物資料による教育利用もめざして1979年に開館し，2003年にリニューアルした。展示は年に四回企画展が行われているが，ヨーロッパの歴史衣装のみならず，各国の民族衣装，日本の伝統衣装，染織などが幅広く行われている。特に三井家が所蔵していた日本の歴史衣装は秀逸。

5	アミューズミュージアム	東京都台東区浅草。東京メトロ・都営地下鉄・つくばエクスプレス浅草駅から徒歩。	エンターテインメント企業のアミューズが「和」と「美」「技術」をテーマにして，古いビルをリノベーションして開館したミュージアム。展示施設だけでなく，ライブステージ，シアターなどを併設している。民間学者の田中忠三郎によるコレクションが収蔵されており，青森の山村，農村，漁村地帯で何代にも渡って，布を継いで着られてきた衣服である「ぼろ」の収蔵品が秀逸。企画展でも日本の歴史的な日常衣を扱うことも多い。
6	京都服飾文化研究財団	京都市下京区。JR 西大路駅から徒歩。	ワコールの創業者である塚本幸一によって1978年に設立された財団。通称「KCI」。ヨーロッパの歴史衣装と，デザイナーの作品を中心に，17世紀以降の女性服，10000点からなるコレクションを形成している。付属の KCI ギャラリーで展示も行うが，京都国立近代美術館などで共催する企画展を何度か開催してきた。TASCHEN 社から『Fashion. From the 18th to the 20th Century』というタイトルで収蔵品をおさめた本が出版されている。
7	国立民族学博物館	大阪府吹田市。大阪モノレール万博記念公園駅または公園東口駅から徒歩。	民族学や文化人類学の研究所としての機能が非常に充実していることで有名だが，一日ではとても見つくせない常設の展示品には圧倒される。収蔵品のなかには，関西を中心に活躍したデザイナーの田中千代から寄贈された，田中千代コレクションがあり，衣装など約4000点から構成されている。コレクションは世界各国の民族衣装を中心としているが，女子社員の制服など明治以降の日本の洋服も充実している。
8	神戸ファッション美術館	兵庫県神戸市東灘区。六甲ライナー・アイランドセンター駅から徒歩。	→コラム 8 参照
9	島根県立石見美術館	島根県益田市。JR 益田駅からバス。	県立の美術館ではあるが，森鷗外や石見の美術とならんで，ファッションの収蔵にも力を入れている。地元島根県出身のデザイナー森英恵の作品が充実しているのだが，洋服のみならず，ファッション雑誌，ファッション写真を収集しており，ファッションと関連する現代美術や，美人画や東郷青児の絵画など，当時のファッションを知ることができる美術作品も収集している。専門美術館ではない美術館が衣服を収集する珍しいケースであり，美術館の新しい可能性を模索する例としてもユニークである。
10	日本はきもの博物館	広島県福山市。JR 松永駅から徒歩。	福山は，明治以降，下駄の生産地となった。「下駄産業100年」を記念して誕生したのがこの博物館だ。古代エジプトのサンダルから宇宙靴まで，日本のはきものが約1万1000足，世界のはきものが約2000足収蔵されている。重要有形民俗文化財だけでも2266点あり，国内外でもめずらしい履物専門の博物館になっている。伝統的と位置づけられる下駄が普及するのは，実は道路が整備される明治以降で，この博物館には福山の近代を支えた下駄の生産機械なども展示されている。

ミュージック系

ここでは，音楽にまつわるミュージアムを挙げる。音という無形物の体験と，展示物という有形物の体験を比較して考えてみよう。（南田勝也・永井純一・山崎晶作成）

	施設名	場　所	概　　要
1	石原裕次郎記念館	北海道小樽市。JR小樽築港駅から徒歩約10分。	いわゆる「昭和のスーパースター」には歌手と俳優を兼業していた者が多いため，彼／彼女らの記念館はふたつの要素を兼ね備えることになる。石原裕次郎は俳優としてのイメージが強いかもしれないが，その功績の一方で同館では歌手としての活躍も称えられている。どちらに比重が置かれるかは，本書の観点からいえば興味深いが，どの記念館も当事者の私物コレクションや「素顔」に触れる展示が充実していることにも目を向けたい。ファンはスターに何を求めているのかを考えるヒントになるだろう。
2	新冠町聴体験文化交流施設レ・コード館	北海道新冠郡新冠町。JR新冠駅から徒歩。	→第6章参照
3	DCT garden IKEDA	北海道中川郡池田町。JR池田駅から徒歩10分。	現役のJポップ歌手であるドリームズ・カム・トゥルーの吉田美和が，出身地の池田町の協力のもと2005年に開設した記念館。館内にはステージ衣装などが展示され，ミュージックビデオ放映コーナーも設けられている。それにしても北海道には歌手・芸能人ミュージアムが多い。北島三郎や石原裕次郎もそうだが，道の駅足寄には松山千春の記念館が併設されているし，現在は閉館したが函館にGLAYのミュージアムもあった。道内各地に点在するミュージアムをドライブがてら辿ってみるのも面白いだろう。
4	北島三郎記念館	北海道函館市。市電末広町駅から徒歩。	演歌歌手・北島三郎の出身地に立地するミュージアム。館内は，高校時代から，歌手を目指して「流し」をやっていた頃までの北島の様子が，セットで再現された「ヒストリー・ゾーン」と，成功をおさめた後の功績をたたえた「シアター・ゾーン」の2つのフロアから成り立っている。また，3D映像の北島と共にカラオケでデュエットしている姿をVTRにおさめて，持ち帰るサービスもある。
5	野村胡堂・あらえびす記念館	岩手県紫波郡紫波町。JR紫波中央駅から車で8分，日詰駅から車で6分。	「銭形平次」の原作者として有名な野村胡堂は，筆名あらえびすとして音楽評論を大正時代から行っていた。世界初のレコードによるクラシック音楽評論を書いて，日本の音楽の黎明期の先駆者になったあらえびす。その業績が，記念館にまとめられている。レコード評という営為がなぜ日本で始まったのか，館内のSPレコードを鑑賞し，彼の評論の草稿を読むことで，100年に迫る歴史に触れてみてはいかがだろうか。
6	古賀政男音楽博物館	東京都渋谷区。都営地下鉄代々木上原駅から徒歩。	→コラム14参照
7	金沢蓄音器館	石川県金沢市。JR金沢駅から城下まち金沢周遊バスで橋場町下車，徒歩3分。	→第6章参照

8	清里現代美術館	山梨県北杜市。JR清里駅から徒歩。	BOREDOMSなどのオルタナ系，実験音楽系ミュージシャンに影響を与えた，芸術集団・フルクサスの体系的なコレクションを有する世界的にも珍しいミュージアム。音源はもちろんのこと，パフォーマンスを再生鑑賞することもできる。美術館やギャラリーがリリースしたLPやCDのコレクションもあり，CDショップにはないようなアーティスティックな装丁を楽しむことができる。
9	音戯の郷	静岡県榛原郡川根本町。大井川鉄道千頭駅から徒歩。	→コラム12参照
10	浜松市楽器博物館	静岡県浜松市。JR浜松駅から徒歩。	浜松市は日本で最初にピアノの製造がおこなわれた都市で，現在も大手楽器メーカーが拠点を置いている。世界各国の楽器が展示されているが，ポピュラー音楽に欠かせないシンセサイザーをはじめとする電子楽器や，ピアノなどの国産楽器の展示も充実している。→コラム13参照
11	FN音楽館	岐阜県大垣市。名阪近鉄バス時（とき）停留所から徒歩30分以上。	音楽評論家の富澤一誠が監修した60～70年代のフォークとニューミュージックにスポットをあてたミュージアムは，日本昭和音楽村内の施設である。村内には作曲家の江口夜詩記念館のほかにレストランや宿泊施設が併設されており，「フォークピクニック」などのコンサートも頻繁に開催されている。レコードジャケットやギターの展示を見るだけでなく，こうしたイベントを通じて，フォークの全盛期を追体験することができ，また当事者に触れることのできる点でフィールドワーク向きともいえる。
12	美空ひばり座	京都市右京区。阪急・京福嵐山駅から徒歩。	→コラム11参照
13	六甲オルゴールミュージアム	神戸市灘区。六甲ケーブル山上駅から六甲山上バス約7～11分。	→コラム15参照

映像系

ここでは，王道および王道ではない「アーカイブ」を挙げる。現地に赴くアーカイブとネット上で受容する映像資料について考えてみよう。（佐野明子作成）

	施設名	場　所	概　　　要
1	東京国立近代美術館フィルムセンター	東京都中央区。東京メトロ京橋駅，都営地下鉄宝町駅，東京メトロ銀座一丁目駅，JR東京駅八重洲南口から徒歩。	映画フィルムのアーカイブでは唯一の国立の施設。国立近代美術館の映画部門として1970年に開設。おもに⑴映画作品の収集，保存，復元⑵映画作品の上映，展示，貸与⑶調査研究⑷教育普及が行われている。具体的には，映画の特集上映会，展覧会やシンポジウムの開催，所蔵資料の公開，国際映画祭への出品協力，調査研究の発表，教育施設での上映やレクチャーなどがある。映画の専門知識を備えた研究員が所属しており，映画文化のさまざまな資料や情報を一般の人々に向けて発信し，映画文化の普及に務めている。
2	国立国会図書館東京本館	東京都港区六本木。都営地下鉄六本木駅，東京メトロ乃木坂駅から徒歩。	国立国会図書館には二つの源流がある。一つは，1890年に開設された旧憲法下の帝国議会に属していた貴族院・衆議院の図書館，もう一つは，1872年に設立され，行政機関である文部省に属していた帝国図書館（創立時は「書籍館」）。これら源流となった二つの図書館の蔵書のほとんどが当館に引き継がれている。蔵書数は3662万点（平成21年度，関西館と国際子ども図書館を含む）。映像系の資料も多い。登録利用者制度に加入すると複写郵送サービスを受けられ，東京や関西以外の在住者にも使いやすい。
3	早稲田大学坪内博士記念演劇博物館	東京都新宿区。東京メトロ早稲田駅，都電荒川線早稲田駅から徒歩。JR高田馬場から徒歩または都営バス。	1928年10月，坪内逍遙博士が古稀の齢（70歳）に達したのと，その半生を傾倒した「シェークスピヤ全集」全40巻の翻訳が完成したのを記念して，各界有志の協賛により設立された。以来，演劇博物館には日本国内はもとより，世界各地の演劇・映像の貴重な資料を揃えている。建物は坪内逍遙の発案で，エリザベス朝時代，16世紀イギリスの劇場「フォーチュン座」を模して今井兼次らにより設計された。演劇博物館の建物自体が，ひとつの劇場資料となっている。
4	杉並アニメーションミュージアム	東京都杉並区。東京メトロ・JR荻窪駅から関東バス。JR西荻窪駅から関東バス。西武上井草駅から西武バス。西武石神井公園駅から西武バス。	2005年にオープン。杉並区には約70のアニメーションスタジオがあり，「アニメの杜（もり）すぎなみ構想」を2000年度から掲げ，アニメーション産業の支援の一環としてミュージアムを設立した。ユニークなのは，アニメーション関係者のインタビュー映像が収蔵されていること。『機動戦士ガンダム』の監督の富野由悠季，人形アニメーションのCM制作を手がける真賀里文子他，プロデューサー，アニメーター，デザイナー，脚本家，評論家など，約70名のインタビューを視聴できる。
5	三鷹の森ジブリ美術館	東京都三鷹市。JR三鷹駅から徒歩，またはコミュニティバス。	1992年，三鷹市が都立井の頭恩賜公園西園に文化施設建設を条件として使用することを東京都と合意したことが発端となった。一方1997年ごろから，（株）徳間書店スタジオジブリ事業本部でも美術館の構想を独自に検討中であった。2000年には三鷹市と地元関係者による「三鷹市立アニメーション美術館（仮称）によるまちづくり推進協議会」が組織され，2001年に三鷹の森ジブリ美術館が開館。海外のアニメーションの普及に務め，アニメーションの仕組みを展示するなど，ジブリ作品に止まらない美術館となっている。

6	池田文庫	大阪府池田市。阪急池田駅から徒歩。	1949年，小林一三（私鉄多角経営の先駆，現在の阪急電鉄，宝塚歌劇，ターミナル百貨店の始まりの阪急百貨店や映画演劇の東宝を創設した起業家）によって開館された。演劇に関する図書，雑誌，宝塚歌劇の上演資料，歌舞伎資料，映画資料を集めてきた。現在図書雑誌約22万冊の蔵書がある。2003年には，民俗芸能資料を加え特色ある専門図書館となった。所蔵品の中には近代化産業遺産認定資料，上方役者絵，歌劇のポスター等貴重な実物非公開所蔵品が多数ある。
7	ユニバーサル・スタジオ・ジャパン	大阪府大阪市此花区。JRユニバーサルシティ駅から徒歩。	主にユニバーサル・スタジオの映画のテーマパーク。1994年，大規模テーマパークの開発・建設のための企画及び調査等を目的として，大阪市港区に大阪ユニバーサル企画株式会社を設立。2001年，テーマパーク「ユニバーサル・スタジオ・ジャパン（R）」開業。通常のアーカイブとはいえないものの，映画館やDVDでは見られない映像を体験できる。たとえば「シュレック4-Dアドベンチャー」では，3-Dと特殊効果が使われている。オブリビジョンという映像技術を使っており，椅子から伝わる振動や水しぶきなどもある。
8	神戸映画資料館	兵庫県神戸市長田区。JR新長田駅，神戸市営地下鉄新長田駅・駒ケ林駅から徒歩。	→コラム16参照
9	夢千代館	兵庫県美方郡新温泉町。JR浜坂駅駅から全但バス・湯村温泉下車，徒歩8分。	→コラム17参照
10	兼高かおる旅の資料館	兵庫県津名郡津名町。JR舞子駅から高速舞子で45分，淡路ワールドパーク内。	→コラム19参照
11	伊丹十三記念館	愛媛県松山市。松山空港よりタクシー25分。または伊予鉄松山市駅より伊予鉄バス20分，天山橋下車徒歩2分。	→コラム18参照
12	You Tube	http://www.youtube.com/	世界最大の動画共有コミュニティ。動画の整理は不十分で，著作権を侵害する動画も多数あるような問題点も多いが，一般のアーカイブに赴くことなく，ネット上で閲覧できる点は利便性が高い。また，検索機能がついているため，目的の動画を探し当てる確率は低くはないだろう。ネットが普及する現代において，これから新しいアーカイブとなりうるのではないだろうか。

13	桃屋CM博物館	http://www.momoya.co.jp/museum/	1950～90年代の「のり平アニメCM」をネット上で展示している。日本でテレビ局が開局した5年後の1958年，桃屋の「のり平アニメCM」の放映が始まった。これは，新聞の突き出し広告で好評だった“のり平さんの直筆のイラスト”をアニメ化したもの。以来，半世紀に渡りこのアニメCMのシリーズは続いている。このシリーズの特長は「駄洒落とパロディー」。そして，“七変化”ならぬ300以上のキャラクターにのり平さんが変身する楽しさも，醍醐味の一つ。
14	open Art	http://www.open-art.tv/main.html	ゴーギャンズ・インターナショナルが企画運営。1999年にプロジェクトをスタートして以来，現在1000作品を超える登録作品ライブラリに様々な機会を提供するべく，openArtは世界各地で活動を続けている。数多くの映像作品のWEB上映や，AWARDの開催（SICF-openArt賞）を始め，劇場での作品公開，TV等での作品上映，映画祭での作品上映，街頭大型ビジョンでの作品上映，映像イベントの参加協力，などの活動を数多く繰り広げてきている。

マンガ系

ここでは，マンガ関連資料の閲覧が可能な図書館的機能を備えた施設に注目してみたい。これらの施設ではマンガ関連資料に関する専門的な知識を持つスタッフを備えていることが多い。レポートや卒業論文の作成で資料が必要となった際にも，ぜひ利用してほしい。（増田のぞみ作成）

	施設名	場　所	概　　　要
1	石ノ森萬画館	宮城県石巻市。JR石巻駅からタクシーで5分，徒歩15分。	→コラム22参照
2	昭和漫画館青虫	福島県南会津郡只見町。JR只見駅から徒歩。	館長が30年以上かけて集めたという「昭和」のマンガ関連資料のコレクションをもとに，2006年に開館された私設の漫画館。昭和20年代後半から40年代前半の貸本漫画を中心に，終戦直後の赤本漫画，昭和の終わり頃までの絶版漫画など多くの貴重な資料を揃え，蔵書数は約3万冊。館内にはそのうちの約1万5000冊が公開・展示されている。開架式へのこだわりがあり，一部ガラスケース内の資料を除いては，貴重な貸本マンガも書棚から自由に手にとって読むことができる。豪雪地帯のため冬期（11月から4月）は休館。→第8章参照
3	米沢嘉博記念図書館	東京都千代田区猿楽町。JR御茶ノ水駅，水道橋駅，都営地下鉄神保町駅から徒歩。	コミックマーケット準備会代表を長く務め，2006年に亡くなった明治大学出身の漫画評論家・米沢嘉博氏の蔵書を中心に，明治大学付属の「まんがとサブカルチャーの専門図書館」として2009年10月に開館。マンガ関連の雑誌・単行本・同人誌だけでなく，サブカルチャー（SF・アニメ・映画・音楽等）雑誌・関連書，カストリ雑誌など，一般の図書館にはない蔵書が推計十数万冊揃う。学外者でも有料にて閉架資料の閲覧が可能（18歳以上）。→第8章参照

4	明治大学現代マンガ図書館	東京都新宿区早稲田鶴巻町。東京メトロ江戸川橋駅，早稲田駅から徒歩。	現在は明治大学の附属施設であるが，元は1978年に開設されたマンガ専門の私設図書館であった。館長の内記稔夫氏が50年以上にわたり収集したマンガ関連資料（内記コレクション）が十数万冊収蔵されている。マンガ雑誌のバックナンバーが豊富に揃えられているほか，昭和30年代の貸本マンガのコレクションがとくに充実しており，数々のメディアでも利用・紹介されている。
5	少女まんが館	東京都あきる野市。JR 武蔵増戸駅から徒歩。	東京都西多摩郡日の出町にて1997年に開館した少女まんがの専門図書館（私設）。館主のひとりである大井夏代氏は，捨てられてしまうことが多い少女まんがの永久保存を目指して当館を開館。全国から寄贈が寄せられ，蔵書は約３万５千冊になる。2009年より現在の場所に移り，毎週土曜日の午後に無料で一般公開している（11月から翌３月までは冬期休館）。1970年代から1980年代にかけての少女マンガ雑誌や単行本がとくに充実。通称「女ま館」（じょまかん）と呼ばれ，親しまれている。→第８章参照
6	京都国際マンガミュージアム	京都市中京区。京都市営地下鉄烏丸御池駅から徒歩。	京都精華大学と京都市の共同事業として2006年11月に開館。マンガ関連資料の収集・保存・展示のほか国際マンガ研究センターにおいてマンガ文化の調査研究も行われている。現代の国内マンガの雑誌・単行本を中心に，明治期以降のマンガ関連歴史資料，世界各国の著名マンガ本や雑誌，アニメーション関連資料など約30万点（2009年現在）を収蔵。約５万冊の「マンガの壁」（開架資料）が自由に読めるほか，閉架資料についても研究閲覧室において閲覧が可能である。→第８章参照
7	大阪府立中央図書館国際児童文学館(旧・大阪府立国際児童文学館)	大阪府東大阪市。近鉄荒本駅，大阪市営地下鉄・近鉄長田駅から徒歩。	児童文学研究者・鳥越信氏のコレクションを中心として1984年に万博記念公園内（大阪府吹田市）にて開館した。大阪府の財政再建にともない2009年末に万博公園内の施設は閉館。大阪府立図書館（東大阪市）に統合されるかたちで，2010年５月より新たにスタートした。児童文学に限らず「子供の読み物」を幅広く収蔵しており，マンガ単行本や雑誌，戦前の少年少女雑誌や紙芝居など貴重な資料も含めて約70万点の蔵書を誇る。マンガ関連資料は事前に申し込めば無料で閲覧が可能。オンラインでの複写サービスなども充実している（有料）。
8	吉備川上ふれあい漫画美術館	岡山県高梁市。備北バス・地頭から徒歩。	川上町（高梁市川上町）は1988年に「マンガによる地域活性化推進要綱」を制定し，「町民一人一冊運動」を展開してマンガ関連資料の収集を行うなど，早くから「マンガ文化の町づくり」を進めてきた。1994年に開館した吉備川上ふれあい漫画美術館は国内外のマンガ約12万冊の所蔵のほか，名誉館長である富永一朗氏の原画も約100点所蔵しており，１階の富永一朗漫画廊に展示されている。富永氏は全国のさまざまな自治体に原画を寄贈することで知られ，富永氏の原画を展示した漫画館や漫画廊は全国に９か所点在（うち１館は現在休館中）。これらの館（廊）によって組織された「全国富永一朗漫画館（廊）連絡協議会」が存在するほどである。
9	広島市まんが図書館	広島市南区。広島電鉄比治山下駅から徒歩。	1997年にオープンした公立としては珍しいマンガ専門の図書館。昭和初期の貴重書から単行本の新刊・マンガ雑誌など約10万冊の蔵書があり，一部の貴重書を除いてすべての資料について無料で閲覧・貸し出しを行っている。資料は多くの利用者に提供することを前提にホッチキス止めにするなどの措置がなされている。年間1500冊にのぼる「紛失」（無断持ち出しによる被害）に悩まされていたが，IC タグを取り付けることで紛失数が激減したと話題になった。広島市安佐南区には同じくマンガ専門の「あさ閲覧室」がある。

10	菊陽町図書館	熊本県菊池郡菊陽町。産交バス・自動車学校阿蘇製薬前から徒歩。	2003年に開館した一般的な公立（町立）図書館であるが，明治～昭和の約3000冊の少女雑誌コレクションで知られる。これは菊陽町在住の村崎修三氏によるコレクションが寄贈されたもので，全国にもほとんど所蔵のない貴重な資料が含まれている。館内にある展示室において随時少女雑誌関連の企画展が行われており，少女雑誌に関しては図書館ホームページよりメールでの問い合わせが可能。当館の学芸員を務める村崎氏のもとには，卒業論文や修士論文を書く学生が全国から訪れている。

マニア系

ミュージアムならではの体験のひとつとして「立体物」の展示がある。ネット上のデジタル・データでは味わえない，三次元の「モノ」に注目してみよう。（松井広志作成）

	施設名	場所	概　　要
1	おもちゃのまちバンダイミュージアム	栃木県下都賀郡壬生町。東武おもちゃのまち駅から徒歩10分。	→コラム28参照
2	海洋堂フィギュアミュージアム黒壁 龍遊館	滋賀県長浜市。JR長浜駅から徒歩5分。	→コラム27参照
3	京都清宗根付館	京都市中京区。阪急大宮駅・京福四条大宮駅から徒歩10分。	「根付」とは，印籠や巾着などを腰に下げるとき紐の先端に付ける，木・金属・象牙などでできた小型の立体物。人物や動物など，さまざまな意匠が彫刻されている。当館は，この根付を収蔵した博物館で，昭和につくられた現代根付を中心に，江戸時代の古典根付を含めて約500点を展示している。建物は，江戸後期（1820年）に建てられた貴重な武家屋敷「旧神先家住宅」を改装したものなので，イメージが古典根付とも合致している。また根付は，携帯電話などに付けるストラップの原型とも言われることもあり，その辺りに注目しても面白いかもしれない。
4	交通科学博物館	大阪府大阪市港区。JR弁天町駅高架下。	鉄道を中心とする交通と科学の博物館。1962年に大阪環状線全線開通を記念し，建てられた。小学校の社会科見学のメジャー・スポットなので低年齢向けかと思いきや，大人の来館者も多い（公式webページの「モデル・コース」には，「お子様向け」と「大人向け」がある）。実際，運転席や車両の開閉といったロールプレイ型の設備とともに，昭和初期の駅を「再現」した展示や映像の上映で，鉄道の「歴史」を（ノスタルジックに）体感できる展示もある。
5	宮本順三記念館豆玩具（おまけや）ZUNZO	大阪府東大阪市。近鉄八戸ノ里駅から徒歩2分。	グリコの「おまけ係」だったZUNZOこと宮本順三（1915-2004）のコレクションを集めた記念館。彼は，受け手である子どもたちを審査員に選び，日本と世界の玩具を参考にグリコのおまけをデザインした。当館には，このようなグリコのおまけ約1500点と，順三が世界を旅し，収集した世界のミニチュアや人形，玩具，さらには仮面などの民族文化コレクションが展示されている。

6	神戸ドールミュージアム	神戸市中央区。JR元町駅から徒歩5分，または神戸市営地下鉄旧居留地・大丸前から徒歩3分。	→コラム29参照
7	世界の貯金箱博物館	兵庫県尼崎市。阪神尼崎駅から徒歩5分。	世界的にも珍しい「貯金箱」をテーマにした博物館。尼崎信用金庫による企業博物館で，1984年に開館。世界62ヵ国，約1万3000点の貯金箱コレクションから約2500点を展示している。様々な貯金箱を眺めていると，その時代・地域における「お金」についての考え方だけでなく，不思議とそれを使っていた人々の世界観や人生観まで垣間見える。入館料無料なのもうれしい。
8	シャレコーベ・ミュージアム	兵庫県尼崎市。JR立花駅からタクシー6分・徒歩15分。阪神尼崎センタープールからタクシー5分・徒歩15分。	→コラム26参照
9	淡路立川水仙郷（ナゾのパラダイス）	兵庫県洲本市。洲本バスセンターから淡路交通路線バス来川行き33分，立川下車。または車で洲本インターから30分。	→コラム4参照

スポーツ系

一般にスポーツといえば，ライブまたはメディアを通じて観戦したり，実際に身体を動かすという形で関わることが多い。ではスポーツをテーマにしたミュージアムでは，何がどのように扱われるのだろうか。（西山哲郎作成）

	施設名	場　所	概　　要
1	札幌ウインタースポーツミュージアム	札幌市中央区。JR札幌駅からバス。	市民はもちろん，スポーツを愛するすべての人にとって忘れることのできない，冬季オリンピック札幌大会の遺産を後世に残すとともに，札幌市がこれまで歩んできたウィンタースポーツの歴史の紹介と，さらなる普及と発展を目的に開設された。館内には，オリンピックを始めとする競技大会の貴重な資料や，ウィンタースポーツに関する歴史的資料を揃えた「展示ゾーン」。最新のシミュレーターによる疑似体験で競技への理解を深めてもらう「体感・体験ゾーン」。各競技のルール，最新用具，選手の情報を提供する「競技情報ゾーン」など，さまざまなコーナーがある。

2	橋本聖子メモリアルホール	北海道早来町。JR早来駅から徒歩15分。	早来町が生んだオリンピック選手・橋本聖子にちなんで作られたスポーツ施設「せいこドーム」内にある展示ホール。橋本選手の写真パネル，盾やトロフィーの数々が展示されている。
3	日本サッカーミュージアム	東京都文京区本郷。JR・東京メトロ御茶ノ水駅から徒歩6分。	2002FIFAワールドカップがもたらした有形・無形の遺産を活用し，サッカーやスポーツの喜びを世界中の人たちと共有し，次世代のサッカー文化を振興させるために設立された。トロフィやユニフォーム，写真などの展示，またバーチャルスタジアムやアトラクションによって，輝かしい日本サッカーの歴史，偉業の数々を再確認できる。2002FIFAワールドカップの感動がよみがえるだろう。
4	秩父宮記念スポーツ博物館	東京都新宿区霞ヶ丘。国立霞ヶ丘競技場内。JR千駄ヶ谷駅から徒歩5分，または都営地下鉄国立競技場駅下車から徒歩1分。	「スポーツの宮様」といわれた秩父宮殿下のスポーツ界に対する御功績を記念して，1959（昭和34）年に開設された総合スポーツ博物館である。秩父宮殿下が使用したスポーツ用具等の遺品をはじめ，オリンピックや日本のスポーツの発達史が一目でわかるように各種資料を収集・保存・公開し，スポーツ文化に対する理解と普及振興に努めている。また，スポーツ全般にわたる資料を集めた専門図書館も併設しており，約3万冊の図書と約400誌に及ぶスポーツ雑誌のバックナンバーを公開している。➞コラム35参照
5	軽井沢オリンピック記念館	長野県北佐久郡軽井沢町。JR軽井沢駅からタクシーで15分。または，しなの鉄道中軽井沢駅からタクシーで10分。	長野県軽井沢町は，東京オリンピック（1964年）では「総合馬術競技」の会場に，長野オリンピック冬季大会（1998年）では「カーリング競技」の会場となり，夏冬通じて2回のオリンピック会場となった。「軽井沢オリンピック記念館」は，こうしたオリンピックの変遷を写真とパネルと映像で紹介する施設である。軽井沢オリンピック記念館がある風越公園には，テニスやプール，カーリング，スケートなど様々なスポーツを楽しめる施設がある。
6	長野オリンピック記念展示コーナー	長野県長野市。JR長野駅からタクシーで15分。	1998年開催の長野オリンピック，パラリンピックの競技で使用された用具の実物を展示している。聖火トーチや記念グッズ，公式ポスターも展示されている。
7	野球体育博物館	東京都文京区後楽。JR水道橋駅から徒歩5分，または都営地下鉄水道橋駅から徒歩5分。東京メトロ・丸ノ内線　後楽園駅から徒歩5分。	1959年6月に日本初の野球専門博物館として開館。1988年東京ドーム内に移転。野球界の発展に貢献し功労者として表彰された「野球殿堂入りの人々」の肖像レリーフを飾っている他，プロ・アマを問わず野球の歴史資料から話題性の高い資料を数多く収蔵・展示。収蔵品は実物及び写真を含め約3万点，また，野球その他のスポーツ関連図書を5万点所蔵している日本で唯一の野球専門博物館である。➞コラム34参照
8	松井秀喜ベースボールミュージアム	石川県能美市。JR寺井駅からバス20分・タクシー10分。	元星陵高校，巨人軍，ニューヨークヤンキース，ロサンゼルス・エンジェルス・オブ・アナハイム，オークランド・アスレチックス，タンパベイ・レイズに所属したプロ野球選手，松井秀喜の栄光の歴史を記念する。

9	イチロー記念館 THE ICHIRO EXHIBITION ROOM	愛知県西春日井郡豊山町。名鉄西春駅から名鉄バスで空港西下車，徒歩10分。	元愛知工業大学名電高校，オリックス・ブルーウェーブ，シアトル・マリナーズ，現ニューヨーク・ヤンキース所属のプロ野球選手，イチローこと鈴木一朗の栄光の歴史を記念する。
10	ミズノ・スポートロジー・ギャラリー	大阪府大阪市住之江区。ニュートラム中ふ頭駅から徒歩５分，スモスクエア駅から徒歩10分。	スポーツ用品メーカーのミズノが，本社ビルの１・３階のフロアをギャラリーとして一般に開放している。1906年の創業から今日までのミズノのスポーツ品の変遷を通して日本のスポーツ史の流れをたどる展示や，未来の野球シーンや用具を紹介するコーナーがある。
11	近鉄花園ラグビー場資料室	大阪府東大阪市。近鉄東花園駅から徒歩約10分。または近鉄吉田駅から約15分。	世界や日本のラグビーの歴史，高校・大学・社会人ラグビーなどラグビーの魅力を写真パネルや様々な資料でわかりやすく紹介した資料室。有名チームのジャージや，新旧のラグビーシューズ，ラグビーボールの制作工程などの実物展示もある。
12	甲子園歴史館	兵庫県西宮市。阪神甲子園駅から徒歩８分。	2010年３月の阪神甲子園球場リニューアル完了に伴い，球場レフト外野スタンド下に誕生する，高校野球，阪神タイガース，阪神甲子園球場の歴史を一堂に集めた展示施設が「甲子園歴史館」である。この歴史館は，日本高等学校野球連盟，朝日新聞社，毎日新聞社，阪神タイガースの特別協力を得ながら，阪神電気鉄道が運営する有料施設となっている。高校野球，阪神タイガース，同球場を舞台として各時代に生まれた名勝負・名シーンの数々や，長い歴史の中で生まれた数多くの名選手たちを，懐かしい映像や写真，貴重な展示品を通じてご紹介している。その他，80年以上にわたる阪神甲子園球場の歴史を，誕生秘話や戦時中のエピソードも交えて紹介するほか，リニューアル前の球場で使用されていた史料，アメリカンフットボール大学日本一を決める甲子園ボウルの史料も展示している。また，阪神甲子園球場をガイドが案内する「スタジアムツアー」を，歴史館事業の一環として，新たに実施する。
13	沖縄県空手博物館	沖縄県西原町。那覇交通（銀バス）琉球大学病院前から徒歩５分。	→コラム36参照
14	ハワイ空手博物館	98-211 Pall Momi Street #640 Alea, Hawaii	→コラム36参照